“十四五”全国统计规划教材

统计学

(第二版)

孙玉环◎主审

魏瑾瑞◎主编　王雪妮◎副主编

中国统计出版社
China Statistics Press

图书在版编目(CIP)数据

统计学 / 魏瑾瑞主编 ; 王雪妮副主编. —— 2 版. —— 北京 : 中国统计出版社, 2022.11(2024.1 重印)

ISBN 978-7-5037-9965-5

Ⅰ. ①统… Ⅱ. ①魏… ②王… Ⅲ. ①统计学 Ⅳ. ①C8

中国版本图书馆 CIP 数据核字(2022)第 167335 号

统　计　学(第二版)

作　　者/魏瑾瑞　王雪妮
责任编辑/徐　颖
封面设计/黄　晨
责任印制/王建生
出版发行/中国统计出版社有限公司
通信地址/北京市丰台区西三环南路甲 6 号　邮政编码/100073
电　　话/邮购(010)63376909　书店(010)68783171
网　　址/http://www.zgtjcbs.com
印　　刷/河北鑫兆源印刷有限公司
经　　销/新华书店
开　　本/787×1092mm　1/16
字　　数/483 千字
印　　张/20.5
版　　别/2022 年 11 月第 2 版
版　　次/2024 年 1 月第 2 次印刷
定　　价/63.00 元

国家统计局
全国统计教材编审委员会第七届委员会

出版说明

教材之于教育，如行水之舟楫。统计教材建设是统计教育事业的重要基础工程，是统计教育的重要载体，起着传授统计知识、培育统计理念、涵养统计思维、指导统计实践的重要作用。

全国统计教材编审委员会(以下简称编委会)成立于1988年，是国家统计局领导下的全国统计教材建设工作的最高指导机构和咨询机构，承担着为建设中国统计教育大厦打桩架梁、布设龙骨的光荣而神圣的职责与使命。自编委会成立以来，共组织编写和出版了“七五”至“十三五”七轮全国统计规划教材，这些规划教材被全国各院校师生广泛使用，对中国统计教育事业作出了积极贡献。

党的十九届五中全会审议通过的《中共中央关于制定国民经济和社会发展第十四个五年规划和二〇三五年远景目标的建议》，为推进统计现代化改革指明了方向，提供了重要遵循。实现统计现代化，首先要提升统计专业素养，包括统计知识、统计观念和统计技能等方面要适应统计现代化建设需要，从而提出了统计教育和统计教材建设现代化的新任务新课题。编委会深入学习贯彻党的十九届五中全会精神，准确理解其精神内涵，围绕国家重大现实问题、基础问题和长远问题，加强顶层设计，扎实推进“十四五”全国统计规划教材建设。本轮规划教材组织编写和出版中重点把握以下方向：

1. 面向高等教育、职业教育、继续教育分层次着力打造全系列、成体系的统计教材优秀品牌。

2. 围绕统计教育事业新特点，组织编写适应新时代特色的高质量高水平的优秀统计规划教材。

3. 积极利用数据科学和互联网发展成果，推进统计教育教材融媒体发展，实现统计规划教材的立体化建设。

4. 组织优秀统计教材的版权引进和输出工作，推动编委会工作迈上新台阶。

5. 积极组织规划教材的编写、审查、修订、宣传评介和推广使用。

“十四五”期间，本着植根统计、服务统计的理念，编委会将不忘初心，牢记使命，充分利用优质资源，继续集中优势资源，大力支持统计教材发展，进一步推动统计教育、统计教学、统计教材建设，进一步加强理论联系实际，有序有效形成合力，继续创新性开展统计教材特别是规划教材的编写研究，为培养新一代统计人才献智献策、尽心尽力。

同时，编委会也诚邀广大统计专家学者和读者参与本轮规划教材的编写和评审，认真听取统计专家学者和读者的建议，组织编写出版好规划教材，使规划教材能够在以往的基础上，百尺竿头，更进一步，为我国统计教育事业作出更大贡献。

国家统计局

全国统计教材编审委员会

2021年9月

第二版前言

不知不觉，新编统计学已经是五六年前了。记得刚来东北财大教书时，统计学课用的是冯力老师的书，然后是孙玉环老师的，接力棒传到我这里已“三世”。现在这一版可以按照我的想法来做一些调整，注入个人风格，我感到非常荣幸，同时也责任重大。

我们首先做了大规模的勘误工作。恰逢这学期开设这门《统计学》，同学们也兴致盎然，甚至开展了难以想象的竞争，真正进入了学习的状态。如果学习只是“机器学习”，学习问题指向答案的映射关系，那么我们无论如何也不是机器的对手。学习是一个反思的过程，“学而不思则罔”，学习也是训练自己抵制被灌输的过程，所以，学习的时候要提高警惕。这本《统计学》试图提醒大家，大学要读书，而“读书是在别人思想的帮助下建立起自己的思想。

除了修订各个章节的讹误和表述方式，更新和调整了数据，这一版还增补了一些计算机时代下的统计特征。例如，根据经验法则，对于 t 分布这样的对称分布，样本量大于 30 似乎已“足够大”，可以使用正态分布 z 统计量，但这是手工计算时代的一种近似。计算机时代的数据分析却并不是这样的，而是仍然使用 t 统计量，SPSS 软件的操作也只有 t 检验。原因是，如果样本量足够大，t 分布会自动收敛到正态分布，$t_{\alpha/2}$ 也会逐渐靠近 $z_{\alpha/2}$。又如，在手工计算的年代，假设检验需要查临界值表，因此，传统的统计学教材一般都会带着一个“尾巴”，即，正态分布表和三个小样本分布表（t 分布、卡方分布以及 F 分布）。但是在统计软件的帮助下，我们可以直接输出 p 值。所以，这一版我们斗胆删除了跟随统计学多年的附录统计表，换成了让同学们自己使用 Excel 模拟生成。

统计推断的部分，我们仍然只介绍频率学派的观点。罗素的火鸡、休谟的诘问等，这些都是时间纬度的讨论，从时间维度用历史样本去推断未来本身就是矛盾的，因为历史样本来自过去，它只能推断过去这个总体，而未来是另一个总体（或理解为，过去这个总体不是固定不变的，而是随时间而变化的），所以如果要想推断未来这个总体，那么就需要来自这个总体的样本，但显然这不可能做到。就好像预测经济危机，我们几乎没有这方面的样本，如何推断这个总体呢？我们有的只是经济正常状态下的样本，如何奢望推断非正常状态下的情况呢？它们是两个完全不一样的总体或换言之，总体随时间改变了，目标跑掉了！所以，统计推断需要明确样本产生的总体，才能知晓推断的边界。这可能也就是为什么统计推断(频率学派)不提“时间”的原因吧。有的学者说，是因为时间序列不满足“独立”条件，其实可能还有一个重要的原因是，没有办法锁定要推断的总体。一旦总体(参数)可变，贝叶斯学派就有用武之地了。最后，请看一个不涉及时间的例子：走遍了中国，考察了所有的中国人，得出结论，人都是黄皮肤黑眼睛。这可以理解为推断有误(样本偏差)，也可以理解为推断的边界过于泛化。黑天鹅，同理。

编者

2022 年 6 月

前 言

本书是编者在原版《统计学》(东北财经大学出版社,2011 年)基础上,根据最新统计学教学大纲的要求,在总结多年教学经验并参阅国内外相关资料的基础上修订编写完成的。参编人员均长期致力于统计学教学与研究工作,具有丰富的案例教学、实验教学和实践教学经验。本书主要面向具有一定概率论与数理统计基础的经济管理类本科生以及实际从事数据分析工作的人员。

本书在编写过程中力求体现以下特点:一是注重基础理论知识的讲解。在系统介绍统计学基本理论与基本方法的同时,强调正确应用统计方法的条件。二是强化应用案例。通过结合经济管理实际应用实例,介绍统计方法的具体应用,提高学生学以致用和解决实际问题的能力。三是实现统计方法讲解与软件操作的有机结合。在讲解统计学基本方法时,同时给出利用统计软件(以 SPSS20.0 为主,并辅之以 Excel2010 基础操作)实现数据处理和计算过程的操作,弱化繁杂的数据计算过程,强调对输出结果的准确解释,力求避免以往统计学基本原理教学与软件教学相脱节的情况,培养和提高学生基于实际数据解决现实问题的能力。

本教材设计学时为 54 学时。教材中各个章节内容的编排遵循以下主线:引例→方法原理→软件操作→习题,同时给出配套的例题、习题所用数据集、习题参考答案以及电子版 PPT 课件,以方便教师备课和帮助学生自学和复习使用(下载网址:www.zgtjcbs.com)。课后习题采用单选题、多选题以及基于实际数据集设计的计算题和操作题等多种形式,以适应今后实现统计学上机考试改革的需求。

全书共分十一章。第一章和第十一章由孙玉环编写,第二章、第五章、第八章和第九章由王雪妮编写,第三章由刘沈忠和王雪妮编写,第四章由王皓编写,第六章和第七章由徐建邦编写,第十章由马晓君编写;另外,研究生韩月、刘婷和吴姝对全书各章的习题进行了整理和补充。全书由孙玉环总纂并定稿。

由于时间和水平有限,本书的错误与疏漏之处在所难免,敬请读者提出宝贵意见和建议。

编者

2015 年 11 月

目　录

第一章 导论

引 例

统计学是一种用来制定决策的重要工具。100 多年前,英国作家、历史学家 H. G. Wells 就曾预言说,对于追求效率的公民而言,统计思维总有一天会和读写能力一样必要(Statistical thinking will one day be as necessary for efficient citizenship as the ability to read and write)。现在,这一天已经到来。统计学不仅对商业人士有用,每个人在日常生活中也会自觉或不自觉地用到统计概念。了解一些统计知识对每个人来说都是必要的。比如,在外出旅游时,你需要关心一段时间内的详细天气预报;在投资股票时,你需要了解股票市场价格的信息,了解某只特定股票的有关财务数据;在观看世界杯足球赛时,除了关心进球的多少外,你可能还会关心各支球队的技术统计结果,等等。进一步地,要正确阅读并理解下面的一些统计研究结论,就更需要具备一些统计知识:

- 吸烟对健康是有害的。
- 身材高的父亲,其子女的身材也较高。
- 每两天服一片阿司匹林,会减少心脏病第二次发作的概率。
- 身体超重 30%,会使寿命减少 1300 天。
- 每天摄取 500 毫克维生素 C,生命可延长 6 年。
- 上课坐在前面的学生,其平均考试分数比坐在后面的学生高。

看懂这些结论并不困难,但这些结论是怎么得出来的?你相信这些结论吗?学一些统计知识将有助于正确理解它们。本章将从介绍统计学的一些基本问题开始,包括统计学的含义、统计数据及其分类、常用的一些概念、常用统计分析软件的基本操作等。

第一节 统计及其应用领域

一、什么是统计学

要了解什么是统计学,首先要了解什么是统计。在当今信息时代,经常可以从各种媒体上听到或看到各种各样的数据,例如某国家或地区某年国内生产总值(GDP)多少亿元,增长速度百分之几,某地区某年人口出生率千分之几、人均 GDP 多少元等。这些数据意味着什么?为什么要得到这些数据?这都是统计所涉及的问题。

那么什么是统计?根据理解的角度不同,“统计”一词可以有三种含义:统计活动、统计数据和统计学。统计活动是对各种统计数据进行收集、整理并做出相应的推断、分析的活动,通常可以划分为统计调查、统计整理和统计分析三个阶段;统计数据是通过统计活动获得的,用以表现研究现象特征的各种形式的信息;统计学则是指导统计活动的理论和方法,是收集、处理、分析、解释数据，并从数据中得出结论的一门通用的方法论科学。显然，统计的三种含义，是以统计数据为核心而紧密联系在一起的：统计数据与统计活动是统计结果与过程的关系，统计活动与统计学则是统计实践与理论的关系。英文单词“Statistics”有两个含义：用作单数时，表示“统计学”；用作复数时，表示“统计数据”或“统计资料”。可见统计学与统计数据之间具有不可分的关系。

统计学经过300多年的发展，已经形成了完整的学科体系。统计学可以分为理论统计学和应用统计学，前者研究一般的收集、整理和分析数据的方法，后者则以各个不同领域现象的具体数量特征为研究重心。从方法论的角度，通常可以把统计学方法概括为描述统计方法和推断统计方法两大类。

1. 描述统计(descriptive statistics)。描述统计研究如何取得反映客观现象的数据，并通过图表形式对所收集的数据进行加工处理和显示，进而通过综合、概括与分析，得出反映客观现象的规律性的数量特征。内容包括统计数据的收集方法、数据的加工处理方法、数据的显示方法、数据分布特征的概括与分析方法等。

2. 推断统计(inferential statistics)。推断统计研究如何根据样本数据去推断总体的数量特征，它是在对样本数据进行描述的基础上，对统计总体的未知数量特征做出以概率形式表述的推断。比如，要了解一个地区的人口特征，不可能对每个人的特征一一进行测量；再如，对产品的质量进行检验，往往是破坏性的，也不可能对每个产品进行测量，这时需要抽取部分个体即样本进行测量，然后根据获得的样本数据推断所研究总体的特征，这就是推断统计要解决的问题。这里所提到的个体和样本两个概念，我们将在本章的第二节中再进行详细介绍。

二、统计的应用领域

统计是适用于各个学科领域的通用数据分析方法。在信息社会，几乎所有的工作领域都离不开统计方法的应用。具体到经济与管理领域，统计学的应用更是十分广泛。

1. 公共管理领域。决策科学化使统计学在公共管理部门的应用不断增强，对于公务人员来说，如果不能掌握一些搜集和分析数据的技能，将很难适应政府管理信息化和科学化的需要。

2. 经济研究领域。经济研究正在走向定量化和数理化，在进行经济分析和预测时，必然要用到各种统计数据和统计方法。

3. 产品质量管理。质量是企业的生命，质量管理与控制已经成为统计学在生产领域中的一项重要应用，各种统计方法已经被广泛应用于生产过程的监测活动中。

4. 市场调研领域。企业要及时应对市场的变化，才能在竞争中取得优势，而了解市场必然要涉及市场信息的搜集和分析过程，统计方法在这方面的应用也极为广泛。

5. 人力资源管理。管理人员可借助统计方法全面掌握本单位的人力资源状况，设计更为合理的绩效考评机制等。

6. 金融保险领域。随着金融保险行业的快速发展，金融与保险数据的规模和复杂程度都急剧增大，随之而来的相关数据处理工作，使金融保险行业对统计人才的需求与日俱增，保险精算人才更是供不应求。

此外，在医学领域，人们利用统计方法研究疾病的原因或影响因素、判断药物和治疗方法的有效性;在考古领域,人们利用统计方法推断特定文物的历史年代;在心理学领域,人们利用统计方法分析特定刺激的心理效应;在气象学领域,人们利用统计方法预测未来的天气情况;在物理学领域,人们利用统计方法对由大量粒子组成的宏观物体的物理性质及宏观规律做出微观解释;在生物学领域,人们利用统计方法研究基因定律,等等。

不过需要注意的是,统计也不是万能的,它并不能解决人们面临的所有问题。统计方法可以帮助人们通过分析数据得出某种结论,但对统计结论的进一步解释,还是需要相应的专业知识。比如,吸烟会使患肺癌的概率增大,这只是一个统计结论,但要解释吸烟为什么可能导致罹患肺癌,还是需要有更多的医学知识才行。

三、统计研究过程

尽管在实际的统计研究活动中,由于研究的对象不同,具体的统计内容会千差万别,但作为从数量方面认识事物的一门方法论学科,一项完整的统计研究过程,一般包括以下四个基本环节:统计设计、数据收集、数据整理以及数据分析与解释。

(一)统计设计

统计设计是对整个统计研究过程所涉及的各个环节进行的通盘考虑和事先安排。统计设计应在相关学科的理论指导下,根据研究问题的性质、目的和任务,科学地确定统计研究的对象,明确所要收集数据的种类,确定相应的统计指标及其体系并给出统一的定义和标准,确定统计数据收集、整理、推断和分析的基本方法,规定研究工作的进度安排和质量要求,拟定研究工作的资源配置和组织实施方式等。统计设计对于统计数据分析工作的研究质量至关重要,要求设计者不仅应掌握系统的统计学理论和方法,而且还应具有所研究领域的相关知识和理论素养。

(二)数据收集

数据收集是按照统计设计的要求,通过统计观测或实验的方式、方法,收集统计研究所需要的原始数据以及其他已经存在的各种相关数据的过程,也称为统计调查。数据收集是否准确、及时、完整,将直接影响到统计分析的质量。

(三)数据整理

数据整理是对通过统计观测或实验所获得的原始数据,进行必要的系统化处理,使之条理化、综合化,成为能够反映总体特征的统计数据的过程,也称为统计整理。数据整理环节也包括对已有数据的再加工和深加工。通过统计分组、汇总和计算等数据整理的手段,可以得到能够一定程度上反映总体特征的统计图、统计表或统计指标等。

(四)数据分析与解释

数据分析是在数据整理结果的基础上,围绕统计设计所确定的研究任务,运用各种统计方法对数据进行分析,得出某些有用的定量结论的过程,也称为统计分析。数据分析实质上是对数据进行深加工的整理过程,是整个统计研究工作的核心,也是统计研究的最终目的。在此环节,既要用到描述统计方法,也可能用到推断统计方法。数据解释则是对数据分析结果的进一步说明,即说明为什么会得出这些数据分析结果,可以进一步得出哪些规律性的结论,以及需要进一步探讨的问题等,数据解释是对数据分析过程的深化。

第二节　统计学中的基本概念

为便于后续在各章中对统计学基础原理及方法进行系统的讲解，有必要先来熟悉一下统计学中的若干常用术语。

一、总体与样本

（一）总体

统计方法的有效运用需要建立在研究对象的大量性的基础之上。总体(population)是指包含所研究对象的全部个体(数据)的集合，通常由所研究的一些个体组成，如由多个企业构成的集合，多个居民户构成的集合，多个人构成的集合，等等。组成总体的每一个元素称为个体(unit)或总体单位(population unit)，在由多个企业构成的总体中，每一个企业就是一个个体；由多个居民户构成的总体中，每一个居民户就是一个个体；由多个人构成的总体中，每一个人就是一个个体。

总体是统计研究的对象，是统计学中最基本的要素和概念。总体范围的确定依赖于研究目的，研究目的一经确定，相应的总体也就唯一地确定。比如，要检验一批灯泡的使用寿命，这一批灯泡构成的集合就是总体，每一个灯泡就是一个个体。

根据所包含的单位数目是否可数，可以把总体划分为有限总体和无限总体。有限总体指总体的范围能够明确界定，而且所包含个体的数目是有限可数的。比如，由若干个企业构成的总体就是有限总体，一批待检验的灯泡也是有限总体。无限总体指总体中所包括的个体数目是无限的、不可数的。例如，在科学实验中，每一个实验数据可以看作是研究总体的一个个体，而实验可以无限地进行下去，因此由实验数据构成的总体就是一个无限总体。

把总体分为有限总体和无限总体，主要是为了判别在抽样中每次抽取是否独立。对于无限总体，每次抽取一个个体并不影响下一次的抽样结果，因此每次抽取可以看作是独立的。对于有限总体，抽取一个个体后，总体元素就会减少一个，前一次的抽样结果会影响第二次的抽样结果，因此每次抽取不是独立的。抽取个体的过程是否独立，会影响到抽样推断的结果。相关的内容我们将会在第五章“参数估计”部分中再进行详细介绍。

（二）样本

样本(sample)是从统计总体中抽取出来作为代表这一总体的、由部分个体组成的集合，构成样本的个体数目称为样本量(sample size)。统计学的研究目的是把握研究总体的数量特征，但当总体所包含的个体单位数量很多，甚至无限时，就没有必要或无法对构成总体的所有单位进行研究。这时，可以抽取总体中的部分个体组成样本，根据样本提供的信息推断总体的特征。比如，从一批灯泡中随机抽取 100 个，这 100 个灯泡就构成一个样本，然后根据这 100 个灯泡的平均使用寿命可以推断这批灯泡的平均使用寿命。本教材第五章“参数估计”部分，将主要介绍利用样本的数量特征来估计总体数量特征的问题。

二、参数与统计量

（一）参数

参数(parameter)是用来描述总体特征的概括性数字度量，它是研究者想要了解的总体的某种特征表现。研究者所关心的参数通常有总体平均数、总体标准差、总体比例等。在统计中，总体参数通常用希腊字母表示。比如，总体平均数用 μ 表示，总体标准差用 σ 表示，总体比例用 Π 或者 P 表示，相关系数用 ρ 表示，等等。

以频率学派的观点来看，总体参数通常被假设为一个未知的常数(这里其实隐含了总体是有限的，并且排除了时间因素，如果总体随时间可变，或总体是无限的，那么参数为常数并不是一个合理的假设)，统计活动的目的就是为了搜集样本数据，对参数做出推断。比如，为了解某一地区所有人口的平均年龄、某个城市所有家庭的收入差距、某批产品的合格率等，通过抽样并根据样本的计算结果可以估计总体参数。

(二)统计量

统计量(statistic)是用来描述样本特征的概括性数字度量，是根据样本数据计算得到的一个量，由于抽样是随机的，因此统计量是样本的函数。研究者所关心的统计量主要有样本平均数、样本标准差、样本比例等。样本统计量通常用英文字母来表示，比如，样本平均数用 $\bar{x}$ 表示，样本标准差用 s 表示，样本比例用 p 表示，等等。

由于样本是实际抽取出来的，所以统计量总是可以计算。抽样的目的就是要根据样本统计量去估计总体参数。比如，用样本平均数($\bar{x}$)去估计总体平均数(μ)，用样本标准差(s)去估计总体标准差(σ)，用样本比例(p)去估计总体比例(P)，等等。

除了样本均值、样本比例、样本方差这类统计量，还有一些是为了进行统计分析的需要而构造出来的统计量，比如用于统计检验的 z 统计量、t 统计量、χ^2 统计量、F 统计量，等等。上述所提到的这些统计量，我们也都将会在后续的各章节中展开详细介绍。

三、统计标志与统计指标

统计学的研究对象是总体的数量方面，但由于总体的数量特征是无法直接计量的，只有充分认识构成总体的个体，才能对总体进行特征描述。

(一)统计标志

统计标志简称标志(characteristic)，是指每个个体所共同具有的属性或特征，是说明个体的属性或特征的具体名称；对应于某个标志，各个个体的具体表现，即为标志值。由于各个个体就某些标志而言，具有相同的标志值，才构成了统计总体；也正是由于各个个体就另外一些标志而言，具有不相同的标志值，才有了统计的必要。例如，要研究某高校女生的身体素质，显然该高校所有女生构成总体，每名女生是一个个体。反映个体的标志可以有很多，比如所在学校、家庭住址、性别、民族、年龄、身高、体重，等等，对每名女生来说，她们的"所在学校"和"性别"所对应的标志值都是相同的，这是构成总体的条件，即同质性；而其他标志的标志值就不会完全相同，这是要调查研究的内容。显然，差异是需要重点关注的。统计研究总是从登记标志开始，并通过对标志的综合来反映总体的数量特征，因此标志是统计研究的起点。

标志按其性质不同，可以分为品质标志和数量标志。品质标志是表明个体属性方面的特征，品质标志的标志表现只能用文字说明，不能用数量表示，比如企业性质、所属行业等；数量标志表明的是个体的数量特征，其标志表现只能用数字表示，如职工人数、产值、销售收入、工资总额等。

标志按变异情况不同，可以分为不变标志和可变标志。不变标志是指某一标志对所有个体而言，具体表现都是相同的。组成一个总体的各个总体单位必须有一个或几个不变标志，不变标志是使许多个别单位组合成一个总体的前提，它体现为总体的同质性。例如，以某市所有的中小民营企业为研究总体，这里的各民营企业均具有所有制、企业规模这两个不变标志；如果某家企业并不具备这两者中的任何一个方面的特征，则该企业就不能成为该总体中的一个单位。可变标志，又称变异标志，是指某一标志在各个个体之间的具体表现不尽相同。一般来说，组成总体的各个总体单位具有多个可变标志。例如，把某市所有的中小型民营企业作为一个统计总体，那么厂址、隶属关系、职工人数、固定资产总额、流动资产总额、工资总额、工业总产值、平均工资等，都是该总体中各个单位的可变标志。

有时会按照某一个品质标志，将总体划分为具有某一特征的个体的集合和不具有某一特征的个体的集合两类。如在全部产品中，分为合格品和不合格品；在全部人口中，分为男性和女性等。这种用“是”或“否”“有”或“无”来表示的标志，叫作是非标志，也叫交替标志或0/1 标志，其标志表现只有两种情况，即表现为每个总体单位要么具有该种属性，要么不具有该种属性。

（二）统计指标

统计标志描述的是个体的属性或特征，而统计指标（indicator）则是反映社会经济现象总体数量特征的概念及其具体数值，由各个个体的标志值汇总综合而成。统计指标包括指标名称和指标数值两部分，例如：2021 年全国工业增加值为 37.3 万亿元，这一统计指标既包括概念“工业增加值”，又包括具体数值“22.8 万亿元”，它还表明了在一定时间（2021 年）和空间（全国）条件下的现象的数量，也就是说，统计指标不能离开时间和空间而存在。统计指标具有数量性、具体性和综合性的特点。

统计口径是对计算口径外延的明确定义，如果指标所包括的范围模糊，必然会造成所收集数据资料的不准确，进而可能导致得出错误的分析结论。比如，计算劳动生产率指标时，必须明确分母是指生产工人还是指全体职工，否则会将生产工人劳动生产率和全员劳动生产率相混淆。按照不同的分类依据，可以把统计指标划分成不同的类型。

按照表现形式的不同，可以把统计指标分为绝对指标、相对指标和平均指标。其中，绝对指标，又称作绝对数，反映的是现象总体的绝对数量特征，它以最直观、最基本的形式表现现象的外在数量特征，有明确的计量单位。例如某人的身高为 176 厘米、某地区生产总值 1250 亿元等。相对指标，又称作相对数，反映的是现象之间的相对数量特征，它通过两个具有一定联系的统计指标的对比，来体现现象内部或现象之间的关联关系，比如，某地区的人口密度为 300 人/平方公里。平均指标，又称作平均数，反映的是现象总体的平均数量特征，用于表明现象的一般数量水平。例如某高校某个班级学生的平均年龄为18.8 岁，某年某地区的居民平均月消费支出 2800 元等。相对指标用于描述现象之间的相对程度，平均指标用于描述现象的集中趋势，关于相对指标和平均指标的具体分类及其计算方法和应用，我们将分别在第三章的第一节“相对程度的描述”和第二节“集中趋势的描述”中，再进行详细介绍。

按照所反映问题的数量特征不同，可以把统计指标分为数量指标和质量指标。数量指标是反映研究总体的规模或水平的指标，是由个体标志汇总后直接得到的绝对数或总量，也称作总量指标。数量指标既包括标志总量，如总产值、总收入等，也包括总体单位总量，如企业总数、总人数等。数量指标是最基本的统计指标，是计算其他指标的基础，数量指标的外延与绝对指标的外延是完全一致的。质量指标是反映客观现象之间的相互联系、比例关系、发展速度、内部结构等的指标，一般用相对数或平均数表示。如劳动生产率、成本利润率、人均国民收入等。质量指标由两个数量指标对比得到，是数量指标的派生指标。

按照所反映现象的时间状态不同，可以把统计指标分为静态指标和动态指标。静态指标是反映现象总体在某一时点或相对静止时间上数量特征的指标，包括一般的总量指标、静态相对指标和一般平均指标。动态指标是反映现象总体在不同时期或时点上发展变化情况的指标，包括增长量指标、动态相对指标和序时平均指标等。关于动态指标的计算方法及其应用我们将在第十章“时间序列分析”中具体介绍。

（三）统计指标与标志的关系

统计指标与标志二者之间既有区别又有联系。区别主要表现在两个方面：一是说明的对象不同，指标说明的是总体的特征，而标志则反映的是个体的特征；二是表现形式不同，指标只能用数值来表现，而标志则既有用文字来表现的品质标志，也有用数值来表现的数量标志。二者之间的联系主要表现为，统计指标的数值是根据说明个体特征的标志表现汇总得到的，既可以是对总体各单位标志值的综合，也可能是总体单位数的汇总。

四、测量尺度或数据类型

如果数据采集之前需要设计量表（问卷），那么此时就会涉及变量设计或测量尺度的选择。如果数据已经采集好了，那么接下来的问题便是，按照数据类型对数据进行分门别类的整理。因此，变量的测量尺度与数据的类型，可以看作是一枚硬币的两面。

（一）变量及其基本分类

与最初的研究目的相关联，我们总是对总体及其所包含的个体的某一个或某几个方面的属性感兴趣，这些属性在统计中又被称作变量（variable）。总体中每一个个体的属性是可以无限列举的，但构成统计中变量的属性只是那些我们感兴趣的，比如灯泡的使用寿命、质量等级，在校学生的性别、身高、体重，等等，都可以成为统计研究中的变量。

变量值的变动受诸多因素的影响。如果数值是随机生成的，有多种可能性，事先无法确定，这样的变量称为随机变量，如中奖号码等；如果受某些确定性因素影响，现象的变量会沿着某一方向持续变化，这样的变量就是确定性变量，如中奖人数等。变量按其取值是否连续，又可以分为离散变量和连续变量。变量是离散型还是连续型，以变量值是否可以无限分割为判断标准。如果变量的取值可以一一列举，在相邻的两个变量值之间不可能分割出新的变量值，即变量值只能表现为整数，这样的变量称为离散变量，如在校学生人数、全国规模以上工业企业数等，离散变量通常以计数的方法取得；如果变量的取值不能一一列举，在相邻的两个变量值之间可以继续分割，取得新的变量值，即变量值理论上可以取任何小数值，这样的变量称为连续变量，比如劳动生产率、人的身高和体重等，连续变量通常需要用计算或测量的方法取得变量值。

（二）变量的测量尺度

我们在提到变量及其变量值的时候，总是与其测量尺度分不开的。测量本身是一个物理学中的概念，是指用仪器确定空间、时间、温度、速度、功能等的有关数值。统计测量则是指运用某种方法（分类或标识）使自然或社会经济现象数量化，测量结果即形成变量。统计测量尺度可以区分为四种类型，即定类尺度、定序尺度、定距尺度和定比尺度。

1. 定类尺度。定类尺度(nominal scale)是按照事物的某种属性对其进行的平行分类，是对现象的性质差异进行的辨别与区分，测量结果即形成定类变量或定类指标。定类尺度是最简单、也是层次最低的一种测量尺度，定类变量确切的值是以文字表述的，各类别间是平等的并列关系，不存在顺序上的差异，没有高低、大小、优劣之分。例如，人口按照性别分为男、女两类，企业按行业属性分为医药企业、家电企业、纺织品企业等，这些均属于定类变量。在实际工作中，为便于计算机识别和信息传输，对定类变量可以用数值标识，但也仅起到标签作用，比如，用1表示“男性”、0表示“女性”，用1表示“医药企业”、2表示“家电企业”、3表示“纺织品企业”，等等。由定类尺度所获得的数据，只能进行是非判断，而不能直接进行大小比较、加减和乘除的运算。

2. 定序尺度。定序尺度(ordinal scale)是按照事物的某种属性对其进行的顺序分类，是对现象的顺序差异进行的辨别与区分，测量结果即形成定序变量或定序指标。定序变量确切的值也是以文字来表述的。与定类尺度相比较，定序尺度的测量结果要精确一些，其观测值不仅可以反映个体之间类别上的不同，同时也能够反映不同类别之间顺序上的差异。由于定序变量的各类别间具有高低优劣之分，所以不能随意排列。比如，“产品等级”变量，采用定序尺度所获取的观测值为“一等品”“二等品”和“三等品”，不同等级的产品分属不同的类别，同时各类别之间又存在着顺序上的差异，从“一等品”到“二等品”再到“三等品”，产品质量越来越低。再比如，“学习成绩”变量，其观测值从“优”到“良”再到“及格”，最后到“不及格”，不仅反映学生们的学习成绩不尽相同，同时也反映出成绩越来越差。对于定序变量，也可以用数值来标识。以反映满意程度的态度变量为例，用1表示“非常同意”、2表示“同意”、3表示“保持中立”、4表示“不同意”、5表示“非常不同意”，当然也可以用5表示“非常同意”、4表示“同意”、3表示“保持中立”、2表示“不同意”、1表示“非常不同意”，这里的数值也仅起到标签作用，只是为了方便进行统计处理。由定序尺度所获得的数据，不仅可以进行是非判断，还可以进行大小比较，但也不能进行加减和乘除运算。

3. 定距尺度。定距尺度(interval scale)是对事物类别或次序之间间距的测度，是对现象的绝对数量差异进行的辨别与区分，测量结果即形成定距变量或定距指标。与定序尺度相比较，定距尺度观测结果的精确程度又进了一步，它除了能提供变量的分类信息和排序信息外，还能提供变量分类和排序结果之间的距离信息。定距变量的值以数字来表述，各类别间的数值有大小之分，有计量单位。时间和温度就是两个典型的适合采用定距尺度获取观测值的变量。

定距变量不仅可以进行是非判断、大小比较，还可以进行加减运算，但由于没有绝对的零点，不能进行乘除计算。比如，某城市某天早晨的温度为8摄氏度，中午为16摄氏度，可以说该城市中午的温度比早晨高8摄氏度，但是不能说中午的温度是早晨温度的2倍。

4. 定比尺度。定比尺度(ratio scale)是对事物类别或次序之间间距的测度，是对现象的绝对差异与相对差异进行的辨别与区分，测量结果即形成定比变量或定比指标。与前三种观测尺度相比较，定比尺度是最高级别的观测尺度，除了具有上述三种测量尺度的全部特性外，因为具有绝对意义上的零点，还可以计算两个测度值之间的比值。实践中我们所遇到的绝大多数变量都属于适合采用定比尺度获取观测值的变量，比如，灯泡的使用寿命，人的年龄、身高、体重，等等。由定比尺度所获取的数据不仅可以进行是非判断、大小比较和加减运算，还可以进行乘除运算。例如，甲、乙两人的年龄分别为18岁和12岁，我们不但可以说甲比乙大 6 岁，而且还可以说甲的年龄是乙的 1.5 倍。

上述所介绍的定类尺度、定序尺度、定距尺度和定比尺度四种测量尺度，它们的测量精度从低到高、计算方法从少到多、所包含的信息量也是从小到大。实践中，有时也将定类变量与定序变量合为一类，统称为品质型变量或列名型变量(nominal variable)；将定距变量与定比变量合为一类，统称为数值型变量或者区间型变量(interval variable)。表 1—1 给出的是常用统计分析软件 SPSS 和 SAS 中关于变量测度尺度的定义。

表 1—1　常用统计分析软件 SPSS 和 SAS 中关于变量类型的定义

测量尺度	SPSS 中的定义	SAS 中的定义
定类变量	Nominal	Nominal
定序变量	Ordinal	Nominal
定距变量	Scale	Interval
定比变量	Scale	Interval

区分数据的类型非常重要，因为针对不同的测量尺度变量，所采用的数据整理和显示方法、数据分析方法以及计算机处理方法等都会有所不同，对此我们将在以后各章节的学习过程中再进行详细介绍。

5. 定序尺度与定距尺度的界限。石头、玻璃和鸡蛋，硬度分别赋值为 3、2 和 1，或者 10、9 和 6，是等价的。我们只知道石头比玻璃硬，但是具体硬多少，不知道。不过，我们还知道，石头比玻璃硬(一个单位)，石头比鸡蛋更硬(两个单位)，然而具体一个单位表示多少却无法量化。在这里，硬度的差异被标准化(单位化)了，所以差异是可以做线性运算(加减运算)的。满意度调查中的满意度赋值也是同样的道理。只要保证顺序("秩")不变，对定序尺度数据的任何赋值都是等价的，在计算时都会转换成 1、2、3、…… 这样的等间隔形式。市场调查采用的比较量表(comparative scales；nonmetric scaling)产生的就是这一类数据。比如三种品牌的可乐、五种品牌的洗发水、十种品牌的牙膏，构造配对比较量表(paired comparisons scaling)和等级顺序量表(rank order)得到的数据。

定序数据的隐含假定是，我们没有具体的测量工具，因而无法量化软硬程度差异或满意度差异，只能大致地、定性地排出一个顺序，所以定序数据的间隔没有实际意义，它们都会被转换成数轴上的刻度 1、2、3、……这样的顺序来指代，但是转换之后，1 与 2 之间的跨度和 1 与 3 之间的跨度，是有差别的，可以运算的。从满意到一般，与从满意到不满意，跨度显然不同。譬如独立样本的 Wilcoxon Rank Sum Test (Mann-Whitney U 统计量或 Mann-Whitney-Wilcoxon 统计量)、匹配样本的 Wilcoxon matched-pair signed-rank test，都会利用跨度信息。

第三节　统计学与数学

一、归纳法(推断)与演绎法(推理)

统计学不是数学，也不是数学的分支。就像很多学科会使用数学一样，很多学科也会使用统计学。使用数学做什么呢？形式化的推演。使用统计是因为，有大量的数据，需要从数据中归纳出一些规律，需要从样本推断总体。把数学中的"数"理解成"数字"或"数据"未免太狭隘了，至少应该理解成"代数"，所以在纯数学的体系中是不包括统计的，最多只有概率论。Feller（William Feller，1906—1970）曾说：概率论是数学的一个分支，但20世纪50年代（除了苏联）很少有数学家承认这一点。大家在先修课程中学过概率论，概率也是关于不确定性的学问，但是二者的逻辑完全是相反的，概率是已知总体特征来推断样本信息，而统计则是已知样本信息来推断总体特征；前者更倾向于演绎法，而后者更倾向于归纳法。

归纳法（platonic approach to truth：inductive reasoning）是从经验事实直接归纳出结论，这在数学家看来是非常不严谨的。例如，高斯曾猜想，对数积分函数可以预测1到N之间素数的个数，虽然总是高估，但是随着N增大，预测精度会不断提高。尽管有10^7这么大的样本支持这一结论，可是1912年Littlewood证明，当N足够大时，会存在一个低估的区域。"素数是伪装大师，它们将自己的本质深深藏于数的宇宙之中。它们藏得如此之深，人类的计算能力根本不足以窥探它们的真实本性，只有抽象的数学证明那锐利的双眼，才能看穿它们真实的行为"。所以，"当其他学科信奉实验数据就是一切的时候，数学家就已经意识到，永远不能相信缺少证明的数据"。未被证明的都是危险的。"双脚并拢，跳过这些计算"（伽罗瓦）。"伽罗瓦所领悟到的，或说真正现代数学的起点，就是必须有能力超越演算。也就是说，不要去演算，而是在思想里面进行演算！要明白这些演算的本质将会是什么，将会出现的困难是什么"，Alain Connes如是说。而且有些事情不能通过实验或观察，比如，我们不可能用尺子测量月亮与太阳之间的距离，而演绎法却可以。

演绎法（aristotelian approach to truth：deductive reasoning），众所周知的是"三段论"，例如，所有人都会死（大前提），苏格拉底是人（小前提），所以结论是，苏格拉底会死。或者，把演绎法写成与归纳法相对应的表达形式，经验事实不是用来直接下结论的，而是用来反驳预先设定的假设，即所谓证伪，进而得到结论（强结论），设若无法证伪则只能暂时保留（弱结论）。问题是，假设从何而来？理论假设如何排除经验的干扰呢？

归纳法是从特殊性到一般（泛化能力，generalization）；演绎法是从一般（理论）到特殊（观察）。归纳的结论超出了前提所覆盖的范围，其结论自然不一定能保证完全正确；而演绎的结论不会超出前提所覆盖的范围，一个演绎推理只要前提真实并且推理形式正确，那么，其结论就必然真实。归纳法使用的是样本，不可避免会存在抽样误差，但是大数定律和中心极限定理从理论上说明了这一过程的收敛性。那这是否意味着，数据越多越好呢？

所以，"推断"是带有不确定性的，包括类比和归纳等，其中，类比（质）往往是在不同性质的事物之间建立关系，比如，人活着需要使用各种生活物品，所以故去的人也需要相应的陪葬；归纳（量）的范畴是同一性质的事物，它只是"量"的策略，用"少量"去想象"大量"（proportional thinking）。也就是说，类比是"质"层面的推断，归纳是"量"层面的推断。而"推理"（演绎法，即形式逻辑）是确定的，譬如，所有的苹果易腐烂，所以桌上这个苹果也容易腐烂；所有好人皆仁慈，所以，如果X是好人，那么X也仁慈，如果Y不仁慈，那么Y也一定不是好人；所有诗人皆聪明，聪明人不会蔑视数学，所以诗人不会蔑视数学。在此，是否同意前提（假设）并不重要，演绎法的关键在于，若接受了前提（假设），则必须接受结论。它强调的是"从已知事实推导出新命题"这个链条，而不是头或尾的正确性、真实与否、是否可接受，很多人将二者混淆了。换句话说，如果"已知事实"是确定无疑的，那么"新命题"也是确定无疑的，至于"已知事实"的真实性，并不在演绎法的核查范围之内。

综上，数学的关键词是“(形式)逻辑”(logic)，它是概念世界中的推演；而统计的关键词是“数据”(data)，它强调的是对数据的归纳和总结。

二、现实与理想

数学是完美的、严格的、理想的、不可能的；而统计学则允许噪声，研究噪声，更接近现实。例如，数学中的尺规作图，尺子其实是没有刻度的，这先天性地避免了所谓的测量误差。其实数学排斥的不单纯是经验数据，而是直观感觉，数据只是对直观感觉的一种记录。比如在高斯时代的法国数学传统中，直观的图形也是被排斥的，所以当时高斯在引入虚数时删去了辅助的图形。再比如，笛卡尔常常被认为是将代数与几何结合开创了解析几何，然而事实上他是想将图形转化为数和方程来研究。在数学家看来，“证明应该由思想而非计算决定”。数学家求圆的面积，会想办法把圆面积的公式找出来，而统计学家直接在外切的正方形里面随机撒点，然后计算落入圆中的点的比例，乘以正方形面积即是圆的面积。

在数学家看来，相同就是相同(83.33%)，不同就是不同(4.67 和 4.68)，但统计很有意思的是，明明有差别的东西，我们反而要讨论这个差别是不是可以忽略掉，认为它没有差别；明明是没有差别的东西，我们反而要讨论稳定性来找出其中可能的差别。

爱因斯坦说，“数学定律不能百分之百确实地用在现实生活里；能百分之百确实地用数学定律描述的，就不是现实生活 ”。“记住精确的统计数字实属浪费时间，但粗略的数值对于理论与真实世界的联系却是不可或缺的。”(R. Dornbusch)“给对的问题一个近似的答案，远胜于给错误的问题一个精确的答案。”(凯恩斯，J. Turkey)统计的精确不是抽象意义上的完美，而是现实意义上的最优(95%的置信水平或 70%的贡献率)。换句话说，统计学关注的是“显著解”，而数学关注的是“极值”。“慎在于畏小，智在于治大”。所以，从这个意义上讲，统计才是大智慧。统计的精确是宏观层面的、远视的、平均意义上的，它看到的是气候，而不是当前的天气和气温。如果统计告诉你现在是夏天，那么天气再冷会冷到哪里去呢？天气本质上是热的。

统计学更加地贴近实际，因此我们在学习中必须紧密联系到它的现实意义，在统计过后，我们还必须理解分析出来的数据所具有的实际的经济含义，这样才算是完成了整个统计过程。当然我们也应该看到统计学和数学的紧密联系(例如独立同分布假设)，统计中会应用大量的数学工具，所以必须要掌握相关的数学知识，这样才能在学习中灵活运用。

第四节　统计学与大数据

在统计学被作为一个独立的学科分离出来之前(大约 1900 年前)，统计学家们就已经开始处理大规模数据了，但是这个时期主要是全国范围的普查登记造册，至多是一些简单的汇总和比较。之后(1920－1960 年)的焦点逐渐缩聚在小规模数据(样本)，大部分经典的统计方法(统计推断)以及现代意义上的统计调查(抽样调查)正是在这个时期产生。随后的四十五年里，统计方法因广泛的应用而得到快速发展。

注意到，传统的统计调查方法通常是经过设计的、系统收集的(designed data；systematically gathered data)，而大数据是零散实录的(happenstance data)、有机的(organic data)，这些数据通常是用户使用电子数码产品的副产品或用户自行产生的内容(user generated content，UGC)，比如社交媒体数据、搜索记录、网络日志等数据流(data stream type)、RFID 等，而且数据随时都在增加（数据集是动态的）。与以往大规模数据不同的是，数据来源和类型更加丰富，数据库间的关联性也得到了前所未有的重视（大数据的组织形式是数据网络），问题也变得更加复杂。

过去因记录和存储等方面的限制只能有选择性地存储（如精简的古文、有影响力的文献），而现在则是泥沙俱下等权记录，论语和一行微博同样载入史册。网络公开课、大规模开放网络课程（massive open online course，MOOC）、开放存取仓储（open access repositories）等也已经逐渐开始对传统的教学和科研产生冲击。我们已身处大数据的洪流，而且是“被卷入”，一如对现代通信工具的被迫回应，特别是目前异常活跃的增速。一方面，数据记录大量产生（数据尾气，商业记录、行政记录等）；另一方面，不仅原始数据而且数据的复制品（报纸、杂志、网页等）也需要存储空间，信息累积的方式也从竹简、纸张、软盘过渡到硬盘、网盘等效率更高的存储媒介。

工业时代的中心问题是如何提高劳动生产率，而“在后工业时代（信息时代），人类社会面临的中心问题，将从提高劳动生产率转变为如何更好地利用信息来辅助决策”（Herbert A. Simon）。工业化时代的标志是大规模、低成本、标准化，大数据时代仍然可以实现大规模和低成本，然而其核心不再是标准化，而是差异化（个性化）。比如，基于位置的服务、个性化推荐、自媒体、自带设备到工作场所（bring your own device，BYOD）等等。当个性化定制变得司空见惯，虚拟的“平均人”（average man，Adolphe Quetelet，《论人类》，1835）也将逐渐消失。互联网过去一直被认为是一个纯粹的虚拟世界，而如今，它与现实的边界越来越模糊（线上与线下结合、位置信息、好友分享、浏览记录、普适计算等）。“你可以逃跑，却无处可藏”（Mary Meeker，2013，KPCB）。已故图灵奖得主格雷（Jim Gray）在 20 世纪 90 年代中期曾指出，数据库技术的下一个“大数据”挑战将会来自科学领域而非商业领域，并且提出了科学研究的“第四范式（the fourth paradigm）”是数据密集型科学（data-intensive science）。在《大数据时代的历史机遇：产业变革与数据科学》（2013）一书中，鄂维南院士也提道：“大数据在科学领域的表现是数据科学的兴起，数据科学将成为科研体系中的重要组成部分，并逐渐达到与物理、化学、生命科学等自然科学分庭抗礼的地位”。

统计学研究的对象是数据，数据科学顾名思义显然也是以数据为研究对象，这产生一种直观的错觉，似乎数据科学与统计学之间存在某种与生俱来的渊源关系。如果数据科学就是统计学的重命名，相应地，数据科学家替代了统计学家这个称谓。若此，那是什么促成了这种名义上的替代？显然仅仅因为数据量大本身并不足以促成“统计学”向“数据科学”的转变，数据挖掘、机器学习这些概念似乎就已经足够了。

问题的关键在于，二者所指的“数据”却有所不同，数据（data）本身是一个很泛的概念，只要是对客观事物记录下来的、可以鉴别的符号都可以称之为数据，包括数字、文字、音频、视频等等。统计学研究的数据虽然类型丰富，如类别数据（nominal /categorical data）、有序数据（ordinal /rank data）等定性数据，定距数据（Interval data）、定比数据（ratio data）等定量数据，但这些都是结构化数据；数据科学所谓的数据则更为宽泛，不仅包括这些传统的结构型数据，而且还包括文本、图像、视频、音频、网络日志等非结构型和半结构型数据，即，大数据（big data）。

大数据（以半/非结构型数据为主）使基于关系型数据库的传统分析工具很难发挥作用，或者说传统的数据库和统计分析方法很难在可容忍的时间范围内完成存储、管理和分析等一系列数据处理过程，为了有效地处理这类数据，需要一种新的范式——数据科学。而且注意到，真正意义上的现代统计学是从处理小数据、不完美的实验等这类现实问题发展起来的，而数据科学是因为处理大数据这类现实问题而兴起的。因此数据科学的研究对象是大数据，而统计学以结构型数据为研究对象。退一步，单从数量级来讲，也已发生了质变。对于结构化的大规模数据，传统的方法只是理论上的（可行性）或不经济的（有效性），实践中还需要借助数据挖掘、机器学习、并行处理技术等现代计算技术才能实现。

有学者将数据科学定义为计算机科学技术、数学与统计学知识、专业应用知识三者的交集，这意味着数据科学是一门新兴的交叉学科。但是这种没有侧重的叠加似乎只是罗列了数据科学所涉及的学科知识，并没有进行实质性的分析，就好似任何现实活动都可以拆解为不同的细分学科，这是必然的。也有学者将数据科学（data science）或称数据学（datalogy）看作是计算机科学（computer science）的一个替代性称谓，但是这种字面上的转换并没有作为一个独立的学科而形成。Cleveland（2001）①将数据科学作为一个独立的学科提出时，将数据科学表述为统计学加上它在计算技术方面的扩展。这种观点表明，数据科学的理论基础是统计学，数据科学可以看作是统计学在研究范围（对象）和分析方法上不断扩展的结果。

从前所谓的大规模数据都是封闭于一个机构内的（数据孤岛），而大数据注重的是数据集间的关联关系，也可以说大数据让孤立的数据形成了新的联系，是一种整体的、系统的观念。从这个层面来说，将大数据称为“大融合数据”或许更为恰当。事实上，孤立的大数据，其价值十分有限，大数据的革新恰在于它与传统数据的结合、线上和线下数据的结合，当放到更大的环境中所产生的“1＋1＞2”的价值。譬如消费行为记录与企业生产数据结合，移动通信基站定位数据用于优化城市交通设计，微博和社交网络数据用于购物推荐，搜索数据用于流感预测，利用社交媒体数据监测食品价格等。特别是数据集之间建立的均衡关系，一方面无形中增强了对数据质量的监督和约束；另一方面，为过去难以统计的指标和变量提供了另辟蹊径的思路。

第五节 SPSS 及 Excel 基本操作

学习统计理论和应用统计方法时，为实现大规模的数据处理和计算过程，计算机及统计软件的支持必不可少。目前常用的统计分析软件主要有 SAS、SPSS、R、STATA、STATISTICA、MINITAB 等，它们可以实现的统计分析功能基本相同，但也各有侧重和特色，有的是通过菜单操作完成统计分析功能，操作起来相对简单；有的则需要通过编程实现分析过程，虽然学习起来会有些困难，但是应用相对灵活、功能强大。其中，SPSS（Statistical Product and Service Solutions），因其界面友好、功能强大、易学、易用，同时具备完善的数据定义、操作管理和开放的数据接口以及灵活而美观的统计表格和统计图形制作等功能，在各类院校以及科研机构中相对流行。另外，Excel 作为一个通用的电子表格软件，普及面广，使用简便，尤其是具有灵活、直观的数据整理和作图、做表功能，也可以满足一般统计数据处理和分析的需要。

---

① Cleveland W. Data Science: An Action Plan for Expanding the Technical Areas of the Field of Statistics [J]. International Statistical Review, 2010(1): 21－26.

在本教材中，我们将选择以 SPSS 作为实现数据处理和统计分析方法的基本工具，其中数据整理、展现以及一些简单的计算过程将辅之以 Excel 实现；在讲解各章节的基本统计方法及原理过程中，将直接给出 SPSS 或 Excel 的实现过程和结果，强调对输出结果的准确解释，注重培养学生借助于统计分析软件工具解决实际问题的能力，以实现与机上考试形式和内容的衔接。

为帮助大家在学习后续各章节所介绍的统计方法及原理时，不仅能够理解我们所给出的 Excel 和 SPSS 的计算过程和结果，而且还能够熟练应用这两种软件验证例题的计算结果并顺利完成习题的计算过程，本节将对 Excel2010 和 SPSS20.0 的基本操作加以简单介绍。

一、Excel 基本操作

MicrosoftExcel 是微软办公套装软件 Microsoft Office 的一个重要组成部分，它可以进行各种数据的处理、统计分析和辅助决策操作。这里以 Excel2010 为例，简单介绍一下 Excel 的常用功能和基本操作，包括数据输入、编辑以及函数功能和数据分析功能，作为对 SPSS 统计软件的补充。关于 Excel2010 其他更为强大和细致的功能及其应用，感兴趣的同学可以参考相关的 Excel 教材或使用手册。

（一）数据的输入

在创建好的工作表中可以输入数据，以下简单介绍 Excel2010 的数据输入方法。

1. 数值、文本、日期或时间的输入。输入数据可以直接在单元格内进行，也可以在编辑栏里输入。在单个单元格中输入数据时，只需选定需要输入数据的单元格，输入数字、文本、日期或时间，按 Enter 键即可。

(1)输入数值。在 Excel 的单元格中，可以直接输入整数、小数，不过在输入分数、使用千位分隔符以及科学计数法等特殊数值时，还是需要一些小的技巧。

①输入分数。在单元格中如果按照普通方式输入分数，Excel 会将其自动转换为日期。例如，在单元格中输入“2/3”，Excel 会将其当作日期，显示为“2 月 3 日”。因此，输入分数时，需要在其前面先输入整数部分，再输入空格和分数部分。比如，“2/3”输入为“0 2/3”，这样 Excel 才会将该数值作为一个分数处理，并将该分数转为小数保存。

②使用千位分隔符。输入数字时，在数字间可以加入逗号作为千位分隔符。但如果加入的逗号位置不符合千位分隔符的要求，则 Excel 会将输入的数字和逗号作为文本处理。例如，在单元格中输入“200,000”，Excel 会将其识别为数值“200000”，如图 1－1 所示；若在单元格中输入“2,00”，则 Excel 只会将其识别为文本“2,00”，如图 1－2 所示。

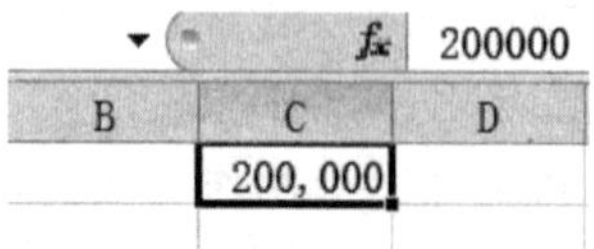

图 1－1　正确使用千分位分隔符

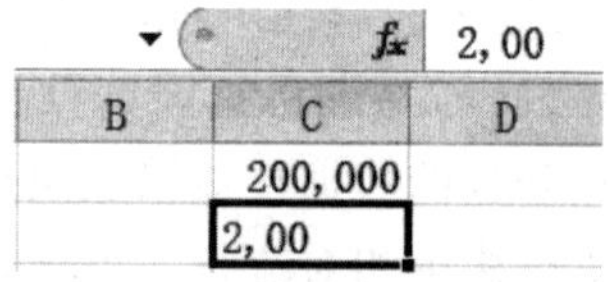

图 1－2　错误使用千分位分隔符

③使用科学计数法。当输入的数值很大或很小时，Excel 会自动用科学计数法来显示。此时在编辑栏中显示的内容与输入的内容相同。例如，在单元格中输入“1000000000000”后，单元格将自动用科学计算法来显示数值“1E+12”。

④超宽度数值的处理。当输入的数值宽度超过单元格宽度时，Excel将在单元格中显示“####”符号；此时只要加大该列的列宽，数值就会正确地被显示出来。

(2)输入文本。在Excel中输入文字，只需选中单元格，输入文字，按Enter键即可。Excel会自动将输入的文本设置为左对齐。

(3)输入日期或时间。在Excel中，输入的数据若符合日期或时间的格式，会自动被识别为日期或时间；如果不能识别当前输入的日期或时间格式，则按文本处理。

①设置日期和时间格式。如果将单元格设置为日期或时间格式后，输入数字就可显示为日期或时间。设置单元格格式的步骤如下：

右键单击单元格，在打开的快捷菜单中选择“设置单元格格式”，转到“数字”选项卡，在“分类”列表中选择“日期”或“时间”选项，在右侧的“类型”中选择需要显示的格式即可。

②手工输入日期或时间。在输入日期时，日期的连接符号为“/”或“-”。在输入时间时，时间的连接符号是“:”。在同一单元格中可以同时输入日期和时间，但要求在日期和时间之间用空格隔开，否则将被认为是文本。

2. 自动填充数据。在利用Excel处理数据的过程中，用户可能会遇到需要输入大量有规律数据的情况，如相同数据、数据间呈等差数列或等比数列的数据等。这时用户可以通过使用Excel的自动填充功能，提高工作效率。

(1)使用自动填充柄。在Excel中使用自动填充柄来填充数据在实际应用中非常普遍，具体操作如下：

①选择初始单元格，用鼠标左键拖动右下角的填充柄到需要填充的单元格后松开鼠标。

②在选中单元格的右下角出现“自动填充选项”按钮，单击该按钮，弹出“自动填充选项”下拉列表。

③根据实现的目的，选择合适的填充方式进行填充。

复制填充中，可以选择的填充方式有：“复制单元格”“填充序列”“仅填充格式”“不带格式填充”四种。若需要填充的内容和格式均与初始单元格一致，则可以使用“复制单元格”命令填充。例如，当需要输入的性别全部为男性时，则在输入初始单元格后，可以使用自动填充柄填充，并选择“复制单元格”填充方式，就可以实现需要的填充目的，填充结果如图1-3所示。如果需要输入的内容与初始单元格呈序列关系，则可以使用“填充序列”命令填充完成。例如，为输入2005-2014年的年份数据，首先在初始单元格中输入“2005”，然后使用自动填充柄填充，并选择“填充序列”方式，即可实现。填充结果如图1-4所示。

	A	B	C
1		男	
2		男	
3		男	
4		男	
5		男	
6		男	
7		男	
8		男	
9		男	
10		男	
11		男	

图1-3 “复制单元格”填充结果显示

	A	B	C
1		年份	
2		2005	
3		2006	
4		2007	
5		2008	
6		2009	
7		2010	
8		2011	
9		2012	
10		2013	
11		2014	

图1-4 “序列填充”填充结果显示

如果只需要填充初始单元格的格式，则可以使用“仅填充格式”命令进行填充。例如图 1—5 中所示的数据，其格式比较杂乱，为统一格式，可以单元格 B1 为初始单元格，使用自动填充柄填充，并选择“仅填充格式”方式，即可实现填充效果，填充结果如图 1—6 所示。

	A	B	C
1		2000	
2		2, 001	
3		534	
4		33, 000	
5		233, 457	
6		12, 345	
7		396	
8		2, 010	
9		3, 000	

图 1—5 “仅填充格式”填充前数据显示

	A	B	C
1		2000	
2		2001	
3		534	
4		33000	
5		233457	
6		12345	
7		396	
8		2010	
9		3000	

图 1—6 “仅填充格式”填充后结果显示

如果需要在填充数据的同时取消格式，则可以使用“不带格式填充”命令进行填充。例如，在图 1—7 中，准备复制初始单元格中的数据，但是希望去除该单元格数据中的千分位分隔符格式，这时在使用自动填充柄填充时，选择“不带格式填充”的方式即可。

	A	B	C
1		2, 000	
2		2000	
3		2000	
4		2000	
5		2000	
6		2000	
7		2000	
8		2000	
9		2000	

图 1—7 “不带格式填充”填充结果显示

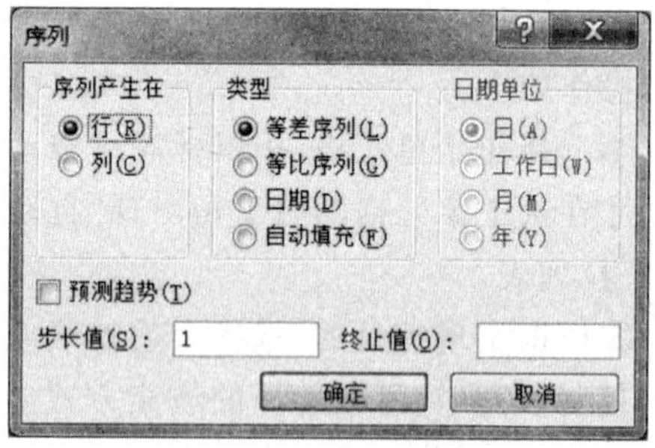

图 1—8 “序列”对话框

(2)使用填充命令。除使用自动填充柄进行填充外，用户还可以使用填充命令进行数据填充，具体方法如下：

①选择初始单元格，在功能区“开始”选项卡的“编辑”组中，单击“填充”按钮，在下拉菜单中选择“系列”命令，弹出“序列”对话框，如图 1—8 所示。

②在“序列产生在”选项组中，选择“行”即为同行填充，选择“列”则实现的是同列填充；在“类型”选项组中选择数据填充的方式，其中可供选择的数据填充方式有等差序列、等比序列、日期、自动填充四项；填充日期时，还需要在对话框右侧选择日期单位；在“步长值”文本框中，输入序列中相邻两项的差或比值（若填充类型为等差序列，则“步长值”表示序列中相邻两项的差；若填充类型为等比序列，则“步长值”表示序列中相邻两项的比值），在“终止值”文本框中，输入想要填充到的最终数值，单击“确定”按钮即可。

(二)Excel2010 函数基础

函数是 Excel 进行数据处理的核心，巧妙地利用公式并合理地使用各种函数，可以发挥 Excel 强大的数据分析和数据处理功能。

1. 公式的引入。公式是对工作表中的数值执行计算的等式。Excel 中公式的基本结构相同:一个等号(=)后面跟随一个或多个运算码,运算码可以是值、单元格引用、单元格区域、区域名称或者函数名,其间以一个或多个运算符连接。这些运算符包括算术运算符、逻辑运算符、字符运算符等。

(1)公式的输入。输入公式的操作类似于输入文字型数据,不同的是输入公式时总是以等号"="作为开头,然后才是公式的表达式。在一个公式中可以包含各种算术运算符、常量、变量、函数、单元格地址等。

在单元格中输入公式时,首先选中要输入公式的单元格,然后输入"="作为准备输入公式的开始,再输入组成该公式的所有运算码和运算符,比如"=SUM(C1:C9)",最后按Enter键对输入的公式进行确认。

(2)公式的移动和复制。在数据处理过程中,经常会需要对公式进行移动或复制操作。公式移动和复制的操作方法与单元格的移动和复制类似,所不同的是,移动和复制公式时,其中原有单元格地址将会发生相应的变化,从而可能会对结果产生影响。

①公式的移动。把公式移动到其他单元格的具体操作步骤是:首先选定包含公式的单元格,这时单元格的周围会出现一个黑色边框;然后将鼠标指针放在单元格边框上,当鼠标指针变为四向箭头时按下鼠标左键,拖动鼠标指针到目标单元格,释放鼠标左键即可。进行公式的移动操作后,公式中的单元格引用不会发生变化。

②公式的复制。与移动公式不同,复制公式时,单元格引用会根据所引用类型而变化。复制公式的操作方法如下:

选定包含公式的单元格,单击"开始"选项卡"剪贴板"组中的"复制"按钮,选择要复制公式的目标单元格,再单击"开始"选项卡"剪贴板"组中的"粘贴"按钮,即可将公式复制到目标单元格。在编辑栏的公式栏中可看出公式引用位置的变化。

例如,B2单元格中的公式为"=B1/5",将公式按上述方法复制到D2单元格后,即变为"D1/5",如图1—9所示。

如果希望准确地复制公式文本而不调整公式的单元格引用,可采用以下办法:选中单元格,激活编辑模式,选中公式文本,单击"复制"按钮,按Enter键结束编辑模式,在目标单元格中粘贴公式文本,再按Enter键确认。例如,若要将图1—9中B2单元格的公式复制到D2单元格中而不调整公式的单元格引用,则可选择B2单元格,在编辑栏中选中公式"=B1/5",单击"复制"按钮,并按Enter键结束编辑模式,再选择目标单元格D2,单击"粘贴"按钮,按Enter键即可完成,复制公式为"=B1/5",结果如图1—10所示。

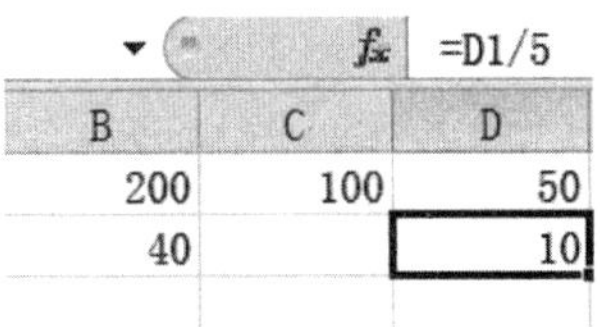

图1—9 复制公式且调整单元格引用的结果

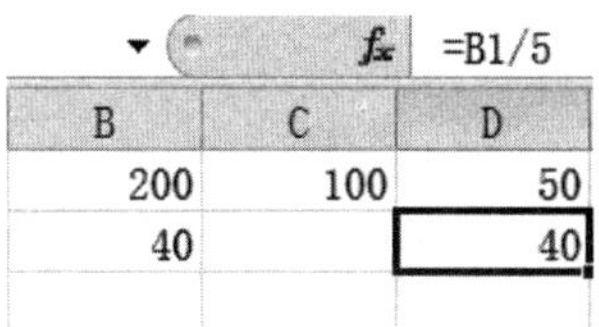

图1—10 复制公式但不调整单元格引用的结果

2. 运算符及优先级。运算符是公式的基本元素,一个运算符就是一种符号,代表着一种运算。不同的运算符在同一公式中出现时,Excel将会按照运算符的优先级来确定运算顺序,并依次完成运算。

(1)公式中的运算符。Excel中的运算符包括算术运算符、比较运算符、文本运算符和引用运算符，它们的含义及作用如表 1－2 所示。

表 1－2　Excel 中的运算符

名　称	种类	含义	示例
算术运算符	＋	加	1＋2
	－	减	5－4
	*	乘	8 * 4
	/	除	9/3
	^	幂	4^2
	％	百分比	53％
比较运算符	＝	等于	＝B2/C3
	＞	大于	B2＞C3
	＜	小于	B2＜C3
	＞＝	大于等于	B2＞＝C3
	＜＝	小于等于	B2＜＝C3
	＜＞	不等于	B2＜＞C3
文本运算符	&	将多个文本连接起来产生连续的文本	“新年”&“快乐”，将产生“新年快乐”
引用运算符	:	区域运算符，对两个引用之间包括这两个引用在内的所有单元格进行引用	B2:C3 （引用 B 到 C 列，2 到 3 行所包含的区域）
	,	联合运算符，将多个引用合并为一个引用	SUM(B2:C3,D4:E5) （引用 B2:C3 和 D4:E5 两个区域）
	（空格）	交叉运算符，产生同时属于两个引用单元的单元格区域引用	SUM(B2:D4　C3:E5) （引用 B2:D4 和 C3:E5 两个区域交叉的区域）

(2)各种运算符的优先级。一个公式中包含多种运算符时，不同的运算符可能是同级运算符，也可能是不同级运算符。对于同级运算符，则按照从左到右的顺序运算；对于不同级运算符，按照优先级从高到低的顺序运算。各种运算符的优先级如表 1－3 所示。

表 1－3　Excel 公式中的运算符优先级顺序

运算符	名称	优先级顺序
:	区域	1
（空格）	交叉	2
,	联合	3
－	求反	4
％	百分数	5
^	幂	6
* 和/	乘和除	7
＋和－	加和减	8
&	连接	9
＝　＞　＜　＞＝　＜＝　＜＞	比较	10

要改变公式中符号的优先级，可给这些符号所连接的部分加上括号。

3. 函数的输入。Excel 中将具有特定功能的公式组合在一起即形成函数，与直接使用公式进行计算相比较，使用函数进行计算的速度更快。一般而言，函数可分为三个部分：等号、函数名和参数。例如“＝SUM(B1：E9)”，表示对 B1：E9 区域内的所有数据求和。

函数的输入有两种常用的方法，一种是通过手动输入，另一种是使用函数向导来输入。

(1)手动输入。手动输入函数的方法与在单元格中输入公式的方法类似。首先在选定要输入函数的单元格中输入“＝”号，然后依次输入函数名称以及括号和参数，若有多个参数，则用逗号隔开。当输入了正确的函数名和左括号后，就会出现一个显示该函数所有参数及其格式的提示框。

(2)使用函数库输入。对于一些比较复杂的函数来说，一般使用函数库来输入。使用函数库输入函数的操作如下：

①选定要输入函数的单元格，在“公式”选项卡的“函数库”组中，单击“fx 插入函数”按钮，打开如图 1－11 所示的“插入函数”对话框。

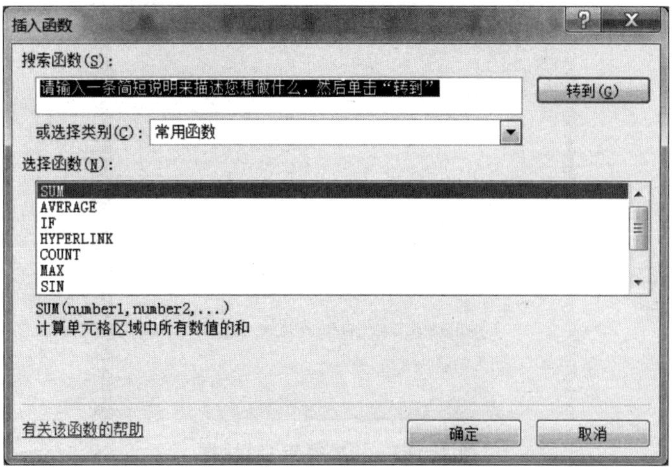

图 1－11 “插入函数”对话框

②在“或选择类别”下拉列表中选择要使用函数所在的类，然后在下面的“选择函数”列表框中选择需要的函数，单击“确定”按钮，弹出如图 1－12 所示的“函数参数”对话框。

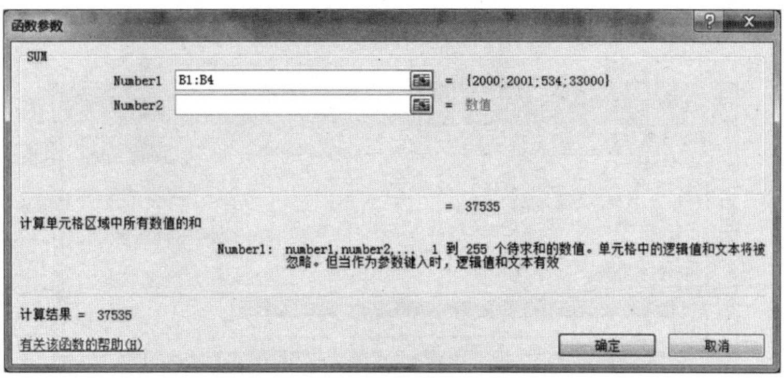

图 1－12 “函数参数”对话框

③在“函数参数”对话框中输入必要的参数，设置完成后，单击“确定”按钮即可。

（三）数据分析工具

数据分析工具实际上是一个外部宏（程序）模块，它提供了 19 种专门用于数据分析的实用工具。

1. 数据分析工具加载。在 Excel 中，数据分析工具并不作为命令显示在选项卡中，如果要使用数据分析工具必须另行加载。加载数据分析工具的具体操作如下：

①单击“文件”按钮，再单击“选项”按钮，弹出“Excel 选项”对话框。

②在弹出的“Excel 选项”对话框中，左侧选择“加载项”选项，在“加载项”列表中选择“分析工具库”，然后单击“转到”按钮。

③在弹出的如图 1－13 所示的“加载项”对话框中，选中“分析工具库”复选框，然后单击“确定”按钮进行加载。

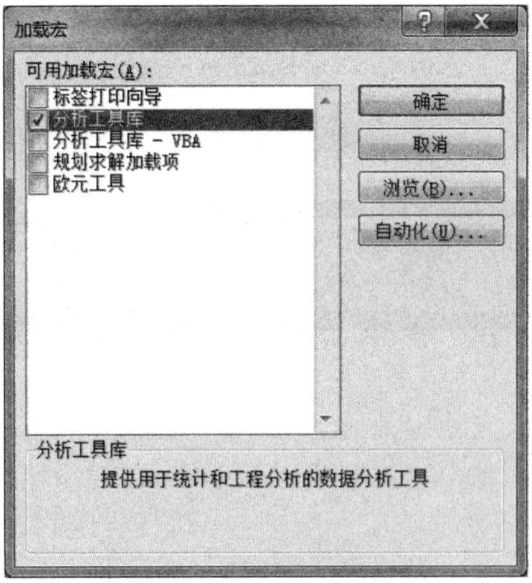

图 1－13　“加载宏”对话框

④安装完毕后转到“数据”选项卡，会发现在“数据”选项卡的右侧已含有“数据分析”项，说明“数据分析”已加载成功。

安装了数据分析工具库后，每次启动 Excel 时，“分析工具库”宏都将被自动加载。

2. 调用数据分析工具。调用“数据分析工具”的操作如下：

①选择菜单“数据”→“数据分析”，打开对话框，如图 1－14 所示。

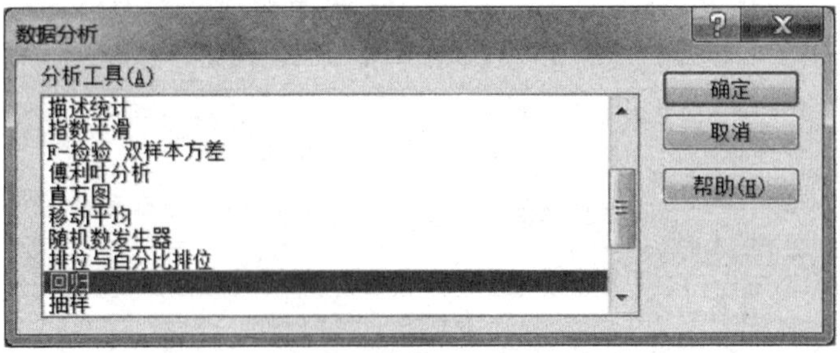

图 1－14　数据分析对话框

②从“数据分析”对话框的分析工具列表中选择一种工具，打开相应的分析工具对话框。比如，选择“回归”工具，打开回归分析工具对话框，如图1—15所示。

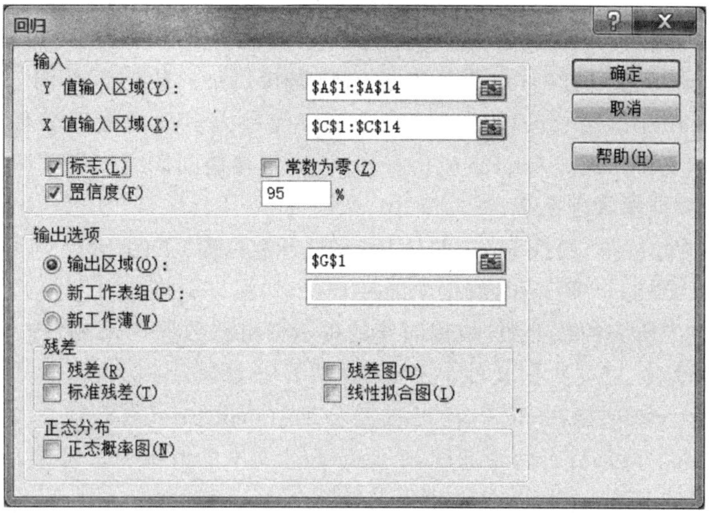

图1—15 “回归”分析工具对话框

③按照分析工具对话框的提示，将数据范围输入到对话框，并设置各选项，然后单击“确定”按钮。

二、SPSS基本操作

SPSS可以方便快捷地实现数据处理的数据编辑与转换、表格与图形的生成以及各种常用的统计分析过程。本部分将只对基于SPSS20.0软件的数据文件的建立、保存和导出以及一些基本的数据编辑与转换等操作加以介绍，其他的常用统计作图和统计分析等功能，我们将在后续各章节涉及相应的SPSS应用操作时，再给出详细的实现过程。

(一)建立数据文件

进行数据处理，首先要建立数据文件。建立数据文件的方式主要有四种：直接输入数据、打开Excel等数据文件、使用数据库查询和导入数据文件。

1. 通过直接输入数据建立数据文件。直接建立SPSS数据文件，可以在SPSS的数据编辑窗口中实现。启动SPSS后，系统即自动生成一个空的数据文件，只要在该数据文件中逐一定义变量类型然后输入数据，最后存盘即可。

如果SPSS当前数据编辑窗口中已经存在数据文件，则需要将原有的数据进行保存，然后再单击File(文件)菜单下的New(新建)命令，选择Data(数据)命令，即可另建一个新的数据文件。

2. 直接打开其他格式的数据文件。如果已经有输入完毕并存储为其他类型的数据文件，那么在SPSS中可以直接打开，而无须重新进行数据输入。SPSS能够与多种类型的数据文件相兼容，简化了烦琐的输入步骤。

单击File(文件)菜单下的Open(打开)命令，选择Data(数据)命令，即可打开一个其他格式的数据文件。单击Data(数据)命令后，将弹出“Open File(打开数据)”对话框。在文件类型中，可以单击右端的小箭头，选择数据文件对应的数据类型，并通过选择数据文件所在位置来选定数据文件，然后单击 Open（打开）按钮，即可打开其他格式的数据文件。SPSS 可以打开的数据类型包括 SPSS(. sav、. sys、. syd、. por)、Excel(. xls)、Text(. txt)等。

3. 使用数据库查询建立数据文件。除了可以直接打开多种类型的数据文件外，SPSS 还提供了另一种适用范围更广、也更为专业的数据接口——数据库查询。SPSS 可以应用 ODBC（Open DataBase Capture）数据接口，该接口能被大多数数据库软件和办公软件（如 Microsoft Office）支持。通过 ODBC 应用程序，可以直接访问以结构化查询语言（SQL）作为数据访问标准的数据库管理系统。

单击 File（文件）菜单，选择 Open Database（打开数据库）下的 New Query（新建查询）命令，系统会弹出“Database Wizard（数据库向导）”窗口，窗口中将列出机器上已安装的所有数据库驱动程序，选中所需的数据源，根据向导的提示即可将数据导入 SPSS。

4. 导入文本文件，建立数据文件。SPSS 提供了从文本文件(. txt)导入数据建立数据文件的渠道。实际上，该功能在 SPSS 中已被整合到“Open File（打开数据文件）”对话框中。之所以菜单上保留了该条目有两个原因：一是读入纯文本的情况非常普遍，保存在菜单上更为醒目；二是为了和 SPSS 老版本的使用保持兼容。

打开 File（文件）菜单，选择 Read Text Data（读取文本数据）命令，系统就会弹出“Open File（打开数据文件）”对话框。

（二）定义数据的属性

使用 SPSS 时，大多数情况下需要直接定义新变量，此时，只需要单击数据编辑窗口页面左下方的“Variable View（变量视图）”标签，即可切换到变量定义界面，开始定义新变量。如果输入变量名后按 Enter（确认）键，系统将给出变量的默认属性；如果不定义变量的属性而是直接输入数据，系统将设定变量名为默认的变量名。

数据的属性主要包括每列数据变量的变量名、变量类型、变量宽度、变量名标签、变量值标签、变量列格式、变量缺失值、变量测度方法等信息。下面将具体加以介绍。

1. 变量名（Name）：变量名是变量存取的唯一标志。单击“变量名”列下的单元格即可直接输入变量名。SPSS 对于变量名的命名规则有以下要求：总长度不超过 8 个字符；必须以字母、汉字或@开头，英文字母不区分大小写，最后一个字符不能是句点；变量名不能与 SPSS 内部特有的、具有特定含义的保留字符相同，比如 ALL、BY、AND、NOT、OR 等；SPSS 默认的变量名是以 VAR 开头，后面补足五位数字，如 VAR00001。

2. 变量类型（Variable Type）：SPSS 中，数据变量的类型有八种，分别为标准数值型（Numeric）、逗号数值型（Comma）、圆点数值型（Dot）、科学计数法型（Scientific Notation）、美元数值型（Dollar）、用户自定义型（Custom Currency）、字符型（String）和日期型（Date）。

单击“Variable Type（变量类型）”列的单元格，单元格右端将出现按钮，单击该按钮，将弹出“Variable Type（变量类型）”对话框，如图 1－16 所示。选择变量类型后，在对应的宽度（Width）项中，将显示默认的显示宽度和样式。

3. 变量宽度（Width）：选择变量类型时，可以在“Variable Type（变量类型）”对话框中调整对应的宽度，默认的变量宽度为 8，也可以根据需要自行调整。

4. 小数点后位数（Decimals）：小数点后位数用来限制数值型、逗号型等变量类型数值的小数点后的位数。选择变量类型时，可以在“Variable Type（变量类型）”对话框中调整对应

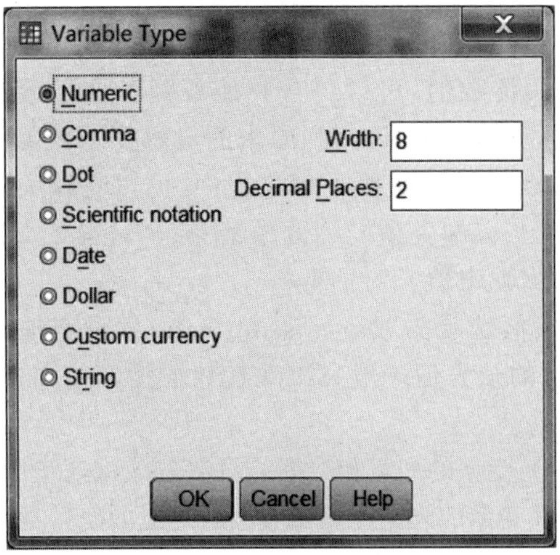

图 1－16　“变量类型”对话框

的小数点后位数，默认的小数点后位数为 2。字符型不能限制小数点后位数。

5. 变量标签(Label)：通过变量标签可以对变量含义进行详细的说明，增加变量名的可视性和分析结果的可读性。变量名标签的总长度应限制在 120 个字符内，并且在统计分析结果显示时，一般不能显示太长的变量标签信息。“变量标签”属性可以省略定义。

6. 值标签(Value Labels)：通过值标签，可以对离散型变量数值进行详细地说明。例如，表示性别数据时，用数值“1”表示“男”，数值“2”表示“女”。如果没有值标签，就很难说明“1”“2”对应的性别分别是什么。因此，值标签对于有一定实际含义的数值变量来说是必不可少的。值标签在明确数值含义的同时，也增强了统计分析结果的可读性。

单击“Value Labels(值标签)”列的单元格，单元格右端将出现按钮，单击该按钮，将弹出“Value Labels(值标签)”对话框，如图 1－17 所示。

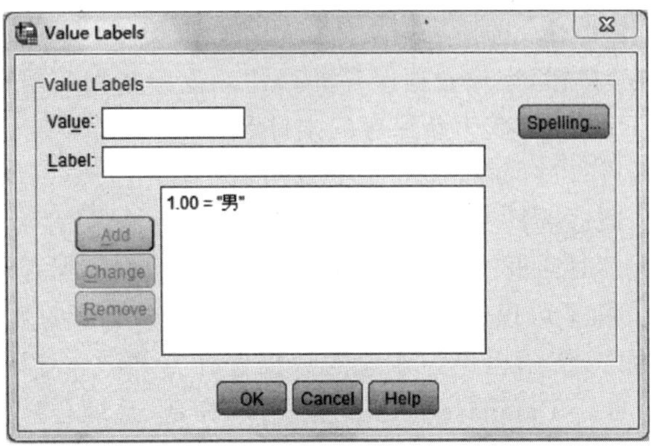

图 1－17　“值标签”(Values)对话框

在“Value Labels(值标签)”对话框中，可以在“Value(值)”后输入变量中出现的数值，如“1”，然后在标签中输入对应的数值含义，如“男”，然后单击 add(添加)按钮，即可将上述数值标签的定义添加到数值标签的主窗口中。如果需要进行 Change(更改)或者 Remove(删除)，可以在主窗口中选择需要更改或删除的数值标签，然后单击对应的按钮。数值标签编辑完成后，单击OK（确定）按钮，即可返回到数据编辑窗口的变量视图中。

当变量标签和数值标签同时设定完毕后，单击工具栏上的(Value Labels)按钮，数值标签将会取代原来变量的具体数值，可以更直观地看到各变量数值所具有的含义。再次单击该按钮，可以取消数值标签的显示，返回到原来的显示变量数值状态。

7. 缺失值(Missing Values)：在数据处理过程中，可以将缺失值填充或更换为特定的标记数据。单击"Missing Values(缺失值)"列的单元格，单元格右端将出现按钮，单击该按钮，将弹出"Missing Values(缺失值)"对话框。

SPSS系统默认的缺失值选项为"No missing values(没有缺失值)"，此时，空数据用一个小圆点表示，但系统默认的缺失值一般只出现在数值型变量数据中，字符型变量中的空格不是系统缺失值。

8. 列宽(Column Width)：变量的列宽和数据的对齐方式都属于数据的列格式。显示在Data View(数据视图)中的数据，其变量的列宽即变量类型所对应的变量宽度，默认的列宽为8。

9. 对齐格式(Align)：数据的对齐方式也属于数据的列格式。显示在Data View(数据视图)中的数据，主要有三种对齐方式：Left(左对齐)、Right(右对齐)、Center(居中对齐)。字符型数据默认为左对齐显示，数值型数据默认的对齐格式为右对齐显示。

10. 测度方式(Measure)：SPSS系统给出的数据的测度方式包括Nominal、Ordinal和Scale，其中Nominal和Ordinal分别对应前面所介绍的定类尺度和定序尺度，Scale则对应定距和定比两种测量尺度，默认的测度方式为Scale。

（三）数据文件的保存或导出

1. 保存数据文件。如果数据输入并编辑完毕，就需要将其保存，方便下次继续使用或进行编辑修改。由于SPSS能够与多种数据文件连接，所以数据文件也可以保存为不同的类型。但如果将来仍需使用SPSS对数据进行统计分析，建议将数据保存为SPSS默认的.sav数据格式。

如果该数据集从来没有被保存过，单击File(文件)菜单下的Save(保存)命令，将弹出"Save Data As(将数据保存为)"对话框。单击"Save as type(保存类型)"列表框，可以看到SPSS所支持的各种数据类型。选择数据文件对应的数据类型，并在文件名文本框内输入新文件名，单击Save(保存)按钮，完成数据保存的操作。返回数据编辑窗口，可以看到标题栏左上角的文件名将由"Untitled"变为新保存的文件名。

如果之前已对数据进行过保存，单击File(文件)菜单下的Save(保存)命令，可保存最新进行的数据编辑操作。通过选择File(文件)菜单下的Save as(另存为)命令，在弹出的"Save Data As(将数据保存为)"对话框中，还可以将正在编辑的数据集保存为另一文件名。

2. 导出数据文件。除了可以直接将数据集保存为多种类型的数据文件外，SPSS还提供了另一个适用范围更广、使用也更为专业的数据保存方式——导出到数据库。单击File(文件)菜单，选择Export to Database(导出到数据库)命令，系统会弹出"Export to Database Wizard(导出到数据库向导)"对话框。窗口中将列出机器上已安装的所有数据库驱动程序，选中所需要的数据库类型，根据向导的提示即可将数据导出到指定的数据库。

本章小结

本章作为本教材的导论，从介绍统计学的一些基本问题开始，包括统计学的含义、统计数据及其分类、常用的一些术语、常用统计分析软件的基本操作等。

根据理解的角度不同,"统计"一词有统计活动、统计数据和统计学三种含义,统计活动是对各种统计数据进行收集、整理并做出相应的推断、分析的活动;统计数据是通过统计活动获得的,用以表现研究现象特征的各种形式的信息;统计学则是指导统计活动的理论和方法,是收集、处理、分析、解释数据,并从数据中得出结论的一门通用的方法论科学。

从方法论的角度,可以把统计学方法概括为描述统计方法和推断统计方法两大类。描述统计研究如何取得反映客观现象的数据,并通过图表形式对所收集的数据进行加工处理和显示,进而通过综合、概括与分析,得出反映客观现象的规律性的数量特征;推断统计研究如何根据样本数据去推断总体的数量特征,它是在对样本数据进行描述的基础上,对统计总体的未知数量特征做出以概率形式表述的推断。

统计是适用于各个学科领域的通用数据分析方法。一项完整的统计研究过程,一般包括统计设计、数据收集、数据整理以及数据分析与解释四个基本环节。为便于以后各章节展开对统计学基础原理及方法的讲解,本章对一些贯穿整个统计学方法体系的常用术语进行了系统介绍,包括总体、个体与样本,参数与统计量,统计标志、变量与统计指标,变量的四种测量尺度(定类尺度、定序尺度、定距尺度和定比尺度),等等,这些概念需要相互联系起来理解和把握。

本教材选择以 SPSS 作为实现数据处理和统计分析方法的基本工具,其中数据整理、展现以及一些简单的计算过程辅之以 Excel 实现。本章对 Excel 和 SPSS 的基本操作进行了简单介绍,其他的常用统计作图和统计分析等功能,将结合统计方法原理的讲解分散在以后不同章节中再进行介绍。

习 题

一、单项选择题

1. 通过有限数量的某种农作物种子的发芽实验结果来估计整批种子的发芽率,这种统计方法属于(　　)。

   A. 推断统计学　　B. 描述统计学　　C. 数学　　D. 逻辑学

2. 从统计总体中抽取出来作为代表这一总体的、由部分个体组成的集合是(　　)。

   A. 样本　　B. 总体单位　　C. 个体　　D. 总体

3. 为了解某市居民的收入水平情况,从该市 200 万城镇家庭户中随机抽取 2000 户进行调查,并根据调查结果推断该市全部居民户的人均可支配收入水平,则该项研究的总体是(　　)。

   A. 2000 个家庭　　B. 200 万个家庭

   C. 2000 个家庭的人均收入　　D. 200 万个家庭的人均收入

4. 在第 3 题中,以下为该项研究的统计量是(　　)。

   A. 2000 个家庭　　B. 200 万个家庭

   C. 2000 个家庭的人均收入　　D. 200 万个家庭的人均收入

5. 为了了解某企业职工的健康状况,从该企业随机抽取 50 名员工进行健康检查,则该项调查的总体为(　　)。

   A. 这个企业　　B. 这个企业的所有职工

C. 每个员工　　D. 这个企业所有职工的健康状况

6. 某企业以一、二、三等品来衡量产品质量的优劣，那么产品等级是（　　）。

A. 品质标志　　B. 数量标志　　C. 质量标志　　D. 数量指标

7. 某班进行统计学考试，成绩排在前3名的同学的分数分别为96分、88分、87分，则这些分数是（　　）。

A. 品质标志　　B. 数量标志　　C. 变量值　　D. 变量

8. 为了估计某城市中拥有汽车的家庭比例，抽取500个家庭作为样本，得到拥有汽车的家庭比例为35%，这里的35%是（　　）。

A. 参数值　　B. 统计量的值　　C. 样本量　　D. 变量

9. 下列数据中为数值型数据的是（　　）。

A. 身高　　B. 性别

C. 企业类型　　D. 员工对企业某项改革措施的态度（赞成、反对、中立）

10. 为比较不同地区城镇居民收入水平的差异情况，在《2014年中国统计年鉴》中查找到了2013年中国31个省区市的城镇家庭平均可支配收入数据，该数据属于（　　）。

A. 分类数据　　B. 顺序数据　　C. 截面数据　　D. 时间序列数据

11. 为了了解某市中小民营企业的经营状况，市统计局以该市所有中小民营企业为调查总体展开调查，该总体的不变标志是（　　）。

A. 企业地址　　B. 职工人数　　C. 所有制　　D. 固定资产总额

12. 下列哪类变量是以文字表述的、各类别间的关系是平等并列的，不存在顺序上的差异（　　）。

A. 定类变量　　B. 定序变量　　C. 定距变量　　D. 定比变量

二、多项选择题

1. “统计”一词所包括的三层含义是（　　）。

A. 统计学　　B. 统计活动　　C. 统计数据　　D. 统计指标　　E. 统计图表

2. 统计指标的特点包括（　　）。

A. 数量性　　B. 具体性　　C. 综合性　　D. 全面性　　E. 客观性

3. 一项完整的统计研究过程，一般包括以下哪些基本环节（　　）。

A. 统计设计　　B. 数据收集　　C. 数据整理　　D. 数据分析　　E. 数据解释

4. 下列标志属于数量标志的是（　　）。

A. 增加值　　B. 经济类型　　C. 失业人数　　D. 在校学生人数　　E. 机构部门

5. 下列变量中属于离散变量的有（　　）。

A. 机床台数　　B. 学生人数　　C. 耕地面积　　D. 粮食产量　　E. 汽车产量

6. 要了解某地区全部劳动年龄人口的就业情况，从该地区随机抽取500人展开调查，下列说法正确的有（　　）。

A. 该地区全部劳动年龄人口是调查的总体

B. 该项调查的样本量是500

C. 某一位被调查者的职业为教师是标志表现

D. 500位被调查的劳动年龄人口是调查的总体

E. 该项调查总体的可变标志是所属地区

7. 为了解某高校统计学院教师所承担课程的情况，随机抽取 10 名教师进行调查，下列说法正确的是(　　)。

A. 统计学院全体教师是调查总体　　B. 每位教师本学期任课班级数是数量标志

C. 教师性别是定距变量　　D. 该项调查总体的不变标志是所属学院

E. 10 名教师是该项调查的样本

8. 为了了解某市医院的发展情况，随机抽取 5 家医院展开调查，调查内容包括病床数、药品销售额等，下列变量属于离散型变量的有(　　)。

A. 病床数　　B. 医院占地面积　　C. 医生人数

D. 医生与患者人数比率　　E. 药品销售额

三、操作题

1. 为有效地组织进货，超市销售人员记录了一周内 5 种饮料的销售情况，获得如下数据(见所附数据集“E1_01 五种饮料一周内购买次数的原始记录”)：

	A	B	C	D	E
1	5种饮料一周内购买次数的原始记录				
2	可口可乐	新奇士	杏仁露	醒目	新奇士
3	新奇士	可口可乐	醒目	可口可乐	醒目
4	可口可乐	新奇士	杏仁露	可口可乐	杏仁露
5	雪碧	可口可乐	可口可乐	新奇士	可口可乐
6	雪碧	杏仁露	可口可乐	雪碧	雪碧
7	杏仁露	新奇士	新奇士	雪碧	新奇士
8	可口可乐	杏仁露	雪碧	醒目	可口可乐
9	可口可乐	可口可乐	醒目	雪碧	雪碧
10	醒目	雪碧	可口可乐	可口可乐	雪碧
11	可口可乐	雪碧	雪碧	雪碧	醒目

要求：将上述数据转换成规范的 SPSS 数据集，并且使用值标签 1、2、3、4、5 分别代表五种饮料。

2. 从收看法治节目的成年人中随机抽取了 50 人的样本，年龄分布如下(见所附数据集“E1_02 50 位收看法治节目观众年龄”)：

	A	B	C	D	E	F	G	H	I	J
1	50位收看法治节目观众年龄									
2	34	43	22	40	45	34	24	51	46	34
3	21	42	38	43	38	28	46	42	50	43
4	48	42	33	39	43	34	35	40	48	29
5	43	35	27	44	36	47	33	38	37	31
6	37	39	37	33	39	49	42	35	30	30

要求：将上述数据转换为 Excel 格式数据，并利用 Excel 的函数功能计算平均年龄。

3. 请根据下面表格关于变量设定的具体要求，将七位同学的个人信息以及数学、英语成绩录入 SPSS 软件并形成规范的 SPSS 数据集。

变量名	变量标签	变量类型	宽度	小数位数	变量值标签
Name	姓名	字符串	8		
Gender	性别	数值型	1	0	1＝男 2＝女
Age	年龄	数值型	2	0	
English	英语成绩	数值型	3	1	
Math	数学成绩	数值型	3	1	

记录数据为：

Name	Gender	Age	English	Math
王　洋	1	21	78	80
刘　月	2	22	87	78
李天美	2	23	76	79
郑丹阳	2	22	81	82
张易雪	1	20	80	81
赵　丹	1	21	77	84
孙　辉	2	21	79	85

4. 已知某班20名同学期末考试的成绩数据如下(见所附数据集“E1_04 某班20名同学期末考试成绩”)：

	A	B	C	D	E	F	G
1	某班20名同学期末考试成绩						
2	姓名	平时成绩	数学	语文	英语	总分	平均分
3	张凯	93	90	87	90		
4	王丽	88	87	88	90		
5	李华	86	80	75	78		
6	郑开颜	90	88	76	78		
7	王立军	76	79	80	85		
8	王臣荣	78	75	80	84		
9	王玫	80	76	81	83		
10	宋丹	83	81	82	85		
11	邱爽	85	83	90	85		
12	刘梅	80	82	76	80		
13	王雪	88	78	80	83		
14	宋庆阳	85	79	82	87		
15	韩柳	76	83	85	80		
16	赵丹丹	74	80	86	70		
17	李洋	70	76	81	76		
18	刘军	90	92	88	85		
19	朱晓萱	89	90	87	86		
20	孙艳艳	79	83	80	80		
21	李致远	78	82	81	80		
22	赵杨	80	85	82	78		

要求：分别利用Excel和SPSS中的计算功能或函数功能，计算每名同学的总分和平均分，并按照总分进行降序排序。

提示：总分数＝平时成绩＋数学成绩＋语文成绩＋英语成绩

平均分＝(平时成绩＋数学成绩＋语文成绩＋英语成绩)/4。

第二章　数据的收集、整理与显示

引　例

某财经高校学生就业指导处每年均会联系各类用人单位来校园参加招聘工作洽谈会，为确定联系校园招聘单位的工作重点，就业指导处在应届毕业生中做了一项关于学生就业意向的问卷调查。表2—1是本次调查随机抽取的260名应届毕业生所反馈的就业意向调查结果原始数据（问卷中针对财经类高校的专业特点，共预设了五类就业意向：会计、金融、管理、营销和其他）。

表2—1　260名毕业生就业意向调查数据

管理	会计	会计	金融	金融	会计	管理	营销	营销	其他
会计	管理	会计	营销	会计	会计	管理	会计	会计	其他
管理	会计	其他	营销	会计	会计	金融	会计	会计	管理
其他	管理	营销	营销	金融	营销	其他	会计	营销	管理
其他	会计	营销	金融	金融	营销	金融	会计	营销	其他
管理	会计	其他	管理	金融	会计	金融	营销	会计	会计
营销	管理	其他	会计	会计	会计	管理	营销	会计	其他
管理	会计	会计	管理	会计	会计	营销	营销	营销	会计
会计	管理	会计	管理	金融	管理	会计	营销	管理	会计
会计	管理	营销	金融	金融	管理	会计	营销	营销	管理
金融	管理	营销	金融	其他	会计	营销	其他	会计	会计
金融	会计	营销	营销	金融	会计	会计	其他	会计	会计
会计	会计	营销	营销	金融	营销	金融	营销	会计	其他
其他	营销	会计	会计	金融	会计	金融	金融	会计	管理
会计	会计	会计	营销	其他	会计	会计	会计	会计	管理
营销	会计	营销	营销	其他	管理	会计	会计	会计	管理
营销	会计	金融	营销	其他	管理	营销	金融	营销	金融
其他	营销	营销	金融	其他	其他	营销	金融	营销	金融
营销	金融	会计	金融	其他	营销	营销	营销	营销	金融
营销	营销	营销	金融	金融	其他	营销	营销	营销	金融
营销	营销	会计	会计	金融	管理	营销	营销	营销	金融
会计	会计	金融	金融	会计	管理	营销	金融	营销	其他
金融	会计	会计	营销	金融	管理	营销	金融	营销	金融
金融	金融	会计	金融	金融	管理	营销	金融	其他	其他
会计	会计	金融	金融	金融	管理	营销	营销	其他	金融
会计	会计	金融	金融	金融	管理	营销	营销	其他	其他

毫无疑问，这些数据中包含着毕业生就业意向的有用信息，但仅凭直观的观察，很难从中获得有用的观察结果，更无从进行深入的分析和计算。通过调查所获得的原始数据，往往都是观测值众多而且结构零散的，不加以系统整理，很难进行有效的整体性观察。大量、零散的原始数据自有其内在的条理化结构，本章将要介绍的数据的搜集、整理与显示方法，就是揭示原始数据内在结构条理性的有效手段。

第一节　数据的收集

一、统计数据的来源

从统计数据本身的来源看，统计数据最初都是来源于直接的调查或实验。对于统计数据的使用者而言，统计数据主要来源于两种渠道：直接来源和间接来源。其中，直接来源（primary source）指的是有目的的、刻意收集的原始数据资料，比如回收的问卷数据、统计报表、实验记录数据等，反映的是被调查对象原始状况的第一手数据，在引例中所给出的 260 名应届毕业生的就业意向，就是直接来源的原始数据；间接来源（secondary source）是通过各种数据库或其他渠道搜集到的二手数据（原始数据集的复制品），是已经存在的、经他人整理分析过的数据，比如统计年鉴、报告、期刊、网页等。

可见，间接获取数据仅仅是一个“发现”的过程，并不参与数据的生产环节，采集成本相对较低，有助于理解所要研究的问题，所以通常会首先考虑采集相关的二手数据。而直接获取数据则涉及具体的数据获取方法，而且一般是为特定研究目的所服务的，所以将间接获取的数据应用于其他项目时，要注意数据的统计口径和代表性等问题。不论是直接还是间接来源，都应注明数据来源，这不仅是对他人工作成果的尊重，而且也能保证描述和分析过程有据可循。

根据现行国家统计调查项目，国家统计局开展统计调查的领域包括国民经济核算、农业、工业、能源、投资、建筑业、房地产开发、批发零售住宿餐饮业、部分服务业、人口、劳动、就业、住户、价格、科技等。国家统计局官网（http://www.stats.gov.cn/）提供了四种查询统计数据的方式[①]：一是通过官网的“最新发布”栏目，获取最新公布的统计数据；二是通过国家统计数据库（http://data.stats.gov.cn/），快速查询统计指标及系列数据；三是通过“统计出版物”栏目（http://www.stats.gov.cn/tjsj/tjcbw/），在网上查阅年鉴类书籍；四是在官网的首页上，直接通过“输入关键字”进行检索，查看历年的新闻稿件。

二、统计数据的采集方法

直接获取数据的基本方法主要有以下几种：

（一）问卷调查法

问卷调查法是以书面提出问题的方式搜集资料的一种研究方法，主要针对的是社会科学领域。研究者将所要研究的问题编制成问题表格，以邮寄、当面作答或者追踪访问等方式填答，从而了解被调查者对某一现象或问题的看法和意见。近年来随着计算机应用和互联

---

① 请参见 http://www.stats.gov.cn/tjzs/cjwtjd/201407/t20140714_580886.html。

网的日益普及,在线填答问卷的调查方式,凭借其便捷、实时和低成本的优势,也开始得到越来越广泛的应用。

(二)科学实验法

科学实验法是指根据一定的科学研究目的,利用科学仪器设备,在人为控制或模拟的特定条件下,排除各种干扰,通过观察研究对象来获取数据的方法。科学实验法主要针对的是自然科学领域,近年来社会科学也开始逐渐引入实验方法,比如心理学实验、实验经济学等。由于实验强调的是条件可控,所以常常用来研究变量之间的因果关系。

(三)观察记录法

观察记录法是指研究者根据一定的研究目的、研究提纲或观察表,用自己的感官和辅助工具去直接观察被研究对象,从而获得资料的一种方法。与问卷调查和科学实验不同,观察记录法一般并不是刻意地搜集数据,而是一种"自然而然"的观察和记录,比如,部门行政记录数据、商业记录数据、个人行为记录数据等,数据是用户自动产生的副产品,因此数据收集类似于痕迹拾遗,所以也称为"数字足迹"(digital traces)或"数字尾气"(data exhaust)。特别是随着互联网的快速发展以及各种电子设备的广泛渗透,观察已经变得越来越容易,因为人们的通信、交际、消费、度过闲暇时光以及开展业务等活动,已经开始逐渐转移到互联网上实现,越来越多的行为留有无法删除的数据足迹,比如交易、位置、通信、浏览和搜索记录、鼠标移动数据、微博、社交言论等,这类数据被冠以一个时髦的名词:大数据。

根据维基百科的定义,大数据(big data)是指无法在可承受的时间范围内用常规软件工具进行捕捉、管理和处理的数据集合。与传统的结构化数据不同,大数据通常表现为大量的非结构化数据和半结构化数据,具有"5V"特征:①大量性(Volume),大数据可具有从数百TB(Terabyte)到数十或数百PB(Petabyte)甚至EB(Exabyte)的规模;②多样性(Variety),大数据包括文字、视频、图片,甚至人们的行为、位置和身体生理数据等各种格式和形态的数据;③时效性(Velocity),很多大数据需要在一定的时间限度下得到及时处理;④准确性(Veracity),对大数据的处理结果需要保证一定的准确性;⑤价值性(Value),大数据中包含很多深层次的信息,通过深入分析挖掘和利用将带来巨大的商业价值。关于大数据的具体处理技术及发展趋势和应用,感兴趣的同学可以参考相关资料。

三、统计调查的组织方式

统计调查的组织方式是指组织统计调查、搜集数据资料的模式。统计调查的组织方式主要包括普查、抽样调查、重点调查和典型调查等。政府统计体系是中国统计调查系统中最重要、最具代表性的部分。中国的政府统计工作正在形成以周期性普查为基础,以经常性抽样调查为主体,综合运用全面调查和重点调查等方法,并积极利用行政记录等资料的统计调查方法体系。

(一)统计报表

统计报表(statistical form)是按照国家或上级部门统一规定的表式、统一的指标、统一的报送程序和报送时间,自上而下地统一布置,自下而上地提供基本统计资料的一种统计调查方式。统计报表制度作为一种取得统计资料的主要方法在我国长期广泛使用,为制定社会经济政策、进行宏观决策提供详细的基础数据。全面定期统计报表制度主要面向规模较大、相对稳定、数量又比较小,或者有归口部门管理的统计调查对象。

统计报表同其他统计调查方式相比，主要优点包括：第一，各单位必须在规定时间范围内按期填报，保证了统计资料的全面性和连续性；第二，统计报表统一规定调查内容、表式和时间，保证了统计资料的统一性和及时性；第三，统计报表要求各填报单位必须依据原始记录进行填报，各基层单位原始记录的完整性和准确性是统计资料准确性的必要基础。

2012 年起，国家统计局开始正式实施统计“四大工程”，重点建设统一完善的基本单位名录库、统一规范的企业一套表制度、统一完善的数据采集处理软件系统和安全高效的联网直报系统。其中，建立统一规范、方便填报的企业一套表制度，就是将对企业分散实施的各项调查整合统一到一起，统一布置报表，统一采集原生性指标数据，统一统计标准。统计一套表制度的主要统计内容包括调查单位基本情况、从业人员及工资情况、财务状况、生产经营情况、能源和水消费、科技活动、信息化情况和经营情况问卷调查等。与过去相比，“企业一套表”的最大特点就是使工作集中化和高效化，新报告试图包括多套表的所有信息，改变了过去企业需要填报多套报表时既重复又分散的工作状态。

联网直报也是“四大工程”中的重要组成部分。建设安全通畅、便捷高效的联网直报系统，就是要在经济普查、各类常规调查、专项调查等由调查对象填报的统计调查中，实现调查对象通过互联网直接向全国数据中心报送原始数据；在价格、人口普查、住户等由调查员直接采集数据的工作中，普遍应用电子采价器、住户记账器等电子终端采集原始数据，并通过网络向全国数据中心报送原始数据。联网直报制度是基层统计队伍的工作重点，从过去繁重的数据收集汇总、报表填报转向对原始数据的核查和企业基础统计工作的督导，有效消除可能存在的中间环节对统计数据的干扰，提高了数据汇总效率和生产过程的透明度和可控性。

（二）普查

普查（census）是指一个国家（或地区）为全面准确地了解某项重大国情国力状况，针对某类统计总体的全部单位，按照统一的普查方案和工作流程，在统一的标准时点，组织开展的大规模、一次性的全面调查。周期性普查是每隔一段时期定期开展的普查，中国现行的周期性普查包括全国人口普查、全国农业普查和全国经济普查等。

全国人口普查的对象是在中国境内居住的所有自然人，主要调查人口和住户的基本情况，每 10 年进行一次（末位数字逢 0 的年份实施），标准时点为普查年度的 11 月 1 日零时。全国农业普查的对象是中国境内的农村住户、城镇农业生产经营户、农业生产经营单位、村民委员会、乡镇人民政府。农业普查主要调查农业、农村、农民的基本情况，每 10 年进行一次（末位数字逢 6 的年份实施），标准时点为普查年度的 12 月 31 日 24 时。全国经济普查的对象是在中国境内从事第二产业、第三产业活动的全部法人单位、产业活动单位和个体经营户，主要调查第二产业、第三产业的发展规模、结构和效益情况，每 5 年进行一次（末位数字逢 3 和逢 8 的年份实施，2003 年由于“非典”的特殊原因，第一次全国经济普查延至了 2004 年实施），标准时点为普查年度的 12 月 31 日。此外，中国每 10 年进行一次全国 1% 人口抽样调查、全国 R&D 资源清查，每 5 年进行一次全国投入产出调查。

中国的周期性普查为国家制定经济社会发展规划和经济社会政策措施、为各级政府进行经济社会管理提供了重要依据。同时，周期性普查是中国政府统计调查体系的基础，为各类常规统计调查提供基准数据、基本抽样框和单位字典库。世界各国对普查都给予了充分的重视，甚至把普查看作是仅次于战争的“运动”，西方国家几乎没有统计报表制度，全面调查资料通常依靠普查获得。

（三）抽样调查

抽样调查(sampling survey)是一种专门组织的非全面调查。广义的抽样调查包括随机抽样与非随机抽样，我们一般提到的抽样调查主要是指随机抽样(random survey)，是按照随机原则从调查对象中抽取一部分样本单位进行调查，再用样本指标推断总体数量特征的一种调查组织方式。其中随机原则(principle of random)是指总体中调查单位确定不受主观因素及其他系统性因素的影响，每个总体单位都有均等的被抽中机会。非随机抽样(non-random survey)是一种按照人们主观愿望选取样本的方法，如下面将提到的重点调查和典型调查，也称为有目的的调查或判断调查。这些抽样的目的是要通过了解一部分个体的情况而获取全面的信息。但由于非随机抽样无法估计误差的概率，所以也就无法进行统计推断。

抽样调查虽然是一种非全面调查，但它的目的却是推断和把握总体的数量特征，所以在一定意义上说，它起到的是全面调查的作用。当然，以样本资料推算总体的数量特征，不可避免地会产生误差，但这种误差与其他统计估算所产生的误差不同，它可以根据有关资料事先计算，并且通过一定的途径来控制误差的范围，保证抽样推断结果达到预期的可靠程度。关于抽样误差的计算以及抽样推断的具体内容，我们将在第五章“参数估计”部分进行详细的介绍。

与其他调查方式相比，抽样调查具有诸多优点：一是经济性，抽样调查的调查单位少，可以大大减轻工作量，节省人力、物力和财力；二是时效性，抽样调查是专门组织的一次性调查，调查人员可直接取样，现场观测，减少了中间环节，因而可以提高调查效率；三是代表性，由于抽样是按照随机的原则，因此样本排除了主观因素的影响，具有较高的代表性；四是灵活性，抽样调查组织形式方便灵活，调查项目可多可少，考察范围可大可小，既可适用于专题的研究项目，也可适用于经常性的调查项目。

抽样调查的特点决定了它在调查费用有限、对调查时效性和数据质量要求高的调查项目中有广泛的用途。此外，普查也需要与抽样调查相辅相成，不仅在普查之前可以利用抽样调查获得总体目标量的估计，还可以作为对普查的补充，对全面统计资料进行评估和修订，也可以利用抽样调查获得更为详尽的资料，进而展开更深层次的分析。

（四）重点调查

重点调查(key-point survey)是专门组织的一种非全面调查，是为了解总体基本情况，在调查对象中选择一部分重点单位进行调查的一种调查组织方式。所谓重点调查单位，是指那些被调查的总体单位数目不多，所占比重不大，但其调查的标志值却在总体标志总量中占有很大比重，在总体中具有举足轻重的作用。通过对这部分重点单位的调查，可以从数量上说明总体在该标志总量方面的基本情况。

例如，要了解全国的钢铁生产总量，首钢、宝钢、鞍钢、武钢和包钢等特大型钢铁企业，虽然数量在全国钢铁企业中只是少数，但它们的产量却占全国钢铁产量的绝大比重。通过对这些重点企业进行调查，便能省时省力而且及时地了解全国钢铁生产的基本情况，满足调查任务的要求。

重点调查实质是范围较小的全面调查，它的目的是反映现象总体的基本情况，重点单位的标志值在总体标志总量中占有绝大比重，重点单位对于总体来说最具有代表性，掌握了它们的情况，就掌握了总体的基本特征。不过，由于重点单位与一般单位的差别较大，通常不能由重点调查的结果来推断总体总量，事实上重点调查的数据也不具备推断总体总量的条件。

进行重点调查，关键是要选择好重点单位，其基本标准是所选出的重点单位的标志总量必须能够反映研究总体的基本情况。根据调查的任务不同，重点单位可能是一些企业、行业，也可能是一些地区、城市等。对于没有重点单位的总体现象的认识，如对全国居民生活水平的调查，对某地区饮食业经营情况的调查，等等，就不适宜采用重点调查的方式。

（五）典型调查

典型调查（model survey）也是专门组织的一种非全面调查，它是根据调查研究的目的和任务，在对调查对象有一定了解的基础上，有意识地选择少数典型单位进行调查的一种调查组织方式。

就人类认识活动的顺序来说，总是从认识个别和特殊事物开始，然后才逐步扩大到认识一般事物。因此，从被研究对象中选择有代表性的典型单位，对其进行深入细致的调查研究，就可以了解事物的本质及其发展过程，也就可以认识同类事物的本质和发展规律。

在典型调查的整个过程中，准确地选择典型单位是做好典型调查、保证调查质量的关键。选择典型单位，首先要根据调查目的和任务，进行全面分析和综合比较，了解被研究总体的全面情况和一般水平，然后从各个可供选择的单位中挑选富有代表性的典型单位。

（六）各种统计调查方式的结合运用

每一种统计调查的组织方式都有其特点和作用。统计活动必须根据研究对象和人力、物力、财力条件的不同，灵活运用各种调查方式。一般情况下，能用抽样调查、重点调查、典型调查达到目的的，就不必进行全面调查；一次性调查可以解决问题的，就不需进行经常性统计。

四、统计调查误差

统计认识活动是一个利用主观意识去把握客观现象数量特征的过程，在这个过程中由于受到各种主客观因素的影响，很难做到所收集的数据资料与真实情况完全一致。这种收集来的统计数据资料与真实情况间的差异，即为统计调查误差。研究调查误差的主要目的是找出导致误差产生的原因，进而采取对策避免、减少误差或控制误差水平。为了控制、减少乃至消除误差，首先要对误差的来源有一个清晰的了解。统计中的误差可分为两大类：随机误差与非随机误差，其中非随机误差又可分为系统误差和登记性误差两种。

（一）随机误差

随机误差（random error），也称作抽样误差，指由样本的随机性所造成的样本统计量的值与对应的总体参数之间的差异。在由总体抽取样本的过程中，客观上存在着众多甚至无数个可能样本，我们实际抽到的只是其中的一个样本而已。总体参数虽然未知，但它是唯一确定的，而不同的可能样本，其统计量的具体取值却不尽相同，因此，在样本统计量的值与总体参数真值之间必然存在一定程度的差异，某一个样本统计量的值刚好与总体参数相等，那反倒是偶然的事情。很明显，这种误差完全是由样本的随机性造成的，从理论上讲是不可避免的，不过在实际统计工作过程中可以根据具体要求加以事先控制，比如，在同样的推断把握程度下，可通过扩大样本容量来减少随机误差。

（二）系统误差

系统误差（system error）是非随机误差的一种，是指因违背随机原则破坏了样本的随机结构，所造成的样本统计量的值与对应的总体参数之间的差异。系统误差与随机误差不同，随机误差是在遵循了随机原则的前提下会必然产生的误差，系统误差正好相反，是违背了随机原则所造成的误差。比如，以某高校全体在校本科生为总体来抽取样本，可采用学生处登记的学生入学名单为抽样框，但如果学生转出和转入变动记录没有得到及时更新，入学登记名单与现实的在校本科生总体已经不存在一一对应关系，采用这种已经不能完全代表总体的抽样框来抽取样本，就破坏了样本的随机结构，所获得的样本数据中就会存在系统误差。

（三）登记性误差

登记性误差（data recording error）是另外一种非随机误差形式，是指在统计过程中，由于测量不准，记录笔误，被访者有意无意地漏报、错报、瞒报、虚报数据，运算过程出现错误等人为原因，所造成的样本统计量的值与对应的总体参数之间的差异。比如，某人身高原本是 169 厘米，但由于尺子不准或观察有误而测成 170 厘米；原始数据是 50 公斤，但在数据录入时却误录成 500 公斤；被访者的月收入明明是 8000 元，填表时却填了 2000 元，等等，都属于登记性误差。

很明显，系统误差与登记性误差主要是由于数据搜集和处理过程的操作不当所造成的误差，从理论上讲是可以避免的，但由于其产生的具体原因在实际工作中却是五花八门，很难完全消除。统计工作的一个努力目标，就是尽量避免统计活动中的系统误差和登记性误差。

本教材中在后续各章节中有关推断方法原理的讲解，多数情况下都是假定问题中只存在随机误差，而不存在系统误差或登记性误差。

第二节　数据整理

数据整理是指根据统计研究的目的，将统计调查所得到的原始资料进行科学的分类汇总，或对已经加工的次级资料进行再加工，为统计分析准备系统化、条理化的统计数据的过程。数据整理工作是统计调查的继续，也是统计分析的基础，在整个统计工作中发挥着承前启后的作用。通过数据整理，使统计在认识客观现象的过程中，实现从对个别单位的标志值向说明总体数量特征的指标值的过渡，从对现象的感性认识过渡到对现象的理性认识。

数据整理的一般程序包括：数据质量审核、统计分组、数据汇总以及通过编制统计表和绘制统计图进行数据展示等。本节将主要介绍数据质量审核、统计分组、数据汇总的基本内容，关于图表显示和描述的方法，我们将针对不同数据类型，分别在第三、四、五节中结合例子进行详细介绍。

一、数据质量的审核

在对统计数据进行整理时，首先需要对数据质量进行全面审核，以保证为进一步进行统计整理与深入分析提供高质量的数据基础。

（一）调查数据（原始数据）的审核

对调查数据质量的审核，主要包括以下三个方面：

1. 审核数据的准确性。审核所填报资料是否准确可靠，主要包括两个方面：一是检查数据资料的内容是否真实地反映了客观实际情况；二是检查数据是否存在错误，计算方法是否正确等。审核数据准确性的方法主要有逻辑检查和计算检查。逻辑检查是从定性角度出发，审核数据是否符合逻辑，内容是否合理，各项目或数字之间有无相互矛盾的现象。比如，在某项家计入户调查项目的原始数据库中，某个受访者所填写的年龄是9岁，但其职业为公务员、婚姻状况为已婚，很明显我们会怀疑这个人的年龄可能填写有误。计算检查是检查调查表中的各项数据在计算口径、计量单位、计算方法和计算结果上有无错误，并通过各种计算方法来检查各指标间的数字是否相互衔接，比如各分项数字之和是否等于相应的合计数，各结构比例之和是否等于1或100%，出现在不同表格上的同一指标数值是否相同，等等。

2. 审核数据的完整性。对数据进行完整性审核，主要是检查应调查的单位或个体是否有遗漏、所有的调查项目或指标是否填写齐全、应报资料的份数是否符合规定等。

3. 审核数据的及时性。审核数据的及时性，主要是检查填报单位是否按时报送了有关资料，对不报、漏报或迟报的现象都要及时查清。

（二）二手数据的审核

对于通过间接来源获取的二手数据，除了需要采用逻辑审核和计算审核等方法对数据质量进行审核外，还需要对数据的适用性和时效性进行审核。

1. 审核数据的适用性。二手数据可以来自多种渠道，有些数据可能是为特定目的通过专门调查而收集的，或者是已经按特定目的的需要做了加工整理。作为使用者来说，首先应审核数据的可靠程度、指标含义、所属时间与空间范围、计算方法和分组条件以及有关的背景材料，以便确定这些数据是否符合自己分析研究的需要，是否需要重新加工整理等。一般可以从调查资料的历史背景、调查者搜集资料的目的以及资料来源等，来判断资料的可靠程度，也可以从指标间的相互关系以及指标的变动趋势来检查它的正确性。

2. 数据的时效性。对于某些时效性较强的问题，如果所取得的数据过于滞后，可能就失去了研究意义。数据在经过审核后，确认适合于研究问题的实际需要，才有必要做进一步的加工整理。

（三）数据的更正和筛选

对审核过程中发现的错误，不能简单地直接删除，而应根据不同情况分别进行处理。对可以判断的确定性差错，要及时进行更正；对可疑但又不能肯定的差错，要及时查询，可通过查找原始记录或者联系原始数据的生产者（比如访问员、填表人等）尽可能地复查确认并更正。对无法予以纠正或不符合要求又无法弥补的统计数据需要进行筛选。数据筛选包括两个方面内容：一是将某些不符合要求的数据或有明显错误的数据予以剔除；二是将符合某种特定条件的数据筛选出来，而不符合特定条件的数据予以剔除。

二、统计数据的分组

统计分组（statistical grouping）是根据统计总体内在的特征与统计研究的任务需要，将统计总体按照一个标志或几个分组标志区分为若干个性质不同的类或组的一种统计方法。统计分组的目的，是把同质总体中具有不同性质的单位分开，把性质相同的单位合并在一起，保持各组内数据的一致性和各组之间数据的差异性，以便进一步研究调查对象的数量表现与数量关系，进而正确认识调查对象的本质及其规律性。以我国人口普查为例，为反映我国人口总体内部的结构差异，可以按照不同的分组标志对全国人口进行分组，比如，按性别可分为男、女两组，按年龄分为“0～4岁”“5～9岁”“10～14岁”……“100岁及以上”各组，按民族分为“汉族”“蒙古族”“回族”等，通过这些分组，有助于认识我国人口的性别、年龄、民族等各方面的结构及其比例关系。

为保证统计分组的科学性，进行统计分组时必须遵循两个原则，即穷尽原则和互斥原则。穷尽原则是指总体中每一个个体都必须有组可归，也就说，各分组的空间足以容纳总体所有的单位。例如，对从业人员按文化程度分组，如果只是简单分为小学毕业、中学毕业（含中专）和大学毕业三组，那么，那些文盲或识字不多以及大学以上学历者就会找不到可以归属的组，这种分组就没有做到“穷尽”，如果把分组调整为：文盲及半文盲、小学程度、中学程度、大学本科、研究生及以上五组，就可以包括全部从业人员的各种不同层次的文化程度，这样的分组才符合分组的穷尽原则要求。互斥原则是指在特定的分组标志下，总体中的任何一个单位只能归属于某一组，而不能同时或可能归属于几个组。例如，某商场把服装分为男装、女装、童装三类，这不符合互斥原则，因为童装也有男、女装之分。若先把服装分为成年服装与儿童服装两类，然后每类再分为男女两组，这才符合分组的互斥原则。

统计分组是数据整理的前提和基础，是数据整理的核心环节。统计分组在统计研究中的重要作用表现为以下三个方面：一是用于区分总体类型。现象的类型多种多样，不同类型的现象有不同的特点、性质和规律，通过对统计资料进行分组，就可以把不同类型的现象区别开来，实现对不同类型现象和总体的认识。二是用于研究总体的内部结构。通过统计分组，可以把统计总体划分为若干组成部分，计算各组成部分的总量在总体总量中所占的比重，即可反映总体结构特征与总体结构类型。三是用于揭示现象之间的依存关系。现象之间总是相互联系、相互依存、相互制约的，研究现象之间依存关系的统计方法很多，如相关和回归分析法、指数因素分析法、分组分析法等，其中分组分析法是最基本的方法，在研究过程中，往往是先通过分组分析法观察出现象之间的依存关系，然后在此基础上再进一步应用其他方法进行深入分析。比如，研究人口的文化程度与收入水平的关系，一般来说，文化程度越高，收入水平也越高，但是如果只单独观察和比较若干个体的情况，可能受地域、职业类别等其他因素的影响，未必能够得出明显的结论，不过如果以受教育程度为分组变量，然后计算全部样本中各组不同受教育程度人口的平均收入水平，将能够很明晰地看出人口的受教育程度与收入的变动关系。

统计总体可以按照不同的标志进行分组，分组的标志是划分数据的标准和依据，分组标志的选择是否得当，关系到能否正确地反映总体数量特征及其变化规律。为此，需要根据研究问题的具体目的和任务来选择分组，并且要选择最能反映事物本质特征的标志。每个研究对象都有许多特征或属性，分组标志选择不恰当，分组的结果就不能反映总体的性质特征，也就不能达到所要研究的目的。例如，研究某市的经济发展状况，如果目的是了解该市企业的规模状况，就要利用反映企业规模的标志（企业职工数、生产总值等）进行分组；如果目的是了解该市经济的产业结构，就要利用企业的产业类型作为分组标志，等等。

按分组标志的多少，可分为简单分组与复合分组。简单分组（simple grouping）是指对统计总体仅按一个标志进行分组。按两个或两个以上的标志对同一总体分别进行简单分组，就可得到多个简单分组，形成平行分组体系。复合分组（composite grouping）是指对同一总体选择两个或两个以上标志层叠起来进行分组，在进行复合分组时，重叠的层次一般不能太多，否则就会喧宾夺主，显得杂乱。

在确定了分组标志后，就要进行具体的分组和汇总，然后再根据统计数据的特点，采用不同的统计图和统计表等方式，将分组和汇总结果最终呈现出来。因为对于不同类型的统计数据，分组整理的内容和图表展示的方式会不尽相同，而且所涉及的内容也比较多，因此本章接下来的两节将分别就品质型数据和数值型数据的图表描述方法展开介绍。

第三节　品质型数据的图表描述

品质数据包括定类数据和定序数据。品质标志下包含着各种不同的变异，其性质的差异比较明确，区分也较容易，因而数据分类和展示也一般比较简单。对品质型数据进行图表描述的方法主要有频数分布表、条形图和饼形图等。

一、频数分布表

以引例中某财经高校学生就业指导处所进行的应届毕业生就业调查的数据为例，这里的“就业意向”是一个定类变量，共有“会计”“金融”“管理”“营销”和“其他”五个不同的变量值，尽管表 2—1 中所给出的 260 个观测值看起来杂乱无章，但实际上它们分别归属于上述五个不同的变量值中的一个。如果将这 260 个观测值按所属变量值划分为五组，再汇总得出各组观测值的个数，原本大量零散的原始数据就会在不损失任何原有细节的前提下得以简化，并显示出一种条理化的结构，如表 2—2 所示。

表 2—2　260 名毕业生就业意向频数分布表

	A	B	C
1	就业意向	频数（人）	频率（%）
2	会计	76	29.2
3	金融	54	20.8
4	管理	33	12.7
5	营销	68	26.2
6	其它	29	11.2
7	合计	260	100.0

观察表 2—2 中的数据，可以获得以下明晰的印象：260 名应届毕业生中，就业选择倾向于会计的人数为 76，占总人数的 29.2%；倾向于金融的人数为 54，占总人数的 20.8%；倾向于管理的人数为 33，占总人数的 12.78%；倾向于营销的人数为 68，占总人数的 26.2%；其他为 29 人，占 11.2%。

表 2—2 称作频数分布表(frequency distribution table)，其编制过程包含两个步骤：第一步，对原始数据按照变量值不同进行分组；第二步，汇总得出各组中观测值的个数，各组中观测值的个数通常称作该组的频数。频数分布表给出了全体观测值在不同组之间的分布状况，我们可以通过观察频数分布来把握数据的整体特征。

表中的频率(frequency)是对频数进一步加工计算所得出的派生结果，它是各组频数与全体观测值个数的比值。频率是对频数分布状况的进一步概括和抽象，它与频数所反映的内容本质上是一致的。

二、条形图与饼形图

为了更加直观地显示出数据的频数分布状况，可以在频数分布表的基础上绘制频数分布图。适用于描述定类数据的频数分布图主要是条形图和饼形图。图 2—1 给出了 260 名毕业生就业意向的频数分布条形图。

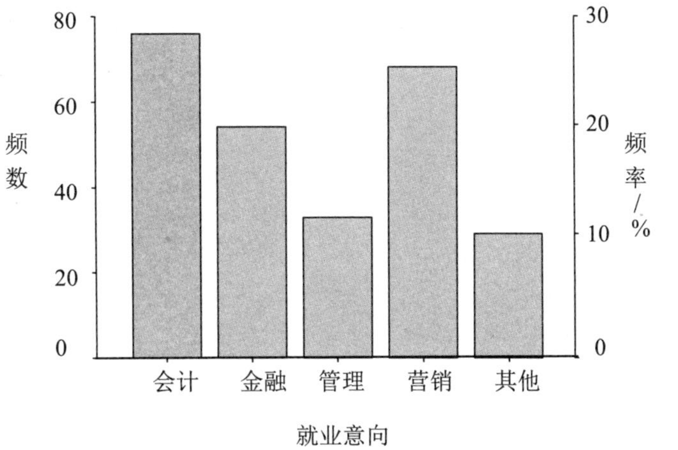

图 2—1　260 名毕业生就业意向频数分布条形图

条形图的绘制，通常以横轴表示变量及其分组，以纵轴表示频数。每个条形的长短代表该组频数的多少。条形的宽窄及各条形之间的间隔没有实际含义，考虑到图形美观和避免引起歧义，通常取相等的宽窄和间隔。条形图的纵轴也可以表示频率，采用频率所绘制出来的条形图与采用频数绘制的条形图，两者整体形状没有差别。

图 2—2 给出了 260 名毕业生就业意向的频数分布饼形图。在饼形图中，整个圆的面积代表了百分之百的频率，各个扇形的面积代表各组的频率。饼形图的扇形面积也可以表示频数，但在实际工作中人们一般习惯于在条形图中采用频数，在饼形图中采用频率。

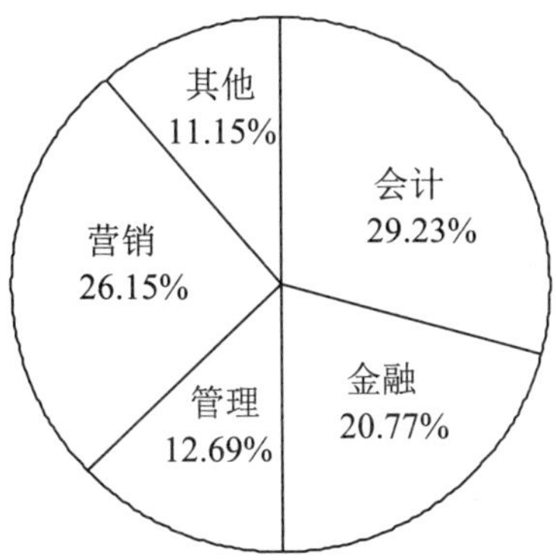

图 2—2　260 名毕业生就业意向频数分布饼形图

饼形图与条形图所反映的内容是完全相同的，但从图示效果上看，饼形图可以更为醒目地表现出频数分布的整体结构状态，条形图则更便于进行不同组之间频数差异的比较。

实际工作中，如果对各组频数高低的顺序感兴趣，还可以在条形图中重新排列各个条形的位置，参见图 2—3。

图 2—3 称作帕累托图(Pareto chart)，它是按各组频数高低排序绘制的条形图，由此图可以清楚地看到频数高低变化的整体情况。图中的折线表示由频数最高组向频数最低组逐

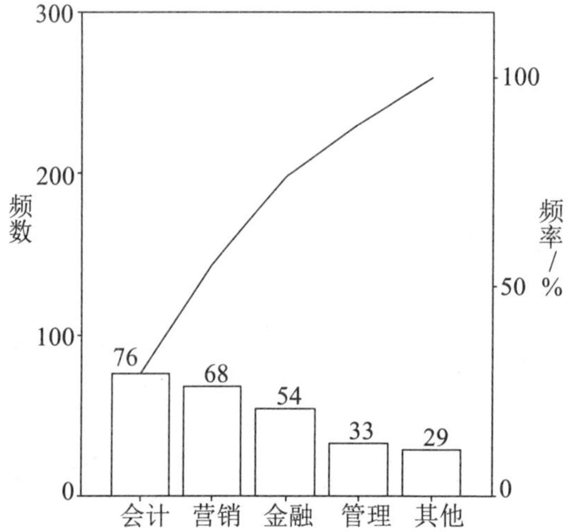

图 2—3　260 名毕业生就业意向频数分布帕累托图

步计算的累积频数。

以上是围绕定类数据所介绍的图表描述方法，这些方法同样适用于定序数据。例如，为评价某城市的空气质量状况，研究人员在该城市中测定了 300 个采样点，并获得如表 2—3 所示的测定结果（见所附数据集“data2_02 300 个采样点空气质量评价”）：

表 2—3　300 个采样点空气质量评价数据

	A	B
1	空气质量等级	采样点个数
2	优	193
3	良	67
4	轻度污染	28
5	中度污染	7
6	重度污染	5
7	合计	300

表 2—3 中是一个定序变量数据，由此数据所绘制的频数分布条形图及饼形图，如图 2—4 和图 2—5 所示。

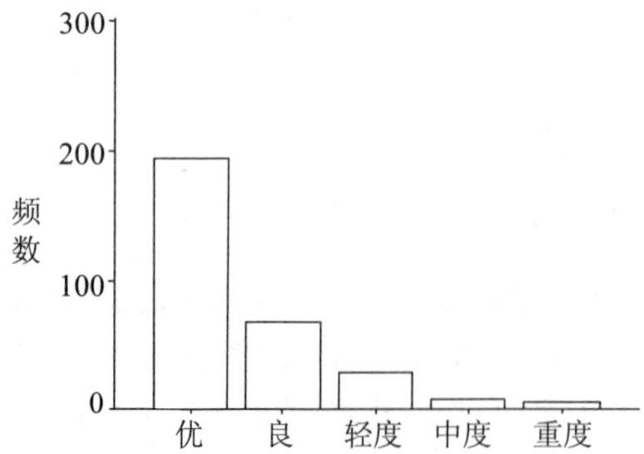

图 2—4　300 个采样点空气质量等级频数分布条形图

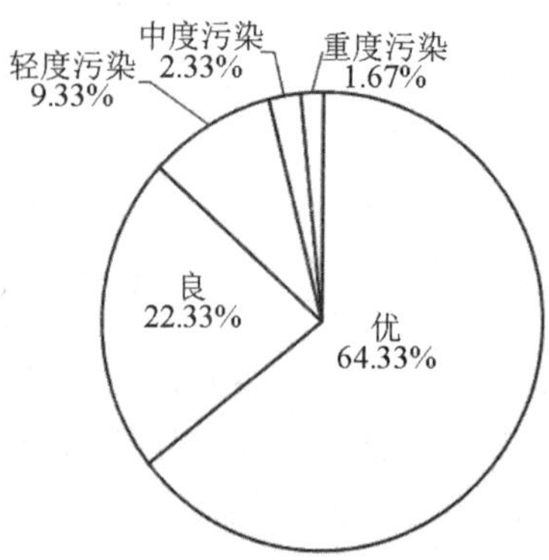

图 2—5　300 个采样点空气质量等级频数分布饼形图

由于定序数据的取值是具有顺序性的，所以其频数分布表及频数分布图中的分组次序的位置不可随意调换，分组次序的混乱意味着原始数据中的信息损失。定类数据则不存在分组的排列次序问题。

从频数分布表中，可以方便地读出某一组频数的多少。对于定序数据，如果需要直接从表中读出某一变量以上或以下累积频数的多少，则需要在频数分布表的基础上进一步加工绘制累积频数分布表，见表 2－4 所示。

表 2－4　300 个采样点空气质量评价数据

	A	B	C	D	E	F
1	空气质量等级	采样点数	向上累积		向下累积	
2		（个）	累积频数（个）	累积频率（%）	累积频数（个）	累积频率（%）
3	优	193	193	64	300	100
4	良	67	260	87	107	36
5	轻度污染	28	288	96	40	13
6	中度污染	7	295	98	12	4
7	重度污染	5	300	100	5	1
8	合计	300	-	-	-	-

累积频数的计算分为向上累积与向下累积两种情况。向上累积(cumulated upward)回答某一变量值以下的累积频数是多少，向下累积(cumulated downward)回答某一变量值以上的累积频数是多少。根据累积频数可以进一步计算出累积频率。根据累积频数表和累积频率表，还可以绘制累积频数图和累积频率图，如图 2－6 所示。

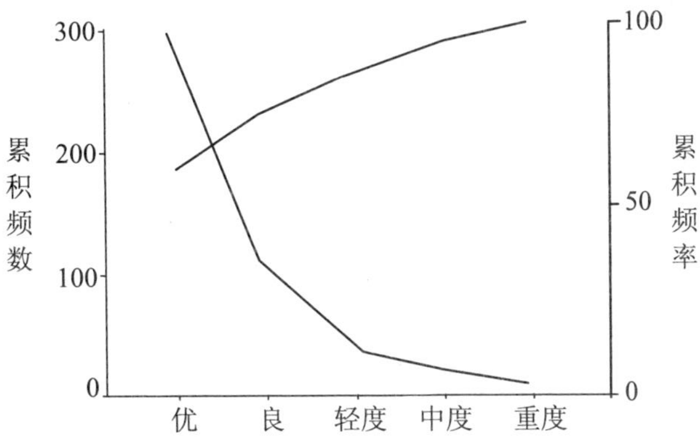

图 2－6　300 个采样点空气质量等级累积频数图

三、运用 SPSS 进行图表描述

我们在前面向大家展示的表 2－2 至表 2－4 以及图 2－1 至图 2－6，都是利用 Excel2010 直接绘制出来后所做的截屏，下面我们再具体介绍一下利用常用统计分析软件 SPSS20.0 制作各种常见的统计图表的实现过程。

(一)运用 SPSS 制作单项频数分布表

针对 260 名毕业生就业意向调查数据制作单项频数分布表的 SPSS 主要操作如下：

1. 打开表 2－1 对应的 SPSS 数据集(见所附数据集“data2_01 260 名毕业生就业意向调查”)。在 SPSS 主窗口选择菜单：点击 Analyze(分析)→Descriptive Statistics(描述统计)→Frequencies(频率)，弹出如图 2－7 所示的“Frequencies(频率)”对话框。

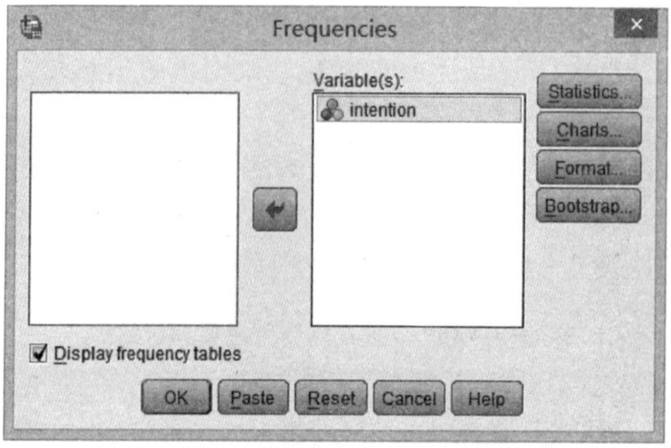

图 2—7 Frequencies 对话框

2. 选择变量“intention”进入“Variable(s)”框内。选中“Display frequency tables(显示频数分布表)”复选项，点击 OK。系统输出单项频数分布表如图 2—8 所示。

		Frequency	Percent	Valid Percent	Cumulative Percent
Valid	会计	76	29.2	29.2	29.2
	金融	54	20.8	20.8	50.0
	管理	33	12.7	12.7	62.7
	营销	68	26.2	26.2	88.8
	其他	29	11.2	11.2	100.0
	Total	260	100.0	100.0	

图 2—8 就业意向频数分布表

(二)运用 SPSS 制作条形图

针对 260 名毕业生就业意向调查数据制作频数分布条形图的 SPSS 主要操作如下：

1. 打开表 2—1 对应的 SPSS 数据集(见所附数据集“data2_01 260 名毕业生就业意向调查”)。在 SPSS 主窗口选择菜单：点击 Graphs(图形)→Legacy Dialogs(传统对话框)→Bar…(条形图)，系统弹出如图 2—9 所示的“Bar Charts(条形图)”对话框。

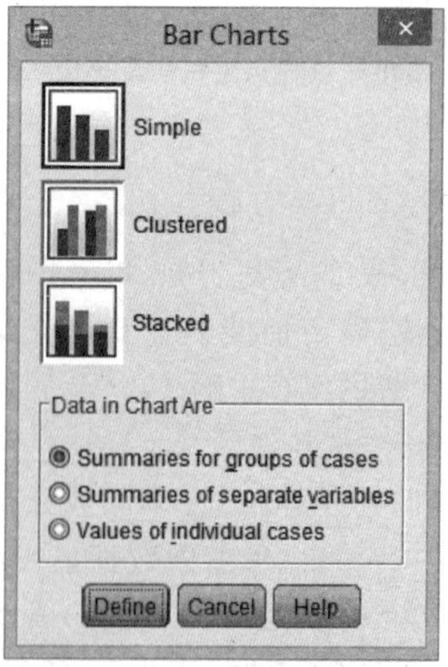

图 2—9 Bar Charts 对话框

2. 点击"Define(定义)"按钮,系统弹出如图 2－10 所示的"Define Simple Bar: Summaries for Groups of Cases(定义简单条形图:对各组样本汇总)"对话框。

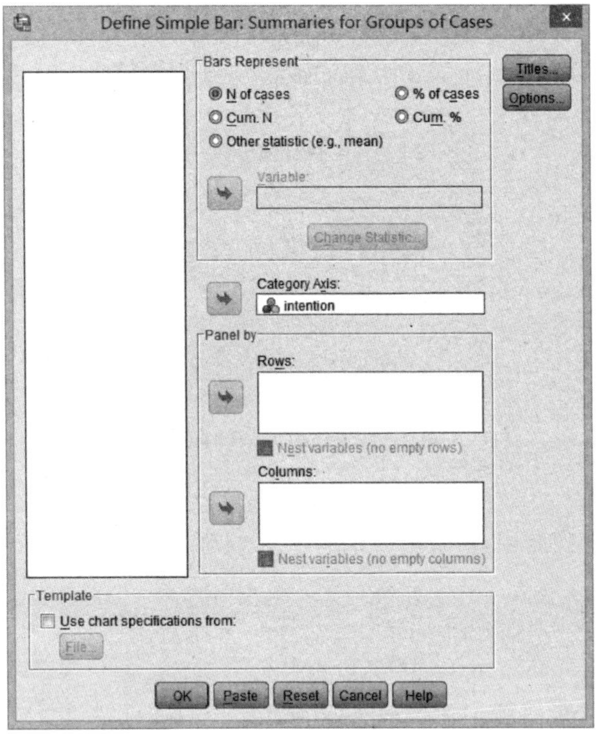

图 2－10　Define Simple Bar: Summaries for Groups of Cases 对话框

3. 选择变量"intention"进入"Category Axis:(分类轴)"框内。点击 OK。系统输出频数分布条形图如图 2－11 所示。

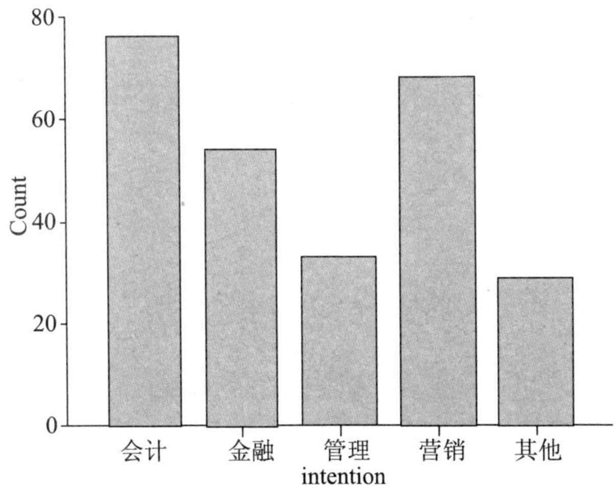

图 2－11　260 名毕业生就业意向频数分布条形图

（三）运用 SPSS 制作饼形图

针对 260 名毕业就业意向调查数据制作频数分布饼形图的 SPSS 主要操作如下：

1. 打开表 2—1 对应的 SPSS 数据集（见所附数据集“data2_01 260 名毕业生就业意向调查”）。在 SPSS 主窗口选择菜单：点击 Graphs（图形）→Legacy Dialogs（传统对话框）→Pie…（饼形图），系统弹出如图 2—12 所示的“Pie Charts（饼形图）”对话框。

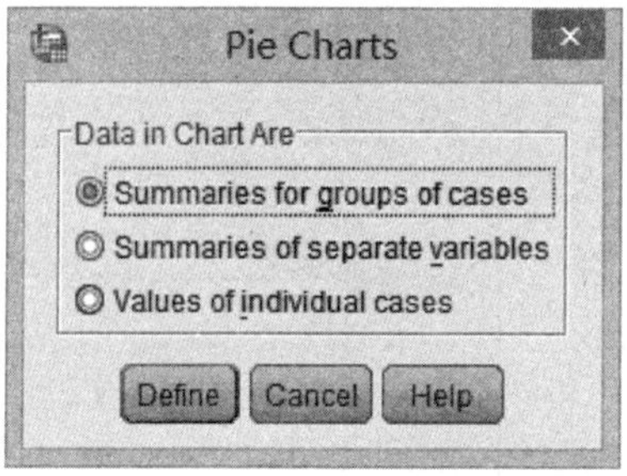

图 2—12　Pie Charts 对话框

2. 点击“Define（定义）”按钮，系统弹出如图 2—13 所示的“Define Pie：Summaries for Groups of Cases（定义饼形图：对各组样本汇总）”对话框。

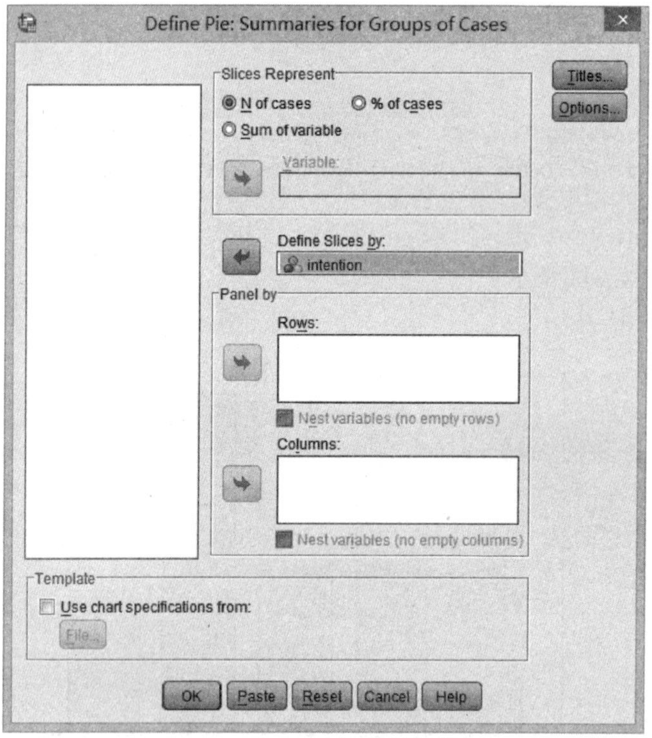

图 2—13　Define Pie：Summaries for Groups of Cases 对话框

3. 选择变量“intention”进入“Define Slices by：（定义扇面）”框内。点击 OK。系统输出频数分布饼形图如图 2—14 所示。

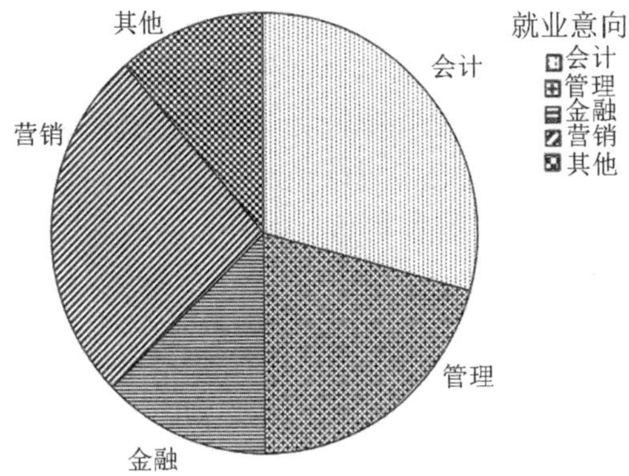

图 2—14　260 名毕业生就业意向频数分布饼形图

第四节　数值型数据的图表描述

数值型数据包括定距数据和定比数据。对数值型数据进行图表描述的方法主要有组距式频数分布表、直方图、盒形图和茎叶图等，本节将分别进行介绍。

一、组距式频数分布表

进行数值型数据图表描述的目的，同样是尽可能直观地显示其频数分布状态，其基础性的工作也同样是通过分组与汇总来编制频数分布表。

如果数据中的变量值个数不是很多，则可以参照与品质型数据同样的方法，以单个变量值作为分组标准来编制频数分布表。但在日常数据处理及分析工作中，所使用的数值型数据的变量值的个数往往很多，如果仍以单个变量值作为分组标准，那么最终所得出的频数分布表就会由于组数太多而拖得很长，这样反倒不便于对频数分布状态进行整体性观察。

例如，为合理考核教学效果，任课教师每学期期末都要对自己所担任课程的学生考试成绩进行统计分析。一般来讲，学生期末考试成绩的频数分布呈现出"两头小、中间大"的特征比较合理，表 2—5 为某班级 60 名学生统计学课程的期末考试成绩情况（见所附数据集"data2_03 60 名学生统计学期末考试成绩"）。

表 2—5　60 名学生统计学课程的期末考试成绩数据

	A	B	C	D	E	F	G	H	I	J
1	65	81	72	59	71	51	85	66	66	70
2	72	71	79	76	77	68	65	73	64	72
3	82	73	77	75	80	85	89	74	86	83
4	87	77	67	80	78	69	64	67	79	60
5	62	78	59	99	74	68	63	69	67	67
6	84	69	72	62	74	73	68	83	74	65
7										
8										
9										

本数据共有 60 个观测值，其变量值的不同取值个数多达 31 个。若以单个变量值来确定组别，将会有 31 组，组数过多，已经失去了据此进行整体性观察的意义。

实践中，对于规模较大、变量值个数较多的数值型数据，一般需要采用组距式频数分布表。组距式频数分布表在显示频数分布状态中的概括性更强。

表 2－6 是根据表 2－5 中的原始数据编制的一个组距式频数分布表，其中，分组依次设定为：[50，60]，(60，70]，(70，80]，(80，90]，(90，100]。此表概括地描述了 60 名学生统计学课程期末考试成绩的频数分布状态，可以看出，60 名学生的考试成绩呈现出"两头小、中间大"的分布特征。

表 2－6　60 名学生统计学课程的期末考试成绩组距式频数分布表

	A	B
1	成绩分组	频数（人）
2	50-60	4
3	60-70	21
4	70-80	24
5	80-90	10
6	90-100	1
7	合计	60

组距式频数分布表不是以单个变量值来确定组别，而是以表示一定取值范围的两个变量值来确定组别，并以此为标准进行各组频数的汇总。在组距式频数分布表中，每一组中，较小的那个变量值称作该组的下限(lower limit)，较大的那个变量值称作该组的上限(upper limit)；下限到上限之间的距离称作该组的组距(class interval)；下限与上限之间的中点位置称作该组的组中值(class mid-value)。比如，在"70－80"这一组中，下限为 70，上限为 80，组距为 10，组中值为 75。组距式频数分布表通常都是等距的，这主要是为了保证各组之间分布频数的可比性。

组距式频数表具有很强的概括力，数据规模无论多大，都可以通过组距的延伸加以分组和汇总。但它也有一个严重的缺陷，即组距越大，原始数据中的细节损失就越多。比如，"70－80"这一组所对应的频数为 24，但已经无从知晓这 24 位同学的考试成绩具体是多少。

由原始数据编制组距式频数分布表的具体步骤如下：

1. 计算原始数据的变异全距，作为下一步确定组数和组距的依据。变异全距也称作极差，用 R 表示，是数据中的最大值与最小值之差，反映了原始数据的变动范围。在表 2－5 中所显示的 60 名学生统计学期末考试成绩原始数据中，最高分为 99，最低分为 51，则变异全距为：

$$R = X_{max} - X_{min} = 99 - 51 = 48(\text{分})$$

2. 确定组距和组数。组距、组数和变异全距三者之间的关系是：

$$R \leqslant \text{组距}(d) \times \text{组数}(m)$$

组距和组数的确定应以能够充分显示频数分布的整体特征为原则，但这一原则在实际工作中并不容易把握。组距过长，组数过少，会损失原始数据中的大量细节；组距过短，组数过多，又不便于对数据的频数分布特征做出整体性观察。

确定组距的一般原则是：既要能区分各组的性质差异，也要能反映出总体资料的分布特征，同时为了方便计算，组距尽可能为 5 或 10 的整数倍。在表 2－6 中，我们根据经验将组距设定为 10 分，并据此将原始数据分为五组，从整理的结果来看，还是比较直观地显示了频数分布的整体特征。

其实，很难找到一个确定组数的可操作的客观标准。数据分析人员往往是根据自身的经验来主观地确定组数。美国学者斯特杰斯(Sturges)曾提出一个确定组数 K 的经验公式：

$$K=1+\frac{\lg(n)}{\lg 2}\approx 1+3.3\lg(n) \tag{2-1}$$

其中，$\lg(n)$是以 10 为底的对数。根据式(2－1)，可以计算出表 2－5 中数据比较适宜的组数应为：$K=1+3.3\lg(n)=1+3.3\lg(60)=6.87$，约等于 7，即可以把 60 名学生期末考试成绩可以分为 7 组。当然，这也只是一个经验公式，并不是绝对的标准。

3. 确定组限。有了组距之后，只要确定了最小组的下限，则其余各组的组限也将随之确定。最小组下限的确定也带有一定的主观性，但必须遵循的一个重要原则是：最小组的下限必须包含数据中最小的观测值。考虑到表 2－5 数据中的最小观测值为 51，组距为 10，可将最小组的下限确定为 50。于是，可以把各组的组限依次设定为：[50，60]，(60，70]，(70，80]，(80，90]，(90，100]。

实践中所遇到的数值型变量多为连续型，对于连续型变量数据来说，任何两个变量值之间都存在着无数个可能的观测值，为避免频数汇总过程中出现遗漏，相邻两组之间，较小一组的上限应当与较大一组的下限相重合。比如，在“60－70”与“70－80”两组之间，较小组的上限 70，与较大组的下限 70 是重合的。对于离散型数据，则没有这种硬性规定。另外，在实践中，有时数据中会存在极大的或极小的异常值，这时为了避免出现空白组，首末两组也可以使用“××以下”及“××以上”的开口组的表示形式。

4. 频数汇总。频数汇总过程中要遵循“不重不漏”的原则。“不重”是指同一个观测值在频数汇总过程中不能重复统计，“不漏”是指原始数据中的全部观测值必须包含在最小组的下限与最大组的上限所界定的范围之内，我们在第二节介绍统计分组时，强调必须遵循穷尽原则和互斥原则，目的也是为了保证频数汇总时能够做到对全部观测值的不重不漏。比如，如果某一观测值为 80，则不得同时在“70－80”与“80－90”两组中统计频数。实际工作中一般遵循“上限不计入本组内”的原则，即取值为 80 的这个观测值，要计入以 80 为下限的“80－90”这一组的频数之内，而不应该计入以 80 为上限的“70－80”这一组的频数之内。

此外，也可在数值型变量数据频数分布表的基础上编制累积频数分布表，参见表 2－7。

表 2－7　60 名学生统计学课程的期末考试成绩组距式累积频数分布表

	A	B	C	D	E	F
1	按成绩分组	频数（人）	向上累积		向下累积	
2			累积频数（人）	累积频率（%）	累积频数（人）	累积频率（%）
3	50-60	4	4	7	60	100
4	60-70	21	25	42	56	93
5	70-80	24	49	82	35	58
6	80-90	10	59	98	11	18
7	90-100	1	60	100	1	2
8	合计	60	-	-	-	-

二、直方图

组距式频数分布表所描述的频数分布状态，可以通过直方图更为直观地显示。图 2－15 给出了就表 2－6 所绘制的 60 名学生期末考试成绩频数分布直方图。

直方图是直接根据组距式频数分布表绘制出来的，通常以横轴表示变量及其分组，纵

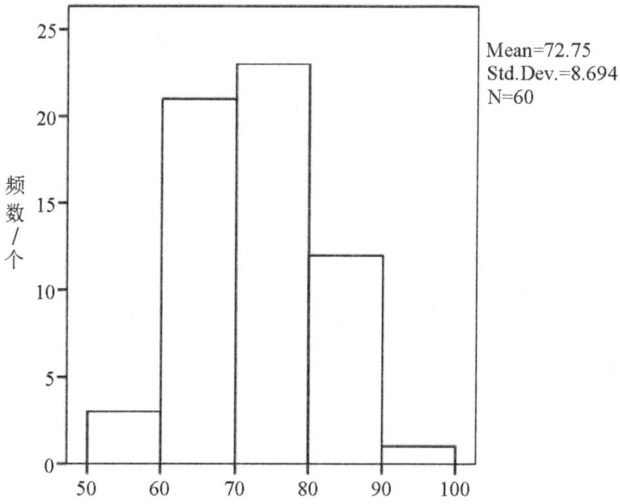

图 2—15　60 名学生统计学课程期末考试成绩频数分布直方图

轴表示各组的频数。直方图乍看起来与条形图形状有些相似，但两者之间有着本质的区别。条形图的宽窄是没有实际含义的，直方图的宽窄则表示各组的组距。制作条形图时，通常要使各个条形之间保持一定的间隔，在直方图中各组之间则没有间隔。频率直方图（纵轴表示各组频率/组距）是以面积来显示数据，而图 2—15 所示为频数直方图（纵轴表示各组频数），是以该组数据的条形高度来显示数据。

为强调频数分布的整体特征，还可以在直方图的基础上进一步加工制作出频数分布折线图或曲线图。折线图是将直方图中各个条形上端的中点用直线连接起来所形成的图形，它可以通过折线与横轴所围成的面积来显示数据。图 2—16 是根据图 2—15 中的直方图所绘制的折线图。

假定数据规模无限扩大，同时组距无限缩小，而组数又无限增多，那么折线图就将趋近于一条平滑的曲线，从而形成频数分布曲线图。图 2—17 是根据图 2—15 中的直方图所绘制的曲线图。

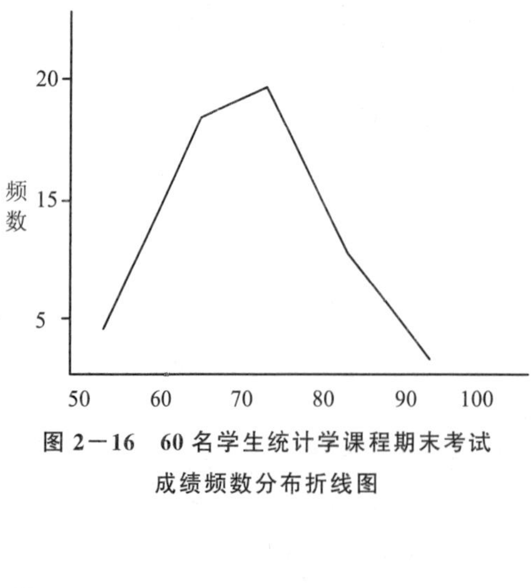

图 2—16　60 名学生统计学课程期末考试成绩频数分布折线图

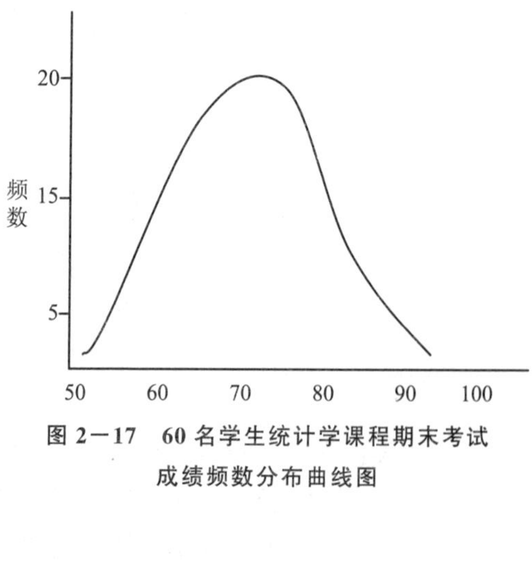

图 2—17　60 名学生统计学课程期末考试成绩频数分布曲线图

直方图及其所派生出的折线图与曲线图具有很强的概括性，适用于规模比较大的数值型数据的频数分布显示，而且要比组距式频数分布表更为生动和直观，因而成为实际数据处理工作中最为常用的一种频数分布图形。直方图的缺陷是，在确定组数及组距的过程中带有一定的主观性。

三、盒形图

盒形图是描述频数分布的又一种常用图形。直方图的主观性缺陷在盒形图这里可以得到比较有效地避免。图 2—18 是由表 2—5 中的期末考试成绩数据，所绘制的频数分布盒形图。

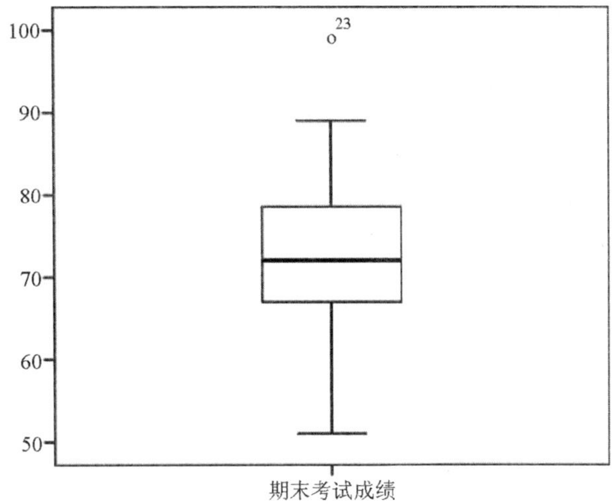

图 2—18　60 名学生统计学课程期末考试成绩频数分布盒形图

盒形图的绘制利用了数据中与频数分布整体特征密切关联的五个统计量：最小观测值、下四分位数、中位数、上四分位数、最大观测值。为看懂盒形图，需要首先解释这五个统计量的含义。

将数据中的全部观测值按照从小到大的顺序排成一列，处于第 1 位置上的观测值即为该数据的最小观测值(minimum)，处于第四分之一位置上的观测值即为下四分位数(lower quartile)，处于第二分之一位置上的观测值即为中位数(median)，处于第四分之三位置上的观测值即为上四分位数(upper quartile)，处于最后位置上的观测值即为该数据的最大观测值(maximum)。依此定义，可得表 2—5 数据中的最小观测值、下四分位数、中位数、上四分位数、最大观测值分别为：51、67、72、78.75、89(此处是剔除了 1.5 倍四分位差范围之外的异常值之后在剩余数据中求得的，例如图 2—18 中 23 号样本点为异常值)。图 2—18 中的盒形图就是根据这五个统计量的值所绘制出来的，图中方盒的下边界对应下四分位数，上边界对应上四分位数。从下四分数到上四分位数之间的距离称为四分位差，也就是说方盒的宽窄代表着四分位差的大小。方盒内的横线对应中位数。

由下四分位数和上四分位数的定义可知，数据中大于下四分数、小于上四分位数的观测值的个数，占全部观测值个数的 50%，也就是说，方盒中包含了数据中 50%的处于中间位置的观测值。由中位数的定义可知，数据中小于和大于中位数的观测值的个数，分别各占全部观测值个数的 50%，也就是说中位数处于全部数据的中间位置。

于是，通过观察方盒的宽窄以及中位数在方盒中的相对位置，就可以大体地判断出频数分布的离散程度及其对称性。方盒越宽，表明频数分布的离散程度越高；方盒越窄，则表明离散程度越低；中位数在方盒中的相对位置趋近于中间，则表明频数分布具有较强的对称性。

方盒两侧延伸出来的线段，是一个人为给定的变动范围。在数据处理工作中，如果某一个观测值的大小超出了这个范围，则将被识别为异常值(outlier)。图中上方的圆点就是一个偏大的异常值。由方盒上方延伸出来的线段的上端点，一般取 1.5 倍四分位差范围内的最大观测值；下方延伸出来的线段的下端点，则取 1.5 倍四分差范围内的最小观测值。

四、茎叶图

相比直方图，盒形图的优点是不带有主观性，但其绘制过程要涉及一系列描述性统计量值的确定，非专业人员一般很难一下子看得懂。此外，绘制盒形图，同样也会损失原始数据中的许多细节，这是它与直方图所共有的一个缺陷。

茎叶图则力求在完整描述数据频数分布特征的同时，保留原始数据中的全部细节。图 2—19 是由表 2—5 中的期末考试成绩数据所绘制的频数分布茎叶图。

频数	茎	叶
1	5．	1
2	5．	99
6	6．	022344
15	6．	555667777888999
14	7．	01122223334444
9	7．	567778899
7	8．	0012334
5	8．	55679
1	9．	9

图 2—19　60 名学生统计学课程期末考试成绩频数分布茎叶图

茎叶图包含“茎”与“叶”两个要素。图中竖向排列的茎，显示各个观测值的十位数；对应每一节茎向右横向排列的叶，显示各个观测值的个位数。在图形右侧由全部观测值的个位数堆积形成的外部轮廓线，正好显示了频数分布的整体特征。与此同时，原始数据的全部细节并没有任何损失。另外，在图形的左侧还给出了对应每一节茎所确定的各个分组的频数，这使得整个茎叶图同时具有频数分布图和频数分布表的功能。

五、频数分布的类型

频数分布所呈现出来的特征，是由变量本身的性质决定的，而不是取决于所采取的描述方法，不同性质的变量，其频数分布会表现出不同的特征。实践中，常见的频数分布特征可区别为三种基本类型。

(一)钟形分布

这是最常见的频数分布类型，其频数分布的图形轮廓好像一座倒扣过来的钟，呈现出一种“两头小、中间大”的特征，变量的取值越靠近中间，频数就越高；越靠近两边，频数就越低。钟形分布具体又分为对称、左偏、右偏三种情况，参见图 2—20。

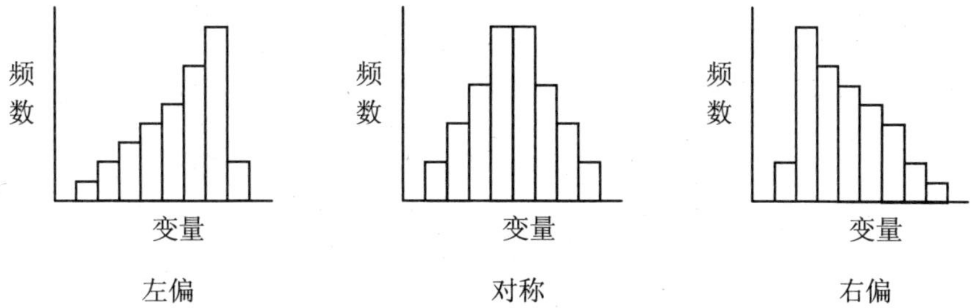

图 2—20 钟形分布

(二)U 形分布

U 形分布的特征刚好与钟形分布相反，变量的取值越靠近中间，频数越低；越靠近两边，频数越高，频数分布的图形轮廓好像字母 U，参见图 2—21。

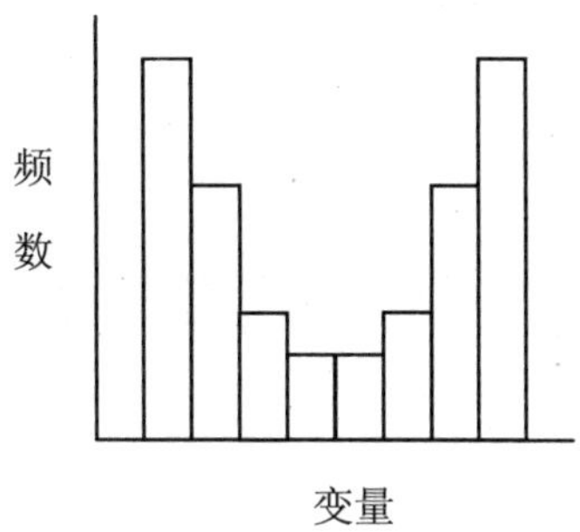

图 2—21 U 形分布

(三)J 形分布

J 形分布的特征是：随着变量取值的增大或减小，频数逐渐增高，频数分布的图形轮廓好像字母 J。具体又区分为正 J 形分布和反 J 形分布两种情况，见图 2—22。

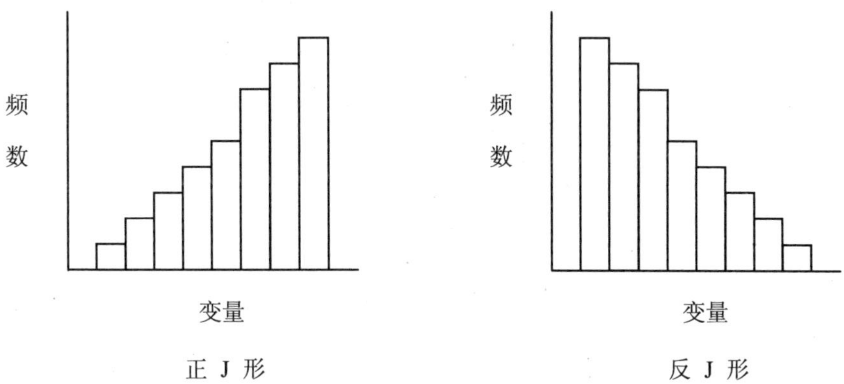

图 2—22 J 形分布

六、运用 SPSS 进行图表描述

(一)运用 SPSS 制作直方图

针对 60 名学生统计学课程的期末考试成绩数据，制作直方图的 SPSS 主要操作如下：

1. 打开表 2—5 对应的 SPSS 数据集(见所附数据集“data2_03 60 名学生统计学期末考试成绩”)。在 SPSS 主窗口选择菜单:点击 Graphs(图形)→Legacy Dialogs(传统对话框)→Histogram…(直方图),系统弹出如图 2—23 所示的“Histogram(直方图)”对话框。

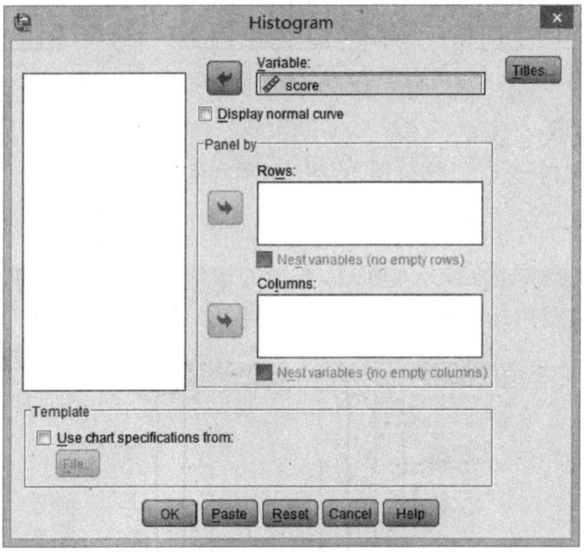

图 2—23　Histogram 对话框

2. 选择变量“score”进入“Variable:(变量)”框内。点击 OK,系统输出频数分布直方图如图 2—24 所示。

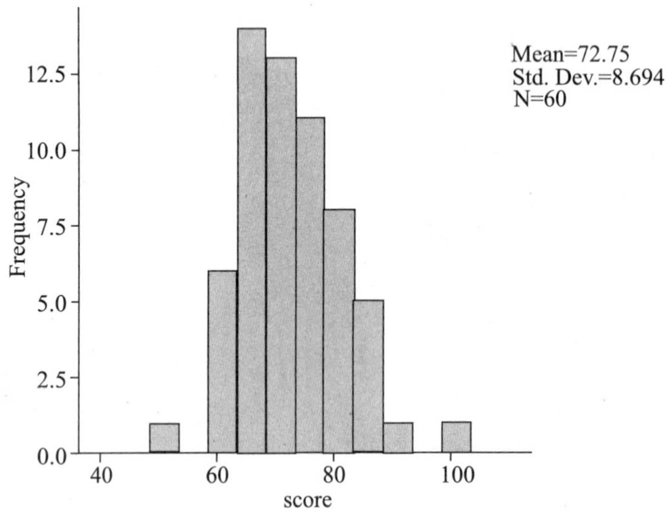

图 2—24　60 名学生统计学课程的期末考试成绩频数分布直方图

(二)运用 SPSS 制作盒形图

针对 60 名学生统计学课程的期末考试成绩数据,制作盒形图的 SPSS 主要操作如下:

1. 打开表 2—5 对应的 SPSS 数据集(见所附数据集“data2_03 60 名学生统计学期末考试成绩”)。在 SPSS 主窗口选择菜单:点击 Graphs(图形)→Legacy Dialogs(传统对话框)→

Boxplot…(盒形图),系统弹出如图 2－25 所示的"Boxplot"对话框。在"Data in Chart Are(图中数据)"框中选中"Summaries of separate variables(对各变量汇总)"选项。

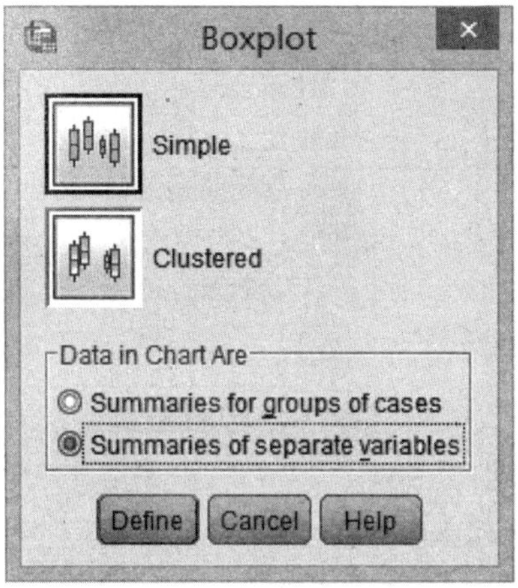

图 2－25　Boxplot 对话框

2. 点击"Define"按钮,系统弹出如图 2－26 所示的"Define Simple Boxplot: Summaries of Separate Variables(定义简单盒形图:对各变量汇总)"对话框。

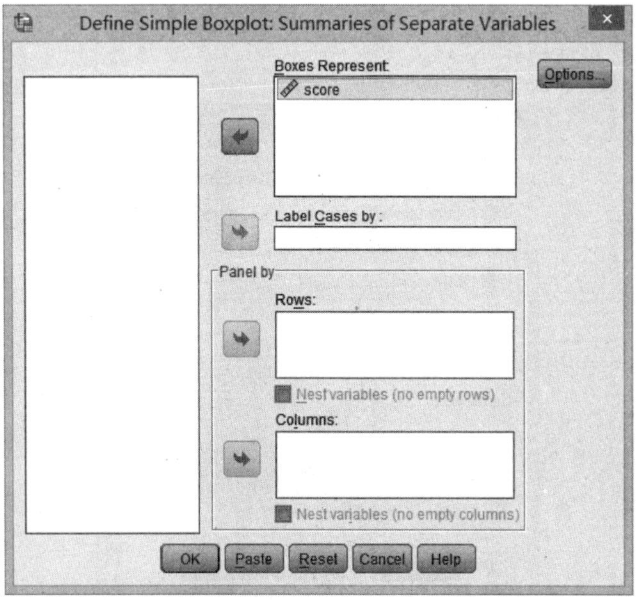

图 2－26　Define Simple Boxplot: Summaries of Separate Variables 对话框

3. 选择变量"score"进入"Box Represent:(盒形图标志)"框内。点击 OK,系统输出频数分布盒形图如图 2－18 所示,此处不再赘述。

(三)运用 SPSS 制作茎叶图

针对 60 名学生统计学课程的期末考试成绩数据,制作茎叶图的 SPSS 主要操作如下:

1. 打开表 2－5 对应的 SPSS 数据集(见所附数据集"data2_03 60 名学生统计学期末

考试成绩”）。在 SPSS 主窗口选择菜单：点击 Analyze（分析）→Descriptive Statistics（描述统计）→Explore（探索性分析），系统弹出如图 2－27 所示的“Explore（探索性分析）”对话框。

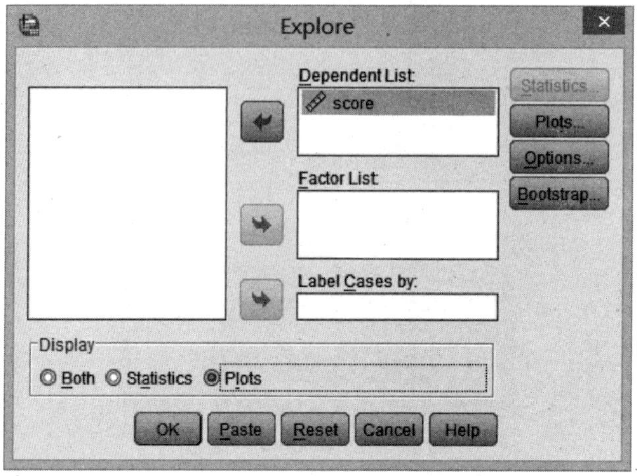

图 2－27　Define Explore 对话框

2. 选择变量“score”进入“Dependent List：(因变量列表)”框内，在“Display”框中选中“Plots（图形）”选项，点击“Plots…（图形）”按钮，系统弹出如图 2－28 所示的“Explore：Plots（探索性分析：图形）”对话框。

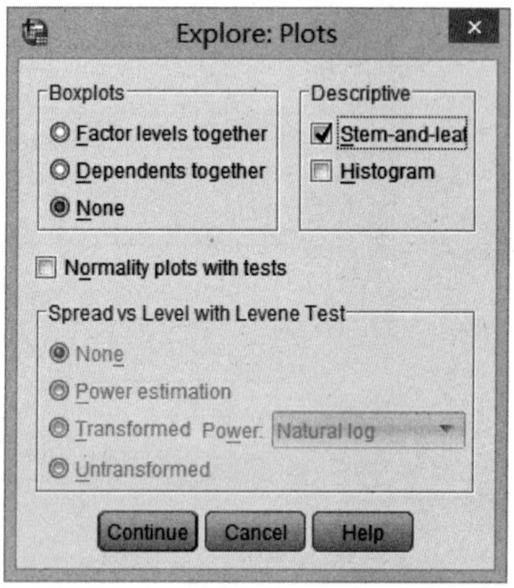

图 2－28　Explore Plots 对话框

3. 在“Descriptive（描述）”框内选中“Stem-and-leaf（茎叶图）”选项，在“Boxplots（盒形图）”框内选中“None（无）”选项，点击 Continue→OK。系统输出频数分布茎叶图如图 2－29 所示。

```
score Stem-and-Leaf Plot

 Frequency    Stem &  Leaf

     1.00        5 .  1
     2.00        5 .  99
     6.00        6 .  022344
    15.00        6 .  555667777888999
    14.00        7 .  01122223334444
     9.00        7 .  567778899
     7.00        8 .  0012334
     5.00        8 .  55679
     1.00 Extremes    (>=99)

 Stem width:          10
 Each leaf:        1 case(s)
```

图 2－29　60 名学生统计学课程的期末考试成绩频数分布茎叶图

本章小结

为了揭示统计数据内在结构的条理性，需要对原始数据进行搜集、整理与展示。

获取统计数据有直接来源和间接来源两种渠道。其中，直接获取数据的方法主要有问卷调查法、科学实验法和观察记录法。统计调查的组织方式主要包括普查、抽样调查、重点调查和典型调查等。中国的政府统计工作正在形成以周期性普查为基础，以经常性抽查为主体，综合运用全面调查和重点调查等方法，并积极利用行政记录等资料的统计调查方法体系。通过统计活动收集来的统计数据资料与真实情况间的差异叫作统计调查误差，可分为随机误差与非随机误差两大类，其中非随机误差又可分为系统误差和登记性误差两种。

数据整理的一般程序包括数据质量审核、统计分组、数据汇总以及通过编制统计表和绘制统计图进行数据展示等。审核调查数据质量主要是审核数据的准确性、完整性和及时性。对于二手数据，除了需要进行逻辑审核和计算审核外，还需要审核数据的适用性和时效性。统计分组是根据统计总体内在的特征与统计研究的任务需要，将统计总体按照一个标志或几个分组标志区分为若干个性质不同的类或组的一种统计方法，可分为简单分组与复合分组。为保证统计分组的科学性，进行统计分组时必须遵循穷尽原则和互斥原则。

对品质型数据进行图表描述的方法主要有频数分布表、条形图和饼形图等。编制频数分布表的编制方法是先对原始数据按照变量值不同进行分组，然后再汇总得出各组中观测值的个数。从图示效果上看，饼形图可以更为醒目地表现出频数分布的整体结构状态，条形图则更便于进行不同组之间频数差异的比较。如果对各组频数高低的顺序感兴趣，还可以绘制帕累托图。对数值型数据进行图表描述的方法主要有组距式频数分布表、直方图、盒形图和茎叶图等。组距式频数分布表是以表示一定取值范围的两个变量值来确定组别，并以此为标准进行各组频数的汇总。直方图是直接根据组距式频数分布表绘制的，通常以横轴表示变量及其分组，纵轴表示各组的频数。盒形图利用了数据中与频数分布整体特征密切关联的最小观测值、下四分位数、中位数、上四分位数、最大观测值这五个统计量。茎叶图则力求在完整描述数据频数分布特征的同时，保留原始数据中的全部细节。

常见的频数分布特征可区别为钟形分布、U 型分布和 J 型分布三种基本类型。钟形分布是最常见的频数分布类型，其频数分布呈现出“两头小、中间大”的特征；U 形分布变量的取值越靠近中间，频数越低；越靠近两边，频数越高；J 形分布随着变量取值的增大或减小，频数逐渐增高。

习　题

一、单项选择题

1. 统计调查按调查对象包括的范围不同，可分为（　　）。
   A. 定期调查和不定期调查　　B. 经常性调查和一次性调查
   C. 统计报表和专门调查　　D. 全面调查和非全面调查
2. 下列获取数据的方法中，哪项不属于直接获取数据的方法（　　）。
   A. 观察记录法　　B. 科学实验法
   C. 问卷调查法　　D. 查找年鉴法
3. 下列哪项不属于大数据的“5V”特征（　　）。
   A. 对比性　　B. 多样性
   C. 准确性　　D. 价值性
4. 为了了解全国钢铁企业生产的基本情况，可对首钢、宝钢、武钢、鞍钢等几个大型钢铁企业进行调查，这种调查方式是（　　）。
   A. 全面调查　　B. 典型调查　　C. 重点调查　　D. 抽样调查
5. 城镇家庭生活水平调查一般采用（　　）。
   A. 重点调查　　B. 典型调查　　C. 普查　　D. 抽样调查
6. 中国的政府统计工作正在形成的统计调查方法体系的基础是（　　）。
   A. 经常性抽样调查　B. 经常性的统计报表　C. 周期性普查　　D. 重点调查
7. 中国的政府统计工作正在形成的统计调查方法体系的主体是（　　）。
   A. 经常性抽样调查　B. 经常性的统计报表　C. 周期性普查　　D. 重点调查
8. 统计调查误差不包括（　　）。
   A. 随机误差　　B. 系统误差　　C. 登记误差　　D. 设计误差
9. 空气是由多种气体混合而成的，为了简明扼要地描述空气的组成情况，适合使用的统计图是（　　）。
   A. 条形统计图　　B. 折线统计图　　C. 饼形统计图　　D. 直方图
10. 工业企业按经济类型分组和工业企业按职工人数分组，两个统计分组是（　　）。
    A. 按数量标志分组
    B. 按品质标志分组
    C. 前者按数量标志分组，后者按品质标志分组
    D. 前者按品质标志分组，后者按数量标志分组

11. 统计整理阶段的一般程序包括(　　)。

A. 统计分组和统计汇总　　B. 统计指标和统计分析

C. 统计分组和统计指标　　D. 统计分组和统计分析

12. 统计分组的结果表现为(　　)。

A. 组内同质性,组间差异性　　B. 组内差异性,组间同质性

C. 组内同质性,组间同质性　　D. 组内差异性,组间差异性

二、多项选择题

1. 对统计调查所搜集的原始资料进行整理的理由,是因为这些原始资料是(　　)。

A. 零碎的　B. 具体的　C. 分散的　D. 概括的　E. 系统的

2. 下面的调查组织方式中,属于全面调查的是(　　)。

A. 普查　B. 典型调查　C. 抽样调查　D. 经常性的全面统计报表

E. 重点调查

3. 统计分组同时具备的两个方面的含义是(　　)。

A. 对个体来讲,是"分"　　B. 对总体来讲,是"合"

C. 对个体来讲,是"合"　　D. 对总体来讲,是"分"

E. 对总体和个体来讲都是"合"

4. 统计分组的作用在于(　　)。

A. 使数据可视化　　B. 反映总体的内部结构

C. 研究现象之间的依存关系　　D. 区分总体的类型

E. 观察个体的差异

5. 统计资料汇总前,需要对其质量进行全面审核。审核的主要内容包括(　　)

A. 资料的系统性　B. 资料的广泛性　C. 资料的准确性

D. 资料的及时性　E. 资料的完整性

三、计算题

1. 采用抽样方式调查得到某地区 50 户居民 12 月份的月消费品支出额的数据(见所附数据集"E2_01 某地区 50 户居民 12 月份月消费品支出额")如下(单位:元):

886	928	999	946	950	864	1050	927	949	852
1027	928	978	816	1000	918	1040	854	1100	900
866	905	954	890	1006	926	900	999	886	1120
893	900	800	938	864	919	863	981	916	818
946	926	895	967	921	978	821	924	651	850

要求:

(1)试根据上述资料,编制该地区被调查居民月消费品支出额的组距式频数分布表。

(2)根据上述资料,分别绘制该地区被调查居民月消费品支出额的直方图、折线图、曲线图、茎叶图和盒形图。

(3)试根据频数分布表和各种分布图形的结果,分析该地区居民月人均可支配收入分布的基本特征。

2. 某行业协会的 40 家企业的产品销售收入数据(见所附数据集"E2_02 某行业协会的

40 家企业产品销售收入”)如下(单位:万元):

152	124	129	116	100	103	92	95	127	104
105	119	114	115	87	103	118	142	135	125
117	108	105	110	107	137	120	136	117	108
97	88	123	115	119	138	112	146	113	126

要求:

(1)根据以上数据进行适当分组,编制频数分布表,并计算出累计频数和累计频率。

(2)行业协会规定:产品销售收入在 125 万元以上的企业为先进企业,115—125 万元的企业为良好企业,105—115 万元的企业为一般企业,105 万元以下的企业为落后企业,将以上数据按先进企业、良好企业、一般企业、落后企业分组,并编制频数分布表。

3. 某省考试院对某年参加成人自学考试的 12000 名考生按年龄分组,资料如下(见所附数据集“E2_03 某年参加成人自学考试的 12000 名考生按年龄分组”):

年龄/岁	18～19	20～21	22～24	25～29	30～34	35～39	40～44	45～59
人数所占百分比/%	1.9	34.7	34.1	17.2	6.4	2.7	1.8	1.2

要求:

(1)根据以上数据,绘制年龄分布直方图。

(2)根据直方图分析成人自学考试人员年龄分布的特点。

4. 某品牌家用电器经销商为了解消费者对该品牌售后服务质量的满意度情况,随机抽取了 100 个家庭进行调查,服务质量等级分为五种:A. 好;B. 较好;C. 一般;D. 较差;E. 差,具体调查结果如下(见所附数据集“E2_04 100 个家庭对家电行业售后服务质量的评价”):

B	E	C	C	A	D	C	B	A	E
D	A	C	B	C	D	E	C	E	E
A	D	B	C	C	A	E	D	C	B
B	A	C	D	E	A	B	D	D	C
C	B	C	E	D	B	C	C	B	C
D	A	C	B	C	D	E	C	E	B
B	E	C	C	A	D	C	B	A	E
B	A	C	D	E	A	B	D	D	C
A	D	B	C	C	A	E	D	C	B
C	B	C	E	D	B	C	C	B	C

要求:试通过制作频数分布表和绘制条形图反映评价等级的分布特征,并进行简单分析。

5. 为了确定灯泡的使用寿命,在一批灯泡中随机抽取 100 个进行测试,所得结果如下(见所附数据集“E2_05 随机抽取 100 个灯泡的使用寿命”)(单位:天):

700	716	728	719	685	709	691	684	705	718
706	715	712	722	691	708	690	692	707	701
708	729	694	681	695	685	706	661	735	665
668	710	693	697	674	658	698	666	696	698
706	692	691	747	699	682	698	700	710	722
694	690	736	689	696	651	673	749	708	727
688	689	683	685	702	741	698	713	676	702
701	671	718	707	683	717	733	712	683	692
693	697	664	681	721	720	677	679	695	691
713	699	725	726	704	729	703	696	717	688

(1)试对上面的数据进行排序。

(2)以组距为10进行等距分组,并整理成频数分布表。

(3)根据分组数据绘制直方图,说明数据分布的特点。

(4)制作茎叶图,并与直方图进行比较。

第三章　统计数据的描述性分析

引　例

人口状况是一个国家最基本、最重要的国情。第七次全国人口普查数据全面翔实地反映了2020年我国人口的基本情况以及10年间人口的发展变化。人口普查的核心是人口规模，普查公报显示2020年我国总人口达到14.1亿人，过去10年增加了7206万人。除此之外，普查公报还展示了我国人口结构演变和人口社会变迁的重要趋势。

从年龄结构看，60岁及以上的老年人口占总人口的18.7%，较2000年增长8.4个百分点，较2010年增长5.4个百分点。2010年以来变化更快主要与20世纪50年代第一次出生高峰所形成的人口队列相继进入老年期紧密相关。而在“十四五”时期，20世纪60年代第二次出生高峰所形成的更大规模人口队列将跨入老年期，使得中国的人口老龄化水平从相对缓速的演进状态扭转至增长的“快车道”。从人口素质看，每10万人中具有大学文化程度的达到15467人，比2010年高出6537人。义务教育推行、高中教育普及特别是高等教育进入大众化阶段等一系列教育改革发展举措，未来还将推动中国人口教育水平不断迈向新的高度，从而以更加优质充裕的人力资源夯实创新驱动发展战略实施根基。从人口分布看，常住人口城镇化率达63.9%，比2010年上升14.2个百分点。人口迁移流动是城镇化率冲上60%大关的主推进力，广东省也由此继续成为人口数量第一大的省份。从发达国家城镇化的一般规律看，中国当前仍然处于城镇化率有潜力以较快速度提升的发展机遇期，这可成为实现高质量发展的重要力量“源泉”。

第一节　相对程度的描述

一、相对指标的作用及表现形式

相对指标(relative index)，又称作相对数，反映的是现象之间的相对数量特征，它通过两个具有一定联系的统计指标的对比，来反映现象内部或现象之间的关联关系，其本质特征在于数量对比，即用数量对比的形式来表现总体的数量特征。

相对指标的作用，主要表现在两个方面：

一是通过相互联系的现象数值之间的对比，反映事物间的数量联系程度，现象联系程度的具体化就是反映现象间的结构、比例、速度、程度和密度。例如，国家统计局所发布的《2021年国民经济和社会发展统计公报中》显示，2021年全年国内生产总值1143670亿元，比上年增长8.1%；其中，第一、第二和第三产业增加值占国内生产总值的比重分别为7.3%、39.4%和53.3%，就具体反映出了我国国内生产总值的内容结构构成和发展变化情况。

二是把现象的绝对差异抽象化，使一些不能直接对比的现象有了共同比较的基础。统计的前提是事物或现象间的差异性，而差异性要通过比较才能表现出来，任何孤立的数据都不能说明优劣、高低、多少、强弱。比如，要比较不同性质、不同生产条件、不同规模的两个企业的经济效益情况，由于总产值和利润额等绝对指标受企业自身生产规模等条件的直接影响，并不具有直接的可比性，但如果采用一些相对指标，如资金利润率、资金产值率等进行比较，便可对企业经济效益做出相对客观、合理的评价。

相对指标具有两种表现形式：无名数和有名数。当构成相对指标分子和分母的两个指标计量单位相同时，相除之后得到的即表现为无名数的相对指标，具体有倍数、系数、成数、百分数（%）、千分数（‰）等形式。其中，成数是将分母抽象为10，表明分子是分母的几成，一成代表10%；百分数是将分母抽象为100，表明分子是其对比基础的百分之几，是经济管理中最常用的一种表现形式；千分数是将分母抽象为1000，表明分子是其对比基础的千分之几。当分子远远大于分母时，通常用倍数表明分子是分母的多少倍；当分子和分母相差不大时，则一般用系数表示；当分子远远小于分母时，一般用千分数表示，如人口出生率、死亡率等。当构成相对指标分子和分母的两个指标计量单位不相同时，则需要同时保留分子和分母的计量单位，即得到有名数的相对数，也叫复名数，通常用来表示事物之间依存性的比例关系以及事物的密度和普遍程度等，比如人口密度用“人/平方公里”表示等。

二、相对指标的种类

根据相对指标对比时所选择的对比基础以及所反映的内容和所起的作用不同，可以把相对指标分为结构相对指标、比例相对指标、比较相对指标、强度相对指标、动态相对指标和计划完成程度相对指标等六种形式。

（一）结构相对指标

结构相对指标是在统计分组基础上，以总体总量作为比较标准，所求出的各组总量占总体总量的比重，用于反映总体中的部分数值与总体数值的结构比例关系，从而进一步认识事物各个部分在总体中的地位。其计算公式如下：

$$\text{结构相对指标}=\frac{\text{总体部分数值}}{\text{总体全部数值}}\times 100\% \tag{3-1}$$

表3—1是深圳股票市场不同板块中上市公司的总数、总市值及其所占比重。其中，各板块上市公司的比重以及总市值的比重均为结构相对指标，反映了各板块市场在股票市场上的比重和地位。

表3—1　深圳股票市场总貌(2022年7月22日)

深圳市场分类	上市公司/家	上市公司比重/%	总市值/亿元	总市值比重/%
主板A股	1480	55.24	226253.88	64.87
主板B股	42	1.57	553.41	0.16
创业板A股	1157	43.19	121954.86	34.97
合　计	2679	100.00	348762.16	100.00

结构相对数一般用百分数或成数表示，其分子和分母可以是总体单位数，也可以是总体的标志数值。上例中，上市公司比重就是总体单位数的结构，总市值比重就是总体的标志数值的结构。结构相对数由于是总体的部分数值与全部数值对比，各部分所占比重之和必须等于100%或1。

（二）比例相对指标

比例相对数是指总体中某一部分数值与总体的另一部分数值之比，用于反映总体中各组成部分之间所存在的比例关系。其计算公式为：

$$比例相对指标=\frac{总体中某一部分数值}{总体中另一部分数值} \tag{3-2}$$

比例相对数可以就总体的两个部分计算，也可就总体中三个以上部分的数值计算，这时的比例相对数表现为一种连比的形式。进行连比时，可以将最小的部分设定为比较基础，以其为1或100，比例相对指标能够反映事物内部各部分之间的数量联系程度和比例关系，因而在经济领域应用广泛，如储蓄与消费的比例关系、三次产业的比例关系、农轻重的比例关系等。

（三）比较相对指标

比较相对指标是指同一时间（或时点）的同类现象在不同总体（空间）之间的对比，其计算公式为：

$$比较相对指标=\frac{某一范围的指标数值}{另一范围的该指标数值} \tag{3-3}$$

2021年12月31日中国人口总数1412360000，同时期美国人口总数为331893745。据此可以计算出中国人口是美国人口的4.3倍左右（1412360000/331893745），同时也可以得到美国人口是中国人口的23.5%（331893745/1412360000）。

比较相对数通过比较同一类现象在不同地区、部门和不同单位之间的比例关系，说明该现象在不同空间上发展的不均衡程度，它表现为无名数，可用倍数或百分数表示，对比的指标可以是绝对数，也可以是相对数或平均数。在实践中通常是利用平均水平或先进水平作为进行对比的基础指标。

（四）动态相对指标

动态相对指标是指同一事物在不同时间上的数量对比关系。一般把研究的时期称为报告期，作为比较基础的时期则称为基期，用于说明同类事物在不同时间上的发展方向和程度。其计算公式为：

$$动态相对指标=\frac{报告期指标数值}{基期指标数值}\times 100\% \tag{3-4}$$

比如，1964年伯克希尔股票每股价格为7美元，1983年其股票价格为800多美元，2007年最高达到15.165万美元，2022年7月25日收盘价达到43.26万美元，据此可以计算得到如下反映该只股票价格变动情况的动态相对指标：

伯克希尔股票价格1983年与1964年相比：800÷7=114（倍）

伯克希尔股票价格2007年与1964年相比：151650÷7=21664（倍）

伯克希尔股票价格2022年与1983年相比：178300÷800=541（倍）

客观事物的差异性不仅表现为空间分布上的不平衡，也表现为随时间发展而不断变化，动态相对数所反映的正是这种由时间变化所带来的现象差异及相对数量关系，动态相对数也称作发展速度。

（五）强度相对指标

强度相对数是指两个性质不同但有一定联系的总量指标之比，用于反映现象发展的强度、密度和普遍程度。其计算公式为：

$$\text{强度相对指标}=\frac{\text{某一总体的指标数值}}{\text{另一有联系而性质不同总体的指标数值}} \qquad (3-5)$$

强度相对指标的表现形式一般为有名数，由指标的分子和分母的原有单位组成。如人口密度用“人/平方公里”、按人口分摊的粮食产量用“公斤/人”来表示。当分子和分母的计量单位相同时，强度相对指标表现为无名数，一般用百分数或千分数来表示，比如，资金利税率、净资产收益率、商品流通费用率等用百分数表示，人口出生率、人口死亡率用千分数来表示。

比如，已知某地区某年末总人口数为 200 万人，医院床位总数为 48000 张，则可以计算出该地区：

$$\begin{array}{c}\text{每千人口拥有}\\\text{的医院床位数}\end{array}=\frac{\text{医院床位数(张)}}{\text{人口数(千人)}}=\frac{48000\text{(张)}}{2000\text{(千人)}}=24\text{(张/千人)}$$

$$\begin{array}{c}\text{每张医院床位}\\\text{负担的人口数}\end{array}=\frac{\text{人口数(人)}}{\text{医院床位数(张)}}=\frac{2\times10^{6}}{48000}=41.67\text{(人/张)}$$

上述两个指标是通过分子和分母互换，从不同方向反映该地区医疗卫生的保障情况，其中，每千人口拥有的医院床位数指标的数值越大，说明该地区对居民的医疗保障程度越高；而每张医院床位负担的人口数指标的数值越大，说明该地区对居民的医疗保障程度越低。像这种分子和分母位置可以互换的强度相对指标，反映了现象在两种相反方向上的发展变化情况。一般来说，强度相对数的大小与现象的强度、密度和普遍程度呈同向变化的，称作正指标，比如每千人口拥有的医院床位数；强度相对数的大小与现象的强度、密度和普遍程度呈反向变化的，称作逆指标，比如每张医院床位负担的人口数。

（六）计划完成程度相对指标

计划完成程度相对指标是指某现象在某一段时间内的实际完成数值与计划任务数对比的结果。其计算公式为：

$$\text{计划完成程度相对指标}=\frac{\text{实际完成数}}{\text{计划数}}\times100\% \qquad (3-6)$$

计划完成程度相对数是用来表明所研究现象计划完成程度的综合指标，公式中的分母是计划指标数据，分子则是计划执行结果的实际数据。因此，要求分子、分母在指标含义、计算口径、计算方法、计量单位以及时间长度和空间范围等方面完全一致。由于计划总数是衡量计划完成情况的标准，故分子、分母不能互换。

三、应用相对指标应注意的问题

（一）注意指标之间的可比性问题

相对指标是用对比的方法反映现象之间的联系程度及差异程度，用来对比的两个指标是否可比是相对指标计算的前提。这种可比性表现在两个指标在含义、内容、范围、时间、空间和计算方法等口径方面是否协调一致，相互适应。如果违反了可比性这一基本原则计算相对指标，就会失去其实际意义，甚至导致得出错误的结论。

（二）相对指标要与总量指标结合运用

相对指标一般是由两个总量指标对比计算得到的结果，它抽象掉了现象的绝对数量特征，无法反映现象之间绝对数量的差异。在进行对比分析时，需要把相对指标与总量指标结合运用，在反映现象相对变动程度的同时，也要结合绝对数量差异进行分析，才能达到深入分析研究的目的。

（三）多种相对指标结合运用

各种相对指标的具体作用不同，为全面深入地说明现象及其发展过程的规律性，应根据统计研究目的，综合应用各种相对指标，从不同侧面揭示所研究现象的特征。例如，为说明某地区的人口变动趋势和特点，可以把人口增长速度、人口出生率、人口文化程度、人口的性别比等指标结合起来，全面认识和分析该地区人口情况。

第二节　集中趋势的描述

一、概述

在第二章中，我们已经学习过对于统计数据的图表描述方法，在统计分组的基础上，通过制作频数分布表、条形图、直方图等形式，直观地反映总体分布的大致概况。在此基础上，为进一步了解数据分布的特征和规律，进行更为深入的分析，还需要了解统计数据分布特征的各个代表值。相对于由数据组成的总体而言，每个总体单位都有区别于其他总体单位的特征，这些特征表现在具体数据量上可能大小不一、高低有别，但大多数总体单位数据的次数分布都是呈正态分布或近似正态分布，即很小或很大的数值出现次数较少，而越接近中间数据值出现的次数越多，并且以中间数据值为中心，两侧近似呈对称分布，把这种总体中各数据值的次数分布从两边向中间集中的趋势叫作集中趋势，也叫趋中性。

集中趋势是反映各数据值向其中心值靠拢或聚集的程度，度量集中趋势也就是寻找数据一般水平的代表值或中心值。一般来说，低层次数据的集中趋势度量值适用于高层次的数据度量，但反过来，高层次数据的集中趋势度量值并不适用于低层次的数据度量。为此，选用哪一种或哪一些度量值来反映数据的集中趋势，需要根据所掌握的数据类型来确定。

二、众数

众数(mode)是一组数据中出现次数最多的变量值，用 M_0 表示，它主要用于测度定类数据的集中趋势，对于由其他高级别测量尺度所得到的数据类型，如果具有集中趋势，也可以计算众数。确定众数的方法需要根据所掌握资料的具体形式而定。

1. 根据定类数据或单项式分组数列确定众数。由定类数据确定众数的方法比较简单，只需找到出现次数最多的标志值，即为众数。比如，某基金投资的上市公司股票中有金融类 2 家、钢铁类 3 家、家电类 2 家、科技类 8 家、汽车类 5 家，在这组数据中出现次数最多的是科技类上市公司 8 家，因此，科技类公司即为这组定类数据的众数，即 M_0 = 科技类公司。

2. 由定距数据(或组距数列)确定众数。由组距数列确定众数,需要根据分组数列中各组变量值出现次数的多少来确定,出现次数最多的组作为众数所在组,其所在组的区间作为众数的区间范围,然后可以利用下列公式计算众数。

下限公式:

$$M_0 = L + \frac{f_m - f_{m-1}}{(f_m - f_{m-1}) + (f_m - f_{m+1})} \cdot d \tag{3-7}$$

上限公式:

$$M_0 = U - \frac{f_m - f_{m+1}}{(f_m - f_{m-1}) + (f_m - f_{m+1})} \cdot d \tag{3-8}$$

式中,L 为众数所在组的下限,U 为众数所在组的上限,d 为众数所在组的组距,f_m 为众数所在组的次数,f_{m-1} 为众数所在组前一组的次数,f_{m+1} 为众数所在组后一组的次数。

【例 3.1】表 3－2 为某日上海证券交易所 790 家上市公司股票价格的分组数据资料,试计算众数的区间范围以及众数的具体数值。

表 3－2　某日上海证券交易所上市公司股票平均价格计算表

股票价格/元	组中值 X/元	公司数 f/家	各组金额 Xf/元
5 以下	2.5	35	87.5
5～10	7.5	457	3427.5
10～20	15	268	4020
20 以上	25	30	750
合　计	—	790	8285

解:因为股票平均价格在 5～10 元的公司共有 457 家,是 4 组中公司数量最多的组,因此这一组即为众数所在的组,该组股票平均价格的取值范围 5～10 元,就是众数的区间范围。

利用下限公式进一步计算众数:

$$\begin{aligned} M_0 &= L + \frac{f_m - f_{m-1}}{(f_m - f_{m-1}) + (f_m - f_{m+1})} \cdot d \\ &= 5 + \frac{457 - 35}{(457 - 35) + (457 - 268)} \times (10 - 5) = 5 + 3.45 = 8.45(\text{元}) \end{aligned}$$

也可以利用上限公式进一步计算众数:

$$\begin{aligned} M_0 &= U - \frac{f_m - f_{m+1}}{(f_m - f_{m-1}) + (f_m - f_{m+1})} \cdot d \\ &= 10 - \frac{457 - 268}{(457 - 35) + (457 - 268)} \times (10 - 5) = 10 - 1.55 = 8.45(\text{元}) \end{aligned}$$

由此例可见,下限公式和上限公式所求出的众数数值是一致的。

众数是衡量定类数据或品质数列位置的重要量度。当然对于变量数列来说,众数作为一种位置平均数,它不受数列中各单位标志值的影响,当数列存在异常标志值时,能够较准确地代表总体各单位的一般水平,但如果总体各单位变量值并没有明显的集中趋势,则众数就不存在。有时出现频数最大的数据值可能会有两个或更多,在这种情况下,就存在不止一个众数。如果在数据中恰好有两个众数，称此数据是双众数的；如果在数据中有多于两个的众数，则称此数据是多众数的。在多众数的情况下，也就等于没有众数，因为对于三个或更多个众数来说，对于描述数据的位置不能起多大作用，也就没有什么统计意义。

三、中位数和分位数

（一）中位数

中位数（median）是一组数据按照从小到大排序后，处于中间位置上的变量值，用 Me 表示。显然中位数将全部数据等分成两部分，每部分包含 50%的数据，一部分数据比中位数大，另一部分数据则比中位数小。中位数是一种位置代表值，它主要用于测度定序数据的集中趋势，当然也适用于定距数据和定比数据的集中趋势，但不适用于定类数据。中位数的大小仅取决于它在变量数列中的位置，因此也同样不受极端数值的影响，在总体标志值差异很大的情况下，中位数具有较强的代表性。

（二）中位数的确定方法

确定中位数的方法也需根据所掌握资料的具体形式而定。

1. 未分组资料确定中位数。在资料未分组情况下，根据中位数的定义，应先将标志值按大小顺序排列，然后确定中位数的位置。根据公式 $(N+1)/2$ 来确定中位数的位置，其中 N 为数据值的个数，然后再根据中位数位置找到相对应的标志值，该标志值即为中位数。如果项数 N 为奇数，则中位数就是位于中央的那一项数值；如果项数 N 为偶数，则定义中位数为中央两项数值的平均数。

【例 3.2】已知上海证券交易所七家上市公司的流通股本总数分别为（单位：亿股）：0.3，1.2，1.8，2.7，2.9，3.2，23，确定这七家公司流通股本总数的中位数。

解：中位数的位次：$\frac{N+1}{2}=\frac{7+1}{2}=4$，可以判断，第 4 家上市公司的流通股本总数 2.7 亿股就是中位数，即：Me =2.7（亿股）

上例中数据值的个数为奇数。如果为偶数，比如已知 8 家上市公司的流通股本总数分别为（单位：亿股）：0.3，1.2，1.8，2.7，2.9，3.2，23，28，则中位数的位次应为 $\frac{N+1}{2}=\frac{8+1}{2}=4.5$，该位次在第 4 个和第 5 个单位之间，则中位数应为第 4 和第 5 家上市公司流通股本的算术平均数，即：M$e=\frac{2.7+2.9}{2}=2.8$（亿股）

2. 由单项式分组数列确定中位数。由单项式分组数列确定中位数时，因资料已经经过整理，并编制成标志值按大小顺序排列的变量数列，因此可直接用公式 $(\sum f+1)/2$ 确定中位数的位次，再根据位次，用向上累计或向下累计次数的方法，将累计次数超过中位数位次的组确定为中位数组，该组的标志值即为中位数。

【例 3.3】已知某只基金累计买入上海汽车股票 278 万股，其成交价格的分布情况如表 3—3 所示。试确定该股票购买价格的中位数。

表 3—3　某只基金所购买的上海汽车股票价格分布表

每股价格/元	成交量/万股	向上累计数/万股	向下累计数/万股
6.8	26	26	278
7.2	76	102	252
7.6	83	185	176
8.1	56	241	93
8.8	37	278	37
合　计	278	—	—

解:中位数的位次：$\frac{\sum f+1}{2}=\frac{278+1}{2}=139.5$(万股)

从向上累计次数来看,第一组和第二组的累计次数为 102 万股,小于 139.5 万股,到第三组的累计次数为 185 万股,大于 139.5 万股,因此中位数必然在第三组,该组的标志值 7.6 元即为中位数。利用向下累计数确定中位数的方法与此相似,结果也相同。

3. 由组距式分组数列确定中位数。对于组距式数列,从数列的累计频数栏中找出第($\sum f/2$)个单位所在的组,即"中位数组",该组的上、下限规定了中位数的可能取值范围;假定在中位数组内的各单位是均匀分布的,即可利用下面的公式计算中位数的近似值：

下限公式：

$$M_e=L+\frac{\frac{\sum f}{2}-S_{m-1}}{f_m}\times d \tag{3—9}$$

上限公式：

$$M_e=U-\frac{\frac{\sum f}{2}-S_{m+1}}{f_m}\times d \tag{3—10}$$

式中,M_e 为中位数,L 为中位数所在组的下限,U 为中位数所在组的上限,S_{m-1} 为中位数所在组以下的累计次数,S_{m+1} 为中位数所在组以上的累计次数,f_m 为中位数所在组的次数,$\sum f$ 为总次数,d 为中位数所在组的组距。

中位数实际上就是位于累计次数达到第($\sum f/2$)个单位所在组中的某个数值。该数值是这一组的下限加上按一定几何比例分割组距所得的一段组距,或这一组的上限减去按一定几何比例分割组距所得的一段组距。

【例 3.4】某银行按定期存款账号进行每隔 10 户的系统抽样,得到如表 3—4 资料,试计算定期储蓄存款的中位数。

表 3－4　某银行 500 户定期存款的抽样数据

存款金额/元	户数/户	向上累计户数	向下累计户数
1000 以下	30	30	500
1000～3000	150	180	470
3000～5000	250	430	320
5000～7000	50	480	70
7000～10000	10	490	20
10000 以上	10	500	10
合　计	500	—	—

解：由于 $\frac{\sum f}{2}=\frac{500}{2}=250$，从向上累计次数来看，第一组和第二组的累计次数均小于 250 户，到第三组的累计次数为 430 户，大于 250 户，由此可断定中位数落在第三组内。

根据下限公式计算中位数：

$$M_e=L+\frac{\frac{\sum f}{2}-S_{m-1}}{f_m}\times d=3000+\frac{\frac{500}{2}-180}{250}\times 2000=3000+560=3560(\text{元})$$

若按上限公式计算中位数：

$$M_e=U-\frac{\frac{\sum f}{2}-S_{m+1}}{f_m}\times d=5000-\frac{\frac{500}{2}-70}{250}\times 2000=5000-1440=3560(\text{元})$$

（三）分位数

中位数是从中间点将全部数据等分为两部分，与中位数相类似的还有四分位数（Quartile）、十分位数（Decile）和百分位数（Percentile）等，更一般地，对于随机变量，还有概率意义上的、更细致的分位数（Quantile）。

1. 四分位数。把数列中各单位的变量值按照由小到大排序后，然后通过三个点将全部数据等分为四部分，其中每部分包含 25％的数据，处于三个分割点位置上的数值就是四分位数。很显然，中间的四分位数就是中位数，因此，通常所说的四分位数是指第一个四分位数（也称作下四分位数）和第三个四分位数（也称作上四分位数）。与中位数的计算方法类似，根据未分组数据计算四分位数时，首先对数据进行排序，然后再确定四分位数所在的位置。

设下四分位数为 Q_L，中间的四分位数为 Q_M，上四分位数为 Q_U，则各个四分位数的位置分别为：Q_L 的位置 $=\frac{N+1}{4}$，Q_M 的位置 $=\frac{2(N+1)}{4}$，Q_U 的位置 $=\frac{3(N+1)}{4}$，显然 $Q_M=M_e$。当四分位数的位置不在某一个数值上时，可根据四分位数的位置，通过按比例分摊四分位数位置两侧数值的差值来估算四分位数。

【例 3.5】根据表 3－3 中某只基金所购买的上海汽车股票价格分布表资料，试计算该基金所购买的上海汽车股票价格的上、下四分位数。

解:下四分位数位置：$\frac{278+1}{4}=69.75$(万股),从表 3－3 的累计次数中可以看到,下四分位数落在 7.2 元这一组中,因此下四分位数应为该组的变量值,即 $Q_L=7.2$(元),说明该股票的 1/4 或 25%的购买价格在 7.2 元以下。

上四分位数的位置：$\frac{3\times(278+1)}{4}=209.25$(万股),由累计次数可知,上四分位数落在 8.1 元这一组中,因此上四分位数应为该组的变量值,即 $Q_U=8.1$(元),说明该股票的 3/4 或 75%的购买价格在 8.1 元以下。

2. 百分位数。百分位数也是用于衡量数据位置的指标,但它所衡量的不一定是中心位置,或者 25%、75%的位置,百分位数提供了有关各数据项如何在最小值与最大值之间分布的信息。百分位数的含义是,对于第 p 百分位数来说,它使得至少有 p%的数据项小于或等于这个值,且至少有$(100-p)$%的数据项大于或等于这个值。也就是说,第 p 百分位数将数据分为两部分,大约 p%的数据项的值比第 p 百分位数小,而约$(100-p)$%的数据项的值比第 p 百分位数大。

例如,用百分位数的形式报告研究生入学考试成绩的分布状况,如果某考生的英语成绩的原始分数为 58 分,那么我们无从知道他的成绩与其他人相比如何;不过如果考试分数恰好对应的是第 80 百分位数,据此可以知道大约 80%的学生考试分比该生要低,而约 20%的学生考试分数比他高。

百分位数的计算方法是,将数据资料按从小到大的顺序排列,计算百分位数的具体数值的位次 $i=(\frac{p}{100})\times n$,这里的 p 是所求的百分数的位置,n 为项数。如果 i 不是整数,将 i 向上取整,大于 i 的毗邻整数指示第 p 百分位数的位置;如果 i 为整数,则第 p 百分位是第 i 项与第$(i+1)$项数据的平均值。

【例 3.6】某班 15 名学生英语考试成绩按大小顺序排列后分别为:46,52,60,68,69,71,73,78,78,82,83,85,88,89,95,分别计算 90%和 60%的百分位数。

解:计算 90 百分位数:

位次为:$i=(\frac{p}{100})\times n=(\frac{90}{100})\times 15=13.5$

由于 i 不是整数,将其向上取整。则第 90 百分位数的位置是大于 13.5 项的相邻整数,即第 14 项数据,其对应分数为 89 分的同学,说明大约有 90%的同学分数低于 89 分,有 10%的同学分数高于 89 分。

计算 60 百分位数:

位次为:$i=(\frac{p}{100})\times n=(\frac{60}{100})\times 15=9$

由于 i 是整数,第 60 百分位数即为第 9 项与第 10 项的平均值,所以第 60 百分位数就是 $(78+82)/2=80$。也就是说,如果某同学成绩为 80 分,大约有 60%的同学分数低于 80 分,40%的同学分数高于 80 分。

四、均值

均值(mean)也称为平均数,其中最主要的表现形式是算术平均数。均值是集中趋势的主要测度指标，适用于定距数据和定比数据，不适用于定类数据和定序数据。根据所掌握数据的不同，均值有不同的计算形式和计算方法。

（一）算术平均数

1. 算术平均数的基本形式。算术平均数的基本形式反映了计算算术平均数的内在含义，其基本计算公式为：

$$算术平均数=\frac{总体中各单位某一数量标志之和}{总体单位总数}=\frac{\sum m}{\sum f} \tag{3-11}$$

比如，已知某股份公司共有职工 365 人，其年工资总额为 795.7 万元，则该公司职工的年平均工资为：

$$平均工资=\frac{工资总额}{职工人数}=\frac{\sum m}{\sum f}=\frac{795.7}{365}=2.18(万元)$$

在计算平均数时，分子与分母必须属于同一总体，且具有一一对应关系，即：有一个总体单位必须有一个标志值与之对应，只有这样计算出的平均指标才能代表总体的一般水平。根据所掌握资料的表现形式不同，算术平均数可以分为简单算术平均数和加权算术平均数两种形式。

2. 简单算术平均数。简单算术平均数是根据未分组资料计算的算术平均数，由各单位的标志值总和除以总体单位总数得到，其计算公式为：

$$\bar{X}=\frac{X_1+X_2+\cdots+X_N}{N}=\frac{\sum_{i=1}^{N}X_i}{N}=\frac{\sum X}{N} \tag{3-12}$$

式中，$\bar{X}$ 为平均数，X_i 为第 i 个单位的标志值，N 为总体单位总数，$\sum$表示求和符号。

【例 3.7】某投资者某日选中 5 只股票的价格分别为：3.5 元，4.1 元，5.6 元，9.8 元和 15.6 元，计算该投资者所购买股票的简单算术平均数。

解：不考虑该投资者所购买股票的数量，单从其所选这 5 只股票价格本身计算的简单算术平均价格为：

$$\bar{X}=\frac{\sum X}{N}=\frac{3.5+4.1+5.6+9.8+15.6}{5}=\frac{38.6}{5}=7.72\ (元)$$

3. 加权算术平均数。加权算术平均数是根据分组数列资料计算的平均数，对于单项式分组数列，它是各组标志值与各组次数乘积的总和除以各组次数总和；对于组距式分组数列，它是各组的组中值与各组次数乘积的总和除以各组次数总和。用公式表示为：

$$\bar{X}=\frac{X_1f_1+X_2f_2+\cdots+X_mf_m}{f_1+f_2+\cdots+f_m}=\frac{\sum_{i=1}^{m}X_if_i}{\sum_{i=1}^{m}f_i}=\frac{\sum Xf}{\sum f} \tag{3-13}$$

式中，X_i 表示第 i 组的标志值或组中值，f_i 表示第 i 组的标志值出现的次数，m 表示组数。

【例 3.8】在【例 3.7】中，如果该投资者分别购买这 5 只股票的数量如表 3—5 所示，试计算该投资者所购买股票的平均价格。

表 3—5　某投资者所购买股票名称及数量

股票名称	价格/元	数量/万股	购买总金额/万元
某高速	3.5	16	56
某电子	4.1	12	49.2
某科技	5.6	18	100.8
某药业	9.8	2.5	24.5
某环保	15.6	1.8	28.08
合　计	—	50.3	258.58

解：
$$\bar{X}=\frac{\sum Xf}{\sum f}=\frac{3.5\times16+4.1\times12+5.6\times18+9.8\times2.5+15.6\times1.8}{16+12+18+2.5+1.8}$$
$$=\frac{258.58}{50.3}=5.14(\text{元})$$

上式是根据单项式分组数列计算的加权算术平均数，如果计算的依据是组距式分组数列，则需要用组中值代替各组标志值计算平均数。

【例 3.9】根据表 3－2 中某日上海证券交易所上市公司股票平均价格的组距式分组数列，计算该交易所股票的平均价格。

解：
$$\bar{X}=\frac{\sum Xf}{\sum f}=\frac{2.5\times35+7.5\times457+15\times268+25\times30}{35+457+268+30}=\frac{8285}{790}=10.49(\text{元})$$

根据组距数列计算加权算术平均数时，由于并不知道各组的实际平均数，所以利用组中值代替各组标志值参与运算，据此计算的平均数只是一个近似值。用组中值作为各组标志值的代表值，其代表性如何，取决于各组内部的标志值分布是否呈均匀分布或对称分布。不过，就整个数列来说，由于分组的作用使得影响变量值高低的各种因素在一定程度上能够相互抵消，分组工作做得越好，则算术平均数就越接近于实际值。

上述两种算术平均数的计算公式反映出，简单算术平均数只受变量值本身大小的影响，而加权算术平均数则同时受到变量值自身水平和次数多少的影响，其中起决定作用的是变量自身的水平，它的大小决定着平均数的大小，限定了平均数的变化范围；平均数在变量值的变动区间内，各个变量值对平均数所起作用的大小，取决于各变量值出现次数的多少，出现次数多的变量值，对平均数所起的作用就大些，出现次数少的变量值对平均数的影响作用就小，在一般情况下，加权算术平均数会靠近出现次数多的变量值。由于各组标志值出现的次数在计算平均数的过程中起到了权衡轻重的作用，也把次数称作权数(weight)，把每一个变量值乘以权数的过程叫作加权；其中权数必须是变量值的承担者，即总体单位。

权数也可以采用相对数的形式，即各组单位数占总体单位总数的比重来表示，称为相对权数。其计算公式可根据上述绝对权数形式的加权算术平均数公式变形得到：

$$\bar{X}=\frac{X_1f_1+X_2f_2+\cdots+X_mf_m}{f_1+f_2+\cdots f_m}$$
$$=X_1\frac{f_1}{\sum f}+X_2\frac{f_2}{\sum f}+\cdots+X_m\frac{f_m}{\sum f}=\sum X\cdot\frac{f}{\sum f} \tag{3－14}$$

由相对权数公式可以发现，相对权数才是计算加权算术平均数的实质权数，影响算术平均数大小的不是各组标志值出现次数的多少，而是各组单位数占总体单位总数比重的高低。

若各组单位数相等，即 $f_1=f_2=\cdots=f_m=A$ 时，则加权算术平均数与简单算术平均数的计算公式存在下面的关系式：

$$\bar{X}=\frac{\sum Xf}{\sum f}=\frac{\sum XA}{\sum A}=\frac{A\sum X}{mA}=\frac{\sum X}{m} \tag{3-15}$$

所以可以说，简单算术平均数是加权算术平均数的一个特例，是权数相等条件下的加权算术平均数。

4. 算术平均数的两个重要数学性质

(1)各单位标志值与算术平均数的离差之和等于零。即：

未分组资料：

$$\sum(X-\bar{X})=0 \tag{3-16}$$

分组资料：

$$\sum(X-\bar{X})f=0 \tag{3-17}$$

(2)各单位标志值与算术平均数的离差平方和最小。即：

未分组资料：

$$\sum(X-\bar{X})^2=\min \tag{3-18}$$

分组资料：

$$\sum(X-\bar{X})^2 f=\min \tag{3-19}$$

(二)调和平均数

调和平均数(harmonic mean)是总体各单位标志值倒数的算术平均数的倒数，也称倒数平均数，是均值的另一种表现形式。在实际工作中，由于所获得的数据不同，有时不能直接采用算术平均数的计算公式计算平均数，这时需要根据具体情况，使用调和平均数的形式进行计算。

简单调和平均数是先计算总体各单位标志值倒数的简单算术平均数，然后再求其倒数。计算公式为：

$$\bar{X}_H=\frac{1}{\dfrac{\dfrac{1}{X_1}+\dfrac{1}{X_2}+\cdots+\dfrac{1}{X_N}}{N}}=\frac{N}{\dfrac{1}{X_1}+\dfrac{1}{X_2}+\cdots+\dfrac{1}{X_N}}=\frac{N}{\sum\dfrac{1}{X}} \tag{3-20}$$

式中，$\bar{X}_H$ 表示调和平均数，X_i 表示第 i 组的标志值，N 表示总体单位总数。

加权调和平均数是先计算各单位标志值倒数的加权算术平均数，然后再求其倒数。计算公式为：

$$\begin{aligned}\bar{X}_H&=\frac{1}{\dfrac{\dfrac{1}{X_1}f_1+\dfrac{1}{X_2}f_2+\cdots+\dfrac{1}{X_m}f_m}{f_1+f_2+\cdots+f_m}}\\&=\frac{f_1+f_2+\cdots+f_m}{\dfrac{1}{X_1}f_1+\dfrac{1}{X_2}f_2+\cdots+\dfrac{1}{X_m}f_m}=\frac{\sum f}{\sum\dfrac{1}{X}f}\end{aligned} \tag{3-21}$$

式中，X_i 表示第 i 组的标志值，f_i 表示第 i 组的权数或次数，m 表示组数。

调和平均数一般作为算术平均数的变形来使用，即当已知总体标志总量和总体单位总数时，或者已知分组数列的各组标志值和标志总量时，可采用调和平均数法计算平均指标。

记各组的标志总量为 m 、各组的单位数为 f 、标志值为 X ，则有 $m=Xf$ ，当各组单位数未知时，原加权算术平均数公式变形为：

$$\bar{X}=\frac{\sum Xf}{\sum f}=\frac{\sum Xf}{\sum \frac{1}{X}\cdot Xf}=\frac{\sum m}{\sum \frac{1}{X}m} \tag{3—22}$$

【例 3.10】某投资者在不同时期内从上海证券交易所购买某上市公司的股票，购买价格分别为：23.56 元、15.70 元和 6.83 元。如不计交易成本，试计算：如果在每一种价格水平上，均购买了 1000 股，则总平均价格是多少？如果在每一种价格水平上各购买了 5 万元，则总平均价格是多少？

解：从计算平均价格的基本公式来看，平均价格 $=\frac{成交额}{成交量}$ ，所以有：

$$(1)\ \bar{X}=\frac{\sum Xf}{\sum f}=\frac{23.56\times1000+15.70\times1000+6.83\times1000}{1000+1000+1000}=15.36(元)$$

$$(2)\ \bar{X}_H=\frac{\sum m}{\sum \frac{1}{X}m}=\frac{50000+50000+50000}{\frac{50000}{23.56}+\frac{50000}{15.70}+\frac{50000}{6.83}}=11.88(元)$$

上式计算过程所采用的公式本质都是相同的，只是形式不同，由于所给资料的购买股数和购买金额都相同，其计算也都可采用简单算术平均数和简单调和平均数的计算公式。

实际上，一般认为调和平均数只是算术平均数的另一种表现形式，二者本质上是一致的，唯一的区别是计算时使用了不同的数据。需要注意的是，当数据中出现“0”值时，不宜计算调和平均数。

（三）几何平均数

几何平均数（geometric mean）是 N 个变量值的连乘积的 N 次方根，适用于计算现象的平均比率或平均速度，反映现象比率的一般水平。在计算平均比率或速度时，应用几何平均数还需满足两个前提条件：一是各个比率或速度的连乘积等于总比率或总速度，二是相乘的各个比率或速度不得为零或负值。

1. 简单几何平均数。对于未分组资料，几何平均数的计算公式为：

$$\bar{X}_G=\sqrt[N]{X_1X_2X_3\cdots X_N}=\sqrt[N]{\prod_{i=1}^{N}X_i} \tag{3—23}$$

式中，$\bar{X}_G$ 表示几何平均数，X_i 表示第 i 个单位的标志值，$\prod$ 表示连乘符号。

【例 3.11】某流水生产线有前后衔接的五道工序。某日各工序产品的合格率分别为 95%、92%、90%、85%、80%，求整个流水生产线产品的平均合格率。

解：因该流水线的最终合格品即为第五道工序的合格品，故该流水线总的合格品应为：$100A\times0.95\times0.92\times0.90\times0.85\times0.80$；则该流水线产品总的合格率为：

$$\frac{\text{总合格品}}{\text{总产品}}=\frac{100A\times0.95\times0.92\times0.90\times0.85\times0.80}{100A}$$
$$=0.95\times0.92\times0.90\times0.85\times0.80$$

即该流水线总的合格率等于各工序合格率的连乘积，符合几何平均数的适用条件，则

$$\bar{X}_G=\sqrt[5]{0.95\times0.92\times0.90\times0.85\times0.80}$$
$$=\sqrt[5]{0.5349}=88.24\%$$

请大家思考，若上题中不是由五道连续作业的工序组成的流水生产线，而是五个独立作业的车间，且各车间的合格率同前，又假定各车间的产量相等均为100件，应该如何求该企业的平均合格率呢？这时因为各车间彼此独立作业，所以有：第一车间的合格品为：100×0.95；第二车间的合格品为：100×0.92；……第五车间的合格品为：100×0.80。则该企业全部合格品应为各车间合格品的总和，即：总合格品＝100×0.95＋…＋100×0.80。不再符合几何平均数的适用条件，需按照求解比值的平均数的方法计算。又因为合格率是等于合格品与产品的比值，应采用加权算术平均数公式计算，即：

$$\bar{X}=\frac{\sum Xf}{\sum f}=\frac{0.95\times100+\cdots+0.80\times100}{100+\cdots+100}$$
$$=\frac{442}{500}=88.4\%$$

2. 加权几何平均数。根据分组资料计算几何平均数应采用加权式，计算公式为：

$$\bar{X}_G=\sqrt[\sum_{i=1}^{m}f_i]{X_1^{f_1}X_2^{f_2}X_3^{f_3}\cdots X_m^{f_m}}=\sqrt[\sum_{i=1}^{m}f_i]{\prod_{i=1}^{m}X_i^{f_i}} \tag{3-24}$$

式中，$\bar{X}_G$ 表示几何平均数，X_i 表示第 i 个单位的标志值，f_i 表示第 i 组的次数，m 表示组数，Π 表示连乘符号。需要注意的是，当数据中出现零值或负值时，不宜计算几何平均数。

【例 3.12】某金融机构以复利计息。近12年来的年利率有4年为3%，2年为5%，2年为8%，3年为10%，1年为15%。求平均年利率。

解：按照复利计息，则该金融机构12年总本利率等于各年本利率的连乘积，符合几何平均数的适用条件，故计算平均年本利率应采用几何平均法。

$$\bar{X}_G=\sqrt[(4+2+\cdots+1)]{(1+0.03)^4(1+0.05)^2\cdots(1+0.15)}=\sqrt[12]{2.2154}=106.85\%$$

则平均年利率为：$\bar{X}_G-1=106.85\%-1=6.85\%$

请大家思考，若上题中不是按复利而是按单利计息，且各年的利率与上相同，那么应该如何求平均年利率呢？在按照单利计息的条件下，利息率或本利率不再符合几何平均数的适用条件，需要采用加权算术平均数公式计算平均年利息率。

设本金为V，则平均年利率的计算过程如下：

$$\bar{X}=\frac{\sum Xf}{\sum f}=\frac{(V\times0.03)\times4+\cdots+(V\times0.15)\times1}{V\times4+\cdots+V\times1}$$
$$=\frac{0.83V}{12V}=6.92\%$$

（四）众数、中位数和平均数的比较

众数、中位数和平均数是反映集中趋势的三个主要测度指标，各自具有不同的特点和应用场合。

从分布的角度来看，众数始终是一组数据分布的最高峰值，中位数是处于一组数据中间位置上的值，而平均数则是全部数据的算术平均。因此，对于具有单峰分布的大多数数据而言，众数、中位数和平均数之间具有以下关系：数据的分布如果是右偏分布，说明数据存在极大值，必然拉动平均数向极大值一方靠近，则 $M_0 < M_e < \bar{X}$ ；如果是对称分布，众数、中位数和平均数必定相等，即 $M_0 = M_e = \bar{X}$ ；如果数据是左偏分布，说明数据存在极小值，必然拉动平均数向极小值一方靠近，而众数和中位数由于是位置代表值，不易受极端数值的影响，因此三者之间的关系表现为 $\bar{X} < M_e < M_0$。见图 3－1。

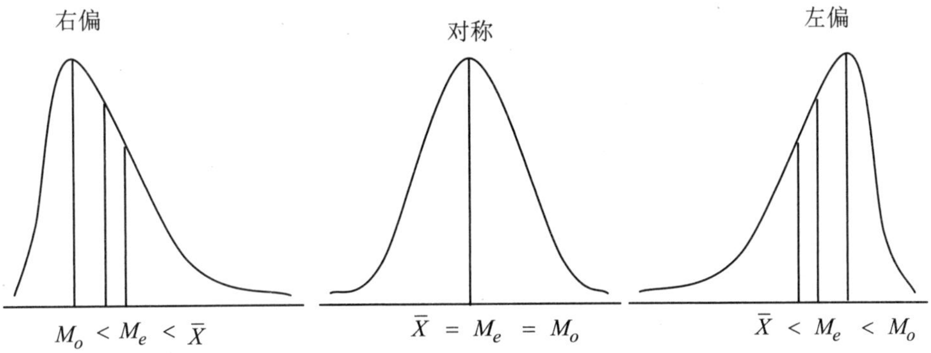

图 3－1　各种分布条件下众数、中位数和平均数的关系

众数、中位数和平均数各自具有不同的特点和适用条件，在实际应用中应根据数据资料的特点和表现形式，选择合理的测度指标来描述数据的集中趋势。在位置平均数中，众数是一组数据分布的峰值，优点是不受极端值的影响，缺点是具有不唯一性，对于一组数据可能有一个众数，也可能有两个或多个众数，也可能没有众数。对于顺序数据以及数值数据也可以计算众数，但众数主要适合于作为分类数据的集中趋势的测度指标。中位数是一组数据中间位置上的代表值，与中位数类似的还有四分位数、百分位数等，它们也都是位置代表值，其特点也是不受数据极端值的影响。中位数以及其他分位数主要适合于作为顺序数据的集中趋势测度值，虽然对于顺序数据也可以使用众数，但以中位数为宜。

数值平均数是针对数值型数据，并且利用了全部数据信息，是实践中应用最广泛的集中趋势的测度指标。算术平均数是数值平均数的基本形式；调和平均数是算术平均数的变形，主要用于不能直接计算平均数的数据；几何平均数则主要用于计算特定条件下的比率数据的平均数。数值平均数是反映数值型数据集中趋势的主要测度指标，虽然对于数值型数据也可以计算众数和中位数，但一般不如平均数的测度效果好。当数据呈对称分布或接近对称分布时，众数、中位数和平均数将接近相等，这时应选择平均数作为集中趋势的测度指标。平均数的主要缺点是易受数据极端值的影响，对于偏态分布的数据，平均数的代表性较差。因此，数据为偏态分布时，特别是当偏斜的程度较大时，可以考虑选择众数或中位数等位置平均数作为集中趋势的代表值，这时它们的代表性要比平均数好。

第三节　离中趋势的描述

集中趋势只是数据分布的一个特征，它所反映的是各变量值向其中心值聚集的程度。而各变量值之间的差异状况如何，还需要考察数据的离散程度。数据的离散程度是数据分布的另一个重要特征，它所反映的是各变量值远离其中心值的程度，为此也称为离中趋势。通过前面的学习我们知道，集中趋势的各测度指标是对数据水平的一个概括性度量，其对一组数据的代表性程度的大小，取决于该组数据的离散水平。数据的离散程度越大，集中趋势的测度指标对该组数据的代表性就越差，离散程度越小，其代表性就越好。而离中趋势的各测度值是对数据离散程度所作的描述。根据所依据数据类型的不同，描述数据离散程度采用的测度指标主要有异众比率、四分位差、方差和标准差。此外，还有极差、平均差以及测度相对离散程度的离散系数等。

一、异众比率

异众比率（variation ratio）是指非众数组的频数占总频数的比率，用 V_r 表示，其计算公式为：

$$V_r=\frac{\sum f_i-f_m}{\sum f_i}=1-\frac{f_m}{\sum f_i} \tag{3—25}$$

式中，$\sum f_i$ 表示变量值的总频数，f_m 表示众数组的频数。

异众比率主要用于衡量众数对一组数据的代表程度。异众比率越大，说明非众数组的频数占总频数的比重越大，众数的代表性就越差；异众比率越小，说明非众数组的频数占总频数的比重越小，众数的代表性越好。异众比率主要用于测度分类数据的离散程度，当然对于定序数据以及数值型数据也可以计算异众比率。此外，还可以利用异众比率对不同总体或样本的离散程度进行比较。

【例 3.13】已知某基金投资的上市公司股票中有金融类 2 家、钢铁类 3 家、家电类 2 家、科技类 8 家、汽车类 5 家，试计算异众比率。

解：由于科技类上市公司最多为 8 家，即众数 M_0＝科技类公司（$f_m=8$），进一步计算该组定类数据的异众比率：

$$V_r=\frac{20-8}{20}=1-\frac{8}{20}=60\%$$

表明该基金所购买的 20 家上市公司股票中，非科技类上市公司占 60%，异众比率相对较大，为此用科技类上市公司代表该基金投资品种的状况，其代表性并不高。

二、四分位差

四分位差（quartile deviation）是上四分位数与下四分位数之差，也称为内距或四分间距，用 Q_d 表示。其计算公式为：

$$Q_d=Q_u-Q_l \tag{3—26}$$

四分位差反映了中间 50%数据的离散程度，其数值越小，说明中间的数据越集中，数值越大，说明中间的数据越分散。四分位差不受极端数值的影响。此外，由于中位数处于数据的中间位置，四分位差的大小在一定程度上也说明了中位数对一组数据的代表程度。四分位差主要用于测度定序数据的离散程度，当然对于数值型数据也可以计算四分位差，但对于定类数据并不适合计算四分位差。

【例 3.14】根据【例 3.5】中计算得到的某只基金所购买上海汽车股票价格的四分位数结果，进一步计算该基金公司所购买上海汽车股票价格的四分位差。

解：根据【例 3.5】中计算出的四分位数，$Q_l = 7.2$，$Q_u = 8.1$

因此，四分位差 $Q_d = 8.1 - 7.2 = 0.9$(元)

三、方差和标准差

测度数值型数据离散程度的方法主要有极差、平均差、方差和标准差，其中最常用的方法是方差和标准差。

(一)极差

极差(range)，也称全距，是总体中各单位标志值中最大值与最小值之差。用 R 表示，其计算公式为：

$$R = X_{\max} - X_{\min} \tag{3-27}$$

式中，$X_{\max}$ 和 $X_{\min}$ 分别表示总体各单位中的最大标志值与最小标志值。

极差通常用来说明总体中标志值变动的范围。极差越大，表明总体中标志值的变动范围越大，说明总体各单位标志值的差异越大；反之，极差越小，总体中标志值的变动范围越小，说明总体各单位标志值的差异越小。

【例 3.15】以沪深两个证券市场上市公司股票价格为例，2022 年 7 月 25 日 4000 多家上市公司的股票价格变动中，按上市公司收盘价来看，最高的是贵州茅台 1944.65 元，最低的是 ST 大集 0.99 元，计算其交易价格的极差。

解：$R = X_{\max} - X_{\min} = 1944.65 - 0.99 = 1943.66$(元)

可见同是上市公司，其股票价格的变动范围很大，价格差距也非常大。

如果根据组距数列计算极差，可用数列中最高一组的上限或假定上限减去最低一组的下限或假定下限求得全距的近似值。

用极差测定数据离散程度的优点是计算方法简单，缺点是易受极端数值的影响，不能全面反映所有标志值的差异大小及分布状况，准确程度较差。在生产实践中，人们一般是根据极差与标准差的关系，应用它来绘制产品的质量控制图，并配合抽样方法来检验产品质量，从而实现对产品的质量控制。

(二)平均差

平均差(average deviation)是变量数列中各单位标志值对其算术平均数离差绝对值的平均数。用 $A \cdot D$ 表示，它反映了各单位标志值对其算术平均数的平均离差。平均差越大，说明各单位标志值的差异程度越大；反之，则说明其变动程度越小。

对于未分组数据，平均差的计算公式为：

$$A \cdot D = \frac{\sum_{i=1}^{N} |X_i - \bar{X}|}{N} \tag{3-28}$$

式中，X_i 表示第 i 个单位的标志值或组中值，$\bar{X}$ 为算术平均数，N 为单位总数。

对于分组数据，平均差的计算公式为：

$$A \cdot D = \frac{\sum_{i=1}^{m} |X_i - \bar{X}| f_i}{\sum_{i=1}^{m} f_i} \tag{3-29}$$

式中，X_i 表示第 i 组的标志值或组中值，$\bar{X}$ 为算术平均数，m 为组数，f_i 为第 i 组的单位数。

【例 3.16】根据表 3－2 和【例 3.1】上海证券交易所 790 家上市公司股票平均价格计算表，计算上海证券交易所上市公司股票平均价格。

表 3－6　上海证券交易所上市公司股票价格平均差的计算过程

股票价格/元	组中值 X/元	公司数 f/家	$\|X-\bar{X}\|$	$\|X-\bar{X}\|f$
5 以下	2.5	35	7.99	279.65
5～10	7.5	457	2.99	1366.43
10～20	15	268	4.51	1208.68
20 以上	25	30	14.51	435.3
合　计	—	790	—	3290.06

解：$\bar{X} = \frac{\sum Xf}{\sum f} = \frac{2.5\times 35 + 7.5\times 457 + 15\times 268 + 25\times 30}{35+457+268+30} = \frac{8285}{790} = 10.49$（元）

$$A \cdot D = \frac{\sum_{i=1}^{m} |X_i - \bar{X}| f_i}{\sum_{i=1}^{m} f_i} = \frac{3290.06}{790} = 4.16\text{（元）}$$

计算结果表明，790 家上市公司的股票价格与其平均价格 10.49 元平均相差 4.16 元。

与极差相比，平均差的优点是不易受极端数值的影响，能综合地反映全部单位标志值对其算术平均数的实际差异情况；同时，以绝对离差的形式来直观地表现各单位标志值与其平均数存在的平均差异，具有明确的含义。不过，由于在计算平均差时，是通过对离差取绝对值的形式来消除变量值与平均数离差之和正负相抵消的影响，数学运算过程不够方便，因而实际应用中受到一定限制。

（三）标准差

标准差(standard deviation)是总体各单位标志值与其算术平均数离差平方的算术平均数的平方根，也称均方差，用 σ 表示。标准差的含义与平均差基本相同，也表示各标志值对算术平均数的平均距离，也是一个有量纲的量，与标志值具有相同的计量单位。

1. 简单标准差。根据未分组资料计算标准差，采用简单标准差的形式，其计算公式如下：

$$\sigma=\sqrt{\frac{\sum_{i=1}^{N}(X_i-\bar{X})^2}{N}} \tag{3-30}$$

式中，X_i 表示第 i 个单位的标志值或组中值，$\bar{X}$ 为算术平均数，N 为单位总数。

2. 加权标准差。根据分组资料计算标准差，应采用加权标准差的形式，其计算公式如下：

$$\sigma=\sqrt{\frac{\sum_{i=1}^{m}(X_i-\bar{X})^2 f_i}{\sum_{i=1}^{m} f_i}} \tag{3-31}$$

式中，X_i 表示第 i 组的标志值或组中值，$\bar{X}$ 为算术平均数，m 为组数，f_i 为第 i 组的单位数。

【例 3.17】根据表 3－2 和【例 3.1】上海证券交易所上市公司股票平均价格数据，计算上海证券交易所上市公司股票平均价格的标准差。

表 3－7　上海证券交易所上市公司股票价格标准差的计算过程

股票价格/元	组中值 X/元	公司数 f/家	$(X-\bar{X})^2$	$(X-\bar{X})^2 f$
5 以下	2.5	35	63.84	2234.40
5～10	7.5	457	8.94	4085.63
10～20	15	268	20.34	5451.15
20 以上	25	30	210.54	6316.20
合　计	—	790	—	18087.38

解：$\bar{X}=\frac{\sum Xf}{\sum f}=\frac{2.5\times35+7.5\times457+15\times268+25\times30}{35+457+268+30}=\frac{8285}{790}=10.49(\text{元})$

$$\sigma=\sqrt{\frac{\sum(X-\bar{X})^2 f}{\sum f}}=\sqrt{\frac{18087.38}{790}}=4.78(\text{元})$$

计算结果表明，上海证券交易所上市公司股票平均价格的标准差为 4.78 元。

(四)方差

方差(variance)是各变量值与其平均数离差平方的平均数，即标准差的平方，记为 σ^2。根据数据的分组状况，方差的计算公式也可以分为简单形式和加权形式两种。

1. 简单方差。根据未分组数据资料计算方差，采用简单方差的形式，其计算公式如下：

$$\sigma^2=\frac{\sum_{i=1}^{N}(X_i-\bar{X})^2}{N} \tag{3-32}$$

2. 加权方差。根据分组数据资料计算方差采用加权方差的形式，其计算公式如下：

$$\sigma^2=\frac{\sum_{i=1}^{m}(X_i-\bar{X})^2f_i}{\sum_{i=1}^{m}f_i} \tag{3-33}$$

标准差和方差是实际中应用最广泛的反映数据资料离散程度的测度值。与全距相比，标准差也不易受极端数值的影响，能综合地反映全部单位标志值对其平均数的实际差异情况；与平均差相比，标准差是用平方的方法消除各标志值与其算术平均数离差的正负值问题，在数学运算中处理起来比较方便；同时，标准差的计算结果稍大于平均差，这对于进行抽样估计，提高保证程度具有一定的意义，因此标准差的应用较为广泛，是最常用的标志变异指标。

四、离散系数

极差、平均差及标准差都是反映标志变异程度即数据分散程度的绝对指标，具有与标志值一致的计量单位，其数值的大小一方面取决于变量数列自身水平高低的影响，也就是与变量数列的平均数大小有关，变量值绝对水平高的数列，其离散程度的测度值相对较大，绝对水平低的数列，其离散程度的测度值相对偏小；另一方面，它们与原变量值的计量单位相同，采用不同计量单位计量的变量值，其离散程度的测度值也会不同。因此，对于平均水平不同或计量单位不同的不同组别的变量值，是不能用上述离散程度的测度指标直接比较其离散程度大小的。为消除变量数列受自身水平高低和计量单位不同对离散程度测度值的影响，需要进一步计算离散系数。

离散系数是指消除平均数和计量单位影响后的标志变异指标，其形式表现为相对数，也称为标志变异相对数指标。常用的离散系数有平均差系数和标准差系数。

（一）平均差系数

平均差系数是一组数据的平均差与其相应的平均数之比，其计算公式如下：

$$V_{AD}=\frac{AD}{\bar{X}}\times 100\% \tag{3-34}$$

（二）标准差系数

标准差系数是一组数据的标准差与其相应的平均数之比，其计算公式如下：

$$V_\sigma=\frac{\sigma}{\bar{X}}\times 100\% \tag{3-35}$$

【例 3.18】根据上例计算得到的上海证券市场上 A 股平均价格为 $\bar{X}=10.49$（元），$\sigma=4.78$（元），若其该年度每股平均税后利润为 $\bar{X}=0.28$（元），$\sigma=0.16$（元），计算该股每股平均价格的标准差系数和每股平均税后利润的标准差系数，并比较它们各自平均水平代表性的大小。

解：每股平均价格的标准差系数：$V_\sigma=\frac{\sigma}{\bar{X}}\times 100\%=\frac{4.78}{10.49}\times 100\%=45.56\%$

每股平均税后利润的标准差系数：$V_\sigma=\frac{\sigma}{\bar{X}}\times 100\%=\frac{0.16}{0.28}\times 100\%=57.14\%$

计算结果表明：虽然从标准差（绝对水平）看，每股平均价格的标准差即变异水平要比其每股平均税后利润的变异水平大，但由于平均价格的标准差系数要小于平均税后利润的标准差系数，所以可以认为 A 股平均价格的代表性要比每股平均税后利润的代表性大。

总之，不同类型的数据，应选用恰当的测度值反映其数据的离散程度。对于定类（分类）数据，主要用异众比率来测度其离散程度；对于定序（顺序）数据，虽然也可以计算异众比率，但主要是用四分位差来测度其离散程度；对于定距定比（数值型）数据，虽然可以计算异众比率、四分位差、极差和平均差等，但主要是用标准差或方差来测度其离散程度。当需要对不同总体或样本数据的离散程度进行比较时，则需要使用离散系数。由此可见，选用哪一种测度值来反映数据的离散程度，需要根据我们所掌握的数据类型和分析目的来确定。

第四节 分布形态的描述

通过前面的学习我们已经了解到，集中趋势和离散程度是数据分布的两个重要特征，但如果要全面了解数据分布的特点，还需要进一步了解数据分布的形状特征，比如是否对称、偏斜的程度以及分布的扁平程度等。用于测度数据分布形态的统计量主要有偏态系数和峰态系数。

一、偏态及其测定

一般来说，数据分布的不对称性称为偏态（skewness），它是反映变量数列偏斜程度的指标，是对数据分布对称性的测度。前面已经提到，利用众数、中位数和平均数之间的关系，就可以大体上判断出数据分布是对称、左偏还是右偏，但是这种判断只能反映出偏态的方向，而无法具体判别其偏斜的程度。偏态系数就是用来测度数据偏斜的具体程度大小的统计量。

计算偏态系数的公式有多种，这里只介绍其中最常用的一种。

对于未分组数据，偏态系数的计算公式为：

$$SK=\frac{\sum_{i=1}^{N}(X_i-\bar{X})^3}{N\sigma^3} \tag{3-36}$$

对于分组数据，偏态系数的计算公式为：

$$SK=\frac{\sum_{i=1}^{m}(\bar{X}_i-\bar{X})^3 f_i}{\sigma^3\sum_{i=1}^{m}f_i} \tag{3-37}$$

从公式（3－36）和式（3－37）可以看出，偏态系数的计算公式是离差三次方的平均数再除以标准差的三次方。当分布对称时，离差三次方后，正负离差可以相互抵消，这时 SK 的分子等于 0，则 SK＝0；当分布不对称时，正负离差不能抵消，就得到了正或负的偏态系数 SK。当 SK 为正值时，表示正的离差值较大，可以判断为正偏或右偏；反之，当 SK 为负值时，表示负的离差数值较大，可判断为负偏或左偏。在计算 SK 时，将离差三次方的平均数除以标准差的三次方是将偏态系数转化为相对数，若偏态系数大于 1 或小于 -1，被称为高度偏态分布；若偏态系数的取值范围在(0.5,1)或(-1,-0.5)两个区间内，则属于中等偏态分布，偏态系数越接近 0，偏斜程度就越低。

【例 3.19】表 3－8 是某月某品牌小汽车各代理商的销售情况统计表，试计算其销售量的偏态系数。

表 3－8　某月某品牌小汽车各代理商的销售情况偏态系数计算表

	A	B	C	D	E	F	G
1 2	按销售量分组（台）	组中值x	代理个数f	xf	$(x-\bar{x})^2 f$	$(x-\bar{x})^3 f$	$(x-\bar{x})^4 f$
3	140-150	145	4	580	6400	-256000	10240000
4	150-160	155	9	1395	8100	-243000	7290000
5	160-170	165	16	2640	6400	-128000	2560000
6	170-180	175	27	4725	2700	-27000	270000
7	180-190	185	20	3700	0	0	0
8	190-200	195	17	3315	1700	17000	170000
9	200-210	205	10	2050	4000	80000	1600000
10	210-220	215	8	1720	7200	216000	6480000
11	220-230	225	4	900	6400	256000	10240000
12	230-240	235	5	1175	12500	625000	31250000
13	合计	—	120	22200	55400	540000	70100000

解：为计算偏态系数，中间计算离差和的过程见表 3－8 中的最后三列。

$$\bar{X}=\frac{\sum xf}{\sum f}=\frac{22200}{120}=185\text{（台）}$$

$$\sigma=\sqrt{\frac{\sum(X-\bar{X})^2 f}{\sum f}}=\sqrt{\frac{55400}{120}}=21.49\text{（台）}$$

$$SK=\frac{\sum_{i=1}^{m}(X_i-\bar{X})^3 f_i}{\sigma^3\sum_{i=1}^{m}f_i}=\frac{540000}{120\times(21.49)^3}=0.453$$

从计算结果可以看出，偏态系数为正值，但数值并不大，说明该品牌小汽车销售量呈右偏分布，但偏斜程度不大。

二、峰态及其测定

峰态(kurtosis)是指数据分布的平峰或尖峰程度，也就是反映次数分布曲线顶端尖峭程度的综合指标。依据次数分布曲线顶峰的状态，可以把峰态类型分为正态峰态、尖顶峰态与平顶峰态，如图 3－2 所示。

当数据的分布比较集中在众数附近时，次数分布曲线较正态分布曲线更为隆起，属于尖顶分布；当数据的分布对众数来说比较分散时，次数分布曲线较正态曲线更为平坦，属于平顶分布；当数据的分布曲线完全符合正态分布的规律时，则属于正态分布。

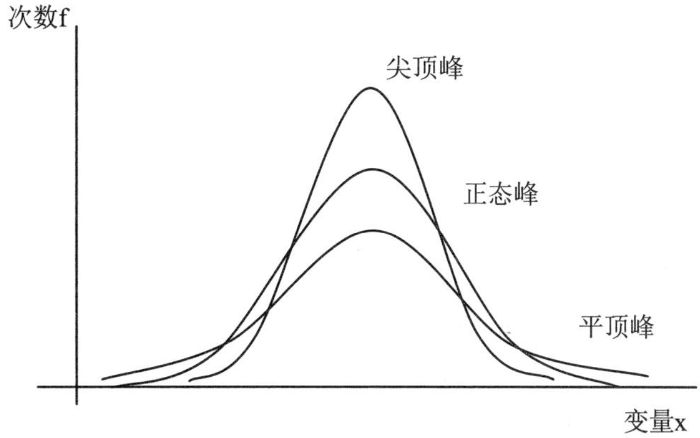

图 3—2　数据分布曲线的各种峰态图

峰态系数是对数据分布峰态的度量值，记作 K，计算公式为：

对于未分组数据，峰态系数的计算公式为：

$$K=\frac{\sum_{i=1}^{N}(X_i-\bar{X})^4}{N\sigma^4}-3 \tag{3—38}$$

对于分组数据，峰态系数的计算公式为：

$$K=\frac{\sum_{i=1}^{m}(X_i-\bar{X})^4 f_i}{\sigma^4\sum_{i=1}^{m}f_i}-3 \tag{3—39}$$

数理统计证明，当 $K=0$ 时，次数分布曲线为正态分布；当 $K<0$ 时，为平顶峰态；当 $K>0$ 时，为尖顶峰态；当 $K=-1.2$ 时，次数分布曲线成为一条水平线，即各组包括的次数相同，分布形态为矩形分布；当 $K<-1.8$ 时，次数分布曲线则成为 U 形分布。

【例 3.20】仍以【例 3.19】中的资料为例，计算其峰度系数。

解：$K=\frac{\sum_{i=1}^{m}(X_i-\bar{X})^4 f_i}{\sigma^4\sum_{i=1}^{m}f_i}-3=\frac{70100000}{120\times(21.49)^4}-3=-0.26$

由于 $K=-0.26<0$，说明该品牌小汽车销售量的分布形态与正态分布相比略为平坦。

第五节　统计比较

统计是量化的工具，例如，计量经济学、经济统计，量化之后呢？为什么要量化？量化的一个重要目标是比较。幸福是比较出来的，“不患寡而患不均”。问题是，“比较”这件事情，有那么容易吗？

两组样本，男同学的体重均值和标准差：$\bar{x}=55.6$，$S=3.2$；女同学的体重均值和标准差：$\bar{x}=45.2$，$S=2.9$。看似男同学的体重波动更大，但实际上，男生体重的变异系数为

0.058，而女生体重的变异系数为 0.064，女同学的体重波动更大。为了更明白地说清楚这一点，再举一例。一个背包 500 元，有正负 200 元的波动；房价 3 万元/平米，同样有正负 200 元的波动。请问，谁的波动程度更大？表面上是同样的波动，但是计算相对于中心数值的波动之后，背包的价格波动更大，这也更符合我们的直觉。所以，变异系数不仅仅是为了消除量纲，它调整了样本之间的可比性。

中国人张三身高 1.75 cm，美国人 James 身高 1.85 cm，日本人大郎身高 1.75 cm，排除国籍导致的差异，请问张三、James 和大郎三个人谁更高？直接从数值上比较，显然是 James 最高。但是这里没有排除混杂因素“国籍”导致的差异，即，这里的差异可能不是因为个人而是国籍。例如，日本人可能普遍低，日本人的 1.7 cm 可能相当于中国人的 1.75 cm 和美国人的 1.85 cm。所以不能直接比较数值，而是需要剔除国籍的影响，比较相对于自己国家的“标准身高”（z 得分）。

陈静的英语考了 90 分，语文考了 60 分，请问陈静哪门课程考得好？如果直接比较分数，当然是英语考得好。但是这里没有排除考卷难易程度导致的差异，即，这里的差异（90 分减去 60 分）既包含陈静的学习能力，也包含考卷的难易程度。例如，语文考卷难，大家很多都不及格，只有陈静及格了；而英语题很简单，大家都是 95、98 和 100 分，只有陈静 90 分。如此看来，陈静的语文成绩反而考得更好一些。这也需要计算 z 得分。或者使用相对排名（定序数据），也可以排除考卷的难易程度。或者让每一个人的成绩除以一个所谓的理论值（期望值）也可以。

由此可见，两件事情比较，前提是首先两件事情可比。例如，今天的一块钱，和三十年前的一块钱，不可比，需要剔除通货膨胀。再如，中国的一块钱，和美国的一块钱，也不可比，需要使用汇率或购买力平价（purchasing power parity）矫正。

从数据预处理的角度而言，标准得分和缩尾（winsorize）都是最常见的高斯化方法（Gaussianization）。其中，缩尾是将两边远处（极值附近）的数值替换为端点值，而截尾（trimmed）直接将两边远处（极值附近）的数值删掉了。

截尾　x_1, x_2, x_3, x_4, x_5

缩尾　x_2, x_2, x_3, x_4, x_4

缩尾和截尾很像受限因变量建模中的归并数据或删失数据（censored data）和截断数据（truncated data），这类数据在生存分析（survival analysis）中也是常见的数据缺失（missing data）类型，它会改变似然函数，从而使简单的统计推断有误。

具体而言，归并数据或删失数据类似缩尾，例如，研究受教育水平对收入的影响，我们或许只能观察到低于 5000 元的收入，高收入者不愿透露其收入，只能归并到其临界值 5000 元，即，$y = \begin{cases} y, & y < 5000 \\ 5000, & y \geq 5000 \end{cases}$，或者将收入为 15000 的个体被记为“5000 及以上”这个类别。也就是说，尽管每个观测点的因变量（收入）都有数据，但是其中有一些都是一样的数值，然而相同数值背后的“故事”却不尽相同。问卷调查数据经常会遇到很多缺失值（无回答），但是无回答背后的原因也很多。

截断数据类似截尾，仍以受教育水平对收入的影响为例，对于没有工作的人，我们看不到其因变量(收入),但是这个人是在数据集中的(教育(edu)这个变量有数值,收入(income)这个变量没有数值)。所以,相对而言,归并数据或删失数据包含了更多信息。如果这个人(没有工作)都没有机会进入样本,那么就会出现样本选择偏误(sample selection,Heckman model)。

这里需要说明的是,空和零,是两个不同的概念。空,有可能是零,也有可能不是零,是悬而未决的。例如,小明没有选修统计学,所以统计学的成绩是空的;小刚选修了统计学,期末考试得了零分,所以统计学的成绩是零。

请看这个例子。例如,你考了 100 分,我也考了 100 分,咱们两个是不是学习一样好?不一定。如果满分是 100,这个成绩是受限的。你的能力或许可以考 150,但是被限制在 100 分了。比如,货架上有 100 件商品,全部被卖空了,市场需求是 100 件商品吗?至少是 100 件。

如果满分是 100,你考了 95,我也考了 95,咱们两个是不是学习一样好?不一定。比如,你半个小时就交卷了,而我临近结束才写完最后一道题,显然你的能力远远在我之上。

如果满分是 100,你考了 95,我也考了 95,咱俩一起交卷,咱们两个是不是学习一样好?不一定。比如,我是带病考试,头昏脑涨,或者我有弱视残疾,那么应该是我赢了。

如果满分是 100,你考了 95,我也考了 95,咱俩健健康康,一起交卷,咱们两个是不是学习一样好?不一定。比如,我是男生,你是女生,男生大都是七八十分,而女生大都是 95 以上,那么应该是我赢了。

如果满分是 100,你考了 95,我也考了 95,咱俩都是男生,健健康康,一起交卷,咱们两个是不是学习一样好?不一定。比如,我是留学生,刚来中国一年,你是中国学生,中文是你的母语,那么应该是我赢了。

如果满分是 100,你考了 95,我也考了 95,咱俩都是中国好男生,健健康康,一起交卷,咱们两个是不是学习一样好?不一定。比如我是老师,你是学生。那应该是你赢了。

如果满分是 100,你考了 95,我也考了 95,咱俩都是中国好男生,都是学生,健健康康,一起交卷,咱们两个是不是学习一样好?……这就是为什么要引入多元回归,主要是为了控制干扰因素来比较我们关心的事情,而不是为了显得更全面。当主要影响因素都被控制好之后,仍然有随机因素的干扰。因为,可能再考一次,我们的成绩就会不同。那么如何排除随机因素呢?这就需要做假设检验或建立统计模型去分离随机因素。

第六节　运用 SPSS 进行统计量描述

利用 SPSS 软件有三种可以实现各种描述性统计量计算过程的途径。对于同一数据,由不同途径所得到的计算结果是一致的,只是输出形式可能会有所区别。下面以某地区规模以上工业企业从业人员数的数据为例(见所附数据集"data3_01 某地区规模以上工业企业从业人员数"),具体介绍利用 SPSS 计算描述性统计量的操作步骤:

一、由"Frequencies"计算描述性统计量

1. 打开对应的 SPSS 数据集,在 SPSS 主窗口中选择菜单:点击 Analyze(分析)→De-

scriptive Statistics(描述统计)→Frequencies(频率),系统弹出如图 3—3 所示的"Frequencies(频率)"对话框。

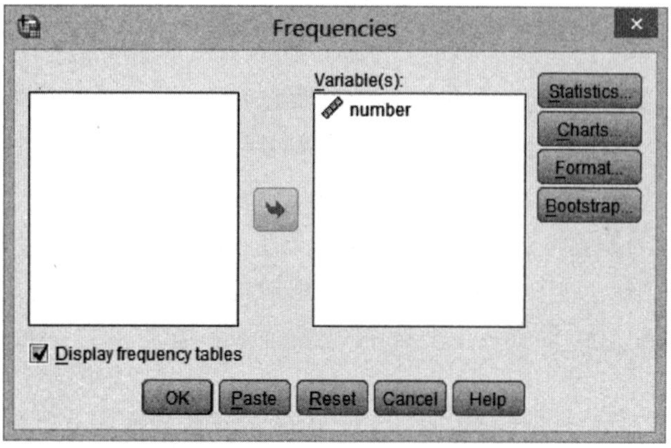

图 3—3　Frequencies 对话框

2. 选择变量"number"进入"Variable(s)(变量)"框内。点击 "Statistics…(统计量)"按钮,系统弹出如图 3—4 所示的"Frequencies: Statistics(频率:统计量)"对话框。

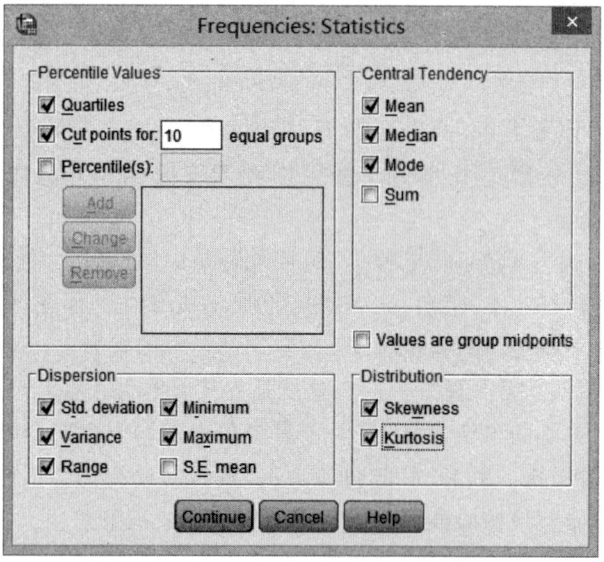

图 3—4　Frequencies: Statistics 对话框

3. 在"Central Tendency(集中趋势)"框内,选中"Mean(均值)""Median(中位数)""Mode(众数)"选项,分别计算集中趋势描述性统计量均值、中位数和众数。在"Dispersion(离散)"框内选中"Std. deviation(标准差)""Variance(方差)""Range(极差)""Minimum(最小值)""Maximum(最大值)"选项,分别用于计算标准差、方差、极差、最小值和最大值等描述数据离散程度的统计量。在"Percentile Values(百分位值)"框内选中"Quartiles(四分位数)"选项,用于计算上、下四分位数,再选中"Cut points for 10 equal groups(分割为 10 个相等组)",用于计算十分位数。在"Distribution(分布)"框内,选中"Skewness(偏度)""Kurtosis(峰度)"选项,用于计算偏度和峰度。

4. 点击 Continue→OK。系统输出的有关描述性统计的计算结果如图 3－5 所示。

Statistics

number

N	Valid	416
	Missing	0
Mean		156.88
Median		117.50
Mode		87
Std. Deviation		126.818
Variance		16082.733
Skewness		1.439
Std. Error of Skewness		.120
Kurtosis		1.645
Std. Error of Kurtosis		.239
Range		615
Minimum		1
Maximum		616
Percentiles	10	39.70
	20	58.00
	25	69.25
	30	76.10
	40	94.80
	50	117.50
	60	142.20
	70	177.00
	75	198.50
	80	235.60
	90	350.50

图 3－5　描述性统计量 SPSS 输出结果

二、由"Descriptives"计算描述性统计量

1. 打开对应的 SPSS 数据集(见所附数据集"data3_01 某地区规模以上工业企业从业人员数")，在 SPSS 主窗口选择菜单：点击 Analyze(分析)→Descriptive Statistics(描述统计)→Descriptives(描述)，系统弹出如图 3－6 所示的"Descriptives(描述)"对话框。

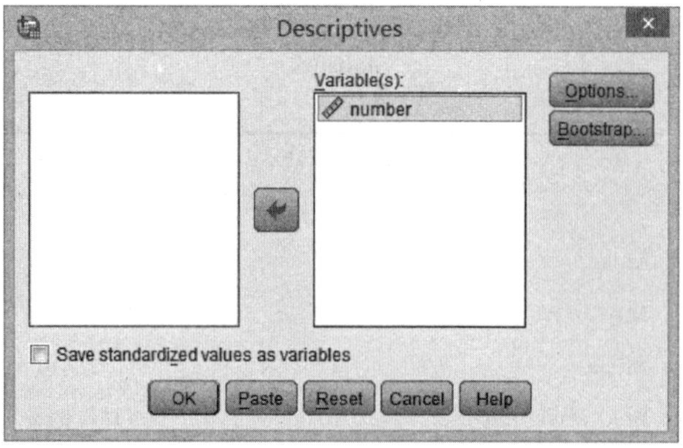

图 3－6 Descriptives 对话框

2. 选择变量“number”进入“Variable(s)(变量)”框内。如果需要计算各个观测值的标准得分，可选中“Save standardized values as variables(将标准化得分另存为变量)”选项，系统将在数据浏览界面输出标准得分的计算结果。点击“Options…(选项)”按钮，系统弹出如图 3－7 所示的“Descriptives：Options(描述：选项)”对话框。

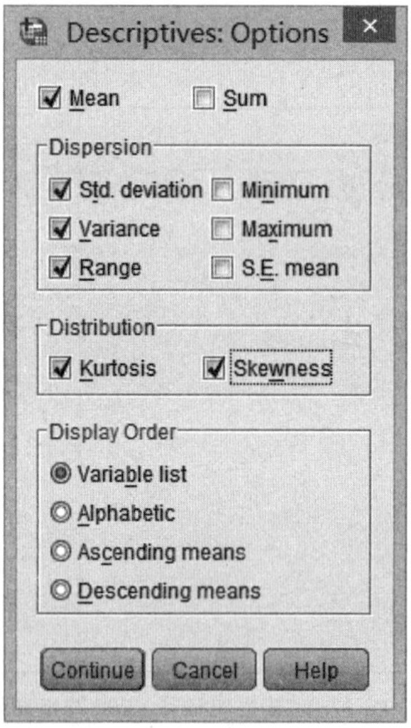

图 3－7 Frequencies：Statistics 对话框

3. 在此框内选择“Mean(均值)”，在“Dispersion(离散)”框内选中“Std. deviation(标准差)”“Variance(方差)”“Range(极差)”选项，在“Distribution(分布)”框内，选中“Skewness(偏度)”“Kurtosis(峰度)”选项。

4. 点击 Continue(继续)→OK。系统输出的有关描述性统计的计算结果如图 3－8 所示。

Descriptive Statistics

	N	Range	Mean	Std. Deviation	Variance	Skewness		Kurtosis	
	Statistic	Statistic	Statistic	Statistic	Statistic	Statistic	Std. Error	Statistic	Std. Error
number	416	615	156.88	126.818	16082.733	1.439	.120	1.645	.239
Valid N (listwise)	416								

图 3－8　描述性统计量 SPSS 输出结果

三、由"Explore"计算描述性统计量

1. 打开图 3－5 对应的 SPSS 数据集(见所附数据集"data3_01 某地区规模以上工业企业从业人员数"),在 SPSS 主窗口选择菜单:点击 Analyze(分析)→Descriptive Statistics(描述统计)→Explore(探索性分析),系统弹出如图 3－9 所示的"Explore(探索)"对话框。

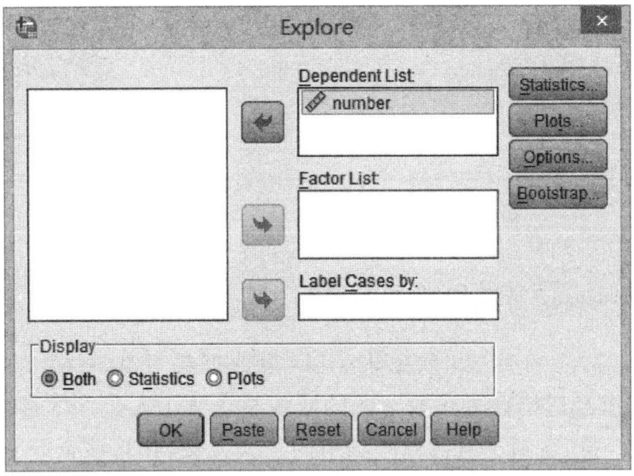

图 3－9　Define Explore 对话框

2. 选择变量"number"进入"Dependent List:(因变量列表)"框内,在"Display(显示)"框内选中"Statistics(统计量)"选项,点击"Statistics…(统计量)"按钮。系统弹出如图 3－10 所示的"Explore:Statistics(探索:统计量)"对话框。

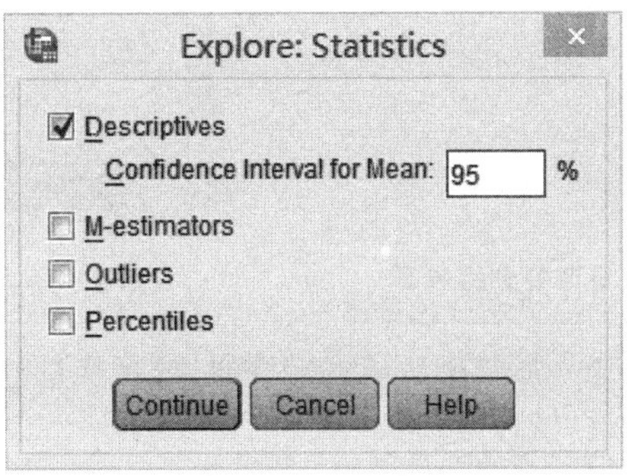

图 3－10　Explore Statistics 对话框

3. 在此对话框中选中“Descriptive(描述)”，点击 Continue(继续)→OK。系统输出有关描述性统计的计算结果如图 3－11 所示。

Descriptives

			Statistic	Std. Error
number	Mean		156.88	6.218
	95% Confidence Interval for Mean	Lower Bound	144.66	
		Upper Bound	169.10	
	5% Trimmed Mean		144.98	
	Median		117.50	
	Variance		16082.733	
	Std. Deviation		126.818	
	Minimum		1	
	Maximum		616	
	Range		615	
	Interquartile Range		129	
	Skewness		1.439	.120
	Kurtosis		1.645	.239

图 3－11　描述性统计量 SPSS 输出结果

四、利用“Weight Cases”计算加权的统计量

1. 打开图 3－12 对应的 SPSS 数据集(见所附数据集“data3_02 某工业企业工人日产量”)，该数据集是一组经过统计分组所形成的反映某企业工人生产零件的统计数据，其中变量 output 为工人日产量，变量 f 为各日产量组的工人人数，计算该企业全部工人平均日产量的实现过程如下：在 SPSS 主窗口选择菜单，点击 Data(数据)→Weight Cases(加权个案)，系统弹出如图 3－13 所示的“Weight Cases(加权个案)”对话框。

	output	f
1	2	9
2	3	17
3	4	38
4	5	41
5	6	25
6	7	2

图 3－12　某工业企业工人日产量分组数据

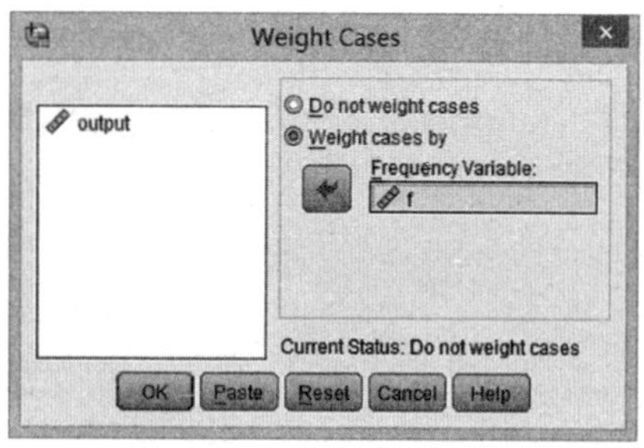

图 3－13　Weight Cases 对话框

2. 点击“Weight Cases by(加权个案依据)”按钮，选择变量“f”进入“Frequency Variable(频率变量)”框内。点击“OK”赋权成功。

3. 然后，在 SPSS 主窗口选择菜单：点击 Analyze(分析)→Descriptive Statistics(描述统计)→Descriptives(描述)，系统弹出如图 3—14 所示的"Descriptives(描述)"对话框。

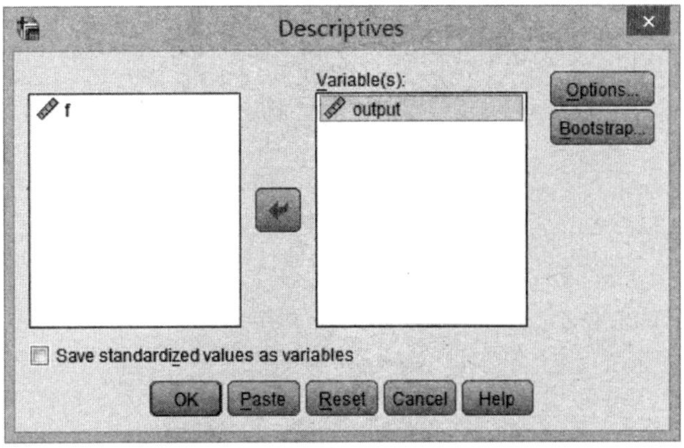

图 3—14 Descriptives 对话框

4. 选择变量 "output"进入"Variable(s)(变量)"框内，点击 "Options…(选项)"按钮，系统弹出如图 3—15 所示的"Descriptives：Options(描述：选项)"对话框。

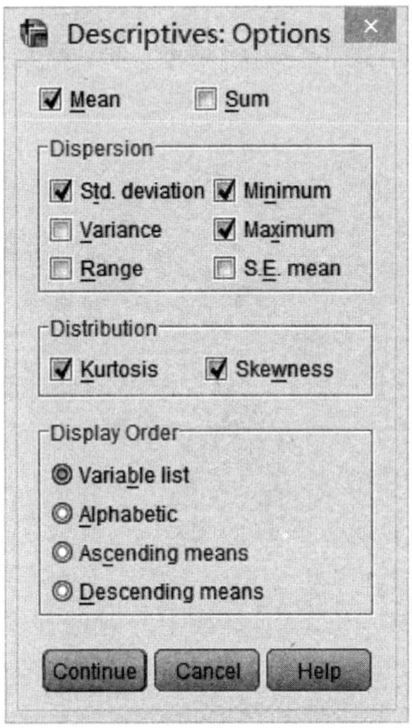

图 3—15 Frequencies：Statistics 对话框

5. 在此框内选择"Mean(均值)"，在"Dispersion(离散)"框内选中"Std. deviation(标准差)""Minimum(最小值)""Maximum(最大值)"选项，在"Distribution(分布)"框内，选中"Skewness(偏度)""Kurtosis(峰度)"选项。

6. 点击 Continue(继续)→OK，系统输出的描述性统计计算结果如图 3—16 所示。

Descriptive Statistics

	N	Minimum	Maximum	Mean	Std. Deviation	Skewness		Kurtosis	
	Statistic	Statistic	Statistic	Statistic	Statistic	Statistic	Std. Error	Statistic	Std. Error
output	132	2	7	4.47	1.182	−.307	.211	−.453	.419
Valid N (listwise)	132								

图 3—16 描述性统计量加权计算输出结果图

本章小结

分析数据的相对程度、集中趋势和离中趋势是进行描述统计的主要切入点。

反映现象之间相对数量特征的是相对指标，它使一些不能直接对比的现象有了共同比较的基础，通过两个具有一定联系的统计指标的对比来反映现象内部或现象之间的关联关系。根据相对指标对比时所选择的对比基础以及所反映的内容和所起的作用不同，可以把相对指标分为结构相对指标、比例相对指标、比较相对指标、强度相对指标、动态相对指标和计划完成程度相对指标等六种形式。应用相对指标时，需要保证构成相对指标的分子和分母两个指标在含义、内容、范围、时间、空间和计算方法等口径方面的可比性；在反映现象相对变动程度的同时，也要注意结合绝对数量的差异进行分析，以及综合应用各种相对指标，从不同侧面揭示所研究现象的特征，以达到深入分析研究的目的。

集中趋势是反映各数据值向其中心值靠拢或聚集的程度，度量集中趋势也就是寻找数据一般水平的代表值或中心值。对于定类数据，一组数据中出现次数最多的变量值叫作众数。对于定序数据，一组数据按从小到大排序后，处于中间位置上的变量值是中位数；与中位数相类似的还有四分位数、十分位数和百分位数等。对于定距和定比数据，平均数是测度集中趋势的最主要指标，包括算术平均数、调和平均数和几何平均数。调和平均数主要用于不能直接计算平均数的数据，几何平均数则主要用于计算比率数据的平均数。一般低层次数据的集中趋势度量值适用于高层次的数据度量，而高层次数据的集中趋势度量值并不适用于低层次的数据度量。

数据的离散程度反映的是各变量值远离其中心值的程度，也称为离中趋势。对于不同的数据类型，描述数据离散程度采用的测度指标也不同。描述定类数据离散程度的测度指标是异众比率，描述定序数据离散程度的测度指标除了异众比率外，还可以使用四分位差。对于定距定比数据，还可以进一步应用极差、平均差、标准差、方差、离散系数等测度数据的离中趋势。

用于测度数据分布形态的统计量主要有偏态和峰态。偏态是指数据分布的不对称性，测度数据偏斜程度的统计量是偏态系数，记为 SK。当 $SK=0$ 时，为对称分布；当 SK 为正值时，为右偏分布；当 SK 为负值时，为左偏分布。峰态是反映次数分布曲线顶端的尖峭程度，测度数据分布峰态的统计量是峰态系数，记为 K。当 $K=0$ 时，次数分布曲线为正态分布；当 $K<0$ 时，为平顶峰态；当 $K>0$ 时，为尖顶峰态。

习　题

一、单项选择题

1. 某年辽宁省人均 GDP 达到 61745 元，该数值属于(　　)。

A. 动态相对数　B. 平均数　C. 强度相对数　D. 结构相对数

2. 标志变异指标反映的是现象的(　　)。

A. 变动程度　B. 集中趋势　C. 离散趋势　D. 一般水平

3. 应用众数反映集中趋势时，以下说法正确的是(　　)。

A. 受极端数值的影响　B. 不受极端数值的影响

C. 只受极大值的影响　D. 只受极小值的影响

4. 四分位差反映了数据集的中间(　　)数据的离散程度。

A. 30%　B. 40%　C. 50%　D. 75%

5. 比较一群人身高离散程度与体重离散程度哪一个更大时，应当使用(　　)。

A. 极差　B. 标准差系数　C. 标准差　D. 中位数

6. 某单位职工的工资收入数据呈极度右偏分布，则其偏态系数可能是下面的哪一个(　　)。

A. 0.3　B. −0.3　C. 3.1　D. −31

7. 下列统计量中，可以反映定序数据的集中趋势的是(　　)。

A. 标准差　B. 算术平均数　C. 中位数　D. 几何平均数

8. 在数据分布是右偏的情况下，下列统计量大小关系正确的是(　　)。

A. $M_0 < M_e < \bar{X}$　B. $M_0 = M_e = \bar{X}$

C. $\bar{X} < M_e < M_0$　D. 无法确定

二、多项选择题

1. 基于总体中所有单位的标志值计算的平均数有(　　)。

A. 算术平均数　B. 众数

C. 几何平均数　D. 中位数

E. 调和平均数

2. 计算几何平均数应满足的条件是(　　)。

A. 总比率等于若干个比率之和　B. 总比率等于若干个比率的乘积

C. 总发展速度等于若干个发展速度的乘积　D. 被平均的变量值不得为零

E. 被平均的变量值不得为负数

3. 以下属于相对指标的具体表现形式的有(　　)。

A. 强度相对数　B. 结构相对数

C. 动态相对数　D. 比较相对数

E. 调和相对数

4. 如果一个数据集约 15% 的数据异常地大或小，在对其进行描述统计时，不受异常值影响的指标有(　　)。

A. 算术平均数　B. 中位数　C. 标准差　D. 全距　E. 四分位差

5. 在什么条件下，加权算术平均数等于简单算术平均数（　）。

A. 各组次数等于各组组中值　B. 各组变量值不等

C. 变量数列为组距数列　D. 各组次数都为 1

E. 各组次数占总次数的比重相等

6. 测度数据分布形态的统计量有（　）。

A. 四分位差　B. 偏度　C. 异众比率　D. 峰度　E. 众数

7. 算术平均数的数学性质是（　）。

A. 各个标志值与算术平均数的离差之和最小

B. 各个标志值与算术平均数的离差之和等于零

C. 各个标志值与算术平均数的离差之平方之和最小

D. 各个标志值与算术平均数的离差之平方之和最大

E. 各个标志值与算术平均数的离差之和相对最大

三、计算题

1. 某年世界人口最多的前 12 个国家如下表所示（单位：人）（资料来源于世界人口网）。

国家	人口	国家	人口
中国	1396614787	尼日利亚	177155754
印度	1236344631	孟加拉国	166280712
美国	318892103	俄罗斯	142470272
印尼	253609643	日本	127103388
巴西	202656788	墨西哥	121005815
巴基斯坦	196174380	菲律宾	101475002

已知该年世界人口总数为：7212306342 人，试计算：

（1）世界人口最多的 12 个国家的人口占世界总人口的结构相对数。

（2）试计算我国人口同美国、俄罗斯、日本各个国家人口的比较相对数。

2. 下表是某年地区 GDP 总量排名前 15 的城市及其 GDP 总量和人均 GDP 数据。

城市	GDP 总量/亿元	人均 GDP/元/人	城市	GDP 总量/亿元	人均 GDP/元/人
上海	23560.94	97552	成都	10056.59	70931
北京	21330.80	99139	杭州	9201.16	104038
广州	16706.87	129242	南京	8820.75	107730
深圳	16001.98	150052	青岛	8692.10	96967
天津	15722.47	103655	无锡	8205.31	126909
重庆	14265.40	48032	大连	8001.39	116367
苏州	13760.89	131482	长沙	7824.81	108356
武汉	10060.00	98434			

根据上表数据计算：

（1）这 15 个城市地区 GDP 总量的均值、中位数、四分位数、全距、标准差和四分位差。

（2）这 15 个城市人均 GDP 的中位数、四分位数、全距、四分位差、偏态系数和峰度系数。

3. 某企业检测一批零件尺寸，得到如下资料：

零件尺寸/微米	零件数/件
295～305	80
305～315	180
315～325	230
325～335	340
335～345	320
345～355	160
355～365	90
合计	1400

要求计算：

(1)该批零件尺寸的平均数、中位数和众数。

(2)该批零件尺寸的全距、平均差、标准差和方差。

(3)该批零件尺寸的变异系数、偏态系数和峰度系数。

4. 某商场出售进口及国产苹果共4个品种，其价格分别为(元/斤)：6.2、3.8、2.2和1.5。试计算：

(1)如果某个消费者对这四种苹果各买了5斤，那么他所购买苹果的平均价格是多少。

(2)如果某个消费者对这四种苹果各买了10元，那么他所购买苹果的平均价格是多少。

5. 调查某汽车装配厂三个车间的废品率情况，分别为0.3%、0.2%、0.4%，如果三个车间分别负责汽车装配的一道工序，求该厂的平均废品率；如果三个车间各自负责汽车装配的全过程，又知各车间全年的产量分别为1000辆、1500辆和750辆，求该厂的平均废品率。

第四章　概率与概率分布

引　例

假设您正在参加一个游戏节目。游戏中有三扇门，其中一扇门的后面是一辆汽车，其他两扇门的后面是山羊。游戏主持人知道门后是什么，而游戏参加者不知情。游戏节目的规则如下：参加者任意选择一扇门，假定是1号门，主持人打开另一扇后面是山羊的门，假定是3号门，之后问参赛者是否选择第三扇门，即2号门；参赛者可以坚持最初的选择（1号门），也可以做出新的选择（2号门）；选定后主持人会打开参赛者选中的门，参赛者赢得这扇门后的物品。那么，作为参赛者，您是否认为改变选择赢得汽车的可能性增加了呢？

这是美国马里兰州的惠特克（Craig F. Whitaker）在1990年写给《展示》（《Parade》）杂志玛丽莲·沃斯·莎凡特（Marilyn vos Savant）专栏的信件中提出的游戏秀问题（game show problem），专栏主持人的回复是改变选择使赢得汽车的可能性从之前的1/3增加到2/3（http://marilynvossavant.com/game-show-problem/）。大约有10000名专栏的读者参与了对此问题的讨论，其中约有1000名具有博士学位，大部分读者认为莎凡特的回复是错误的，改变选择并不会使赢得汽车的可能性发生变化。

游戏中的问题被称为蒙特霍尔问题（Monty Hall problem），一个在数学意义上实质完全相同的问题是加德纳（Martin Gardner）在《科学美国人》（《Scientific American》）杂志“数学游戏”（Mathematical Games）专栏中描述的三囚犯问题（three prisoners problem）。加州大学伯克利分校统计学教授塞尔温（Steve Selvin）在1975年给《美国统计学者》（《American Statistician》）杂志的信件中首次使用了“蒙特霍尔问题”这个名称。蒙特霍尔问题是源自博弈论的数学游戏问题，可以应用概率论的基本知识来解决，从中有助于正确理解概率的含义和变量的变化。本章我们就将带着这个有趣的问题，具体学习概率与概率分布的相关基础知识。

第一节　概率基础

概率论是研究随机现象中数量规律的数学学科，为随机性和不确定性的研究提供数学理论和模型。历史上概率论起源于博彩，可追溯到17世纪的欧洲。当时，欧洲的王室和贵族在玩骰子、纸牌和轮盘赌等博彩游戏中遇到了许多难以解释的问题，从而求助于他们的数学家朋友。概率论中最早的一些概念和理论产生于17世纪中叶，源自当时欧洲久负盛名的数学家帕斯卡（Blaise Pascal）、费玛（Pierre de Fermat）和惠更斯（Christiaan Huygens）等为了解决博彩中所遇到问题所提出的思路和方法。

直到18世纪，法国数学家拉普拉斯（Pierre-Simon Laplace）和德国数学家高斯（Carl Friedrich Gauss）把概率论的基本定理从博彩领域应用到解决物理问题之中。之后，随着现代工业技术和科学技术的发展大潮，概率论也得到了蓬勃的发展。现代概率理论体系的建立，很大程度上归功于苏联数学家柯尔莫戈洛夫(Andrey Kolmogorov)，他在1933年出版了《概率论的基本概念》一书，建立了概率论的公理体系，为概率论的发展奠定了坚实的数学基础。

一、概率论的基本概念

本小节将具体介绍概率论中的一些基本概念：随机试验、随机试验的条件、样本点、样本空间、随机事件、必然事件、不可能事件、事件发生的频率、频率的基本性质、事件的概率及概率的基本性质。

(一)样本空间

在概率论中，如果某个过程的结果是随机出现且不能提前预知的，称这个过程为随机试验(random experiment)。随机试验应满足下列三个条件：

①一次试验所有可能出现的结果是已知的；

②一次特定试验出现的结果是不能完全预言的；

③试验可以在相同条件下重复进行。

随机试验的每个可能结果，称作一个样本点(sample point)，常用 ω 表示。全体样本点所组成的集合，称作样本空间(sample space)，习惯上用 Ω 表示。如果把掷一次骰子作为随机试验，它的样本空间为 $\Omega=\{1,2,3,4,5,6\}$ 。

【例 4.1】(德梅尔问题)17世纪中叶，法国流行这样一个博彩游戏：连续掷一个公正的骰子4次，赌是否会出现1次以上6点；或者是连续掷两个公正的骰子24次，赌是否会出现1次以上对6点。法国作家德梅尔(de Mere)最初认为，这两个游戏中出现1次以上6点和1次以上对6点的可能性是相等的，因为游戏中掷骰子的次数和所有可能出现结果数的比是相等的(4/6=24/36)。然而随着德梅尔从这两个游戏中获得经验的增加，他几乎可以确信，在单骰子游戏中赌出现1次以上6点的赢面大，而在双骰子游戏中赌出现1次以上对6点的赢面要小，但他不理解其中的原因。1654年，德梅尔给帕斯卡写了一封信，向帕斯卡请教包括骰子游戏及其他博彩游戏中遇到的问题。为探讨解决这些问题，帕斯卡和费玛用一系列的信件进行了交流，得出了两个游戏中赢面不同的原因和结论，为样本空间、随机事件、数学期望和二项分布这些概率论的基本概念奠定了基础。

德梅尔问题单骰子游戏中的样本空间 Ω 包含 $6^4=1296$ 个样本点，$\Omega=\{(1,1,1,1),(1,1,1,2),\cdots,(6,6,6,5),(6,6,6,6)\}$，而双骰子游戏中的样本空间 Ω 包含 $36^{24}=2.245\times10^{37}$ 个样本点。

(二)随机事件及运算

随机试验中部分样本点组成的试验结果，也即样本空间中的部分样本点组成的子集，称作随机事件(random event)，简称事件。事件的表示既可以用语言，也可以是测度论中集合的形式。德梅尔问题单骰子游戏中，如定义事件 $C=\{$掷4次公正的骰子不出现6点$\}$，则 $C=\{(1,1,1,1),(1,1,1,2),\cdots,(5,5,5,5)\}$ 是样本空间的子集，包含 $5^4=625$ 个样本点。事件和事件之间的关系在测度理论和概率论中的含义对照见表4－1。

表 4—1　事件表示形式在测度理论和概率论中的含义比较

表示形式	测度理论中含义	概率论中含义
Ω	空间或全集	样本空间或必然事件
$\varnothing$	空集	不可能事件
ω	元素	样本点
A	可测子集	随机事件
$\omega \in A$	ω 是 A 的元素	事件 A 发生
$A \subset B$	A 包含在 B 中	A 发生则 B 必然发生
$A = B$	A 和 B 相等	A 与 B 同时发生或同不发生
AB	交集	A 与 B 都发生
$AB = \varnothing$	不相交	A 与 B 不相容
$A \cup B$	并集	A 与 B 至少一个发生
$\bar{A}$	补集	A 的逆事件
$A - B$	差集	A 发生但 B 不发生

从表 4—1 中可以看到，当 ω（$\omega \in A$）发生，则事件 A 发生；反之，当 ω（$\omega \in \bar{A}$）发生，则事件 A 不发生。由此可见，由于样本空间 Ω 包含了所有的样本点，因此每次实验 Ω 都会发生，Ω 称作必然事件。相反，空集 $\varnothing$ 中不含有任何样本点，因此每次试验 $\varnothing$ 都不会发生，$\varnothing$ 称作不可能事件。

（三）频率与概率

在相同条件下重复随机试验 n 次，事件 A 发生 $n(A)$ 次，则称 $n(A)$ 为事件 A 发生的频数，$F(A)=n(A)/n$ 为事件 A 发生的频率。事件 A 发生的频率 $F(A)$ 具有如下基本性质：

①非负性：对任一事件 A，有 $F(A) \geqslant 0$；

②正则性：必然事件发生的频率 $F(\Omega)=1$；

③可加性：如 $AB=\varnothing$，则有 $F(A \cup B)=F(A)+F(B)$。

事件发生的频率有稳定性，即当 $n \to \infty$ 时，$F(A)$ 会趋向一个稳定的值 $P(A)$，$P(A)$ 称为事件 A 发生的概率。事件发生的概率，一般情况下可以通过事件发生频率的稳定性加以确定。当然，有很多事件发生的概率无法通过频率的稳定性来确定，例如 $D=$｛明天大连市降雨｝，$E=$｛明天中国足球队战胜巴西足球队｝，或者 $F=$｛明天大连市降雨，中国足球队战胜巴西足球队｝。

事件发生概率的公理化定义如下：在随机试验中用来表示随机事件 A 发生可能性大小的实数，称作事件 A 发生的概率，记为 $P(A)$。事件 A 发生的概率 $P(A)$ 具有如下基本性质：

①非负性：对任一事件 A，有 $P(A) \geqslant 0$；

②正则性：必然事件发生的概率 $P(\Omega)=1$；

③可加性：如 $AB=\varnothing$，则有 $P(A \cup B)=P(A)+P(B)$。

二、概率模型

（一）计数原理和排列组合

按照计数过程的串行与并行，有如下两条计数原理：

1. 乘法原理。假定完成整个过程有 k 个步骤，完成第一步有 n_1 种方式，完成第二步有 n_2 种方式，直到完成第 k 步有 n_k 种方式，则完成整个进程有 $n_1 \times n_2 \times \cdots \times n_k$ 种不同的方式。

2. 加法原理。假定整个过程可由 k 个不同方法之一完成，用第一种方法完成有 n_1 种方式，用第二种方法完成有 n_2 种方式，直到用第 k 种方法完成有 n_k 种方式，则完成整个过程有 $n_1 + n_2 + \cdots + n_k$ 种不同的方式。

基于乘法原理和加法原理可得如下排列和组合的计数公式：

1. 可重复排列。从 n 个不同的元素中，有放回地取 r 个元素组成可重复排列，种数为：

$$n \times n \times \cdots \times n = n^r \tag{4-1}$$

2. 不重复排列。从 n 个不同的元素中，不放回地取 r（$r \leqslant n$）个元素组成不重复排列，种数为：

$$n(n-1) \cdot (n-r+1) \tag{4-2}$$

3. 组合。从 n 个不同的元素中，不放回地取 r（$r \leqslant n$）个元素组成组合（不考虑顺序），种数为：

$$\frac{n!}{r!\ (n-r)!} \tag{4-3}$$

（二）古典概型

在概率论的发展初期，确定随机事件 A 发生概率 $P(A)$ 的古典方法为 $P(A) = n(A)/n(\Omega)$，其中 $n(A)$ 为随机事件 A 中包含样本点的个数，$n(\Omega)$ 为样本空间 Ω 中包含所有样本点的个数，按照这种方法计算得到的概率 $P(A)$，称作随机事件 A 的古典概率（classical probability）。适合用古典方法计算概率的随机试验应具有以下两个特点：一是样本空间中只含有有限多个样本点，二是每个样本点出现的可能性相同。

此类随机试验称作古典型的随机试验。【例 4.1】德梅尔单骰子问题中，如定义事件 $A = \{$出现 1 个 6 点$\}$，则 $n(A) = 671$，$n(\Omega) = 1296$，$P(A) = n(A)/n(\Omega) = 0.5177$。

（三）几何概型

古典概型适用于样本空间中包含有限多个可能结果的随机试验，具有一定的局限性。在某些情形下，随机试验有无限多个可能结果，且出现每个结果的可能性均相等，此时无法应用古典概型来计算事件发生的概率。例如，取一根长度为 3 米的绳子，如拉直后在任意位置剪断，定义事件 $A = \{$剪断后得到两段绳子的长度均不小于 1 米$\}$，则事件 A 发生的概率是 1/3，这个概率是通过空间集合的几何度量的比值计算得到的。在该例中，随机试验的可能结果是欧式空间中均匀分布的点，样本空间 Ω 是所有样本点的集合，是欧式空间中的几何图形。样本空间 Ω 和作为样本空间任一子集的随机事件 A 都具有有限的几何度量，样本点包含在随机事件 A 中的概率与 A 的几何度量 $m(A)$ 成正比，与 A 的形状和位置无关。

设随机试验的可能结果是 n 维欧氏空间中均匀分布的点，样本空间 Ω 是 n 维欧氏空间中的集合，它的几何度量 $m(\Omega)$ 是有限的。如对任一随机事件 $A \subset \Omega$，A 的几何度量为

$m(A)$，A 是 Ω 的可测子集，则事件 A 发生的概率为 $P(A)=\dfrac{m(A)}{m(\Omega)}$，称作事件 A 的几何概率(geometric probability)。

（四）贝叶斯概率

贝叶斯概率(bayesian probability)是建立在贝叶斯理论的基础上，根据对事件发生可能性的认知引入主观概率，从而确定先验概率分布，再根据新的样本信息不断调整先验概率分布，从而得到后验概率。由此可见，贝叶斯概率计算的理论基础，和在前面介绍的基于频率稳定性和基于对称性的概率计算方法是有区别的。

【例 4.2】(蒙特霍尔问题)蒙特霍尔问题中，让 $A=\{$车在 1 号门后$\}$；$B=\{$车在 2 号门后$\}$；$C=\{$车在 3 号门后$\}$，参赛者的先验认识是 $P(A)=P(B)=P(C)=1/3$。假定参赛者随机选择了 1 号门。接下来，主持人打开 2 号门，用 O 来表示事件，$O=\{$主持人打开 2 号门$\}$，相当于在参赛者先验认识的基础上提供了新的信息，即车不在 2 号门的后面。在这个情形(条件)下，参赛者赢得车的概率为条件概率：参赛者坚持最初选择赢得车的概率为在 O 发生的条件下 A 发生的概率，称作条件概率，通常表示为 $P(A\mid O)$；参赛者转换选择赢得车的概率为在 O 发生的条件下 C 发生的概率，为 $P(C\mid O)$。

贝叶斯概率的基本计算规则如下：

(1)设 B 为任意事件，且 $P(B)>0$，则有：

$$P(A\mid B)=\frac{P(AB)}{P(B)} \tag{4-4}$$

(2)设 B_n 为样本空间 Ω 的一个分割，则对任意事件 A，有：

$$P(A)=\sum_n P(B_n)P(A\mid B_n) \tag{4-5}$$

也称全概率公式；

(3)设 B_n 为样本空间 Ω 的一个分割，则对任意事件 A，且 $P(A)>0$，有：

$$P(B_n\mid A)=\frac{P(B_n)P(A\mid B_n)}{\sum_i P(B_i)P(A\mid B_i)} \tag{4-6}$$

也称贝叶斯公式。

根据条件概率的基本计算规则，可得到【例 4.2】蒙特霍尔问题中，参赛者坚持最初选择赢得车的概率为 $P(A\mid O)=\dfrac{P(AO)}{P(O)}=\dfrac{P(A)P(O\mid A)}{P(O)}$，按照游戏规则 $P(O\mid A)=1/2$，而根据全概率公式有 $P(O)=P(O\mid A)P(A)+P(O\mid B)P(B)+P(O\mid C)P(C)=1/2$，即 $P(A\mid O)=\dfrac{P(AO)}{P(O)}=\dfrac{P(A)P(O\mid A)}{P(O)}=\dfrac{(1/3)(1/2)}{1/2}=\dfrac{1}{3}$；而参赛者转换选择赢得车的概率为 $P(C\mid O)=\dfrac{P(CO)}{P(O)}=\dfrac{P(C)P(O\mid C)}{P(O)}=\dfrac{(1/3)(1)}{1/2}=\dfrac{2}{3}$。在用贝叶斯概率解决蒙特霍尔问题的过程中，参赛者认知的先验概率分布为 $P(A)=P(B)=P(C)=1/3$，而通过主持人开启了另一扇后面没有车的门，参赛者获得了主持人提供新的信息，此时调整先验分布为后验分布：$P(A\mid O)=1/3$，$P(B\mid O)=0$，$P(C\mid O)=2/3$。由此可见，贝叶斯概率的计算，符合人类对事物认知的规律，参赛者在获得新信息的情形下，改变选择赢得车的概率，是坚持最初选择情形下的 2 倍，专栏主持人莎凡特的回复是正确的。

第二节　随机变量及其概率分布

一、随机变量及其分布

随机试验的结果可以按照一定的规则用实数表示。例如，掷一枚硬币，可以用 1 表示结果为“正面”，0 表示结果为“反面”；新购买苹果手提电脑的使用寿命 T（小时）是取值在 $[0,\infty)$ 的实数；抽查 n 件产品中不合格品的数量是 $[0,n]$ 区间的整数。随机变量 X 是定义在样本空间上的实值函数 $X(\bar{\omega})=x$，$\bar{\omega}\in\Omega$，$x\in R$。

【例 4.3】掷两枚公正的硬币，记录正面出现的次数。样本空间 Ω 中有 4 个样本点：$\bar{\omega}_1=\{$(反面，反面)$\}$，$\bar{\omega}_2=\{$(正面，反面)$\}$，$\bar{\omega}_3=\{$(反面，正面)$\}$，$\bar{\omega}_4=\{$(正面，正面)$\}$；$\Omega=\{\bar{\omega}_1,\bar{\omega}_2,\bar{\omega}_3,\bar{\omega}_4\}$。定义随机变量 $X(\bar{\omega})=n$，$\bar{\omega}$ 表示随机试验的结果，n 表示正面出现的次数，则

$$X(\bar{\omega})=\begin{cases}0, & \text{如果 } \bar{\omega}=\bar{\omega}_1\\ 1, & \text{如果 } \bar{\omega}\in\{\bar{\omega}_2,\bar{\omega}_3\}\\ 2, & \text{如果 } \bar{\omega}=\bar{\omega}_4\end{cases}$$

随机变量 $X(\bar{\omega})=0$ 或者 2 的概率是 1/4，随机变量 $X(\bar{\omega})=1$ 的概率是 1/2。

随机变量的定义域是样本空间。【例 4.3】中随机试验的样本空间是有限的，随机变量的值也是有限的。如果随机变量 X 的值是实数轴上有限个或者无限可列的孤立点，则称 X 为离散型的随机变量。设 X 为离散型随机变量，它的所有可能取值为 $x_i(i=1,2,3,\cdots)$，则函数：

$$p(x_i)=P(X=x_i),\quad i=1,2,3,\cdots \tag{4-7}$$

此函数被称作离散概率密度函数，简称概率密度函数或概率函数。离散型随机变量的概率习惯上用概率函数表示。【例 4.3】中，X 的概率函数为 $p(0)=P(X=0)=1/4$，$p(1)=P(X=1)=1/2$，$p(2)=P(X=2)=1/4$。

【例 4.4】某人早上在随机时间 t 醒来，定义随机变量 X 为 t 到上一个整点的时长，$\Omega=(0,60]$。如事件 $A=\{$到下一个整点至少等待 50 分钟$\}$，则 $P(A)=P(X\leqslant 10)=10/60=1/6$。

在【例 4.4】中，由随机试验的可能结果组成的集合是无限的，随机变量的值域是一个半开区间的实数集合 $(0,60]$。设 X 为随机变量，如果存在一个非负的实值函数 $f:R\rightarrow[0,\infty)$，对任意的区间 $[a,b]$，有 $P(X\in[a,b])=\int_a^b f(t)dt$，则 X 称作连续型的随机变量，函数 f 称作概率密度函数，简称密度函数。【例 4.4】中，密度函数 $f(t)=1/60$，事件 $A=\{$到下一个整点至少等待 50 分钟$\}$的概率为 $P(X\in(0,10])=\int_0^{10} f(t)dt=1/6$。

另一个将随机变量的值和相对应的概率连接起来的重要函数是累积分布函数，也称作概率分布函数，简称分布函数。

设 X 为随机变量，称

$$F(x)=F\{(-\infty,x)\}=P(X\leqslant x),\quad x\in R \tag{4-8}$$

为随机变量 X 的累积分布函数，也称作 X 的概率分布函数，简称分布函数。

离散型随机变量的分布函数为：

$$F(x)=P(X \leqslant x)=\sum_{\forall y \leqslant x} p(y) \tag{4-9}$$

连续型随机变量的分布函数为：

$$F(x)=P(X \leqslant x)=\int_{-\infty}^{x} f(t)dt \tag{4-10}$$

在【例 4.3】中，随机变量 X 的分布函数为：

$$F(x)=\begin{cases} 0, & x<0 \\ 1/4, & 0 \leqslant x<1 \\ 3/4, & 1 \leqslant x<2 \\ 1, & x \geqslant 2 \end{cases}$$

在【例 4.4】中，随机变量 X 的分布函数为：

$$F(x)=\begin{cases} 0, & x \leqslant 0 \\ x/60, & 0<x<60 \\ 1, & x \geqslant 60 \end{cases}$$

分布函数的基本性质如下：

① $0 \leqslant F(x) \leqslant 1$

②规范性：$\lim\limits_{x \to -\infty} F(x)=0$，$\lim\limits_{x \to \infty} F(x)=1$

③单调非降性：对于任意的 $x_1<x_2$，有 $F(x_1) \leqslant F(x_2)$；

④右连续性：$\lim\limits_{x \to x_0+0} F(x)=F(x_0)$。

二、随机变量的矩和矩母函数

（一）随机变量的数学期望

随机变量的数学期望是概率理论中应用最广泛的概念之一，是概率分布在实数轴上的平衡点，又可以称为均值。设 X 为离散型随机变量，它的概率函数为 $p(x)$，$p(x_i)=P(X=x_i)$，$i=1,2,\cdots$。

如果 $\sum_i |x_i p(x_i)|<\infty$，则称

$$E(X)=\sum_i x_i p(x_i) \tag{4-11}$$

为随机变量 X 的数学期望，简称期望或者均值。

设 X 为连续型随机变量，它的密度函数为 $f(x)$，如果 $\int_{-\infty}^{\infty} |x| f(x)dx<\infty$，则称

$$E(X)=\int_{-\infty}^{\infty} xf(x)dx \tag{4-12}$$

为随机变量 X 的数学期望，简称期望或者均值。

在【例 4.3】中，随机变量 X 的数学期望为：

$$E(X)=\sum_i x_i p(x_i)=0 \times \frac{1}{4}+1 \times \frac{1}{2}+2 \times \frac{1}{4}=1$$

在【例 4.4】中，随机变量 X 的数学期望为：

$$E(X)=\int_{-\infty}^{\infty} xf(x)dx=\int_{0}^{60} x/60dx=30$$

（二）随机变量的方差

随机变量的另一个重要数字特征是方差，它描述了随机变量的值相对于随机变量数学期望的离散程度。

设 X 为随机变量，如 $E(X^2)$ 有限，则称

$$Var(X)=E[X-E(X)]^2 \tag{4-13}$$

为随机变量 X 的方差，方差的算术平方根称作标准差。

X 为离散型随机变量时，则方差表达式为：

$$Var(X)=\sum_i [x_i-E(X)]^2 p(x_i) \tag{4-14}$$

X 为连续型随机变量时，则方差表达式为：

$$Var(X)=\int_{-\infty}^{\infty}[x-E(X)]^2 f(x)dx \tag{4-15}$$

在【例 4.3】中，随机变量 X 的方差为：

$$Var(X)=\sum_i [x_i-E(X)]^2 p(x_i)=(0-1)^2\times 1/4+(1-1)^2\times 1/2+(2-1)^2\times 1/4=1/2$$

在【例 4.4】中，随机变量 X 的方差为：

$$Var(X)=\int_{-\infty}^{\infty}[x-E(X)]^2 f(x)dx=\int_0^{60}(x-30)^2\times\frac{1}{60}dx=18000$$

（三）数学期望和方差的基本性质

设 X 为随机变量，a，b 为常数，$g(X)$，$g_i(X)$，$i=1,\cdots,n$ 为 X 的函数且 $E[g(X)]$ 及 $E[g(X_i)]$，$i=1,\cdots,n$ 均存在。则有：

① $E(a)=a$ (4-16)

② $E[ag(X)]=aE[g(X)]$ (4-17)

③ $E[\sum_i g_i(X)]=\sum_i E[g_i(X)]$ (4-18)

④ $Var(aX+b)=a^2 Var(X)$ (4-19)

⑤ $Var(x)=E(X^2)-[E(X)]^2$ (4-20)

（四）随机变量的矩

数学期望和方差是随机变量的最重要的两个数字特征，分别描述了随机变量的集中趋势和离散程度。但这两个数字特征本身并不能唯一确定概率分布，数字期望和方差都相同的随机变量，它们的分布并不一定相同。如要对随机变量的概率分布进行更为准确地估计，需要了解随机变量的高阶矩。

设 X 为随机变量，如 $E(|X^k|)$ 存在，则称

$$m_k=E(X^k) \tag{4-21}$$

为随机变量 X（及其分布）的 k 阶原点矩；

$$c_k=E[(X-E(X))^k] \tag{4-22}$$

称作随机变量 X（及其分布）的 k 阶中心矩。

从原点矩和中心矩定义可以看出，随机变量 X 的数学期望 $E(X)=m_1$ 是 1 阶原点矩，而随机变量 X 的方差 $Var(X)=c_2$ 是 2 阶中心矩。

随机变量 X 的偏度

$$S=\frac{E[(X-E(X))^3]}{[Var(X)]^{3/2}}=\frac{c_3}{c_2^{\ 3/2}} \tag{4-23}$$

是描述分布偏离对称性程度的数字特征。

随机变量 X 的峰度

$$K=\frac{E[(X-E(X))^4]}{[Var(X)]^2}-3=\frac{c_4}{c_2^{\ 2}}-3 \tag{4-24}$$

是描述分布尖峭程度的数字特征。偏度和峰度都可以用随机变量 X 高阶矩的形式来表达。

（五）随机变量的矩母函数

随机变量的矩，可以用随机变量矩母函数的导数形式给出。设 X 为随机变量，假定存在正数 h，对于 $-h<t<h$，数学期望 $E(e^{tX})$ 存在，则称

$$M_X(t)=E(e^{tX})=\begin{cases}\sum e^{tx}p(x), & \text{如果 } X \text{ 为离散型}\\ \int e^{tx}f(x)dx, & \text{如果 } X \text{ 为连续型}\end{cases} \tag{4-25}$$

为随机变量 X 的矩母函数。由于 e^{tx} 的麦克劳林级数为：

$$e^{tx}=1+tx+\frac{(tx)^2}{2!}+\frac{(tx)^3}{3!}+\cdots+\frac{(tx)^n}{n!}+\cdots \tag{4-26}$$

如果随机变量的矩母函数存在，则它的 k 阶矩为：

$$m_k=\left.\frac{d^kM_X(t)}{dt^k}\right|_{t=0}=M_X^{\ (k)}(0) \tag{4-27}$$

引入矩母函数，一方面可以统一地表示随机变量的矩，另一方面由于矩母函数具备良好的数学分析性质，在概率论的研究中得到了广泛的应用，尤其是在独立随机变量和问题的研究领域。

三、离散型随机变量的概率分布

离散型随机变量的概率分布又称作离散型分布或离散分布。本小节将介绍五种常用的离散分布，分别是贝努里分布、二项分布、几何分布、负二项分布和泊松分布。

（一）贝努里分布

贝努里分布(bernoulli distribution)是只有两个可能值的随机变量的概率分布。例如掷一枚硬币只有两个可能的结果，正面或者反面；抽取一件产品进行合格检验，可能的结果为“合格”或者“不合格”。这些只有两种可能结果的试验称作贝努里试验，通常把所关心的结果称作“成功”，用 1 来表示，另一个结果称作“失败”，用 0 来表示。如果用随机变量 X 表示贝努里试验的结果，则 X 的概率分布为贝努里分布，X 的概率函数可以表示为：

$$p(x)=P(X=x)=\begin{cases}p^x(1-p)^{1-x}, & x=0,1\\ 0, & \text{其他}\end{cases} \tag{4-28}$$

服从于贝努里分布的随机变量 X，其数学期望、方差及矩母函数分别为：

数学期望：
$$E(X)=\sum_i x_ip(x_i)=1\cdot p+0\cdot(1-p)=p \tag{4-29}$$

方差：
$$\begin{aligned}Var(X)&=\sum_i[x_i-E(X)]^2p(x_i)\\&=(1-p)^2\cdot p+(0-p)^2(1-p)=p(1-p)\end{aligned} \tag{4-30}$$

矩母函数：$$M_X(t)=pe^t+(1-p) \tag{4-31}$$

(二)二项分布

由相同的独立重复的贝努里试验组成的随机试验称作可列重贝努里试验。可列重贝努里试验具备以下特点：

①随机试验由可列次相同的试验组成；

②单次试验有两个可能的结果，成功或失败；

③单次试验结果为成功的概率为 p，结果为失败的概率为 $1-p$；

④所有试验的结果是相互独立的。

如果用随机变量 X 表示 n 重贝努里试验中成功的次数，则 X 的可能取值为 $0,1,2,\cdots,n$，相应的概率为 $P(X=x)=\binom{n}{x}p^x(1-p)^{n-x}$。随机变量 X 称作服从参数为 (n,p) 的二项分布(binomial distribution)，当且仅当

$$P(X=x)=\binom{n}{x}p^x(1-p)^{n-x}$$
$$=\begin{cases}\dfrac{n!}{x!\ (n-x)!}p^x(1-p)^{n-x}, & x=0,1,2,\cdots,n,0\leqslant p\leqslant 1\\ 0, & \text{其他}\end{cases} \tag{4-32}$$

记为 $X\sim B(n,p)$。

【例 4.5】计算德梅尔问题中连续掷 2 个公正的骰子 24 次，出现 1 次以上对 6 点的概率。德梅尔问题中的随机试验为 24 重贝努里试验。单次试验中出现 1 对 6 点的概率是 1/36，而不出现对 6 点的概率是 35/36。如果定义随机变量 X 为掷 24 次骰子出现对 6 点的次数，事件 $A=\{X\geqslant 1\}$，则

$$P(A)=1-P(\bar{A})=1-P(X=0)=1-\binom{24}{0}(1/36)^0(35/36)^{24}=0.4914$$

服从于参数为 (n,p) 的二项分布的随机变量 X，其数学期望、方差及矩母函数分别为：

数学期望：

$$E(X)=\sum_{x=0}^{n}x\binom{n}{x}p^x(1-p)^{n-x}=np\sum_{x=1}^{n}\binom{n-1}{x-1}p^{x-1}(1-p)^{n-x}$$
$$=np\sum_{y=0}^{n-1}\binom{n-1}{y}p^y(1-p)^{(n-1-y)}=np[p+(1-p)]^{n-1}=np \tag{4-33}$$

方差：

$$Var(X)=E(X^2)-[E(X)]^2=E[X(X-1)]+E(X)-[E(X)]^2$$
$$=n(n-1)p^2+np-(np)^2=-np^2+np=np(1-p) \tag{4-34}$$

矩母函数：$$M_X(t)=[pe^t+(1-p)]^n \tag{4-35}$$

(三)几何分布

如果用随机变量 X 表示可列重贝努里试验中到第一次成功的时间，则 $\{X=k\}$ 的充分必要条件是前 $k-1$ 次试验全部失败同时第 k 次成功，这种情形下随机变量 X 的分布称作几何分布(geometric distribution)。随机变量 X 称作服从参数为 (k,p) 的几何分布，当且

仅当

$$P(X=k)=\begin{cases}(1-p)^{k-1}p, & 0<p<1,k=1,2,\cdots \\ 0, & \text{其他}\end{cases} \tag{4-36}$$

记为 $X \sim G(k,p)$ 。

随机变量 X 具有无记忆性的特征，是取值于自然数的随机变量服从几何分布的充分必要条件。一方面，如 X 服从几何分布，则

$$P(X>k)=\sum_{i=k+1}^{\infty}(1-p)^{i-1}p=p\cdot\frac{(1-p)^k}{1-(1-p)}=(1-p)^k,\quad k\geqslant 1 \tag{4-37}$$

对任意自然数 $l,l\geqslant 1$，有：

$$P(X>l+k \mid X>l)=\frac{P(X>l+k)}{P(X>l)}=\frac{(1-p)^{l+k}}{(1-p)^l}=(1-p)^k$$

$$=P(X>k) \tag{4-38}$$

即 X 具有无记忆性；

另一方面，如取值于自然数的随机变量 X 具有无记忆性，则对任意自然数 $k,l\geqslant 1$，有：

$$P(X>k+l)=P(X>k)P(X>l) \tag{4-39}$$

即：

$$P(X>k)=[P(X>1)]^k \tag{4-40}$$

由于随机变量 X 取值于自然数，必有 $0<P(X>1)<1$。让 $P(X>1)=1-p$ ，对任意自然数 k 有：

$$P(X=k)=P(X>k-1)-P(X>k)$$
$$=(1-p)^{k-1}-(1-p)^k=(1-p)^{k-1}p$$

即随机变量 X 服从几何分布。

服从于参数为 (k,p) 的几何分布的随机变量 X ，其数学期望、方差及矩母函数分别为：

数学期望： $$E(X)=\sum_i x_i p(x_i)=\sum_{x=1}^{\infty}xp(X=x)=\frac{1}{p} \tag{4-41}$$

方差： $$Var(X)=E(X^2)-[E(X)]^2=\frac{1-p}{p^2} \tag{4-42}$$

矩母函数： $$M_X(t)=\frac{pe^t}{1-(1-p)e^t} \tag{4-43}$$

（四）负二项分布

如果用随机变量 X 表示可列重贝努里试验中到第 r 次成功的时间，则 $\{X=k\}$ 的充分必要条件是，前 $k-1$ 次中有 $r-1$ 次试验成功并且同时第 k 次成功。随机变量 X 的分布称作负二项分布(negative binomial distribution)，或称作巴斯卡分布。随机变量 X 称作服从参数为 (r,p) 的负二项分布，如果

$$P(X=k)=\begin{cases}\dbinom{k-1}{r-1}(1-p)^{k-r}p^r, & 0<p<1,r\geqslant 1,k=r,r+1,\cdots \\ 0, & \text{其他}\end{cases} \tag{4-44}$$

记为 $X \sim NB(r,p)$ 。应用负二项分布可以解决博彩游戏中的赌注分配问题。

【例 4.6】假设甲乙两人玩博彩游戏，每局游戏 2 人的获胜机会相等。他们各下赌注 100 元，商定先胜 5 局者赢得全部赌注 200 元。如果甲胜 3 局、乙胜 2 局后，游戏因为某种原因

不能继续，那么赌注应该如何分配呢？（说明：该问题最早由法国作家德梅尔提出，法国数学家巴斯卡给出的答案是，赌注的分配应取决于假设博彩游戏继续下去甲乙各自获胜的概率。）

解：根据负二项分布的定义，P(甲胜)$=P$(在3次失败前获胜2次)$=\sum_{k=2}^{2+3-1}\binom{k-1}{2-1}\times 0.5^2$ $0.5^{k-2}=0.6875$，而乙获胜的概率为 $1-0.6875=0.3125$。因此全部赌注 200 元的合理分配方式为甲分得 $200\times 0.6875=137.5$ 元，乙分得 $200\times 0.3125=62.5$ 元。

服从于参数为 (r,p) 的负二项分布的随机变量 X，其数学期望、方差及矩母函数分别为：

数学期望：
$$E(X)=\sum_i x_i p(x_i)=\frac{r(1-p)}{p} \tag{4-45}$$

方差：
$$Var(X)=E(X^2)-[E(X)]^2=\frac{r(1-p)}{p^2} \tag{4-46}$$

矩母函数：
$$M_X(t)=\left[\frac{pe^t}{1-(1-p)e^t}\right]^r \tag{4-47}$$

（五）泊松分布

泊松分布(Poisson distribution)是概率论中最重要的离散型分布之一，由法国数学家泊松(Simeon Denis Poisson)于 1837 年提出，它在理论和实践中都有广泛的应用。设 A 是随机试验中感兴趣的事件，对事件 A 发生次数进行计数的随机变量称作计数随机变量。泊松分布的随机变量，是具备以下两个假设条件的一种计数随机变量：

①事件在互不相交区间内发生的次数是独立的；

②事件发生次数的期望值是常数。

随机变量 X 称作服从参数为 $\lambda(\lambda>0)$ 的泊松分布，如果

$$P(X=x)=f(x,\lambda)=f(x)=\frac{e^{-\lambda}\lambda^x}{x!},\quad x=0,1,2,\cdots \tag{4-48}$$

记为 $X\sim Poisson(\lambda)$。

泊松分布可以作为二项分布的近似。设 X 为服从于参数为 n 和 p 的二项分布的随机变量，对于 $x=0,1,2,\cdots$ 的每个可能值，若 $p\to 0,n\to\infty$时 $np=\lambda$ 为常数，则有：

$$\lim_{n\to\infty}\binom{n}{x}p^x(1-p)^{n-x}=\frac{e^{-\lambda}\lambda^x}{x!} \tag{4-49}$$

这是概率论发展史上著名的泊松定理。泊松定理的证明概要如下。对固定的 x 有：

$$\begin{aligned}\binom{n}{x}p^x(1-p)^{n-x} &\overset{p\to 0}{\underset{n\to\infty}{=}}\frac{n(n-1)\cdots(n-x+1)}{x!}\left(\frac{\lambda}{n}\right)^x\left(1-\frac{\lambda}{n}\right)^{n-x}\\ &=\frac{\lambda^x}{x!}\left(1-\frac{1}{n}\right)\left(1-\frac{2}{n}\right)\cdots\left(1-\frac{x-1}{n}\right)\left(1-\frac{\lambda}{n}\right)^{n-x}\\ &=\frac{\lambda^x}{x!}e^{-\lambda}\end{aligned} \tag{4-50}$$

从泊松定理来看，泊松分布适用于 n 很大而 p 相当小的情形。在实际应用中，通常在 $p\leqslant 0.1$ 和 $n\geqslant 40$ 的条件下应用泊松近似，另一个可以对二项分布应用泊松近似的一般条件是 $np<5$。

现实生活的很多随机现象都可以用泊松分布来描述。比如，一本书里面每页（或每组

页）中打印错误的数量，某社区年龄超过 90 岁的老人数量，某个商店每天卖出的某种特定商品的数量，在某时间段内某超市的某柜台等候付款的顾客人数，等等，均为服从或近似服从泊松分布的随机变量。

【例 4.7】工厂有自动机床 200 台，每台自动机床在运行过程中出现故障需要维修的事件相互独立，概率为 0.01。问至少配备多少名维修人员，才能使自动机床出故障不能及时维修的概率控制在 0.02 以下。

解：用随机变量 X 表示该工厂同时出故障需要维修的机床数，则 $X \sim Poisson(2)$ 。如工厂配备 4 名维修人员，则 $P(X>4)=1-\sum_{x=0}^{4}\frac{e^{-2}2^{x}}{x!}=0.0527>0.02$；如工厂配备 5 名维修人员，则 $P(X>5)=1-\sum_{x=0}^{5}\frac{e^{-2}2^{x}}{x!}=0.0166<0.02$，符合要求。因此至少应配备 5 名维修人员。

服从于参数为 λ 的泊松分布的随机变量 X ，它的数学期望、方差及矩母函数分别为：

数学期望：
$$E(X)=\sum_{i}x_{i}p(x_{i})=\lambda \tag{4-51}$$

方差：
$$Var(X)=E(X^{2})-[E(X)]^{2}=\lambda \tag{4-52}$$

矩母函数：
$$M_{X}(t)=e^{\lambda(e^{t}-1)} \tag{4-53}$$

四、连续型随机变量的概率分布

连续型随机变量的概率分布，又称作连续型分布或连续分布。本小节将介绍五种常用的连续分布，它们分别是均匀分布、正态分布、伽马分布、指数分布和贝塔分布。

（一）均匀分布

随机变量 X 称作区间 $[a,b]$（ $a<b$ ）上的均匀分布（uniform distribution），如果 X 的概率密度函数为：

$$f(x)=\begin{cases}\dfrac{1}{b-a}, & a\leqslant x\leqslant b\\ 0, & \text{其他}\end{cases} \tag{4-54}$$

记作 $X\sim U(a,b)$ 。X 的分布函数为：

$$F(x)=\int_{-\infty}^{x}\frac{1}{b-a}dx=\begin{cases}0, & x<a\\ \dfrac{x-a}{b-a}, & a\leqslant x<b\\ 1, & x\geqslant b\end{cases} \tag{4-55}$$

【例 4.8】设随机变量 X 服从区间 $[0,20]$ 上的均匀分布，试计算：① $P(X<10)$；② $P(12<X<18)$ 。

解：$P(X<10)=\int_{0}^{10}\frac{1}{20}dx=\frac{1}{2}$

$$P(12<X<18)=\int_{12}^{18}\frac{1}{20}dx=\frac{3}{10}$$

服从于参数为 a 和 b 的均匀分布的随机变量 X ，它的数学期望、方差及矩母函数分别为：

数学期望：
$$E(X)=\int_a^b xf(x)dx=\frac{a+b}{2} \tag{4-56}$$

方差：
$$Var(X)=E(X^2)-[E(X)]^2=\frac{(b-a)^2}{12} \tag{4-57}$$

矩母函数：
$$M_X(t)=\begin{cases}\dfrac{e^{tb}-e^{ta}}{t(b-a)}, & t\neq 0\\ 1, & t=0\end{cases} \tag{4-58}$$

（二）正态分布

正态分布(normal distribution)是概率论与数理统计中最重要的分布之一，最早由法国数学家棣莫弗(Abraham De Moivre)在 1733 年提出，用作二项分布的随机变量当 n 很大情况下的近似概率分布。正态分布随机变量的密度函数是钟形的，并以数学期望为中心对称。随机变量 X 称作服从参数为 μ 和 σ^2 的正态分布，又称作高斯分布，如果 X 的概率密度函数为：

$$f(x)=\frac{1}{\sqrt{2\pi}\sigma}e^{\frac{-(x-\mu)^2}{2\sigma^2}},\quad -\infty< x<\infty,-\infty<\mu<\infty,\sigma>0 \tag{4-59}$$

记作 $X\sim N(\mu,\sigma^2)$ 。如果 $\mu=0$，且 $\sigma=1$，则称随机变量 X 服从标准正态分布。正态分布的分布函数为：

$$F(x)=\Phi_{\mu,\sigma^2}(x)=\int_{-\infty}^{x}\frac{1}{\sqrt{2\pi}\sigma}e^{-\frac{(t-\mu)^2}{2\sigma^2}}dt \tag{4-60}$$

标准正态分布的分布函数记作 $\Phi(x)$ 。正态分布的分布函数可以用标准正态分布的分布函数表示，即：

$$\Phi_{\mu,\sigma^2}(x)=\Phi\left(\frac{x-\mu}{\sigma}\right) \tag{4-61}$$

正态分布一个重要性质是两个服从正态分布随机变量的和是正态分布。设 $X_1\sim N(\mu_1,{\sigma_1}^2)$ ，$X_2\sim N(\mu_2,\sigma_2^2)$ ，且 X_1 和 X_2 相对独立，则有 $X_1+X_2\sim N(\mu_1+\mu_2,\sigma_1^2+\sigma_2^2)$。

现实生活的很多随机现象都可以用正态分布来描述，比如：成年人的身高和体重、某地区的年降雨量、某养鸡场一段时间内生产鸡蛋的重量、测量误差，等等，均为服从或近似服从正态分布的随机变量。

【例 4.9】某班级统计学考试成绩服从参数 $\mu=80$，$\sigma^2=36$ 的正态分布。随机抽取一名同学，计算他的统计学考试成绩在 80 到 90 分之间的概率。

解：如用随机变量 X 表示该班级统计学的考试成绩，则 $X\sim N(80,36)$

$$P(80<X<90)=F(90)-F(80)=\Phi\left(\frac{90-80}{6}\right)-\Phi\left(\frac{80-80}{6}\right)$$
$$=\Phi(1.66667)-\Phi(0)=0.4522$$

服从于参数为 μ 和 σ^2 的正态分布的随机变量 X ，其数学期望、方差及矩母函数分别为：

数学期望：
$$E(X)=\int_{-\infty}^{\infty}xf(x)dx=\mu \tag{4-62}$$

方差：
$$Var(X)=E[(X-E(X))^2]=\sigma^2 \tag{4-63}$$

矩母函数：$$M_X(t)=e^{t\mu+\frac{1}{2}t^2\sigma^2} \tag{4-64}$$

(三)伽马分布

伽马函数(gamma function)，记作 $\Gamma(a)$ ，最早由瑞士数学家欧拉(Leonhard Euler)在18世纪20年代提出，定义为 $\Gamma(a)=\int_0^{\infty}e^{-x}x^{a-1}dx$ ，$a>0$。伽马函数具有以下基本性质：

① $\Gamma(1)=1,\Gamma\left(\frac{1}{2}\right)=\sqrt{\pi}$

② 对自然数 n ，有 $n!=\Gamma(n+1)$

③ $\Gamma(z+1)=z\Gamma(z)$

④ $\int_0^{\infty}e^{-\lambda x^2}x^n dx=\frac{1}{2}\lambda^{-(n+1)/2}\Gamma\left(\frac{n+1}{2}\right)$

随机变量 X 称作服从参数为 $\alpha>0$ 和 $\beta>0$ 的伽马分布，如果 X 的概率密度函数为：

$$f(x)=\begin{cases}\dfrac{1}{\beta^{\alpha}\Gamma(\alpha)}x^{\alpha-1}e^{-x/\beta}, & x>0\\ 0, & x\leqslant 0\end{cases} \tag{4-65}$$

记作 $X\sim Gamma(\alpha,\beta)$ 。α 称作形状参数，β 称作尺度参数。形状参数 $\alpha=\frac{n}{2}$（n 为自然数），尺度参数 $\beta=\frac{1}{2}$ 的伽马分布称作自由度为 n 的卡方分布，记为 $\chi^2(n)$ 。服从自由度为 n 的卡方分布的随机变量，是 n 个相对独立的标准正态分布随机变量的平方和，即设 $X_1,X_2,\cdots,X_n$ 是 n 个相对独立、共同服从标准正态分布的随机变量，如果 $X=X_1^2+X_2^2+\cdots+X_n^2$，则 X 服从自由度为 n 的卡方分布，记为 $X\sim\chi^2(n)$ 。

服从于参数为 α 和 β 的伽马分布的随机变量 X ，其数学期望、方差及矩母函数分别为：

数学期望：$$E(X)=\int_0^{\infty}xf(x)dx=\alpha\beta \tag{4-66}$$

方差：$$Var(X)=E[(X-E(X))^2]=\alpha\beta^2 \tag{4-67}$$

矩母函数：$$M_X(t)=\frac{1}{(1-\beta t)^{\alpha}},\quad t<\frac{1}{\beta} \tag{4-68}$$

(四)指数分布

形状参数 $\alpha=1$ 的伽马分布称作指数分布(exponential distribution)。随机变量 X 称作服从参数为 β 的指数分布。如果 X 的概率密度函数为：

$$f(x)=\begin{cases}\dfrac{1}{\beta}e^{-x/\beta}, & \beta>0,0<x<\infty\\ 0, & x\leqslant 0\end{cases} \tag{4-69}$$

记作 $X\sim Exp(\beta)$ 。指数分布具有和几何分布相同的无记忆性。随机变量 X 具有无记忆性的特征，这是取值于非负实数的随机变量服从指数分布的充分必要条件。

服从于参数为 β 的指数分布的随机变量 X ，其数学期望、方差及矩母函数分别为：

数学期望：$$E(X)=\int_0^{\infty}xf(x)dx=\beta \tag{4-70}$$

方差：$$Var(X)=E[(X-E(X))^2]=\beta^2 \tag{4-71}$$

矩母函数：$$M_X(t)=\frac{1}{(1-\beta t)},\quad t<\frac{1}{\beta} \tag{4-72}$$

（五）贝塔分布

贝塔函数定义为 $B(\alpha,\beta)=\int_0^1 x^{\alpha-1}(1-x)^{\beta-1}dx$ ，$\alpha>0,\beta>0$，贝塔函数和伽马函数之间的关系为 $B(\alpha,\beta)=\dfrac{\Gamma(\alpha)\Gamma(\beta)}{\Gamma(\alpha+\beta)}$ 。随机变量 X 称作服从参数为 α 和 β 的贝塔分布（beta distribution），如果 X 的概率密度函数为：

$$f(x)=\begin{cases}\dfrac{1}{B(\alpha,\beta)}x^{\alpha-1}(1-x)^{\beta-1} & (\alpha>0,\beta>0;0<x<1)\\ 0, & \text{其他}\end{cases} \tag{4-73}$$

记作 $X\sim Beta(\alpha,\beta)$ 。α 和 β 都是形状参数。从贝塔分布的定义可以看出，$Beta(1,1)$ 是定义在 $[0,1]$ 上的均匀分布。

服从于参数为 α 和 β 的贝塔分布的随机变量 X ，其数学期望、方差及矩母函数分别为：

数学期望：$$E(X)=\int_0^1 xf(x)dx=\frac{\alpha}{\alpha+\beta} \tag{4-74}$$

方差：$$Var(X)=E[(X-E(X))^2]=\frac{\alpha\beta}{(\alpha+\beta)^2(\alpha+\beta+1)} \tag{4-75}$$

矩母函数：$$M_X(t)=1+\sum_{k=1}^{\infty}\left(\prod_{r=0}^{k-1}\frac{\alpha+r}{\alpha+\beta+r}\right)\frac{t^k}{k!} \tag{4-76}$$

第三节　大数定律与中心极限定理

极限定理是概率论中重要且应用广泛的理论。本节主要介绍概率论中几个重要的极限定理，它们分别是切比雪夫定理、大数定律和中心极限定理。

一、切比雪夫定理和弱大数定律

切比雪夫定理（Chebyshev's theorem）由俄国数学家切比雪夫（Pafnuty Lvovich Chebyshev）提出，它的结论是建立在总体分布未知的前提下。

定理 4.1　马尔科夫不等式

设 X 为非负随机变量，则对任意常数 $a>0$，有 $P(X\geqslant a)\leqslant\dfrac{E(X)}{a}$。

证明概要：令 $I=\begin{cases}1, & X\geqslant a\\ 0, & X<a\end{cases}$ 。因为 $X\geqslant 0$，则 $I\leqslant\dfrac{X}{a}$ ，即 $E(I)\leqslant\dfrac{E(X)}{a}$ 。考虑 $E(I)=P(X\geqslant a)$ ，结论成立。

定理 4.2　切比雪夫定理

设 X 为随机变量，它的期望值为 μ ，标准差为 σ ，μ 和 σ 有限。则对任意常数 $K>0$，有

$$P(|X-\mu|<K\sigma)\geqslant 1-\frac{1}{K^2} \tag{4-77}$$

证明概要：因为 $(X-\mu)^2$ 是非负随机变量，应用马尔科夫不等式，让 $a=K^2$，有：

$$P\{(X-\mu)^2 \geqslant K^2\} \leqslant \frac{E[(X-\mu)^2]}{K^2}$$

即：
$$P\{|X-\mu| \geqslant K\} \leqslant \frac{E[(X-\mu)^2]}{K^2} = \frac{\sigma^2}{K^2}$$

统计研究中，如果总体分布是未知的，那么根据切比雪夫定理，在任何数据集中，至少有 $(1-1/k^2)\times 100\%$ 的数据会落在以数学期望为中心 K 倍标准差的范围内，例如至少有 $(1-1/2^2)\times 100\%=75\%$ 的数据会落在区间 $[\mu-2\sigma,\mu+2\sigma]$ 内，至少有 $(1-1/3^2)\times 100\%=88.9\%$ 的数据会落在区间 $[\mu-3\sigma,\mu+3\sigma]$ 内。而对钟形分布的总体来说，这两个比例相应为 95% 和 99.7%。

【例 4.10】随机变量 X 的期望值和方差分别为 100 和 25。试确定 X 取值在区间 [92, 108] 内的概率下限。

解：应用切比雪夫定理，$K=8/5=1.6$，则 $P(|X-\mu|<1.6\sigma) \geqslant 1-\frac{1}{1.6^2}=0.6094$

定理 4.3　弱大数定律

设 $X_1,X_2,\cdots$ 为一系列独立同分布的随机变量，它们的期望值 $E(X_i)=\mu$ 和方差有限。则对任意 $\varepsilon>0$，

$$P\left\{\left|\frac{X_1+\cdots+X_n}{n}-\mu\right| \geqslant \varepsilon\right\} \to 0\text{，}\quad \text{当 } n\to\infty \tag{4-78}$$

证明概要：$E\left[\frac{X_1+\cdots+X_n}{n}\right]=\mu$，$Var\left(\frac{X_1+\cdots+X_n}{n}\right)=\frac{\sigma^2}{n}$，应用切比雪夫定理有：

$$P\left\{\left|\frac{X_1+\cdots+X_n}{n}-\mu\right| \geqslant \varepsilon\right\} \leqslant \frac{\sigma^2}{n\varepsilon^2} \tag{4-79}$$

二、中心极限定理

中心极限定理(the central limit theorem)是概率论中最著名也是应用最广泛的定理之一。中心极限定理阐释的基本问题是大量的独立随机变量和近似地服从正态分布。中心极限定理的基本形式如下：

定理 4.4　中心极限定理(独立同分布)

设 $X_1,X_2,\cdots$ 为一系列独立同分布的随机变量，它们的期望值 $E(X_i)=\mu$ 和方差 $Var(X_i)=\sigma^2$ 有限，矩母函数为 $M_X(t)$。则对任意 $a\in(-\infty,\infty)$，有：

$$P\left\{\frac{X_1+\cdots+X_n-n\mu}{\sigma\sqrt{n}} \leqslant a\right\} \to \frac{1}{\sqrt{2\pi}}\int_{-\infty}^{a} e^{-x^2/2}dx\text{，}\quad \text{当 } n\to\infty \tag{4-80}$$

中心极限定理可以用 $X_1,X_2,\cdots$ 的矩母函数或者特征函数的性质加以证明，这里不展开介绍。

【例 4.11】设 $X_1,X_2,\cdots$ 为一系列独立同分布的随机变量，$X_i=\begin{cases}1, & P(X_i=1)=p\\ 0, & P(X_i=0)=1-p\end{cases}$，则在 n 很大的情形下，根据中心极限定理，随机变量 $Y=\frac{\sum_{i=1}^{n}X_i-np}{\sqrt{np(1-p)}}$ 近似地服从正态分布，

也可以表示为：

$$\lim_{n\to\infty}P\left\{\frac{X-np}{\sqrt{np(1-p)}}<x\right\}=\Phi(x)\ ,\ X=\sum_{i=1}^{n}X_i\ ,\ x\in R \qquad (4-81)$$

称作棣莫弗—拉普拉斯定理。

【例 4.12】任意 n 个带小数点的数 $X_1,\cdots,X_n$ 用最接近的整数 $Z_1,\cdots,Z_n$ 近似。让 $Y_i=X_i-Z_i$，假设 $Y_i\sim U(-0.5,0.5)$ 且 Y_i 之间相互独立。(1) 请说明当 $n\to\infty$时，$\frac{\sum_{i=1}^{n}Y_i}{\sqrt{n/12}}\sim N(0,1)$；(2) 假定 $n=10^5$，请给出 $P\left(-a\leqslant\sum_{i=1}^{n}Y_i\leqslant a\right)=0.95$ 时 a 的值。

解：(1) $E(Y_i)=0$，$Var(Y_i)=\frac{1}{12}$，根据中心极限定理有：

$$\frac{\sum_{i=1}^{n}Y_i-0}{\sqrt{n/12}}\sim N(0,1)\ ,\quad 当\ n\to\infty$$

(2) $P\left(-a\leqslant\sum_{i=1}^{n}Y_i\leqslant a\right)=0.95\Leftrightarrow\Phi\left(\frac{a}{\sqrt{10^5/12}}\right)-\Phi\left(\frac{-a}{\sqrt{10^5/12}}\right)=0.95$

即：$\frac{a}{\sqrt{10^5/12}}=1.96$，解方程得 $a=179$。

【例 4.13】设 $X_i(i=1,\cdots,100)$ 是独立同分布的随机变量，$X_i\sim U(0,1)$，$i=1,\cdots,100$。求 $P\left(\sum_{i=1}^{100}X_i>55\right)$。

解：因为 $X_i\sim U(0,1)$，所以 $E(X_i)=\frac{1}{2}$；$Var(X_i)=\frac{1}{12}$。根据中心极限定理有：

$$P\left(\sum_{i=1}^{100}X_i>55\right)=P\left(\frac{\sum_{i=1}^{100}X_i-50}{10\times\sqrt{\frac{1}{12}}}>\frac{55-50}{10\times\sqrt{\frac{1}{12}}}\right)\approx1-\Phi(1.732)=0.0416$$

在统计模拟中也可以根据中心极限定理用均匀分布随机数生成正态分布随机数。

定理 4.5　中心极限定理(独立情形)

设 $X_1,X_2,\cdots$ 为一系列独立分布的随机变量，它们的期望值 $E(X_i)=\mu_i$ 和方差 $Var(X_i)=\sigma_i{}^2$ 有限。如果有：(a) 存在 M，$P(|X_i|<M)=1$，(b) $\sum_{i=1}^{\infty}\sigma_i{}^2=\infty$，则对任意 $a\in(-\infty,\infty)$，有：

$$P\left\{\frac{\sum_{i=1}^{n}(X_i-\mu_i)}{\sqrt{\sum_{i=1}^{n}\sigma_i{}^2}}\leqslant a\right\}\to\frac{1}{\sqrt{2\pi}}\int_{-\infty}^{a}e^{-x^2/2}dx\ ,\quad 当\ n\to\infty \qquad (4-82)$$

定理 4.5 中的条件(a)和(b)，是要求每项 $X_i-\mu_i/\sqrt{\sum_{i=1}^{n}\sigma^2}\ (i=1,\cdots,n)$ 都在概率意义

下均匀地小。相类似的限制条件还有，例如李雅普洛夫（Aleksandr Lyapunov）在 1900 年提出的：(a) $E(|X_i-\mu_i|^3)<\infty,\ i=1,\cdots,n$，(b) $\lim\limits_{n\to\infty}\dfrac{\sum\limits_{i=1}^{n}E(|X_i-\mu_i|^3)}{(B_n)^3}=0, B_n=(\sum\limits_{i=1}^{n}\sigma_i^2)^{1/2}$ 和林德伯格（Jarl Waldemar Lindeberg）于 1922 年提出的 $\lim\limits_{n\to\infty}\dfrac{1}{B_n^2}\sum\limits_{i=1}^{n}\int_{|x-\mu_i|\geqslant\tau B_n}(x-\mu_i)^2dF_i(x)=0$，对任意 $\tau>0$，其中 $F_i(x)$ 为 X_i 的分布函数。

定理 4.6　强大数定律

设 $X_1,X_2,\cdots$ 为一系列独立同分布的随机变量，它们的期望值 $E(X_i)=\mu$ 有限，则有：

$$P\left(\lim_{n\to\infty}\frac{1}{n}\sum_{i=1}^{n}X_i=\mu\right)=1 \tag{4-83}$$

本章小结

概率论是研究随机现象中数量规律的数学学科，为随机性和不确定性的研究提供数学理论和模型。在概率论中，如果某个过程的结果是随机出现且不能提前预知的，称这个过程为随机试验。随机试验的每个可能结果为一个样本点，全体样本点所组成的集合是样本空间。样本空间中的部分样本点组成的子集，称作随机事件。随机事件发生的频率有稳定性，即当 $n\to\infty$时，$F(A)$ 会趋向一个稳定的值 $P(A)$，$P(A)$ 称为随机事件 A 发生的概率。$P(A)$ 具有非负性、正则性和可加性。

按照计数过程的串行与并行，有乘法原理和加法原理。基于乘法原理和加法原理可得排列和组合的计数公式。确定随机事件 A 发生概率 $P(A)$ 的古典方法为 $P(A)=n(A)/n(\Omega)$，其中 $n(A)$ 为随机事件 A 中包含样本点的个数，$n(\Omega)$ 为样本空间 Ω 中包含所有样本点的个数。随机事件 A 的几何概率为 $P(A)=\dfrac{m(A)}{m(\Omega)}$，其中 $m(A)$ 和 $m(\Omega)$ 分别为随机事件 A 和样本空间 Ω 的几何度量。贝叶斯概率是建立在贝叶斯理论的基础上，基本计算规则为 $P(B_n\mid A)=\dfrac{P(B_n)P(A\mid B_n)}{\sum\limits_{i}P(B_i)P(A\mid B_i)}$，其中 B_n 为样本空间 Ω 的一个分割。

随机变量是定义在样本空间上的实值函数，可以分为离散型随机变量和连续型随机变量。离散型随机变量的值是实数轴上有限个或者无限可列的孤立点，设 X 为离散型随机变量，它的所有可能取值为 $x_i(i=1,2,3,\cdots)$，则函数 $p(x_i)=P(X=x_i)\ (i=1,2,3,\cdots)$ 称作离散概率密度函数。设 X 为随机变量，如果存在一个非负的实值函数 $f:R\to[0,\infty)$，对任意的区间 $[a,b]$ 有 $P(X\in[a,b])=\int_a^b f(t)dt$，则 X 称作连续型的随机变量，函数 f 称作概率密度函数。$F(x)=F\{(-\infty,x)\}=P(X\leqslant x)\ (x\in R)$ 为随机变量 X 的分布函数。设 X 为随机变量，如 $E(|X^k|)$ 存在，$m_k=E(X^k)$ 为随机变量 X（及其分布）的 k 阶原点矩；$c_k=E[(X-E(X))^k]$ 为随机变量 X（及其分布）的 k 阶中心矩。随机变量 X 的数学期望是 1 阶原点矩，方差是 2 阶中心矩。常用的离散分布有贝努里分布、二项分布、几何分布、负二项分布和泊松分布；常用的连续分布有均匀分布、正态分布、伽马分布、指数分布和贝塔

分布。

极限定理是概率论中重要且应用广泛的理论。设 X 为非负随机变量,根据马尔科夫不等式,对任意常数 $a>0$,有 $P(X\geqslant a)\leqslant\frac{E(X)}{a}$;如 X 的期望值为 μ,标准差为 σ,μ 和 σ 有限,根据切比雪夫定理,对任意常数 $K>0$,有 $P(|X-\mu|<K\sigma)\geqslant 1-\frac{1}{K^2}$。设 $X_1,X_2,\cdots$ 为一系列独立同分布的随机变量,它们的期望值 $E(X_i)=\mu$ 和方差有限,根据弱大数定律,对任意 $\varepsilon>0$,有 $P\left\{\left|\frac{X_1+\cdots+X_n}{n}-\mu\right|\geqslant\varepsilon\right\}\to 0$,当 $n\to\infty$;根据中心极限定理,对任意 $a\in(-\infty,\infty)$,有 $P\left\{\frac{X_1+\cdots+X_n-n\mu}{\sigma\sqrt{n}}\leqslant a\right\}\to\frac{1}{\sqrt{2\pi}}\int_{-\infty}^{a}e^{-x^2/2}dx$,当 $n\to\infty$。中心极限定理阐释的基本问题是,大量的独立随机变量和近似地服从正态分布。

习 题

一、单项选择题

1. 关于随机试验的特点,下面的说法错误的是( )。
   A. 随机试验可以在相同条件下重复进行
   B. 随机试验的所有可能结果是可以事先确定范围的
   C. 随机试验是相互独立的
   D. 进行一次随机试验之前不能确定它的结果
2. 设 A 和 B 为任意随机事件,且 $P(A)>P(B)$,则下面的说法错误的是( )。
   A. $P(\bar{A})=1-P(A)$
   B. $P(A+B)=P(A)+P(B)-P(AB)$
   C. $P(A-B)=P(A)-P(B)$
   D. $P(B\mid A)=P(AB)/P(A)$
3. 甲乙二人约定在 $[0,T]$ 时段内去某地会面,约定先到者等候一段时间 t,$t\leqslant T$ 再离去,则事件 $A=\{$甲乙将会面$\}$ 的概率为( )。
   A. $\frac{t}{T}$ B. $\frac{T-t}{T}$ C. $\frac{(T-t)^2}{T^2}$ D. $1-\frac{(T-t)^2}{T^2}$
4. 桌面上布满间隔均为 a 的平行直线,现向桌面上任意投放一长为 l,$l<a$ 的针,则事件 $A=\{$针与某直线相交$\}$ 的概率为( )。
   A. $\frac{2l}{a\pi}$ B. $\frac{l}{a\pi}$ C. $\frac{l}{a}$ D. $\frac{l}{2a}$
5. 设 X,Y,Z 是独立同分布的随机变量,$X,Y,Z\sim N(0,1)$,则 $X^2+Y^2+Z^2$ 服从( )。
   A. $\chi^2(2)$ B. $\chi^2(3)$ C. $N(0,3)$ D. $Ga(3,1)$
6. 设 $X_1,X_2,\cdots,X_n$ 是 n 个独立同分布的随机变量,$X_1,X_2,\cdots,X_n\sim U(0,1)$。若 $n=100$,则概率 $P(X_1+X_2+\cdots+X_{100}\leqslant 60)$ 更接近( )。

A. 0.85　　B. 0.9　　C. 0.95　　D. 0.99

7. 随机变量 X 的均值为 5，方差为 4，则下面说法符合切比雪夫定理的是（　　）。

A. $P(|X-5|\geqslant 4)\leqslant 0.05$　　B. $P(|X-5|\geqslant 6)\leqslant 0.01$

C. $P(|X-5|\geqslant 4)\leqslant 0.25$　　D. $P(|X-5|\geqslant 6)\leqslant 0.05$

8. 设随机变量 $X\sim N(0,1)$，X 的分布函数为 $\Phi(x)$，则 $P(|X|>2)$ 的值为（　　）。

A. $2[1-\Phi(2)]$　　B. $2\Phi(2)-1$　　C. $2-\Phi(2)$　　D. $1-2\Phi(2)$

二、计算题

1. 设随机变量 X 的概率密度函数 $f(x)=\begin{cases}\lambda xe^{-x}, & x\geqslant 0\\ 0, & x<0\end{cases}$，试完成：

(1) 求 λ 的值；

(2) 请写出随机变量 X 的分布函数；

(3) 求 $P(X>1)$。

2. 假设通过血细胞实验发现某种疾病的确诊率为 95%，就是说，如某人的血细胞实验结果显示为阳性，则此人患这种疾病的概率为 95%，同时，一个健康的人经过血细胞实验被误诊为患病的概率是 5%。假设受检人群中的得病率是 0.5%，求一个血细胞实验结果为阳性的人确实患此病的概率。

3. 假定统计学班级中男生和女生的比例分别为 30% 和 70%。在统计学期中考试中，有 10% 的男生和 5% 的女生的成绩为优秀。如果在班级中随机抽取一名同学，其统计学期中考试的成绩为优秀，请计算此名同学为女生的概率。

4. 研究人员用光学测距法测量星体 A 到星体 B 的距离，因为星体的大气条件和宇宙随机因素的影响，每次的测量值并不是准确值，而是对真实距离 d 的一个估计，因此，研究人员计划做多次测量取其平均值来估计 d。如果每次测量的结果是相互独立且相同分布的，它们的期望值和方差分别为 d 和 4（十万公里），请问至少测量多少次才能使研究人员有超过 95% 的把握使估计误差不超过 0.5（十万公里）？

5. 设 $X_1, X_2, \cdots, X_n$ 为相互独立同分布的随机变量，都服从正态分布 $N(\mu, \sigma^2)$，请说明其算术平均数 $\bar{X}=(X_1+X_2+\cdots+X_n)/n$ 的分布。

第五章　参数估计

引　例

学校网管中心为合理制定校园网络管理条例，需要掌握每天全校学生的平均上网时间。但由于时间及人力限制，无法就全校10000名学生展开全面调查，因而也无从计算每天全校学生平均上网时间的具体数值。为此，网管中心从全校10000名学生中随机抽取了36名学生，调查他们每天的上网时间，获得如表5—1所示的样本数据及图5—1所示的频数分布图（见所附数据集“data5_01 36名学生每天上网时间样本数据”）。

表5—1　36名学生每天上网时间样本数据

单位：小时

3.3	3.1	6.2	5.8	2.3	4.1
5.4	4.5	3.2	4.4	2.0	5.4
2.6	6.4	1.8	3.5	5.7	2.3
2.1	1.9	1.2	5.1	4.3	4.2
3.6	0.8	1.5	4.7	1.4	1.2
2.9	3.5	2.4	0.5	3.6	2.5

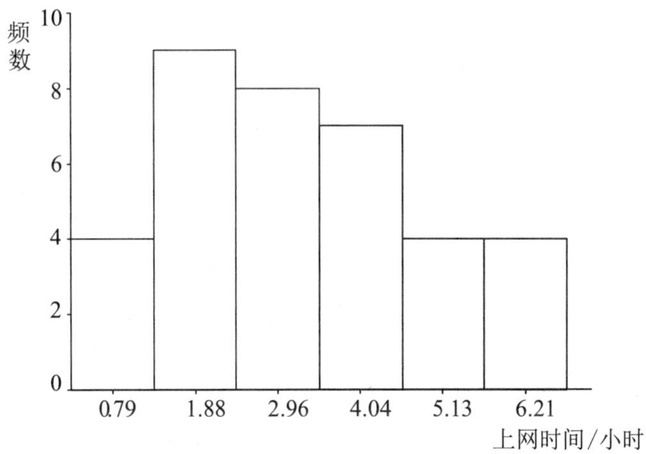

图5—1　36名学生每天上网时间

经计算得到：样本的平均上网时间为 $\bar{x}=3.32$（小时），样本标准差为 $s=1.61$（小时）。能否据此推断出全校10000名学生的平均上网时间的具体数值呢？

有理由相信，根据样本均值来推断总体均值是可行的，这是因为虽然总体均值未知，但它是唯一确定的；而且样本来自总体，在样本均值与总体均值之间必定存在着某种特定的联系。不过，尽管总体及总体均值是唯一确定的，但由于样本是按照随机原则抽取的，使得样本均值也是随机的，此例中，样本均值 $\bar{x}=3.32$（小时），但如果我们再随机抽取36名学生进行调查，所计算得到的样本均值将几乎不可能刚好等于3.32小时。因此，在没能掌握总体均值和样本均值两者之间的内在联系之前，直接将样本均值作为总体均值的估计值，显然有些武断。本章将首先介绍样本统计量的概率分布，然后再讲解在一定概率保证程度下如何利用样本指标推断把握总体参数的问题。

第一节　抽样分布

一、抽样分布的含义

我们在第一章导论中已经介绍过，统计量（statistic）是用来描述样本特征的概括性数字度量，是遵循随机原则由总体抽取样本时所派生出来的随机变量。抽样分布（sampling distribution）指的是样本统计量作为随机变量的概率分布。只要掌握了一个统计量的抽样分布，就可以得出该统计量在各种可能取值上的概率，这是由样本统计量的值来推断总体参数的基础和前提。

实践中最为常用的统计量有样本均值（sample mean）、样本方差（sample variance）及标准差（standard deviation）。以样本均值和标准差为例，下面具体解释抽样分布的确切含义。

在本章的引例中，要从一个容量为10000的总体中，抽取容量为36的样本，事实上有众多的可能样本存在，其数量甚至远远超过总体容量。如果采取不重复抽样将存在 $10000!/36!(10000-36)!$ 个可能的样本，如果采取重复抽样则存在 10000^{36} 个可能样本。

假如我们有能力把所有可能样本毫无遗漏地一一全部抽取出来的话，那么就可以根据样本数据计算出每一个样本的均值，而且不同样本的均值，其计算结果也将不尽相同。将全部计算结果按取值不同进行分组和汇总，可以得出一个以样本均值为观测的频数分布表，从这个频数表中，即可以直接得出作为随机变量的样本均值在所有不同取值上的概率，从而确定样本均值的抽样分布。

同样的道理，也可以得出作为随机变量的样本方差或标准差，以及其他有关统计量的抽样分布。

显然，通过手工操作来重复上述所有可能样本的抽取过程，几乎是不可能的事情。借助于计算机软件，有人曾就某城市7岁男孩总体的身高数据（总体均值为120厘米，标准差为5厘米）进行过类似的模拟，具体是从总体中随机抽取了容量为36的10000个样本，并计算出了每一个样本的均值和标准差。当然，这10000个样本也并没有涵盖问题中的所有可能样本，但从最后整理得出的频数分布图已经可以大略地看出某些规律性的东西，如图5－2和图5－3所示。

从图5－2和图5－3中不难看出，各个可能样本的均值或标准差的取值是有差异的，并不是全都等于总体的均值或标准差，但其整体上的频数分布却明显具有向总体均值或总体标准差集中的倾向，显示出一种近乎对称的钟形分布的特征，据此可以猜测在样本统计量与总体参数之间存在着某种固有的规律。

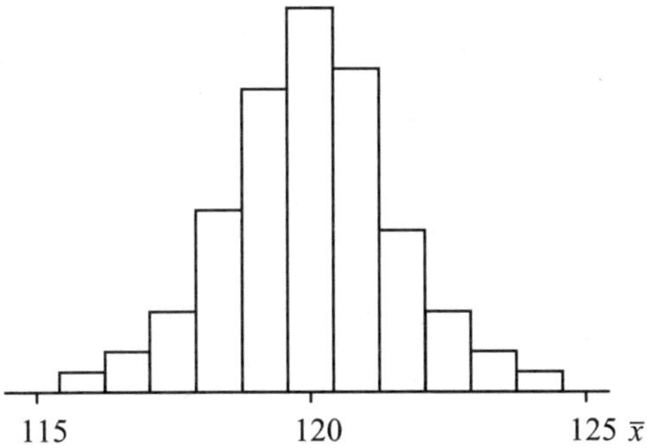

图 5—2 样本容量为 36 的 10000 个样本均值的分布(总体均值为 120 厘米)

图 5—3 样本容量为 36 的 10000 个样本标准差的分布(总体标准差为 5 厘米)

二、样本均值的抽样分布

数理统计理论证明,样本统计量与总体参数之间具有以下内在联系:

1. 由均值为 μ 、方差为 σ^2 的正态总体中,抽取容量为 n 的样本时,样本均值 $\bar{x}$ 近似服从以 μ 为数学期望,以 σ^2/n 为方差的正态分布。该定理表明,任意样本容量下,由正态总体所派生出来的样本均值,都是服从正态分布的,而且是以总体均值为数学期望,以总体方差除以样本容量为方差的正态分布。当然,如果总体不服从正态分布,或事先无法确认总体是否服从正态分布,那么就需要考虑样本容量的大小问题。

2. 由均值为 μ 、方差为 σ^2 的任意总体中,抽取容量为 n 的样本,当 n 趋近于无穷大时,样本均值 $\bar{x}$ 近似服从以 μ 为数学期望,以 σ^2/n 为方差的正态分布,这就是中心极限定理(central limit theorem),该定理适用于任意总体下 $\bar{x}$ 的抽样分布。依此定理,只要样本容量足够大,无论总体是否为正态分布,样本均值的抽样分布都可以用正态分布来近似,进而达到以样本均值来推断总体均值的目的。一般情况下,只要样本容量大于等于 30,即可采用这种近似估计的方法,当然这只是一个经验的标准。图 5—4 或许有助于直观地理解和把握中心极限定理的实际作用。

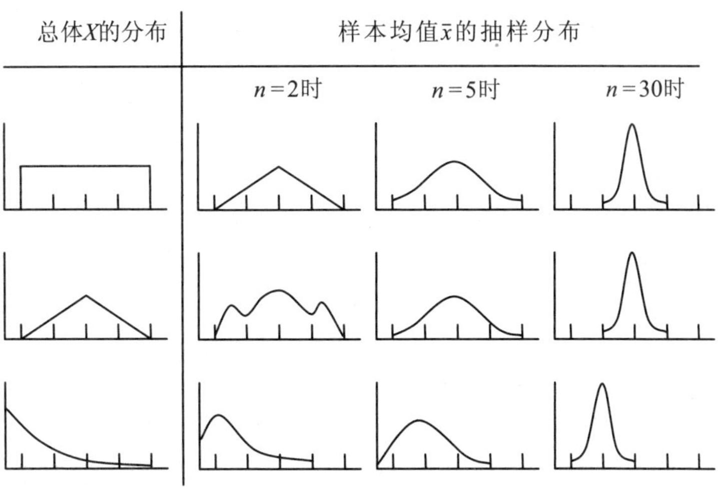

图 5—4 中心极限定理的作用

图 5—4 直观演示了三种不同分布的非正态总体随着样本容量的增加，样本均值 $\bar{x}$ 的抽样分布所逐渐发生的变化过程。当样本容量为 2 时，三种不同分布形式的 $\bar{x}$ 的抽样分布呈现出与总体分布不同的特征；样本容量为 5 时，三种不同分布形式的 $\bar{x}$ 的抽样分布开始呈现出接近钟形分布的特征；特别地，当样本容量为 30 时，三种不同分布形式的 $\bar{x}$ 的抽样分布已经近似于正态分布，与此同时，$\bar{x}$ 的方差也在逐步缩小。

三、样本方差的抽样分布

由样本方差来推断总体方差，同样需要首先掌握样本方差的抽样分布。样本方差的抽样分布与总体分布之间的关系较为密切，实际应用中特别强调总体分布的正态性。数理统计理论证明，对于来自正态总体的简单随机样本，统计量 $(n-1)s^2/\sigma^2$ 服从自由度为 $(n-1)$ 的卡方分布（Chi-square distribution），如图 5—5 所示。

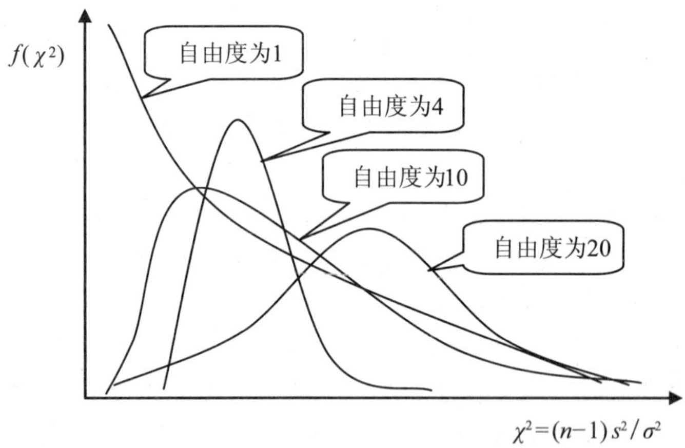

图 5—5　不同自由度下的卡方分布

由卡方分布的性质可知，统计量 $(n-1)s^2/\sigma^2$ 通常为不对称的右偏分布，随着样本容量及自由度的增加，将逐渐趋于对称，并最终趋近于正态分布。但如果样本不是来自正态总体，该特征则不显著。

第二节　点估计

一、点估计的含义

在本章引例中，我们并没有急于直接以样本均值 3.32 小时作为总体均值的估计值，是因为当时还不清楚样本统计量与总体参数之间的内在联系，抽样分布原理揭示了样本统计量的分布规律，这就为进行统计推断提供了可靠的基础和前提。

用样本统计量推断总体参数有两种方法，一种是点估计（point estimation），另一种是区间估计（interval estimation）。本节将首先学习点估计的有关内容。

所谓点估计，就是用样本统计量的值，直接作为对应总体参数的估计值。比如，在引例中，直接用 36 名学生每天上网时间的样本均值 3.32 小时，来估计每天全校学生的平均上网时间。做出这种估计的理论根据是：尽管并不掌握全校 10000 名学生总体上网时间的分布状况，但所获取的样本均值是近似服从正态分布的随机变量的一个取值，而且此正态分布以总体均值为数学期望，以总体方差除以样本容量为方差，如图 5－6 所示。

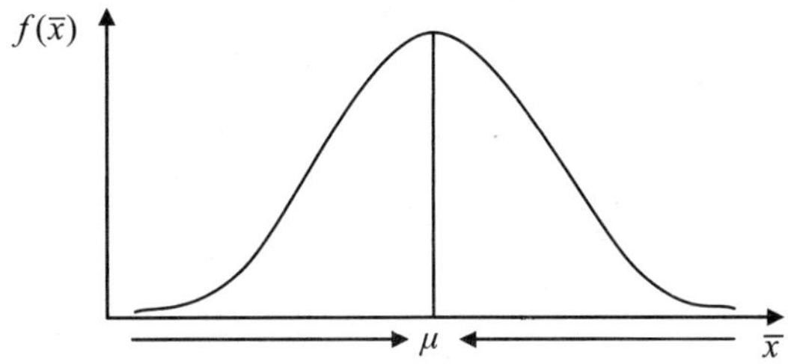

图 5－6　样本均值服从以总体均值为数学期望的正态分布

由于样本均值作为随机变量是以总体均值为数学期望，所以有理由认为，用作估计量的样本均值，更大地可能会在总体均值的附近取值。当然，由于样本的随机性，尽管可能性很小，根据已经抽取出来的样本所得出的均值也有可能远离总体均值。

二、点估计量的优良标准

通常将所感兴趣的待估计的总体参数，用符号记作 θ；将用来估计总体参数的统计量称作估计量，记作 $\hat{\theta}$。

将样本均值用作总体均值的估计量，或将样本方差用作总体方差的估计量，表面看来似乎是顺理成章的事情，但事实并非如此。实际情况是，对应一个总体参数，往往可能会有许多备选的估计量，比如，除样本均值之外，样本的中位数也可以充当总体均值的一个估计量。因此，需要考虑如何从多个待选的估计量中，选择出估计效果最好的估计量。评价估计量优良性的标准有三个：无偏性、有效性、一致性。

（一）无偏性

如果估计量 $\hat{\theta}$ 的数学期望等于所估计的总体参数 θ，即 $E(\hat{\theta})=\theta$，则称该估计量 $\hat{\theta}$ 是总体参数 θ 的无偏估计量。图 5－7 中直观地给出了无偏估计量和有偏估计量的比较。其中，$\hat{\theta}_1$ 的数学期望等于 θ，所以 $\hat{\theta}_1$ 是 θ 的无偏估计量；而 $\hat{\theta}_2$ 则是关于 θ 的有偏估计量。可以证明，样本均值 $\bar{x}$、样本方差 s^2 各自分别是总体均值 μ、总体方差 σ^2 的无偏估计量。

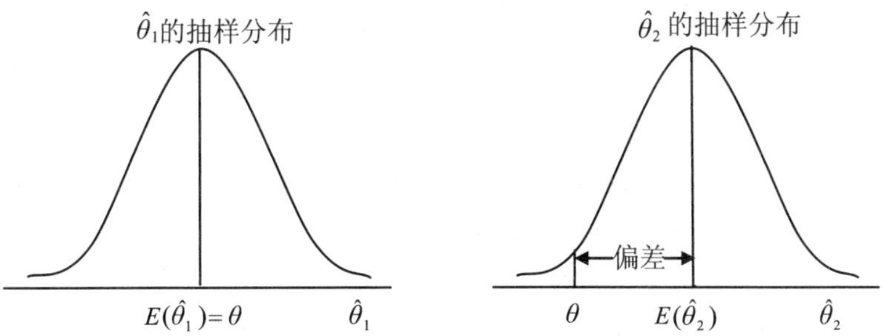

图 5－7　有偏估计量与无偏估计量

注意：以自由度（$n-1$）为分母的样本方差是总体方差 σ^2 的无偏估计量，而以样本容量 n 为分母的样本方差则是有偏的。

（二）有效性

对于同一个总体参数的两个无偏估计量 $\hat{\theta}_1$ 和 $\hat{\theta}_2$，如果 $\hat{\theta}_1$ 的方差较小，即 $D(\hat{\theta}_1) < D(\hat{\theta}_2)$，则称 $\hat{\theta}_1$ 是比 $\hat{\theta}_2$ 更为有效的估计量，如图 5—8 所示。比如，样本均值与样本中位数都是总体均值的无偏估计量，但样本中位数抽样分布的方差要大于样本均值抽样分布的方差，所以样本均值是更为有效的估计量。

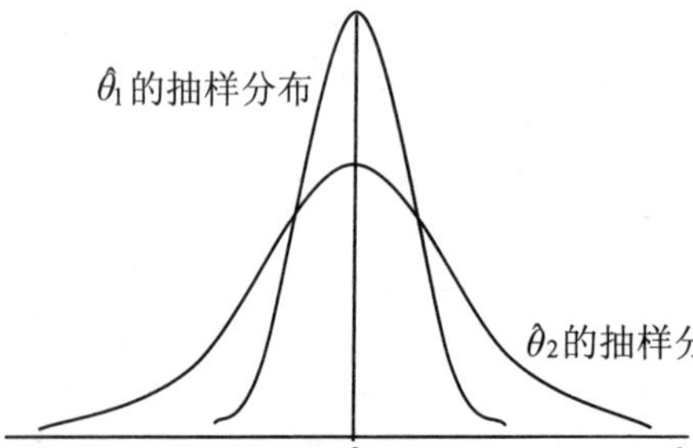

图 5—8　$\hat{\theta}_1$ 为有效估计量

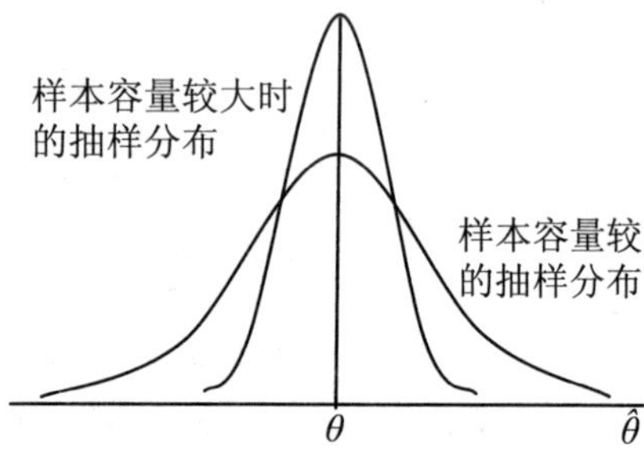

图 5—9　样本容量不同时的抽样分布

（三）一致性

随着样本容量的增大，估计量 $\hat{\theta}$ 的值越来越接近于被估计的总体参数 θ，则称估计量 $\hat{\theta}$ 为具备一致性的估计量。比如，样本均值 $\bar{x}$ 服从以 μ 为数学期望、以 σ^2/n 为方差的正态分布，其无偏性并不依赖于样本容量的大小，但其方差却与样本容量的大小成反比。这意味着，伴随样本容量的增加，样本均值的抽样分布曲线将会越变越窄，与总体均值也会越来越接近。所以说样本均值是总体均值的具备一致性的估计量。同理，样本方差也是总体方差的具备一致性的估计量。不同样本容量抽样分布的直观比较如图 5—9 所示。

正是由于符合了上述的优良标准，样本均值与样本方差才成为统计推断中较为常用的估计量。

第三节　单样本总体均值的区间估计

一、总体方差已知

在第二节中所介绍的抽样推断的点估计方法，操作简单，运用灵活。比如在引例中，由样本数据计算得到：$\bar{x}=3.32$（小时），$s=1.61$（小时），于是可据此估计总体均值和总体标准差，即每天全校学生平均上网时间为 3.32 小时、标准差为 1.61 小时。

点估计的缺陷是不能给出估计的把握程度和准确程度的高低，若要对总体参数做出具有一定把握程度和准确程度的推断，就要用到区间估计。区间估计不仅可以测度出估计误差，同时还给出了相应的估计把握程度。

根据抽样分布原理可知，由正态总体抽取任意容量的样本，或者由任意总体抽取容量充分大的样本，样本均值 $\bar{x}$ 服从以总体均值 μ 为数学期望、以总体方差 σ^2 除以样本容量 n 即 σ^2/n 为方差的正态分布，即：$\bar{x} \sim N(\mu, \sigma^2/n)$ 。

于是，将样本均值 $\bar{x}$ 加以标准化，就可以得出一个服从标准正态分布的统计量，通常将

此统计量称作 Z 统计量，其抽样分布如图 5—10 所示。

$$Z=\frac{\bar{x}-\mu}{\sigma/\sqrt{n}} \tag{5—1}$$

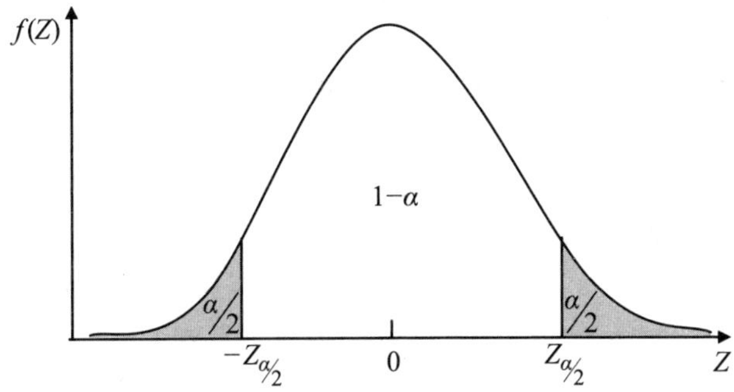

图 5—10　服从标准正态分布

以 $Z=0$ 为对称中心，给定区间 $[-Z_{\alpha/2},Z_{\alpha/2}]$，其中 α 是人为给定的一个概率值，则可得 Z 落入此区间的概率值为 $1-\alpha$，即：

$$P(-Z_{\alpha/2}\leqslant Z\leqslant Z_{\alpha/2})=1-\alpha$$

将式(5—1)代入上式后，有：

$$P\left(-Z_{\alpha/2}\leqslant\frac{\bar{x}-\mu}{\sigma/\sqrt{n}}\leqslant Z_{\alpha/2}\right)=1-\alpha$$

统计中通常将人为给定的这个概率值 α，称作显著性水平(significant level)，将 $1-\alpha$ 称作置信度(significant degree)。于是由上式不难推导出总体均值 μ 在置信度 $1-\alpha$ 下的存在区间公式为：

$$\left[\bar{x}-Z_{\alpha/2}\frac{\sigma}{\sqrt{n}},\bar{x}+Z_{\alpha/2}\frac{\sigma}{\sqrt{n}}\right] \tag{5—2}$$

式中，$\bar{x}-Z_{\alpha/2}\sigma/\sqrt{n}$ 称为置信下限，$\bar{x}+Z_{\alpha/2}\sigma/\sqrt{n}$ 称为置信上限。此公式也可写成：

$$\bar{x}\pm Z_{\alpha/2}\frac{\sigma}{\sqrt{n}} \tag{5—3}$$

在式(5—3)中，只要事先掌握总体方差 σ^2 或标准差 σ，把样本容量 n 与样本均值 $\bar{x}$ 的具体取值代入公式，即可得出总体均值 μ 在给定置信度 $1-\alpha$ 下的估计区间。公式中的 $Z_{\alpha/2}$，在给定 $1-\alpha$ 或 α 后，其取值就已经确定下来。比如，如果给定置信度 $1-\alpha=0.95$，则有 $\alpha=0.05$，$\alpha/2=0.025$，通过定积分的逆运算或直接查找标准正态分布表，即可得出 $Z_{\alpha/2}=1.96$。估计区间的宽窄与显著性水平(α)的大小是此消彼长的。

【例 5.1】从袋装食品生产线上随机抽取 25 袋测量其重量，算得样本均值为 105.36 克。已知该生产线上所生产袋装食品总体的重量服从正态分布，总体标准差为 10 克，若给定置信度为 95%，试求总体均值的估计区间。

解：根据抽样分布原理可知，由正态总体抽取任意容量的样本，有：$\bar{x}\sim N(\mu,\sigma^2/n)$。

根据公式(5—3)，可计算总体均值的估计区间为：

$$\bar{x}\pm Z_{\alpha/2}\frac{\sigma}{\sqrt{n}}=105.36\pm1.96\times\frac{10}{\sqrt{25}}=105.36\pm3.92$$

即：[101.44，109.28]。结果表明，该批袋装食品的平均重量在101.44克到109.28克之间，做出这一推断的把握程度为95%，即如果抽取100个样本来估计总体的均值，由100个样本所构造的100个区间中，约有95个区间包括总体均值，而另外5个区间则不包括总体均值。

二、总体方差未知

然而，实践中总体方差及标准差往往都是未知的，因而也无法像总体方差已知情况下那样，构造一个服从标准正态分布的 Z 统计量。

但此时可以用样本标准差 s 对总体标准差 σ 做出点估计，进而在 Z 统计量的基础上获得一个新的统计量，数理统计的研究表明，这个统计量服从自由度为 $(n-1)$ 的 t 分布（t-distribution）：

$$t=\frac{\bar{x}-\mu}{s/\sqrt{n}} \tag{5-4}$$

t 分布决定于自由度这一个参数。与标准正态分布一样，t 分布也属于对称的钟形分布，但分布形态通常是厚尾的，比较平坦和分散。t 分布以标准正态分布为极限分布，随着自由度的增大，t 分布将会逐渐趋近于标准正态分布。见图5—11。

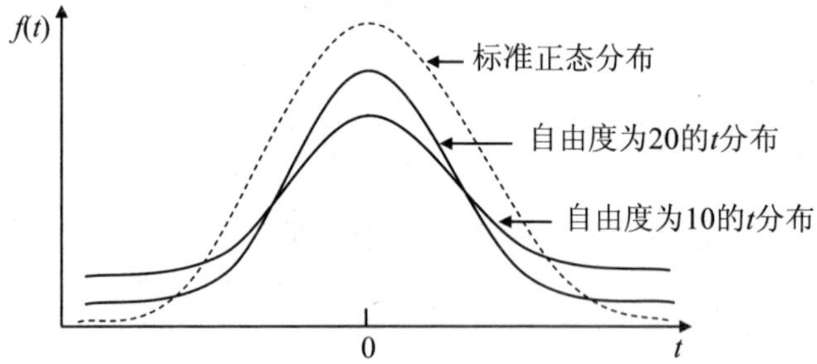

图5—11 不同自由度下的 t 分布

利用 t 分布，与总体方差已知时总体均值估计区间的构造方法相同，可以构造出总体均值的 $1-\alpha$ 估计区间为：

$$\left[\bar{x}-t_{\alpha/2}\frac{s}{\sqrt{n}},\bar{x}+t_{\alpha/2}\frac{s}{\sqrt{n}}\right] \tag{5-5}$$

此公式也可写成：

$$\bar{x}\pm t_{\alpha/2}\frac{s}{\sqrt{n}} \tag{5-6}$$

依此公式，在给定置信度 $1-\alpha$ 或显著性水平 α 的前提下，只需将样本容量 n、样本均值 $\bar{x}$ 以及样本标准差 s 的具体取值代入公式，即可得出总体均值 μ 的估计区间。公式中的 $t_{\alpha/2}$ 可通过定积分的逆运算或直接查找 t 分布表得出。

【例5.2】本章引例中，网管中心抽取了一个容量为36的样本，并计算得出：$\bar{x}=3.32$（小时），$s=1.61$（小时）。若给定置信度为95%，试求每天全校学生平均上网时间的估计区间。

解：根据经验法则，此处样本量似乎已“足够大”，可以使用正态分布 z 统计量，但这是手工计算时代的一种近似。计算机时代的数据分析却并不是这样的，而是仍然使用 t 统计量，SPSS软件的操作也只有 t 检验。原因是，如果样本量足够大，t 分布会自动收敛到正态分布，$t_{\alpha/2}$ 也会逐渐靠近 $z_{\alpha/2}$。根据公式（5—6）有：

$$\bar{x} \pm t_{\alpha/2}\frac{s}{\sqrt{n}} = 3.32 \pm 2.03 \times \frac{1.61}{\sqrt{36}} = 3.32 \pm 0.54$$

即:[2.78,3.86]。结果表明,每天全校学生平均上网时间在 2.78 小时到 3.86 小时之间,做出这一推断的把握程度为 95%。

对总体均值进行估计区间时,首先要注意区分正态总体或非正态总体、方差已知或方差未知、大样本或小样本的不同情况,然后再依据抽样分布原理选用适当的公式,构造出总体均值的置信区间。进行总体均值区间估计的一般程序如图 5—12 所示。

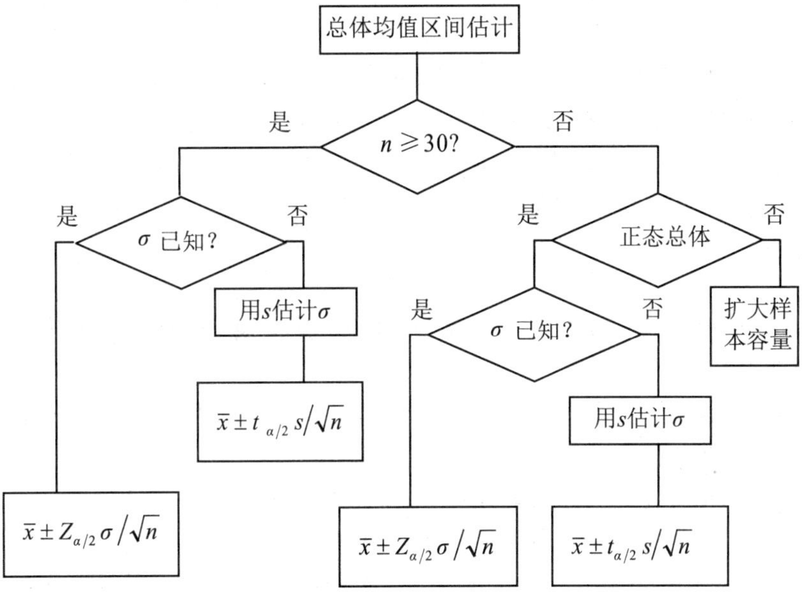

图 5—12　总体均值区间估计程序

三、运用 SPSS 进行单样本总体均值的区间估计

由于 SPSS 软件直接面对的是样本数据,默认为总体方差总是未知的,所以总体均值的区间估计在 SPSS 中都是通过构造 t 统计量来完成。SPSS 软件中,实现单样本总体均值区间估计的过程是单样本 t 检验(One-Sample T Test)。针对表 5—1 中 36 名学生每天上网时间的样本数据(见所附数据集"data5_01 36 名学生每天上网时间样本数据"),以 95%的保证程度进行总体均值的区间估计。

操作步骤:

(1)打开数据文件,选择 Analyze(分析)→Compare Means(比较均值)→One Sample T Test(单样本 t 检验),将变量"time"置于 Test Variable(s)(检验变量);

(2)在"Test Value(检验值)"框中,填入数值"0";

(3)点击"Options(选项)…"按钮,在"Confidence interval(置信区间百分比)"框中,填入数值 95,以给定 95%的置信度。点击 Continue(继续)→OK(确定)。输出结果如图 5—13 所示。

One-Sample Test

	Test Value = 0					
	t	df	Sig. (2-tailed)	Mean Difference	95% Confidence Interval of the Difference	
					Lower	Upper
上网时间	12.365	35	.000	3.3166667	2.772142	3.861192

图 5—13　全校学生上网时间总体均值的 95%估计区间

根据图 5—13 所示的单样本 t 检验运行结果可以看出，样本均值与 0 的差值在 95%的置信度水平下，下限是 2.772142，上限是 3.861192，即可以据此得出结论：在 95%的置信度水平下，该高校学生每天上网时间在 2.78 到 3.86 小时之间，该计算结果与前面【例 5.2】中通过手工计算所得出的在总体方差未知条件下的估计区间一致。

需要说明的是，这里的单样本 t 检验过程是我们将在第六章“假设检验”中介绍的内容，图 5—13 中同时给出的 t 统计量和伴随概率(Sig.(2-tailed))的具体含义，我们都将在第六章再做详细介绍。

第四节　两个独立样本总体均值差的区间估计

实践中有时会面对两个总体，并关心两个总体均值之间的差异情况，需要推断两个总体均值差 $\mu_1-\mu_2$ 的存在区间。

总体均值差的估计原理仍然是抽样分布原理，所采用的估计量是分别来自两个总体的样本均值之差，即 $\bar{x}_1-\bar{x}_2$。关键问题是要准确掌握估计量 $\bar{x}_1-\bar{x}_2$ 的抽样分布。

分别从两个总体抽取样本时，由于抽取方法不同，可区分为独立样本(independent samples)与匹配样本(paired samples)两种情况。如果两个样本是分别从两个总体中独立抽取的，也就是说，此样本的观测值的获取与另一个样本的观测值的获取，相互之间没有关联、互为独立，则称这是两个独立样本。

数理统计的相关理论证明，分别由两个正态总体独立抽取任意容量的样本，或者由两个任意总体独立抽取容量充分大的样本，则两个样本的均值差 $\bar{x}_1-\bar{x}_2$，服从以$(\mu_1-\mu_2)$为数学期望、以$(\sigma_1^2/n_1+\sigma_2^2/n_2)$为方差的正态分布。这是由两个独立样本均值差来估计两个总体均值差的理论基础和前提。

在由两个独立样本数据对总体均值差进行区间估计时，要区分以下几种不同情况，采取不同的估计方法。

一、大样本，方差已知

实践中，大样本一般是要求 $n_1\geqslant 30$ 且 $n_2\geqslant 30$。两个样本的均值差 $\bar{x}_1-\bar{x}_2$，服从以$(\mu_1-\mu_2)$为数学期望、以$(\sigma_1^2/n_1+\sigma_2^2/n_2)$为方差的正态分布，将 $\bar{x}_1-\bar{x}_2$ 标准化后，可得到服从标准正态分布的 Z 统计量：

$$Z=\frac{(\bar{x}_1-\bar{x}_2)-(\mu_1-\mu_2)}{\sqrt{\dfrac{\sigma_1^2}{n_1}+\dfrac{\sigma_2^2}{n_2}}} \tag{5-7}$$

于是可得独立样本条件下，大样本且方差已知时，两个总体均值差 $\mu_1-\mu_2$ 的 $1-\alpha$ 下的估计区间为：

$$(\bar{x}_1-\bar{x}_2)\pm Z_{\alpha/2}\sqrt{\frac{\sigma_1^2}{n_1}+\frac{\sigma_2^2}{n_2}} \tag{5-8}$$

【例 5.3】随机独立抽取男女中学生各 30 人测量体重，获得两个样本数据，并计算出男女中学生样本体重的均值分别为：$\bar{x}_1=48.74$，$\bar{x}_2=43.05$。已知男女中学生体重的总体方差分别为 $\sigma_1^2=47.78$，$\sigma_2^2=20.93$。若给定置信度为 95%，试求男女中学生总体平均体重之差的估计区间。

解：随机独立抽取男女中学生各 30 人，均为大样本，且总体方差已知。

根据公式(5-8)有：

$$\begin{aligned}&(\bar{x}_1-\bar{x}_2)\pm Z_{\alpha/2}\sqrt{\frac{\sigma_1^2}{n_1}+\frac{\sigma_2^2}{n_2}}\\&=(48.74-43.05)\pm 1.96\times\sqrt{\frac{47.78}{30}+\frac{20.93}{30}}\\&=5.69\pm 1.96\times 1.51\\&=5.69\pm 2.96\end{aligned}$$

即：[2.73,8.65]。结果表明，男女中学生体重之差平均在 2.73 公斤至 8.65 公斤之间，做出这一推断的把握程度为 95%。

二、大样本，方差未知

大样本但方差未知的情况下，分别以两个样本方差 s_1^2 和 s_2^2 作为两个总体方差 σ_1^2 和 σ_2^2 的点估计，可得 t 统计量：

$$t=\frac{(\bar{x}_1-\bar{x}_2)-(\mu_1-\mu_2)}{\sqrt{\frac{s_1^2}{n_1}+\frac{s_2^2}{n_2}}} \tag{5-9}$$

于是可以得到独立样本条件下，大样本但方差未知时，两个总体均值差 $\mu_1-\mu_2$ 的 $1-\alpha$ 估计区间为：

$$(\bar{x}_1-\bar{x}_2)\pm Z_{\alpha/2}\sqrt{\frac{s_1^2}{n_1}+\frac{s_2^2}{n_2}} \tag{5-10}$$

式中的 $Z_{\alpha/2}$ 是对 $t_{\alpha/2}$ 的替代，做出这种替代处理的理由是：在大样本的情况下，t 分布的自由度较大，t 分布已经接近于标准正态分布，这时两种分布的临界值差异已经不大，而临界值 $Z_{\alpha/2}$ 的求取过程要比 $t_{\alpha/2}$ 相对简便一些。

【例 5.4】随机独立抽取男女中学生各 30 人测量身高，获得两个样本数据，并计算出样本均值和样本方差分别为：$\bar{x}_1=162.67$，$\bar{x}_2=158.59$，$s_1^2=68.52$，$s_2^2=41.77$。若男女中学生身高总体的方差未知，试求给定置信度为 95%时，男女中学生总体平均身高之差的估计区间。

解：随机独立抽取男女中学生各 30 人，均为大样本，且总体方差未知。

根据公式(5-10)有：

$$
\begin{aligned}
&(\bar{x}_1-\bar{x}_2)\pm Z_{\alpha/2}\sqrt{\frac{s_1^2}{n_1}+\frac{s_2^2}{n_2}}\\
&=(162.67-158.59)\pm 1.96\times\sqrt{\frac{68.52}{30}+\frac{41.77}{30}}\\
&=4.08\pm 1.96\times 1.92\\
&=4.08\pm 3.76
\end{aligned}
$$

即：[0.32,7.84]。结果表明，男女中学生身高之差平均在 0.32 厘米到 7.84 厘米之间，做出这一推断的把握程度为 95%。

三、小样本，方差未知，但方差相等

由方差未知的正态总体抽取小样本时，虽然总体方差未知，但已知两总体方差相等，即 $\sigma_1^2=\sigma_2^2=\sigma^2$，则存在自由度为 (n_1+n_2-2) 的 t 统计量：

$$
t=\frac{(\bar{x}_1-\bar{x}_2)-(\mu_1-\mu_2)}{\sqrt{(\frac{1}{n_1}+\frac{1}{n_2})\frac{(n_1-1)s_1^2+(n_2-1)s_2^2}{n_1+n_2-2}}} \tag{5-11}
$$

于是可以得到独立样本条件下，小样本、方差未知但方差相等时，两个总体均值差 $\mu_1-\mu_2$ 的 $1-\alpha$ 估计区间为：

$$
(\bar{x}_1-\bar{x}_2)\pm t_{\alpha/2}(n_1+n_2-2)\sqrt{(\frac{1}{n_1}+\frac{1}{n_2})\frac{(n_1-1)s_1^2+(n_2-1)s_2^2}{n_1+n_2-2}} \tag{5-12}
$$

式中 $[(n_1-1)s_1^2+(n_2-1)s_2^2]/(n_1+n_2-2)$ 是对 $\sigma_1^2=\sigma_2^2=\sigma^2$ 的一个估计，这个估计比单独以 s_1^2 或 s_2^2 作为 σ^2 的估计量要更加有效，它是以样本自由度为权数对两个样本方差 s_1^2 和 s_2^2 的加权平均。

【例 5.5】分别在加工同一种零件的两条生产线上，各随机独立抽取 12 个零件并测量长度，获得两个样本数据，计算出的样本均值和样本方差分别为：$\bar{x}_1=32.5$，$\bar{x}_2=28.8$，$s_1^2=15.10$，$s_2^2=19.36$。假定两条生产线所生产零件的长度均服从正态分布，而且方差相等，若给定置信度为 95%，试求两条生产线所生产零件的平均长度之差的估计区间。

解：随机独立抽取 12 个零件，均为小样本，且总体方差相等。

根据公式(5-12)有：

$$
\begin{aligned}
&(\bar{x}_1-\bar{x}_2)\pm t_{\alpha/2}(n_1+n_2-2)\sqrt{(\frac{1}{n_1}+\frac{1}{n_2})\frac{(n_1-1)s_1^2+(n_2-1)s_2^2}{(n_1+n_2-2)}}\\
&=(32.5-28.8)\pm t_{0.025}(22)\times\sqrt{\left(\frac{1}{12}+\frac{1}{12}\right)\times\frac{(12-1)\times 15.10+(12-1)\times 19.36}{12+12-2}}\\
&=3.70\pm 2.074\times\sqrt{0.17\times 17.23}\\
&=3.70\pm 3.55
\end{aligned}
$$

即：[0.15,7.25]。结果表明，两条生产线所生产零件的长度之差平均在 0.15 厘米到 7.25 厘米之间，做出这一推断的把握程度为 95%。

四、小样本，方差未知，方差不等

由方差未知的正态总体抽取小样本时，如果总体方差不等，即 $\sigma_1^2\neq\sigma_2^2$，则存在自由度为

v 的 t 统计量：

$$t(v)=\frac{(\bar{x}_1-\bar{x}_2)-(\mu_1-\mu_2)}{\sqrt{\frac{s_1^2}{n_1}+\frac{s_2^2}{n_2}}} \tag{5-13}$$

式中，$v=\left(\frac{s_1^2}{n_1}+\frac{s_2^2}{n_2}\right)^2 \Big/ \left[\frac{(s_1^2/n_1)^2}{n_1-1}+\frac{(s_2^2/n_2)^2}{n_2-1}\right]$，为 t 统计量的自由度。

于是可以得到独立样本条件下，小样本、方差未知且方差不等时，两个总体均值差 $\mu_1-\mu_2$ 的 $1-\alpha$ 估计区间为：

$$(\bar{x}_1-\bar{x}_2)\pm t_{\alpha/2}(v)\sqrt{\frac{s_1^2}{n_1}+\frac{s_2^2}{n_2}} \tag{5-14}$$

【例 5.6】为确认同一种设备的两种组装工艺的优劣，随机抽取 10 名工人，采用第一种工艺进行组装操作，并记录每名工人所需的时间；再随机抽取另外 10 名工人，采用第二种工艺进行组装操作，并记录每名工人所需的时间。经计算得出两个样本的均值及方差分别为：$\bar{x}_1=31.61$，$\bar{x}_2=27.72$，$s_1^2=14.16$，$s_2^2=22.16$。假定两种组装工艺所需时间均服从正态分布，但方差不等。若给定置信度为 95%，试估计两种组装工艺平均所需时间之差的估计区间。

解：两次均随机抽取 10 名工人，为两个独立的小样本，总体方差未知且不等。

可先计算自由度 v：

$$\begin{aligned}v&=\left(\frac{s_1^2}{n_1}+\frac{s_2^2}{n_2}\right)^2 \Big/ \left[\frac{(s_1^2/n_1)^2}{n_1-1}+\frac{(s_2^2/n_2)^2}{n_2-1}\right]\\&=\left(\frac{14.16}{10}+\frac{22.16}{10}\right)^2 \Big/ \left[\frac{(14.16/10)^2}{10-1}+\frac{(22.16/10)^2}{10-1}\right]\\&=13.191/0.769=17.154\approx 17\end{aligned}$$

进一步可得，两种组装工艺平均所需时间之差的估计区间为：

$$\begin{aligned}&(\bar{x}_1-\bar{x}_2)\pm t_{\alpha/2}(v)\sqrt{\frac{s_1^2}{n_1}+\frac{s_2^2}{n_2}}\\&=(31.61-27.72)\pm t_{0.025}(17)\times\sqrt{\frac{14.16}{10}+\frac{22.16}{10}}\\&=3.89\pm 2.1098\times 1.91=3.89\pm 4.0297\end{aligned}$$

即：[−0.140，7.920]。结果表明，两种组装工艺所需时间之差平均在 −0.140 至 7.920 之间，做出这一推断的把握程度为 95%。

五、运用 SPSS 进行两个独立样本总体均值差的区间估计

表 5−2 是从某高校经济学院和统计学院各随机抽取的 10 名学生的数学考试成绩数据。

表 5−2　经济学院与统计学院各 10 名学生的数学成绩

经济学院					统计学院				
55	78	76	68	49	58	80	78	73	53
85	63	72	89	91	86	71	72	91	98

在 SPSS 中，实现两个独立样本总体均值差的区间估计过程是独立样本 t 检验（Independent-Samples T Test）。将表 5－2 的数据输入到 SPSS 数据窗口中，并分别设置变量“score”和“school”的各种属性，其中 school 是分类变量，1 代表经济学院，2 代表统计学院（如图 5－14 所示），以 95％的置信度进行总体均值差的区间估计（见所附数据集“data5_02 经济学院与统计学院各 10 名学生的数学成绩”）。

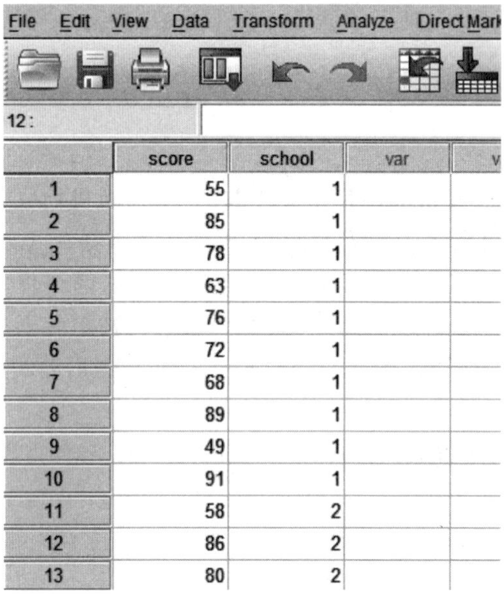

图 5－14　利用 SPSS 实现独立样本 t 检验的数据形式

操作步骤：

（1）打开数据文件，点击 Analyze（分析）→Compare Means（比较均值）→Independent-Samples T Test（独立样本 t 检验），系统弹出如图 5－15 所示的“Independent-Samples T Test”（独立样本 t 检验）对话框。

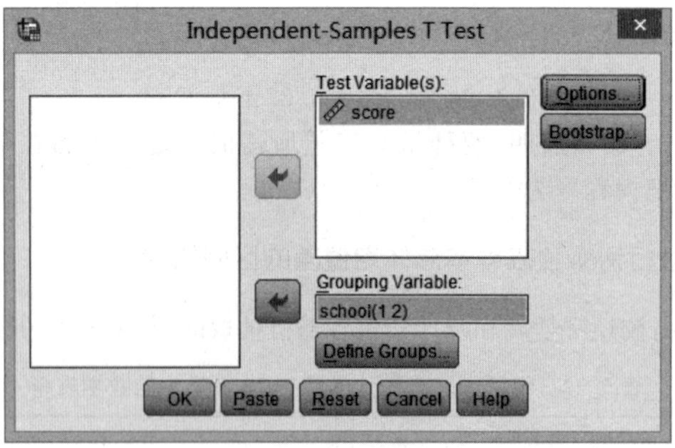

图 5－15　Independent-Samples T Test 对话框

(2)选择变量“score”进入 Test Variable(s)(检验变量)框内,选择变量“school”进入 Grouping Variable(分组变量)框内。点击“Define Groups… (定义组)”按钮,系统弹出如图 5－16 所示的 Define Groups(定义组)对话框。在“Groups1:”(组 1)框中填入数字 1,在“Groups2:”(组 2)框中填入数字 2,用以指定分组。然后,点击 Continue(继续)。

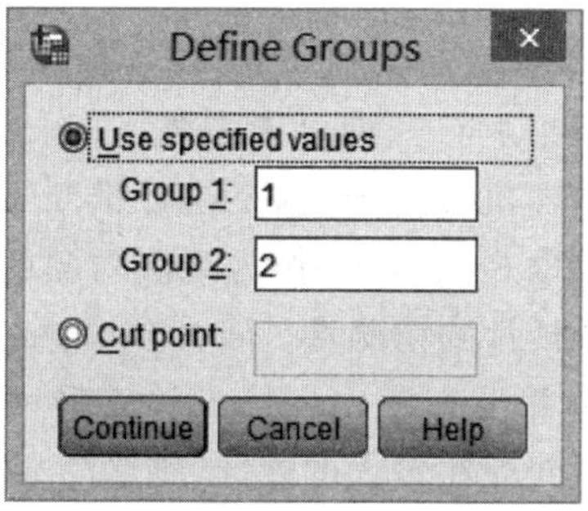

图 5－16　Define Groups 对话框

(3)点击 Options(选项)按钮,在系统弹出的 Independent-Samples T Test(独立样本 t 检验):Options(选项)对话框中的“Confidence interval:(置信区间百分比)”内给定 95%的置信度。

(4)点击 Continue(继续)→OK(确定)。系统输出结果图 5－17 所示。

Independent Samples Test

			数学成绩	
			Equal variances assumed	Equal variances not assumed
Levene's Test for Equality of Variances	F		.029	
	Sig.		.868	
t-test for Equality of Means	t		-.544	-.544
	df		18	17.996
	Sig. (2-tailed)		.593	.593
	Mean Difference		-3.400	-3.400
	Std. Error Difference		6.249	6.249
	95% Confidence Interval of the Difference	Lower	-16.528	-16.529
		Upper	9.728	9.729

图 5－17　两个学院学生数学成绩均值差的 95%估计区间

根据图 5－17 所示的独立样本 t 检验运行结果可以看出,在假定两个独立样本的方差相等(即两个学院学生数学成绩方差相等)的情况下,两个学院学生数学成绩均值差的 95%估计区间为[－16.528,9.728]。

需要说明的是,这里的独立样本 t 检验过程,也是我们将在第六章“假设检验”中介绍的内容,图 5－17 中同时给出的 Levene 方差齐性检验及其输出结果的具体含义,我们也都将在第六章再做详细介绍。

第五节　两个匹配样本总体均值差的区间估计

一、两个匹配样本总体均值差的区间估计

为估计两个总体的均值差而抽取两个独立的样本，有时并不一定是最佳的方案，因为两个独立样本之间的数据差异，理论上有三种可能来源：一是总体均值间的实际差异，这是我们所要推断的内容；二是样本的随机性差异，这是统计推断方法本身所固有的差异，是不可避免的；第三个差异来源则是获取观测值时，作为观测对象的个体之间的差异，这种差异是应当加以避免的，否则将会降低估计的精确性。

在独立样本的抽样方案中，并没有考虑到第三种差异来源的存在，因此在获取观测值时，如果作为观测对象的个体之间存在较大的差异，则必然会降低估计的精确性。抽取匹配样本方案的目的，就是试图避免第三种差异来源。

例如，某工厂有两种方法供员工执行某项生产任务，目前需要确认哪种方法的完成时间更短。在获取样本数据时有两种可供选择的方案。第一个方案是：从生产工人中随机抽取一个简单样本，每名被抽中的工人使用第一种方法进行生产；然后再随机抽取另一个简单样本，每名被抽中的工人使用第二种方法进行生产。第二个方案是：从生产工人中随机抽取一个简单样本，每名被抽中的工人先用其中一种方法进行生产，然后再改用另外一种方法进行生产，每名工人使用两种方法的先后次序是随机安排的。

在第一个方案中，分别考察两组工人中每一名工人完成生产任务的时间，最终形成两个不相关联的样本数据，即独立样本。在第二个方案中，只随机抽取一组工人，考察该组中每一名工人分别使用两种不同方法完成任务的时间，最终形成两个相互关联的样本数据，即匹配样本。

显然，在独立样本数据中，工人个体之间体力、技能等方面的差异也是影响估计精度的一个潜在的因素。而在匹配样本中，由于每一名工人提供了一对数据，这就避免了工人个体之间因体力、技能等因素所可能产生的差异。相比之下，第二个方案是可取的。

匹配样本数据中，每一个观测对象都提供了一对观测值，在进行总体均值差的区间估计时，需要对这种配对观测值进行特别处理。首先要计算每一对观测值之间的差值，记作 d ，再以 d 为被平均的对象，计算其均值 $\bar{d}$ 。

假定 $\bar{d}$ 服从以两总体均值差 $\mu_1-\mu_2$ 为数学期望，以两总体间差值的方差 σ_d^2 除以样本容量 n 即 σ_d^2/n 为方差的正态分布，则存在服从标准正态分布的 Z 统计量：

$$Z=\frac{\bar{d}-\mu_d}{\sigma_d/\sqrt{n}} \tag{5-15}$$

于是可以得到匹配样本条件下，σ_d^2 已知时，两个总体均值差 $\mu_1-\mu_2$ 的 $1-\alpha$ 估计区间为：

$$\bar{d}\pm Z_{\alpha/2}\frac{\sigma_d}{\sqrt{n}} \tag{5-16}$$

实践中，σ_d^2 通常情况下都是未知的，可以考虑用差值 d 的样本方差 s_d^2 来对其做出点估计，从而得出自由度为 $n-1$ 的 t 统计量：

$$t=\frac{\bar{d}-\mu_d}{s_d/\sqrt{n}} \tag{5-17}$$

于是可以得到匹配样本条件下，σ_d^2 未知时，两个总体均值差 $\mu_1-\mu_2$ 的 $1-\alpha$ 估计区间为：

$$\bar{d}\pm t_{\alpha/2}(n-1)\frac{s_d}{\sqrt{n}} \tag{5-18}$$

【例 5.7】某工厂有两种方法供员工执行某项生产任务，为比较哪种方法的完成时间更短，现随机抽取 6 名工人，考察每一名工人分别使用两种不同方法完成任务的时间，最终形成两个相互关联的匹配样本数据，如表 5－3 所示（见所附数据集“data5_03 匹配方案的任务完成时间”）。

表 5－3　匹配方案的任务完成时间

单位：分钟

工人	方法 1 的完成时间	方法 2 的完成时间	完成时间的差值 d
1	6.0	5.4	0.6
2	5.0	5.2	－0.2
3	7.0	6.5	0.5
4	6.2	5.9	0.3
5	6.0	6.0	0.0
6	6.4	5.8	0.6

配对观测值差值 d 的计算结果如上表第 4 栏所示。若给定置信度为 95%，试估计两种方法执行某项任务平均所需完成时间之差的存在区间。

解：首先计算差值 d 的样本均值与样本标准差：

$$\bar{d}=\frac{\sum d}{n}=\frac{0.6-0.2+0.5+0.3+0.0+0.6}{6}=0.30$$

$$s_d=\sqrt{\frac{\sum(d-\bar{d})^2}{n-1}}=\sqrt{\frac{0.56}{6-1}}=0.335$$

假定两种方法完成时间之差服从正态分布，若给定置信度为 95%，则两种方法平均完成时间之差的估计区间为：

$$\begin{aligned}&\bar{d}\pm t_{\alpha/2}(n-1)\frac{s_d}{\sqrt{n}}\\&=0.3\pm t_{0.025}(6-1)\times\frac{0.335}{\sqrt{6}}\\&=0.3\pm 0.35\end{aligned}$$

即：[－0.05，0.65]。结果表明，两种方法平均完成时间之差在－0.05 至 0.65 之间，做出这一推断的把握程度为 95%。

二、运用 SPSS 进行两个匹配样本总体均值差的区间估计

在 SPSS 中，实现两个匹配样本总体均值差的区间估计过程是匹配样本 t 检验（Paired-Samples T Test）。针对表 5－3 中由 6 名工人分别使用两种不同方法完成任务的时间，所构造的匹配样本数据如图 5－18 所示，共包括“method1”和“method2”两个数值型变量。以 95％的置信度，进行匹配样本总体均值差的区间估计的过程如下。

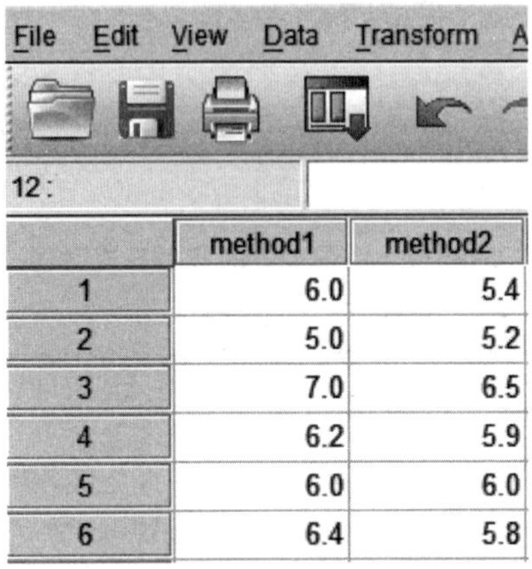

图 5－18　利用 SPSS 实现两个匹配样本总体均值差区间估计的数据形式

操作步骤：

（1）打开数据文件，选择 Analyze（分析）→Compare Means（比较均值）→Paired-Samples T Test（配对样本 t 检验）；

（2）在如图 5－19 所示的“Paired-Samples T Test（配对样本 t 检验）”对话框中，依次选择变量“method1”和“method2”进入“Paired Variables：（成对变量）”框内；

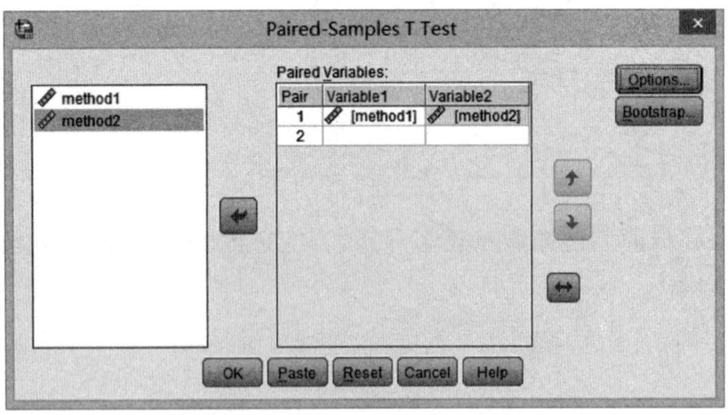

图 5－19　Paired-Samples T Test 对话框

（3）点击“Options（选项）”按钮，在系统弹出的“Paired-Samples T Test：Options（配对样本 t 检验：选项）”对话框中，给定 95％的置信度；

（4）点击 Continue（继续）→OK（确定）。系统输出结果如图 5－20 所示。

Paired Samples Test

			Pair 1 方法1的完成时间 - 方法2的完成时间
Paired Differences	Mean		.3000
	Std. Deviation		.3347
	Std. Error Mean		.1366
	95% Confidence Interval of the Difference	Lower	-.0512
		Upper	.6512
t			2.196
df			5
Sig. (2-tailed)			.080

图 5—20　两种工作方法完成时间均值差的 95%估计区间

软件运行结果显示，在 95%的置信度下，两种方法完成工作时间均值差的估计区间为[−0.0512,0.6512]。关于运行结果中同时给出的显著性检验结果，我们也将在第六章“假设检验”中再进行介绍。

第六节　样本容量的确定

一、估计单个总体均值时样本容量的确定

区间估计对总体参数的真值，给出了具有一定把握程度和准确程度的推断。把握程度体现在置信度 $1-\alpha$ 上，置信度越高，则估计的把握程度越高；置信度越低，则估计的把握程度越低。准确程度则体现在估计区间的宽窄上，估计区间越宽，则准确程度越低；估计区间越窄，则准确程度越高。

总是希望估计的把握程度和准确程度两者都是越高越好，但提高把握程度与提高准确程度是相互矛盾的。在相同的样本容量下，提高把握程度势必会降低准确程度，提高准确程度又势必会降低把握程度，两者之间不可兼得。

若要同时既提高把握程度又提高准确程度，唯一的途径就是扩大样本容量。然而，抽取样本是要花费成本的，因此在给定把握程度与准确程度的前提下，合理的做法是事先确定一个适当的样本容量。样本容量过小，达不到把握程度与提高准确程度的要求；样本容量过大，也是不必要的。

单个总体均值区间估计的基本公式为：$\bar{x} \pm Z_{\alpha/2}\sigma/\sqrt{n}$ ，它是以样本均值为中心所构造的总体均值的存在区间。估计区间的宽窄决定于公式中的 $Z_{\alpha/2}\sigma/\sqrt{n}$ ，这在实践中通常被称作极限误差(limiting error)，记作 Δ ，即：

$$\Delta = Z_{\alpha/2}\frac{\sigma}{\sqrt{n}} \tag{5—19}$$

极限误差的大小决定了估计区间的宽窄，即估计的准确程度的高低，这在实践中通常都是需要事先给定。在给定极限误差与置信度的前提下，确定最低样本容量的公式可由极限

误差的公式直接导出，即：

$$n=\frac{(Z_{\alpha/2})^2\sigma^2}{\Delta^2} \tag{5－20}$$

式中的 $Z_{\alpha/2}$ 是由置信度 $1-\alpha$ 决定的。从公式中不难看出，样本容量的大小与置信水平所对应的临界值 $Z_{\alpha/2}$ 和总体方差都成正比，与极限误差的平方成反比。在其他条件不变的前提下，置信度越大、总体方差越大，所需样本容量就越大；极限误差越大，所需样本容量就越小。

实践中，置信度与极限误差都是事先给定的，但总体方差却往往是未知的。解决的办法是借用过去相同或类似样本的样本方差来代替。如果是一项大规模的调查活动，也可以预先开展一个小规模的试调查，抽取一个初始样本，以该样本的样本方差作为总体方差的估计值，用以确定样本容量。需要注意的是，由公式所计算出来的样本容量常常不是整数，这时为了保证推断的保证程度和准确程度，需要遵循宁多勿少的原则，将小数点后面的数值全部进位成整数。

【例 5.8】欲对某个调查总体的均值构造一个置信度为 95%的估计区间，试调查所得到样本的标准差为 70。如果给定极限误差为 20，试求所需的样本容量最小应该是多少。

解：根据公式(5－20)有：

$$n=\frac{(Z_{\alpha/2})^2\sigma^2}{\Delta^2}=\frac{1.96^2\times70^2}{20^2}=47.06\approx48$$

即所需的最小样本量应为 48 个。

二、估计两个总体均值差时样本容量的确定

估计两个总体均值差时，样本容量的确定方法与估计单个总体均值时的方法类似。同样的道理，可得所需样本容量的计算公式为：

$$n_1=n_2=\frac{(Z_{\alpha/2})^2(\sigma_1^2+\sigma_2^2)}{\Delta^2} \tag{5－21}$$

【例 5.9】某大学教务处想知道本届统计学院与经济学院学生高等数学成绩的差异情况，根据往届学生的成绩记录，已知两个学院学生高等数学成绩的方差为：统计学院 $\sigma_1^2=100$，经济学院 $\sigma_2^2=120$。如果置信度为 95%，极限误差为 4 分，试求两个学院分别应当抽取的样本容量。数据同本章表 5－2 中的样本数据，见所附数据集“data5_02 经济学院与统计学院各 10 名学生的数学成绩”。

解：根据公式(5－21)有：

$$n_1=n_2=\frac{(Z_{\alpha/2})^2(\sigma_1^2+\sigma_2^2)}{\Delta^2}$$

$$=\frac{1.96^2\times(100+120)}{4^2}=52.82\approx53$$

即两个学院至少应当分别抽取容量为 53 的样本。

三、样本容量的现实矫正

上述过程所确定的样本量是理论上必须达到的，比如 $n=300$，但是如果现实中就只访问 300 个样本单位，那么实际得到的样本量很可能就不足 300，因为可能会遇到抽到的样本单位找不到或拒绝回答等情况。所以为了达到理论样本量，必须接触更多的潜在调查对象，

即需要在考虑发生率和完成率的条件下，保障调查的保证程度和准确程度。

1. 发生率(incidence rate)。合格样本的样本框往往没有那么严格，因此需要发生率来矫正。比如，假定目标是25～55岁的女性(地板清洁剂的消费者)，那么实际接触的群体可能是20～60岁的女性，这样有75%(发生率)是我们想要的(55－25)/(60－20)。这意味着，平均来讲，获得一个合格的样本，我们得去接触1.33位20～60岁的女性。进一步增加条件，比如在两个月内曾经使用过地板清洁剂(这群20～60岁女性中有60%满足这个条件)，于是，发生率＝0.75×0.6＝0.45，因此为获得一个合格样本最终需要接触2.22(即1/0.45)位20～60岁的女性。

2. 完成率(completion rate)。抽选到的合格对象也可能在调查执行过程中被拒绝，因此需要完成率来矫正。假如希望符合条件的调查对象实现80%的访谈完成率，则实际接触的合格对象应该乘以1.25(即1/0.8)这个因子。

将发生率和合格率结合起来即可确定现实所需要的样本量，比如理论样本量为300，则现实样本量应为：300×2.22×1.25＝833。

第七节　总体方差的区间估计

一、单样本总体方差的区间估计

对于来自正态总体的容量为 n 的简单随机样本，统计量 $(n-1)s^2/\sigma^2$ 服从自由度为 $(n-1)$ 的卡方分布，如图5－21所示。

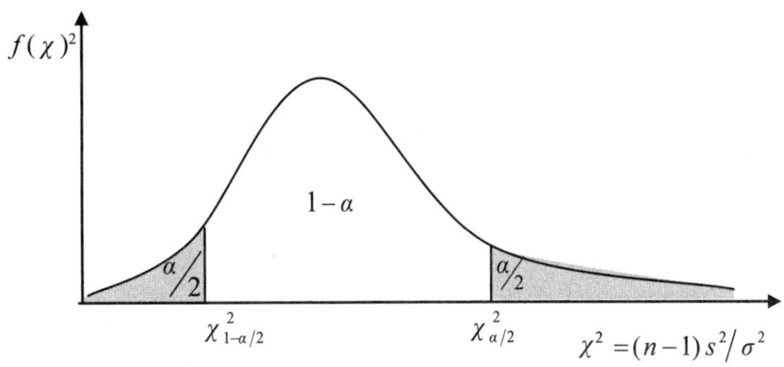

图5－21　自由度为 $n-1$ 的卡方分布

给定置信度 $1-\alpha$，则有：

$$P\left(\chi^2_{1-\frac{\alpha}{2}}\leqslant\frac{(n-1)s^2}{\sigma^2}\leqslant\chi^2_{\alpha/2}\right)=1-\alpha$$

进一步有：

$$P\left(\frac{(n-1)s^2}{\chi^2_{\alpha/2}}\leqslant\sigma^2\leqslant\frac{(n-1)s^2}{\chi^2_{1-\frac{\alpha}{2}}}\right)=1-\alpha$$

于是可以得到总体方差 σ^2 在置信度 $1-\alpha$ 下的存在区间公式为：

$$\left[\frac{(n-1)s^2}{\chi^2_{\alpha/2}(n-1)},\frac{(n-1)s^2}{\chi^2_{1-\alpha/2}(n-1)}\right]\qquad(5-22)$$

【例 5.10】从一条向塑料容器中罐装液体洗涤剂的生产线上，随机抽取了 20 罐已经灌好的洗涤剂，计算得到每罐洗涤剂重量的样本方差为 0.0025，且总体服从正态分布。试以 95%的置信度，估计总体方差的存在区间。

解：根据公式(5—22)有：

总体方差 σ^2 的 95%估计区间下限为：

$$\frac{(n-1)s^2}{\chi^2_{\alpha/2}(n-1)}=\frac{(20-1)\times 0.0025}{\chi^2_{0.025}(20-1)}$$
$$=\frac{19\times 0.0025}{\chi^2_{0.025}(19)}=\frac{0.0475}{32.8523}=0.0014$$

总体方差 σ^2 的 95%估计区间上限为：

$$\frac{(n-1)s^2}{\chi^2_{1-\alpha/2}(n-1)}=\frac{(20-1)\times 0.0025}{\chi^2_{0.975}(20-1)}$$
$$=\frac{19\times 0.0025}{\chi^2_{0.975}(19)}=\frac{0.0475}{8.90655}=0.0053$$

可以推断总体方差在 0.0014 至 0.0053 之间，做出这一推断的把握程度为 95%。

二、两个独立样本总体方差比的区间估计

如果要对两个总体的方差进行比较，可以对两个总体的方差比作出区间估计，两总体方差比越接近于 1，就越是两总体方差相等的证据。

进行方差比区间估计时，需要采用两个独立的样本数据，其中一个来自正态总体 1，另一个来自正态总体 2。设有两个容量分别为 n_1 和 n_2 的独立样本，其样本方差分别为 s_1^2 和 s_2^2，根据样本方差的抽样分布原理可知，存在统计量 $(n_1-1)s_1^2/\sigma_1^2$ 和 $(n_2-1)s_2^2/\sigma_2^2$，分别服从自由度为 n_1-1 和 n_2-1 的卡方分布。

数理统计相关理论证明，除以各自自由度的两个独立卡方变量之比，服从 F 分布(F distribution)，且 F 分布的自由度与两个卡方分布的自由度是相同的。于是有 F 统计量：

$$F=\frac{\dfrac{(n_1-1)s_1^2/\sigma_1^2}{(n_1-1)}}{\dfrac{(n_2-1)s_2^2/\sigma_2^2}{(n_2-1)}} \tag{5—23}$$

化简得：$\dfrac{s_1^2/\sigma_1^2}{s_2^2/\sigma_2^2}$，该统计量服从分子自由度为 n_1-1、分母自由度为 n_2-1 的 F 分布，如图 5—22 所示。

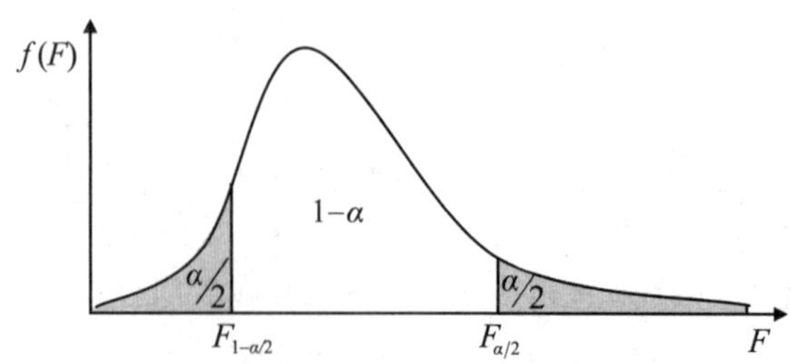

图 5—22　自由度为 n_1-1 和 n_2-1 的 F 分布

给定置信度 $1-\alpha$,则有：

$$P\left(F_{1-\frac{\alpha}{2}} \leqslant \frac{s_1^2/\sigma_1^2}{s_2^2/\sigma_2^2} \leqslant F_{\alpha/2}\right)=1-\alpha$$

进一步有：

$$P\left(\frac{s_1^2/s_2^2}{F_{\alpha/2}} \leqslant \frac{\sigma_1^2}{\sigma_2^2} \leqslant \frac{s_1^2/s_2^2}{F_{1-\alpha/2}}\right)=1-\alpha$$

于是,可得总体方差比 σ_1^2/σ_2^2 的 $1-\alpha$ 估计区间为：

$$\left[\frac{s_1^2/s_2^2}{F_{\alpha/2}}, \frac{s_1^2/s_2^2}{F_{1-\alpha/2}}\right] \tag{5-24}$$

【例 5.11】为研究男女青少年在体重上是否存在差异,某学校从 13～15 岁的学生中随机抽取 25 名男生和 25 名女生,调查并计算得到男生和女生样本体重的均值和方差分别为:男生：$\bar{x}_1=48.74$，$s_1^2=47.77$；女生：$\bar{x}_2=43.05$，$s_2^2=20.93$。试以 90%的置信度,估计该校男女青少年体重方差比的置信区间。

解：根据公式(5－24)有：

总体方差比 σ_1^2/σ_2^2 的 90%估计区间下限为：

$$\frac{s_1^2/s_2^2}{F_{\alpha/2}}=\frac{47.77/20.93}{F_{0.05}}=\frac{2.28}{1.98}=1.15$$

总体方差比 σ_1^2/σ_2^2 的 90%估计区间上限为：

$$\frac{s_1^2/s_2^2}{F_{1-\alpha/2}}=\frac{47.77/20.93}{F_{0.95}}=\frac{2.28}{0.504}=4.52$$

可以推断,总体方差比 σ_1^2/σ_2^2 在 1.15 到 4.52 之间,做出这一推断的把握程度为 90%。总体方差比越接近于 1,就越是两总体方差相等的证据,此例中总体 1 与总体 2 之间的方差比略有偏大的倾向。

需要说明的是,在 SPSS 中并没有相应的实现两个独立样本总体方差比区间估计的过程,有兴趣的同学可以尝试采用其他的统计分析软件解决此类问题。

第八节　总体比率的区间估计

一、单样本总体比率区间估计

实践中,除了经常以样本均值和样本方差来估计总体均值和总体方差外,有时还需要采用样本比率(sample ratio)对总体比率(population ratio)做出估计。

总体比率是指总体中具有某种属性的个体单位数与总体单位总数的比值,记作 P ;样本比率则是指样本中具有某种属性的样本单位数与样本单位总数的比值,记作 p 。比如,在分为合格品与不合格品的全部产品中,合格品与全部产品的比率;人群中对某项方案赞成的人数与全体成员人数的比率,等等。

比率问题性质上属于两分类的定类变量问题。设总体容量为 N ,其中具有某种属性的个体单位数为 N_1,不具有该种属性的个体单位数为 N_0,则总体比率为：

$$P=\frac{N_1}{N_1+N_0}=\frac{N_1}{N} \tag{5-25}$$

设样本容量为 n，其中具有某种属性的个体单位数为 n_1，不具有该种属性的个体个数为 n_0，则样本比率为：

$$p=\frac{n_1}{n_1+n_0}=\frac{n_1}{n} \tag{5-26}$$

从总体中随机抽取一个容量为 n 的样本，实际上就是进行一次 n 重贝努里试验，所以样本比率 p 的抽样分布问题可以通过二项分布来讨论，但采用二项分布进行总体比率估计时，计算上会显得有些烦琐。

数理统计的研究表明：当样本容量充分大时，样本比率 p 近似服从以总体比率 P 为数学期望，以 $P(1-P)/n$ 为方差的正态分布。于是，将样本比率 p 标准化之后，可得服从标准正态分布的 Z 统计量：

$$Z=\frac{p-P}{\sqrt{P(1-P)/n}} \tag{5-27}$$

给定置信度 $1-\alpha$，则有总体比率 P 的存在区间：

$$p\pm Z_{\alpha/2}\sqrt{\frac{P(1-P)}{n}} \tag{5-28}$$

因为总体比率是未知的，是我们要推断的内容，也就是说式(5－28)并不能直接应用。但在大样本条件下，可以用样本比率 p 替代总体比率 P，于是可得大样本条件下总体比率 P 的 $1-\alpha$ 估计区间为：

$$p\pm Z_{\alpha/2}\sqrt{\frac{p(1-p)}{n}} \tag{5-29}$$

比率问题中，大样本的条件通常为：$np\geqslant 5$ 且 $n(1-p)\geqslant 5$。

【例 5.12】为了解在校学生英语六级的考试通过率情况，某大学从该校某次参加六级考试的全部学生中随机抽取 100 名学生进行调查，其中有 36 名通过了英语六级考试。试以 95％的置信度估计该校学生通过英语六级考试人数的比率。

解：样本比率为：

$$p=\frac{36}{100}=0.36$$

$np=100\times 0.36=36>5$ 且 $n(1-p)=100\times 0.64=64>5$，为大样本。总体比率的 95％估计区间为：

$$p\pm Z_{\alpha/2}\sqrt{\frac{p(1-p)}{n}}=0.36\pm 1.96\times\sqrt{\frac{0.36\times(1-0.36)}{100}}=0.36\pm 0.094$$

即：[0.266，0.454]。结论是该校学生通过英语六级考试人数的比率在 26.6％至 45.4％之间，做出这一推断的把握程度为 95％。

在 SPSS 中，可以利用单样本 t 检验(One-Samples T Test)过程来实现单个样本总体比率的区间估计问题。将本例中的数据文件整理为如图 5－23 所示的 SPSS 数据文件格式(见所附数据集“data5_04 通过英语六级考试”)，则以 95％的置信度进行单样本总体比率区间估计的 SPSS 实现过程如下。

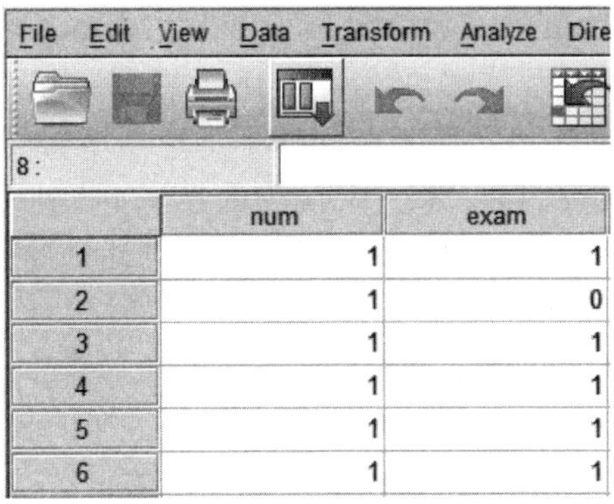

图 5－23 利用 SPSS 实现单样本总体比率区间估计的数据形式

操作步骤：

(1)打开数据文件，选择 Analyze(分析)→Compare Means(比较均值)→One-Sample T Test(单样本 t 检验)；

(2)在如图 5－24 所示的"One-Sample T Test(单样本 t 检验)"对话框中，选择变量"exam"进入"Test Variable(s)：(检验变量)"框内；

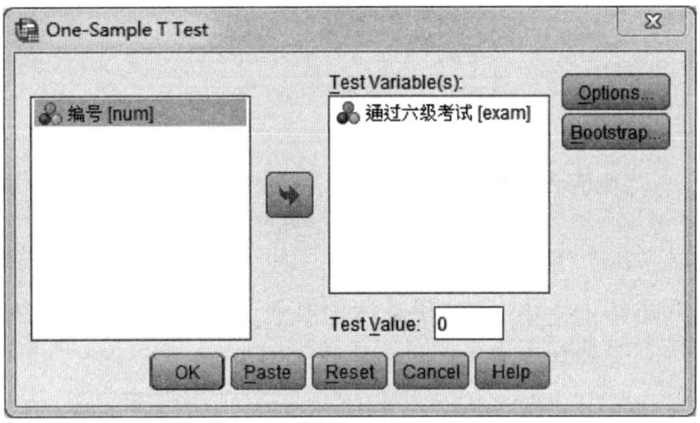

图 5－24 Paired-Samples T Test 对话框

(3)点击"Options(选项)"按钮，在系统弹出的"One-Sample T Test：Options(单样本 t 检验：选项)"对话框中，给定 95％的置信度；

(4)点击 Continue(继续)→OK(确定)。系统输出结果如图 5－25 所示。

One-Sample Test

			通过六级考试
Test Value = 0	t		7.462
	df		99
	Sig. (2-tailed)		.000
	Mean Difference		.360
	95% Confidence Interval of the Difference	Lower	.26
		Upper	.46

图 5－25 通过英语六级考试的总体比率的 95％估计区间

即 SPSS 计算结果表明，在 95%置信度下，该校学生通过英语六级考试的总体比率的估计区间为[0.26,0.46]。

注意：比较本例 SPSS 的输出结果与前面的手工计算结果[0.266,0.454]，可以发现二者之间存在微小的差异。这是因为：题目中 $np \geqslant 5$ 且 $n(1-p) \geqslant 5$，为大样本，本应采用 Z 统计量构造估计区间，而 SPSS 中均默认为统一利用 t 统计量进行区间估计。如果采用 t 统计量代入式(5－29)进行计算：

$$p \pm t_{\alpha/2}(n-1)\sqrt{\frac{p(1-p)}{n}} = 0.36 \pm 1.984 \times \sqrt{\frac{0.36\times(1-0.36)}{100}}$$

$$= 0.36 \pm 0.0952$$

即为[0.2648,0.4552]，四舍五入后与 SPSS 的输出结果相同。

二、两个独立样本总体比率差区间估计

分别由两个总体中抽取两个独立的随机样本，样本容量充分大时，样本比率之差 p_1-p_2，服从以 P_1-P_2 为数学期望的正态分布，其方差为：

$$\frac{P_1(1-P_1)}{n_1}+\frac{P_2(1-P_2)}{n_2} \tag{5-30}$$

将 p_1-p_2 加以标准化之后，可得服从标准正态分布的 Z 统计量：

$$Z=\frac{(p_1-p_2)-(P_1-P_2)}{\sqrt{\frac{P_1(1-P_1)}{n_1}+\frac{P_2(1-P_2)}{n_2}}} \tag{5-31}$$

给定置信度 $1-\alpha$，则有两总体比率差 P_1-P_2 的存在区间：

$$(p_1-p_2)\pm Z_{\alpha/2}\sqrt{\frac{P_1(1-P_1)}{n_1}+\frac{P_2(1-P_2)}{n_2}} \tag{5-32}$$

在式(5－32)中，以样本比率 p_1 替代总体比率 P_1，以样本比率 p_2 替代总体比率 P_2，于是可得大样本条件下两总体比率差的 $1-\alpha$ 估计区间为：

$$(p_1-p_2)\pm Z_{\alpha/2}\sqrt{\frac{p_1(1-p_1)}{n_1}+\frac{p_2(1-p_2)}{n_2}} \tag{5-33}$$

【例 5.13】从两批产品中各随机抽取 100 件进行检查，结果第一批产品样本的合格率为 95%，第二批产品样本的合格率为 90%。试以 95%的置信度估计两批产品合格率之差。

解：根据公式(5－33)有：

$$(p_1-p_2)\pm Z_{\alpha/2}\sqrt{\frac{p_1(1-p_1)}{n_1}+\frac{p_2(1-p_2)}{n_2}}$$

$$=(0.95-0.90)\pm 1.96\times\sqrt{\frac{0.95\times(1-0.95)}{100}+\frac{0.90\times(1-0.90)}{100}}$$

$$=0.05\pm 1.96\times 0.037$$

$$=0.05\pm 0.073$$

即：[－0.023,0.123]。结论是两批产品合格率之差在－2.3%至 12.3%之间，做出这一推断的把握程度为 95%。

在 SPSS 中，实现两个独立样本总体比率差的区间估计也是利用独立样本 t 检验(Independent-Samples T Test)过程。将本例中的数据文件整理为如图 5－26 所示的 SPSS 数据

文件格式(见所附数据集“data5_05 两批产品的合格率”),则以 95%的置信度进行两个独立样本总体比率差区间估计的 SPSS 实现过程如下。

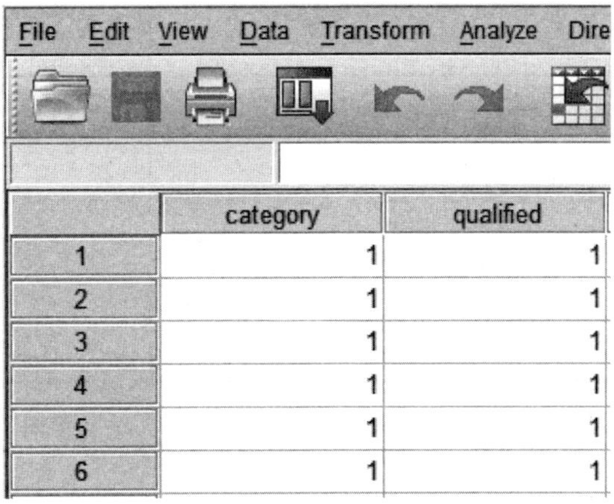

图 5－26　利用 SPSS 实现两个独立样本总体比率差区间估计的数据形式

操作步骤:

(1)打开数据文件,选择 Analyze(分析)→Compare Means(比较均值)→Independent-Samples T Test(独立样本 t 检验);

(2)在如图 5－27 所示的“Independent-Samples T Test(独立样本 t 检验)”对话框中,选择变量“qualified”进入“Test Variable(s):(检验变量)”框内;

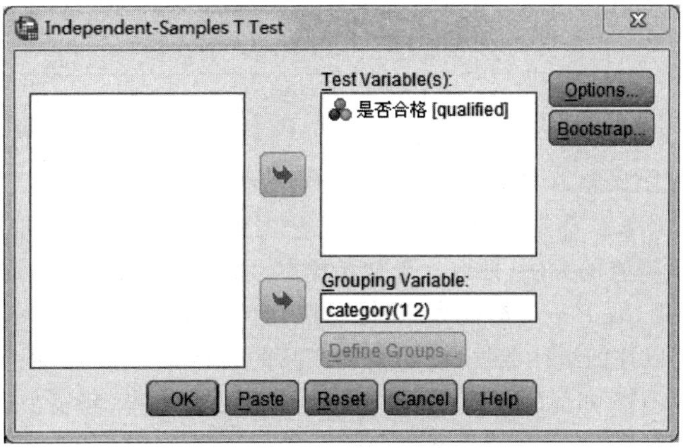

图 5－27　Independent-Samples T Test 对话框

(3)点击“Options(选项)”按钮,在系统弹出的“Independent-Samples T Test: Options(独立样本 t 检验:选项)”对话框中,设定 95%的置信度;

(4)点击 Continue(继续)→OK(确定)。系统输出结果如图 5－28 所示。

即 SPSS 计算结果表明,在 95% 置信度下,两种产品合格比率差的估计区间为[－0.024,0.124]。

Independent Samples Test

			是否合格	
			Equal variances assumed	Equal variances not assumed
Levene's Test for Equality of Variances	F		7.445	
	Sig.		.007	
t-test for Equality of Means	t		1.342	1.342
	df		198	180.733
	Sig. (2-tailed)		.181	.181
	Mean Difference		.050	.050
	Std. Error Difference		.037	.037
	95% Confidence Interval of the Difference	Lower	-.023	-.024
		Upper	.123	.124

图 5－28　两种产品合格比率差的 95%估计区间

三、估计总体比率时样本容量的确定

估计总体比率时，确定样本容量，其方法与估计总体均值时类似。估计单个总体比率时，确定最小样本容量的公式为：

$$n=\frac{(Z_{\alpha/2})^2P(1-P)}{\Delta^2} \tag{5-34}$$

式中，$P(1-P)$ 为比率问题的总体方差。

估计两个总体比率差时，确定最小样本容量的公式为：

$$n_1=n_2=\frac{(Z_{\alpha/2})^2[P_1(1-P_1)+P_2(1-P_2)]}{\Delta^2} \tag{5-35}$$

式中，$P_1(1-P_1)$ 为第一个总体的方差；$P_2(1-P_2)$ 为第二个总体的方差。

实际应用中，极限误差 Δ 是事先给定的，多数情况下取 0.10。给定置信度 $1-\alpha$ 后，$Z_{\alpha/2}$ 也随之确定。总体比率 P 都是未知的，解决的办法主要有以下三种：一是用类似的样本比率来替代；二是采取试调查的方法，抽取一个初始样本，以该样本的比率来估计总体比率；三是遵循宁多勿少的原则，取 $P=0.5$，因为此时 $P(1-P)$ 的值最大。

【例 5.14】根据以往的统计数据，已知某种产品的合格率为 95%，现要求在极限误差不超过 5%、置信度不小于 95%的条件下，估计该种产品的合格率，问至少应当抽取多大容量的样本？如果生产该产品共有两条生产线，欲以 95%的置信度估计两条生产线上的产品合格率之差，那么至少应各抽取多大容量的两个独立样本？

解：根据公式(5－34)有：

$$n=\frac{(Z_{\alpha/2})^2P(1-P)}{\Delta^2}=\frac{1.96^2\times0.95\times(1-0.95)}{0.05^2}=72.99\approx73$$

即估计该种产品的合格率至少应抽取 73 件。

根据公式(5－35)有：

$$n_1=n_2=\frac{(Z_{\alpha/2})^2[P_1(1-P_1)+P_2(1-P_2)]}{\Delta^2}$$

$$=\frac{1.96^2\times[0.5\times(1-0.5)+0.5\times(1-0.5)]}{0.1^2}$$

$$=192.08\approx193$$

即估计两条生产线上的产品合格率之差，至少应从两条生产线上各抽取193件产品。

第九节　抽样组织方式

通过前面几节的学习，我们知道估计效果好坏关键是对抽样平均误差的控制，而抽样平均误差会受到总体的变异性大小、允许误差大小、置信度和抽样方法等各种因素的影响，除此之外，还有一个重要的因素就是抽样的组织方式。常用的抽样组织方式主要有：简单随机抽样、分层抽样、系统抽样、整群抽样、阶段抽样等，不同的抽样组织设计意味着对总体信息不同程度的利用，意味着不同的调查成本，它们之间的抽样效果也存在较大的差异。

一、简单随机抽样

简单随机抽样（simple random sampling）又称纯随机抽样，它是按照随机原则直接从总体中抽取样本，保证总体中每个单位的中选机会相等。简单随机抽样是抽样中最基本、也是最简单的抽样组织形式。从理论上说，简单随机抽样最符合随机原则，是衡量其他抽样方式抽样效果的标准，但其在统计实践中的应用受到一定限制。当总体内部差异较大时，简单随机抽样方法不能保证抽中的样本单位在总体中有较均匀的分布，会导致抽样误差偏大。因此，这种抽样方式仅适用于总体规模不大、内部差异不大的情况。

二、分层抽样

分层抽样（stratified sampling）又称类型抽样，它的特点是先对总体各单位按主要标志加以分类（层），减少各组内的差异程度，然后从各类（层）中按随机原则抽取一定的单位组成样本。其实质是把统计分组和抽样原理进行了有机结合。通过分组，使组中具有同质性、组间具有差异性，然后从各组中再进行简单随机抽样。分层抽样的目的，是尽可能地使样本的构成充分接近总体构成，从而增大样本的代表性，降低影响抽样平均误差的总体方差。当总体内部各单位在被研究标志上具有明显差异时，采用分层抽样的方法可以有效地提高样本的代表性。比如，由于平原、丘陵和山地等不同耕地类型所适宜种植的农作物的品种和产量往往会差距很大，因此在进行农作物产量调查时，适宜采用分层抽样的方法，分别从不同耕地类型中抽取地块进行调查。

三、等距抽样

等距抽样（systematic sampling），又称系统抽样或机械抽样，先将总体各单位按某一标志排列，然后每隔一定的间隔抽取一个样本，直至得到所要求的样本单位数量。等距抽样可以分为按照无关标志排序抽样和有关标志排序抽样两类：无关标志抽样是指排序的标志与研究的标志无关。如观察学生考试成绩，用姓氏笔画排序；观察产品的质量，按生产的先后顺序等。无关标志排序可以保证抽样的随机性，实质上相当于简单随机抽样。有关标志排序抽样是指排序的标志与被研究标志相关，如进行家庭消费水平调查时，按收入额排序等。

按有关标志排序可以利用总体的辅助信息，提高抽样估计的效率。按等距抽样组织形式抽取样本单位，可以使抽出的样本单位更均匀地分布在总体中，等距抽样的误差一般较简单随机抽样的误差小，特别是当研究的现象标志变异程度较大时，更能显示出等距抽样的优越性。

四、整群抽样

整群抽样(cluster sampling)，又称为聚类抽样，是将总体划分为若干群，然后以群为抽样单位，从总体中抽取若干个群体样本，对选中群内的所有单位进行全面调查。在大规模的抽样调查中，如果总体单位多，且分布区域广，缺少进行抽样的抽样框，或按经济效益原则不宜编制抽样框的情况下，宜采用该种形式。如对某市居民的家庭收入进行调查，采用整群抽样，就可以按行政区域分为街道，然后随机抽取一些街道，进行全面调查。整群抽样中的群，主要是自然形成的，如按行政区域、地理区域进行区分。由于整群抽样的样本单位的分布集中于群内，所以同样条件下，较简单随机抽样的样本代表性差，应适当增加样本单位，以提高估计的准确程度。

五、多阶段抽样

多阶段抽样(multistage sampling)，又称多级抽样，是将整个抽样程序分解成若干个阶段，然后逐阶段进行抽样，完成整个抽样过程。多阶段抽样的实施过程是，先从总体中抽取范围较大的单元，称为一级抽样单元，再从每个抽得的一级单元中抽取范围更小的二级单元，依此类推，最后抽取其中范围最小的单元作为调查单位。多阶段抽样所划分的抽样阶段数不宜过多，一般以两三个阶段、至多四个阶段为宜。

在社会经济调查中，调查对象一般包括很多调查单位，分布面也很广，直接抽选样本单位有时会非常困难，这就需要采用灵活的多阶段抽样方式进行调查。例如，在进行粮食产量调查时，可以先从全部省份中抽取县，从抽中的县中抽取村，从抽中的村中抽选地块，最后在抽中的地块中再抽取样本单位。

抽样实施前，进行抽样组织设计的目的是提高样本的代表性，提高抽样推断的效果。其中简单随机抽样是最基本的组织方式，在缺乏总体有关信息时，一般都采用简单随机抽样。但是，在掌握了总体相关信息的情况下，在抽样设计阶段如果能充分利用这些信息，综合采用其他复杂的抽样方式，则有利于提高抽样的准确程度和把握程度。当然，在抽样设计时，如何降低抽样的成本费用等因素也是应该考虑的。

需要说明的是，本章以上各节所介绍的抽样误差和参数估计的公式都是基于简单随机抽样的条件，关于其他复杂抽样调查组织形式的抽样误差和参数估计的计算公式，将会有专门的课程进行介绍，有兴趣的同学可以参考相关教材。

本章小结

数据分析活动中，经常需要估计的总体参数包括总体均值、总体方差以及总体比率。基于样本数据估计总体参数有点估计和区间估计两种方法，无论是点估计还是区间估计，其理论依据都是作为估计量的有关样本统计量的抽样分布原理。本章重点介绍了不同情况下的样本均值的抽样分布原理，此间涉及正态总体、任意总体以及大样本、小样本的区分。

样本均值、样本方差是所对应总体参数的无偏、有效、一致的估计量。进行点估计时，没有给出估计的把握程度和准确程度的具体数值；区间估计则以置信度和极限误差的形式给出了估计的准确程度与把握程度。

可以针对单个总体的均值、也可以针对两个总体之间的均值差给出估计区间，估计过程中会涉及 Z 统计量和 t 统计量两种统计量。具体运用时要注意根据总体性质、样本容量和样本结构做出准确的选择。特别是 t 统计量的运用，更需要注意区分不同情况下的不同 t 分布的自由度。

本章还简要介绍了总体方差的有关估计方法。实践中除总体均值和总体方差之外，也经常需要对总体比率，即总体中具有某种性质的个体的比重，给出点估计和区间估计，比如产品的合格率。样本比率的抽样分布可以通过二项分布来讨论，当样本容量充分大时，二项分布可由正态分布来近似。因此，实践中关于比率问题的参数估计，始终强调大样本。在算法上，比率问题可归于均值问题。

实践中，在进行抽样推断时，所遇到的第一个问题往往是样本容量的确定。样本容量与总体方差的大小、置信度的高低以及极限误差的多少有关。确定样本容量的公式可由极限误差直接导出。

SPSS 中主要是通过单样本的 t 检验、两个独立样本的 t 检验和两个匹配样本的 t 检验等过程，间接给出总体均值或总体均值差的估计区间。

习　题

一、单项选择题

1. 关于样本平均数和总体平均数的说法，以下正确的是（　　）。
   A. 前者是一个确定值，后者是随机变量
   B. 前者是随机变量，后者是一个确定值
   C. 两者都是随机变量
   D. 两者都是确定值

2. 在估计某一总体均值时，随机抽取 n 个单元作样本，用样本均值作估计量，在构造置信区间时，发现置信区间太宽，其主要原因是（　　）。
   A. 样本容量太小　　B. 估计量缺乏有效性
   C. 选择的估计量有偏　　D. 抽取样本时破坏了随机性

3. 点估计的缺点是（　　）。
   A. 不能给出总体参数的准确估计
   B. 不能给出总体参数的有效估计
   C. 不能给出点估计值与总体参数真实值接近程度的度量
   D. 不能给出总体参数的准确区间

4. 用样本统计量估计总体参数，应满足无偏性、一致性和有效性的要求，其中无偏性是指（　　）。
   A. 样本平均数等于总体平均数　　B. 样本估计量等于总体参数

C. 样本估计量的期望等于总体参数　　D. 样本平均数等于总体参数

5. 置信系数 $1-\alpha$，表达了置信区间的(　　)。

A. 准确性　　B. 精确性　　C. 显著性　　D. 可靠性

6. 甲、乙是某个总体参数的两个无偏估计量，如果甲估计量的方差小于乙估计量的方差，则称(　　)。

A. 甲是充分估计量　B. 甲乙一样有效　C. 乙比甲有效　　D. 甲比乙有效

7. 在其他条件不变的情况下，提高抽样估计的可靠程度，其准确程度将(　　)。

A. 增加　　B. 不变　　C. 减少　　D. 以上都对

8. 通常所说的大样本是指样本容量(　　)。

A. 大于等于 30　　B. 小于 30　　C. 大于等于 10　　D. 小于 10

9. 使用正态分布估计总体均值时，一定适用的情况是(　　)。

A. 总体为正态分布　　B. 总体为非正态分布

C. 总体为正态分布但方差未知　　D. 大样本

10. 使用 t 分布估计总体均值时，适用的情况是(　　)。

A. 总体为正态分布且方差已知　　B. 总体为非正态分布

C. 总体为非正态分布但方差已知　　D. 正态总体但方差未知，且为小样本

11. 设容量为 16 人的简单随机样本，平均完成工作时间为 13 分钟，总体服从正态分布且标准差为 3 分钟。若想对完成工作所需时间构造一个 90% 的置信区间，则适用的分布估计方法是(　　)。

A. 标准正态分布　　B. t 分布

C. 二项分布　　D. 卡方分布

12. 根据某班学生考试成绩的一个样本，用 95% 的置信水平构造的该班学生平均考试分数的置信区间为[75,85]，则关于全班学生的平均分数的说法，以下正确的是(　　)。

A. 肯定在这一区间内

B. 肯定不在这一区间内

C. 有 5% 的可能性在这一区间内

D. 有 95% 的可能性被套在这一区间内

13. 在其他条件不变的前提下，若要求误差范围缩小 1/3，则样本容量(　　)。

A. 增加 9 倍　　B. 增加 8 倍

C. 为原来的 2.25 倍　　D. 增加 2.25 倍

14. 已知总体标准差为 10，抽样极限误差为 6，在保证置信度为 95% 的情况下，必要样本容量应为(　　)。

A. 10　　B. 11　　C. 12　　D. 13

15. 将抽样单位按某种特征或某种规则划分为不同的层，然后从不同的层中独立、随机地抽取样本，这种抽样方式称为(　　)。

A. 简单随机抽样　B. 分层抽样　　C. 整群抽样　　D. 系统抽样

16. 下列陈述中，不属于简单随机抽样特点的是(　　)。

A. 纯随机抽样　　B. 不存在抽样误差

C. 节省人力、物力和财力　D. 适用于总体规模不大、内部差异不大的总体

二、多项选择题

1. 以样本均值为估计量对总体均值进行区间估计，且总体方差已知，则如下说法不正确的是(　　)。
   A. 95%的置信区间比90%的置信区间宽
   B. 样本容量较小的，置信区间较小
   C. 相同置信水平下，样本容量大的置信区间较小
   D. 相同置信水平下，样本容量大的置信区间较大
   E. 样本均值越小，区间越大
2. 影响样本容量大小的因素有(　　)。
   A. 置信度　　B. 总体方差
   C. 抽样极限误差　　D. 总体容量
   E. 总体均值
3. 在其他条件不变的情况下，进行参数估计时所需的样本容量与(　　)。
   A. 总体方差成正比
   B. 总体方差成反比
   C. 置信水平所对应的临界值 $Z_{\alpha/2}$ 的平方成正比
   D. 置信水平所对应的临界值 $Z_{\alpha/2}$ 的平方成反比
   E. 总体均值成反比
4. 下面关于估计量的说法，正确的是(　　)。
   A. 一个无偏的估计量意味着它非常接近总体的参数
   B. 一个无偏的估计量意味着它等于总体的参数
   C. 一个有效的估计量意味着该估计量的方差较小
   D. 一个有效的估计量意味着该估计量的方差较大
   E. 估计量就等于总体参数
5. 抽样极限误差是指(　　)。
   A. 抽样最大允许误差
   B. 抽样相对误差
   C. 抽样误差的最大可能范围
   D. 度量抽样估计量和总体参数平均偏离程度的指标
   E. 抽样误差的平均值
6. 下面说法正确的是(　　)。
   A. 在置信水平一定的条件下，要提高估计的准确性，就应缩小样本容量
   B. 在置信水平一定的条件下，要提高估计的准确性，就应增大样本容量
   C. 在样本容量一定的条件下，要提高估计的准确性，就应降低置信水平
   D. 在样本容量一定的条件下，要提高估计的准确性，就应提高置信水平
   E. 在样本容量一定的条件下，不能同时提高估计的准确性和置信水平
7. 要提高抽样推断的可靠程度，可以采取的方法有(　　)。
   A. 提高置信度

B. 扩大估计值的误差范围

C. 缩小估计值的误差范围

D. 增加样本容量

E. 降低置信度

8. 在其他条件不变时，抽样极限误差的大小和置信度的关系是(　　　　)。

A. 抽样极限误差的数值越大，则置信水平所对应的临界值 $Z_{\alpha/2}$ 越大

B. 抽样极限误差的数值越小，则置信水平所对应的临界值 $Z_{\alpha/2}$ 越大

C. 抽样极限误差的大小和置信水平所对应的临界值 $Z_{\alpha/2}$ 成正比关系

D. 抽样极限误差的大小和置信水平所对应的临界值 $Z_{\alpha/2}$ 成反比关系

E. 抽样极限误差的大小和置信度无关

9. 统计学家在评价估计量的优劣时，给出的三个标准有(　　)。

A. 无偏性　　B. 一致性　　C. 有效性　　D. 随机性　　E. 可靠性

三、计算题

1. 打印机墨盒最多可以打印的页数越多越好。为测算一条新的生产线所生产出来的打印机墨盒最多能打印的页数，从生产线上随机抽取了 10 个墨盒测试打印的页数，获得如下测试结果(见所附数据集"E5_01 打印机墨盒打印页数")：

2699　2031　2474　2395　2376　2477　1930　3015　2236　2378

要求：

(1)假设总体服从正态分布，对总体均值做出点估计。

(2)给出总体均值的 95%估计区间。

2. 一家研究机构想了解网络公司员工每周加班的时间情况，为此在某网络公司随机抽取了 18 个员工进行调查，得到他们每周加班的时间数据(见所附数据集"E5_02 网络公司工作的员工每周加班的时间")如下(单位：小时)：

6	21	17	20	7	0	8	16	29
3	8	12	11	9	21	25	15	16

假定员工每周加班时间服从正态分布，估计网络公司员工平均每周加班时间的 90%的置信区间。

3. 教务处要求任课教师在期末考试时为每门课程出两套试卷。为比较任课教师所出的 A 卷和 B 卷试题的难易程度，随机抽取两组各 9 名学生，分别做 A 卷和 B 卷。得分结果如下表所示(见所附数据集"E5_03 两组同学做两套试卷的得分")。

A 卷得分	65	85	81	95	89	75	72	63	49
B 卷得分	49	58	79	51	85	72	63	45	71

要求：

(1)采取独立样本均值比较的方法，给出两套试卷难易差别的 95%的置信区间。

(2)考虑这种评价方法可能会存在影响估计准确程度的哪些潜在因素？

4. 为研究男女学生在生活费支出(单位：元)上的差异，在某大学各随机抽取 25 名男学生和 25 名女学生进行调查，得到下面的结果：男学生：$\bar{x}_1=520$，$s_1^2=260$；女学生：$\bar{x}_2=480$，$s_2^2=280$。试以 90%的置信水平估计男女学生生活费支出方差比的置信区间。

5. 顾客到银行办理业务时往往需要等待一段时间，而等待时间的长短与许多因素有关，比如，银行业务员办理业务的速度、顾客等待排队的方式等。为此，某银行准备采取两种排队方式进行试验，第一种排队方式是：所有顾客都进入一个等待队列；第二种排队方式是：顾客在三个业务窗口处列队三排等待。为比较哪种排队方式使顾客等待的时间更短，银行各随机抽取10名顾客，他们在办理业务时所等待的时间(见所附数据集“E5_04 两种排队方式使顾客等待的时间”)如下(单位：分钟)：

方式1	6.5	6.6	6.7	6.8	7.1	7.3	7.4	7.7	7.7	7.7
方式2	4.2	5.4	5.8	6.2	6.7	7.7	7.7	8.5	9.3	10.0

要求：

(1)构建第一种排队方式平均等待时间的95%的置信区间。

(2)构建第二种排队方式平均等待时间的95%的置信区间。

(3)根据(1)和(2)的结果，你认为哪种排队方式更好？

6. 某药厂为了检查某种瓶装药品每瓶的药片数量，从成品库中随机抽检100瓶，样本的测算结果为：平均每瓶101.5片，标准差为3片。试以95%的置信度推断成品库中该种药品平均每瓶药片数量的置信区间。如果允许误差减少到原来的1/2，其他条件不变，问需要抽取多少瓶？

7. 某居民区欲采取一项新的卫生管理措施，想了解居民是否赞成，随机询问了50家居民住户，获得调查数据如下：

赞成	赞成	赞成	赞成	反对	赞成	反对	赞成	赞成	赞成
反对	赞成	赞成	赞成	反对	反对	赞成	反对	赞成	赞成
赞成	赞成	反对	赞成	反对	赞成	反对	赞成	赞成	反对
赞成	反对	赞成	赞成	反对	赞成	赞成	反对	赞成	赞成
反对	赞成	反对	反对	赞成	反对	赞成	赞成	赞成	反对

要求：以95%的置信度，推断出小区居民住户总体赞成的比率的估计区间。

8. 从两个总体中各抽取 $n_1=n_2=250$ 的独立随机样本，来自总体1的样本比率为 $p_1=40\%$，来自总体2的样本比率为 $p_2=30\%$。试求两个总体比率差的95%置信度的置信区间。

9. 某超市想要估计每个顾客平均每次购物花费的金额。根据过去的经验，标准差大约为120元，现要求以95%的置信度估计每个顾客平均购物金额的置信区间，并要求估计误差不超过20元，应至少抽取多少个顾客进行调查？

第六章　假设检验

引　例

某公司生产化妆品，需要严格控制装瓶重量。标准规格为每瓶250克，标准差为1克，企业的质检部门每日对此进行抽样检验。某日从生产线上随机抽取16瓶测重，获得如下数据（单位：克）：

248.1　248.3　248.3　248.4　248.5　248.6　248.8　249.3

249.3　249.5　249.6　249.8　250.1　250.3　250.6　251.3

现在需要通过样本信息确认：当日所生产的全部化妆品装瓶重量是否符合规定的标准。

如果我们将当日生产的全部产品视为一个总体，应用第五章介绍的参数估计方法做总体均值95%（这个置信度是最常用的）的置信区间，有以下计算过程：

已知总体标准差$\sigma=1$克，经计算样本均值$\bar{x}=249.3$克，$Z_{\alpha/2}=Z_{0.025}=1.96$，$n=16$。则当日生产的化妆品重量总体均值的95%置信区间为：

$$\bar{x}\pm Z_{\alpha/2}\frac{\sigma}{\sqrt{n}}=249.3\pm1.96\times\frac{1}{\sqrt{16}}$$

$$=249.3\pm0.49$$

即：[248.81，249.79]。从估计结果看，总体均值在248.81克到249.79克之间，低于规定的250克，因此可以推断：当日生产线上所生产的全部化妆品的重量不符合规格要求。做出这一推断的把握程度为95%。

显然，第五章所介绍的参数估计方法完全可以解决此例中所提出的问题。本章将要介绍的假设检验是另一种统计推断方法，其给出推断结论的方式要来得更为直观而简捷，更能体现统计思维的特点，且应用范围更广。

所谓假设检验（hypothesis testing），就是利用样本数据来确定是否拒绝关于总体的某种解释。多数情况下假设检验是对总体参数值的解释，例如本例中，假设检验就是利用样本数据来确定是否拒绝“总体均值等于250克”的结论。有时则不涉及具体的总体参数，如对总体是否服从正态分布的检验，或对两个变量是否相互独立的检验。

在假设检验中，需要首先对总体参数提出一个尝试性的假设，称作原假设（null hypothesis），记为H_0；然后，定义一个与原假设内容完全相反的假设，称作备择假设（alternative hypothesis），记为H_1。假设检验的过程就是依据样本数据来确定最后要选择哪一个假设。

假设检验的应用范围很广，本书后面的多数章节中会涉及相关的内容。本章仅介绍假设检验的基础性知识，以及关于总体均值、总体比率和总体方差的检验方法。

第一节　假设检验基础知识

一、假设检验的基本原理

（一）小概率原理

小概率事件在一次试验中几乎不会发生，这在数学中称为小概率原理。小概率原理是形成假设检验方法原理的重要基础。准确理解小概率原理必须把握三个要点：

第一，小概率是一个相对的概念。不同性质的事件所对应的小概率是不同的。一般日用品生产出现次品的概率是5%，如果说这是小概率的话，那么乘车出游发生事故的可能性是5%，这就绝不是一个小概率。小概率往往是人们主观给定的一个数值，日常统计活动中，特别是在社会经济统计活动中，一般取0.05或0.01为小概率。

第二，小概率原理强调仅做一次试验。小概率事件不是不可能事件，不可能事件发生的概率为零，无论重复多少次试验都是不会发生的。抽样推断过程中，由总体中随机地抽取一个样本，这相当于做了一次试验。

第三，小概率原理强调“几乎”二字。一个事件如果发生的概率很小，那么仅做一次试验是不应该发生的，或者说是几乎不会发生的，这是人们在长期的实践中经过总结所得出的结论。小概率事件如果在一次试验中真的发生了，那么更大的可能说明它不是小概率事件。

（二）假设检验的基本逻辑

假设检验的基本逻辑可以概括为“概率性质的反证”。假设检验的目的是要证明原假设不能成立，备择假设才是正确的。但基本过程却是首先假定原假设能够成立，然后根据样本统计量的抽样分布，观察在原假设成立前提下出现样本现象的概率。如果这个概率是一个小概率，那么就可以依据小概率原理判断原假设不能成立，反证成功；如果这个概率不是一个小概率，那就不能否定原假设，反证不成功。无论反证是否成功，结论都不是绝对的，而是伴随着一定的出错概率。这就是概率性质反证的基本含义。

根据假设检验的基本逻辑，应当明确和注意以下问题：

第一，做假设检验时，并不是在原假设和备择假设之间居中裁判，而是希望拒绝原假设、接受备择假设。因此，当假设检验的结果是拒绝了原假设时，也可以说是“通过了检验”。相应地，如果看到对某项假设检验的描述是“未通过检验”，那就意味原假设没有被拒绝。

第二，由于假设检验的出发点是拒绝原假设，因此，当原假设无法拒绝时，建议不使用“接受原假设”的说法，而使用“不能拒绝原假设”这样的表述。

第三，无论是拒绝原假设或不能拒绝原假设，都有可能出现判断错误，因此，需要尽量控制出错的概率。

（三）双侧检验与单侧检验

涉及总体参数的检验时，有双侧检验和单侧检验之分，单侧检验还有左侧检验（也称下侧检验）和右侧检验（也称上侧检验）之分。以检验一个总体的均值为例，三种检验的一般假设形式如下：

双侧检验：$H_0:\mu=\mu_0$，　$H_1:\mu\neq\mu_0$

左侧检验：$H_0:\mu \geqslant \mu_0$，　$H_1:\mu < \mu_0$

或　　　　$H_0:\mu = \mu_0$，　$H_1:\mu < \mu_0$

右侧检验：$H_0:\mu \leqslant \mu_0$，　$H_1:\mu > \mu_0$

或　　　　$H_0:\mu = \mu_0$，　$H_1:\mu > \mu_0$

式中的 μ_0 为待检验总体均值的一般表述形式，对于具体的检验案例，需要代入具体的值。检验总体比率或总体方差时也是如此。

在实际工作中，如果关注总体参数是否不等于某个假设的值，并没有明确的方向性（大于或小于），可以使用双侧检验的方法。双侧检验会有两个作为判断标准的临界值（关于临界值的内容将在本章后面加以说明），需要根据样本统计量或检验统计量的具体情况确定与哪个临界值进行比较并做出决策。使用双侧检验时，所看到的样本统计量与待检验的总体参数是不相等的，比如，我们看到的样本均值与待检验的总体均值不相等。根据规则，双侧检验的原假设表述为“相等”，备择假设表述是“不等”。

如果我们关注总体参数是否大于或小于某个假设的值，这就有了方向，这时可以做单侧检验。单侧检验只有一个临界值。当看到的样本统计量小于待检验的总体参数时，需要做左侧检验，原假设表述为“大于等于”，备择假设表述为“小于”；当看到的样本统计量大于待检验的总体参数时，需要做右侧检验，原假设表述为“小于等于”，备择假设表述为“大于”。

基于本章引例进行假设检验，前面提到的 $H_0:\mu = 250$，$H_1:\mu \neq 250$ 是双侧检验的假设形式。如果改为单侧检验，则应当作左侧检验，因为样本均值为 249.3 克，小于待检验的总体均值 250 克，正确的假设方法是 $H_0:\mu \geqslant 250$，$H_1:\mu < 250$。

需要说明的是，尽管双侧检验有两个临界值，但就每个检验案例而言，实际只可能使用到一个临界值，因为我们只有一个（或一对、一组）样本，只能计算出一个检验统计量。例如，基于本章引例做总体均值的双侧检验，有一正一负两个临界值。因为样本均值 249.3 克小于待检验的总体均值 250 克，计算的检验统计量为负值，只需要与两个临界值中的左侧即负的临界值进行比较，而右侧临界值用不上。从这个角度讲，双侧检验与单侧检验并无本质区别，但在其他条件相同的情况下，对同一案例做双侧检验和单侧检验得出的结论可能并不相同。

二、假设检验的两类错误

（一）两类错误

做假设检验时，设立的原假设和备择假设是对总体情况的对立的解释，真实的情况要么原假设为真，要么备择假设为真，两个假设不可能同时成立。理想的情况是，当原假设为真时，不能拒绝原假设；当备择假设为真时，拒绝原假设，接受备择假设。但这只是一种理想，而现实的情况是，总体是未知的，只拥有样本信息，而使用样本信息来推断总体的情况是会产生误差的。因此，必须考虑发生错误的概率。表 6－1 列示了假设检验中可能发生的两类错误。

表 6－1 中，对于原假设为真的情况，如果结论是不能拒绝原假设，那么结论就是正确的；如果结论拒绝了原假设，那么结论就不正确，就犯了第一类错误（type Ⅰ error），称为弃

表 6—1 假设检验中的正确结论及错误

结论	总体的情况	
	原假设为真	备择假设为真
不能拒绝原假设	结论正确	第二类错误(取伪)
拒绝原假设	第一类错误(弃真)	结论正确

真错误。对于原假设为假、备择假设为真的情况,如果结论是拒绝原假设,那么结论就是正确的;如果结论不能拒绝原假设,那么结论就不正确,就犯了第二类错误(type Ⅱ error),称为取伪错误。

在做假设检验时,其实是不知道总体情况的(如果知道就没有必要进行检验),因此,原假设和备择假设哪一个为真事先并不知道。那么,对表 6—1 的正确解读是:如果拒绝了原假设,可能犯第一类错误,即弃真错误;如果不拒绝原假设,可能犯第二类错误,即取伪错误;至于我们到底犯没犯错误,答案是"不知道",我们知道和能做的,是控制犯错误的概率。

(二)第一类错误的概率 α

通常将犯第一类错误的概率记为 α 。准确地讲,α 是假设的犯第一类错误的概率上限,而不是实际犯第一类错误的可能。也就是说,做假设检验时,预先要有一个设定:如果原假设是真的,而最终却拒绝了它,那么允许自己犯错误的概率最大有多大。这个概率就是 α 。我们肯定不希望自己犯第一类错误的概率比较大,因此,α 通常是一个较小的概率,常用的为 0.05,有时会更小一点为 0.01,最大一般不会超过 0.1。

α 也被称作"显著性水平",在很多场合大家会看到这个术语。这源于假设检验的另一个称呼:显著性检验。假设检验的基本前提是,所看到的样本现象与要检验的总体情况不一致,即存在差异。造成这种差异有两种可能,一种可能是,样本所来自的那个总体的参数与要检验的总体参数不同,两个总体存在明显的差异;另一种可能是,样本所来自的那个总体的参数与要检验的总体参数没有明显不同,差异源自抽样和用样本来推断总体,如本章引例中样本均值为 249.3 克,与规定的合格标准(即待检验的总体参数)250 克不一致,这既可能是由于当日生产的产品总体平均重量不是 250 克,并不符合规定的标准,也可能是虽然当日生产的产品总体平均重量是 250 克,符合标准,样本均值 249.3 克与 250 克的差异是由于抽样的原因造成的。如果通过检验我们认定是前一种情况,我们就说"差异是显著的",这时对应的检验结论是拒绝原假设、接受备择假设。此时可能犯的错误是第一类错误,这时事先设定的犯第一类错误的概率上限 α ,就被叫作"显著性水平"。请注意下面两种表述:"在 0.05 的显著性水平上通过了检验"和"通过检验,证明差异在 0.05 的水平上显著",这两种表述说的是同一个意思,即做假设检验,设 α 为 0.05,检验结论是拒绝原假设、接受备择假设。

用图形来描述,α 可以标记为样本统计量抽样分布概率密度曲线下的一小块面积,是一个尾概率。如本章引例,在总体服从正态分布时,有 $\bar{x} \sim N(\mu, \sigma/\sqrt{n})$ 。若原假设 $H_0: \mu = 250$ 成立,当总体标准差为 1 克、样本容量为 16 时,则样本均值 $\bar{x}$ 的抽样分布服从均值为 250 克、标准差为 $1/\sqrt{16}=0.25$ 克的正态分布。这个正态分布概率密度曲线下的面积为 1,如果设 α 为 0.05,则在双侧检验时,α 被分成两个均等的面积 0.025,分布在两侧尾部,单侧检验时 α 在左侧或右侧尾部。见图 6—1 至图 6—3。

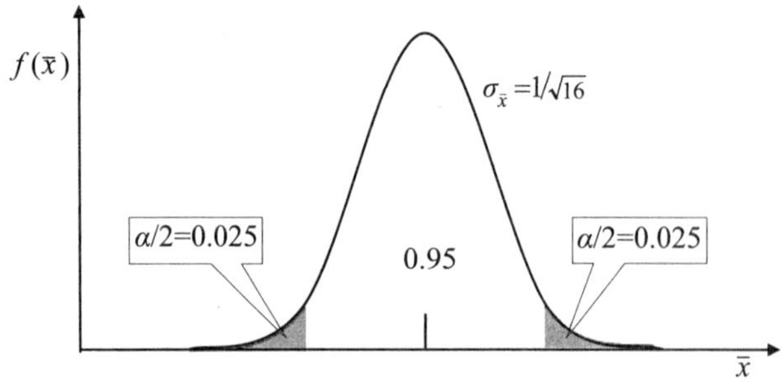

图 6—1　样本均值服从均值为 250、标准误差为 0.25 的正态分布（α =0.05，双侧检验）

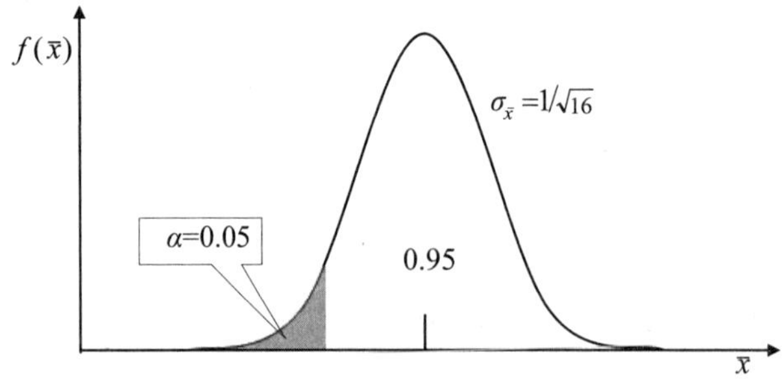

图 6—2　样本均值服从均值为 250、标准误差为 0.25 的正态分布（α =0.05，左侧检验）

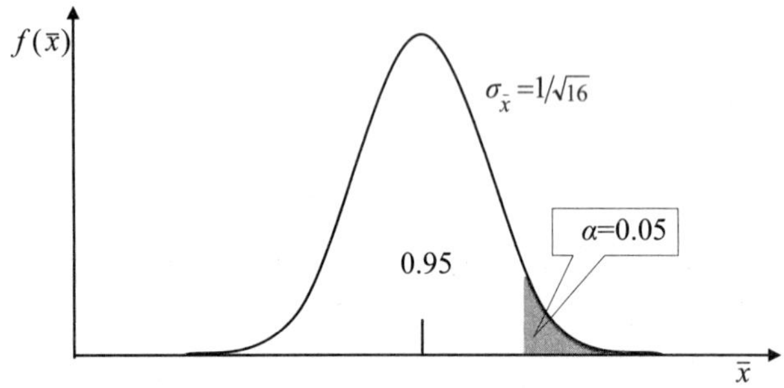

图 6—3　样本均值服从均值为 250、标准误差为 0.25 的正态分布（α =0.05，右侧检验）

观察图 6—1 至图 6—3，划分阴影部分的垂线与横轴相交处对应有 $\bar{x}$ 值，双侧检验有两个，单侧检验只有一个，这是供判断决策的临界值。以图 6—2 为例，图形表示，如果原假设成立，则从总体中抽取的全部可能的样本均值中，有 95%大于等于这个临界值，只有 5%小于这个临界值。现在我们只进行一次抽样，如果得到的样本均值小于临界值，在图中就对应着较小的尾概率，意味着其出现的概率较小。通常小概率事件在一次实验中几乎不可能发生，而现在却在一次实验中发生了，这是一种不合乎逻辑的情况。由于这个图形是在原假设成立的假定下做出的，因此，一旦出现了小概率事件发生的情况，就有理由怀疑原假设可能是不成立的，进而要拒绝原假设、接受备择假设。由于小概率事件不是不可能事件，只是出现的概率较小，因此，当做出拒绝原假设、接受备择假设的决策时，我们是可能出错的，即可能犯第一类错误。但从图形上看，即使原假设真的成立，出现比临界值更小的样本均值的概率也不会超过 α ，犯第一类错误的概率还是很小的。

（三）第二类错误的概率 β

如果我们不拒绝原假设，我们可能犯第二类错误，即取伪错误。通常将犯这类错误的概率标记为 β。

使用本章引例做左侧检验，通过图形来阐述对 β 的解释，详见图 6－4。图中的实线正态曲线为原假设成立即总体均值为 250 克时样本均值的抽样分布，设定的显著性水平 α 在左侧，用阴影表示，临界值处用箭头做了标记；如果原假设不成立而备择假设成立，且真实的总体均值与样本均值相同，为 249.3 克，那么样本均值的抽样分布就变成以 249.3 克为中心的正态分布，即图中的虚线表示的正态曲线。根据前面阐述的判断规则，当样本均值大于等于临界值时，不会拒绝原假设，这就可能犯第二类错误。如果真实的总体均值为 249.3 克，样本均值的真实抽样分布是虚线的正态曲线，那么所有可能的样本均值中有多少是大于等于临界值的呢？就是正态曲线下面虚线垂线右侧面积那么多，这就是犯第二类错误的概率 β。

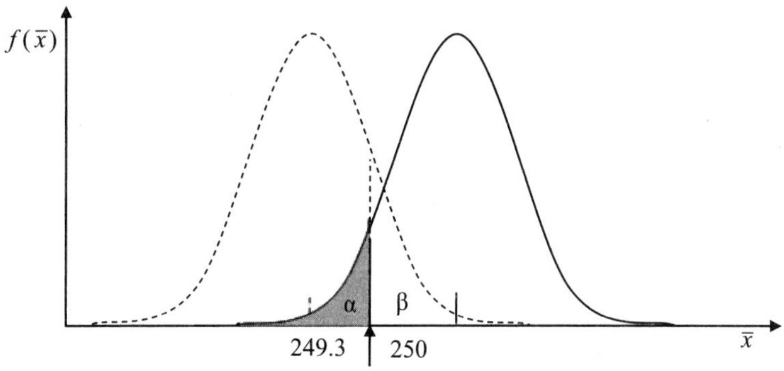

图 6－4　第二类错误概率的图示

对于 β 有如下说明：

第一，通常情况下 β 是无法确定的。尽管图 6－4 为我们阐述了对 β 的理解，可没有其中的虚线正态曲线，是没有办法做出 β 的。图 6－4 的两条正态曲线其实代表了对总体均值下列形式的假设：$H_0:\mu=\mu_0=250$，$H_1:\mu=\mu_1=249.3$。但做一个总体均值的假设检验只有下列三种假设形式：

双侧检验：$H_0:\mu=\mu_0$，　$H_1:\mu\neq\mu_0$

左侧检验：$H_0:\mu\geqslant\mu_0$，　$H_1:\mu<\mu_0$

右侧检验：$H_0:\mu\leqslant\mu_0$，　$H_1:\mu>\mu_0$

这三种假设都不涉及 μ_1，也就无从得知 β 会有多少。因为 β 无法确定，做假设检验时，通常只事先设定 α，不设定 β。而当检验结论是不能拒绝原假设时，也只知道可能犯第二类错误，但不知道出错的概率有多大。

第二，其他条件不变的情况下，β 与 α 呈反向变化，二者不可能同时增减。观察图 6－4，在两条正态曲线位置不变的情况下，临界值向右移动，α 增大，β 变小；临界值向左移动，则 α 变小，β 增大。根据这一性质，做假设检验时预设的 α 不应当很小，如 0.005、0.001，因为此时虽然很难犯第一类错误，但犯第二类风险却大大地增加。如果想将两类错误的风险都控制在一个较低的水平，那就必须改变其他条件。在本章后面我们会介绍这个内容。

第三，真实的总体情况越接近于原假设，β 就越大。在临界值不变的情况下，将图 6－4

中的虚线正态曲线向右侧移动，使其接近实线正态曲线，就会发现 β 在变大。不过这种增大不一定是坏事，因为真实的总体情况越接近原假设，不拒绝原假设的决策就越正确。

（四）β 的计算与检验功效

进行假设检验的目的是要拒绝原假设。α 的设定可以帮助我们控制犯第一类错误即原假设为真而我们却拒绝它的风险，但是 α 不能回答拒绝了一个错误原假设的概率是多少。β 可以回答这个问题。我们知道 β 表示“原假设是错的，但没有被拒绝的概率”，根据概率计算原理，1－β 就是原假设为假时，拒绝原假设、得出正确结论的概率。这个概率被称为检验功效。进行假设检验时，总是希望得到比较高的检验功效，这就涉及如何计算第二类错误的概率，即 β 的问题。

图 6－4 已经显示了就本章引例计算 β 的前提：对原假设成立和备择假设成立做双重设定，即 $H_0:\mu=\mu_0=250$，$H_1:\mu=\mu_1=249.3$。如果做左侧检验，设 $\alpha=0.05$，则通过下列步骤即可计算得出 β：

（1）查出 $\alpha=0.05$ 时分割点的相对位置。据正态概率表或使用统计软件[①]，可以查出该分割点相对位置为－1.645，即小于均值、与均值的距离为 1.645 倍标准误差。

（2）计算原假设成立即均值为 250 克、标准误差为 0.25 克的情况下，相对位置为－1.645 的样本均值。根据标准分数计算公式：

$$Z=\frac{\bar{x}-\mu}{\sigma_{\bar{x}}} \tag{6-1}$$

有：

$$\bar{x}=Z\sigma_{\bar{x}}+\mu=-1.645\times0.25+250=249.59\text{（克）}$$

（3）计算备择假设成立且总体均值为 249.3 克、标准误差为 0.25 克的情况下，样本均值 249.59 克所处的相对位置。根据标准分数公式有：

$$Z=\frac{\bar{x}-\mu}{\sigma_{\bar{x}}}=\frac{249.59-249.3}{0.25}=1.16$$

（4）使用正态概率表或统计软件，得到 $Z=1.16$ 时的尾概率为 0.123，这就是犯第二类错误的概率 β。

图 6－5 直观地显示了这一过程。

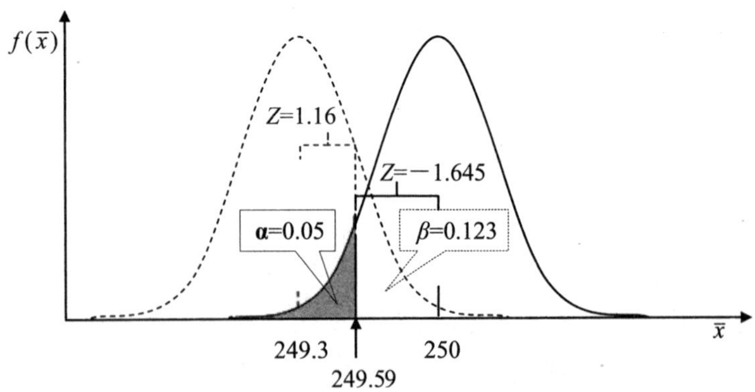

图 6－5 计算第二类错误概率的图示

① 查表方法及统计软件的使用方法详见本章后面的附录。

由于β等于0.123，则本章引例的检验功效为1－0.123＝0.877，这就意味着，在现有条件下做左侧检验，拒绝一个错误原假设的概率为87.7％。如果要提高检验功效，就需要改变现有条件，通常的做法是增大样本容量。

三、拒绝原假设的规则

判断是否拒绝原假设，常用的方法有两种：检验统计量与临界值比较，p 值与 α 比较。这两种方法均基于样本统计量的抽样分布，本质上没有区别，就同一案例所做出的检验结论也是相同的，但实际使用时判断的规则有所不同。

（一）依据检验统计量的判断规则

检验统计量是专门计算出来的统计量，将其与临界值进行比较，就可以判断是否拒绝原假设。判断的基本规则是：对于左侧检验，检验统计量小于临界值时，应拒绝原假设；对于右侧检验，检验统计量大于临界值时，应拒绝原假设；双侧检验有两个临界值，检验统计量小于左侧临界值或大于右侧临界值时，均要拒绝原假设。

在不同的检验中，需要使用不同的检验统计量，如 Z 统计量、t 统计量、F 统计量等。此处通过本章引例来说明检验统计量的使用方法及原理。引例为关于一个总体均值的检验，且总体方差已知，在原假设成立的情况下，样本均值的抽样分布服从均值为250克、标准误差为0.25克的正态分布。其检验统计量为 Z 统计量，计算公式为：

$$Z=\frac{\bar{x}-\mu_0}{\sigma/\sqrt{n}} \tag{6-2}$$

本例中样本均值为249.3克，代入公式有：

$$Z=\frac{\bar{x}-\mu_0}{\sigma/\sqrt{n}}=\frac{249.3-250}{1/\sqrt{16}}=-2.8$$

接下来就是确定临界值和进行比较。如果做左侧检验，则临界值为－1.645，由于检验统计量 Z 小于临界值，则拒绝原假设，接受备择假设。如果做双侧检验，通过查正态概率表或使用统计软件可知，两个临界值分别为－1.96和1.96，在检验统计量为负值时与左侧临界比较，Z 小于左侧临界值，则拒绝原假设，接受备择假设。图6－6描述了左侧检验的情形。

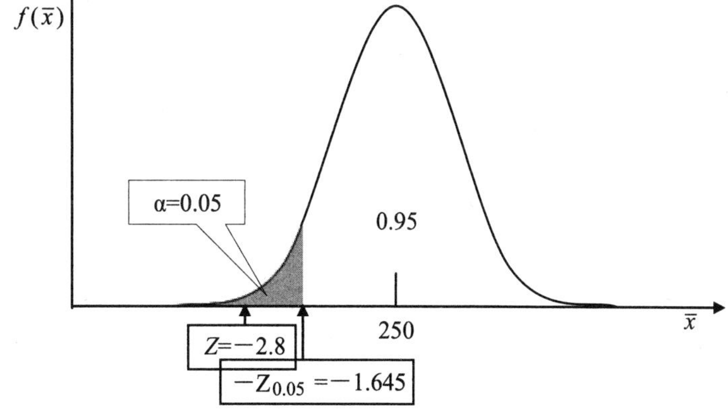

图6－6　依据检验统计量的判断规则(左侧检验)

（二）依据 p 值的判断规则

p 值是一个概率值，可以通过检验统计量计算得到。用图形表述，p 值是由检验统计量做分割点确定的尾概率。从具体的含义讲，p 值可以理解为原假设成立的概率，也可以理解为一旦拒绝了原假设犯第一类错误的实际概率，因此它也被称为“实测的显著性水平”或“实际的显著性概率”。依据 p 值判断是否拒绝原假设的规则为：对于单侧检验，p 值/2 小于 α 时，拒绝原假设；对于双侧检验，p 值小于 α 时，拒绝原假设。

图 6－7 描述了如何使用 p 值来做判断的过程。图左侧以检验统计量 $Z=-2.8$ 处为分割点得到的尾概率，即颜色更深的部分就是 p 值，它显然小于 α，因此可以得出结论：拒绝原假设，接受备择假设。

p 值的计算相对比较麻烦，因此，它主要用于使用计算机分析数据的场合，通常各种统计软件在做假设检验时都会计算并输出 p 值以供使用。

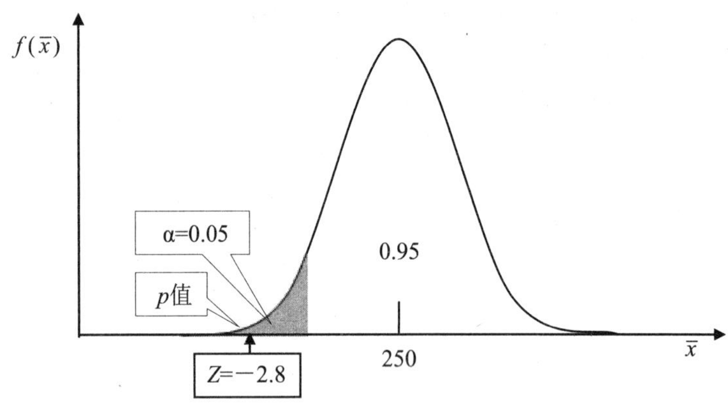

图 6－7　依据 p 值的判断规则（左侧检验）

四、假设检验的基本步骤

如果以手工计算为主做假设检验，基本步骤为：

（1）提出原假设 H_0 和备择假设 H_1；

（2）根据检验对象及条件确定检验统计量（具体见此后各节）；

（3）设定显著性水平 α；

（4）确定临界值和拒绝原假设的规则；

（5）计算检验统计量，并判断是否拒绝原假设。

如果使用 SPSS 软件做假设检验，基本步骤为：

（1）提出原假设 H_0 和备择假设 H_1；

（2）准备数据；

（3）进行菜单操作；

（4）根据输出的 p 值，判断是否拒绝原假设。

五、对假设检验结论的正确解读：统计显著与实际显著

在实际工作中运用假设检验工具时，应谨慎使用检验结论，要能够正确地理解“统计显

著”与“实际显著”的含义与区别。

所谓统计显著，就是依据假设检验规则拒绝原假设、接受备择假设，从而证明样本所来自的总体与待检验的总体存在显著差异。当检验结论是不能拒绝原假设时，也就是统计不显著或不具统计显著意义。所谓实际显著，就是统计显著的结论在实际工作中也有意义。

根据前面的介绍可知，统计显著与不显著是依据临界值来判断的。无论是检验统计量的临界值还是 p 值的临界值，其实就是一个点，检验统计量或 p 值落在点的左侧和右侧其结论截然不同，但在实际工作中可能并没有显著的区别。如左侧检验 Z 值的临界值为－1.645，当检验统计量为－1.65 时结论是统计显著，而当检验统计量为－1.64 时结论就是统计不显著，但－1.64 与－1.65 的差异是很小的，在实际工作中可能对应着没有差别的同一种情形。因此应要记住一个基本结论，即统计显著的检验结论不一定都具有实际显著意义。

那么怎样判断一个统计显著的结论同时也具有实际显著意义呢？理论上并没有一个明确的界限或标准。一般说来，检验统计量与临界值差距越大，统计显著结论具有实际显著意义的可能性也就越大，如临界值为－1.645 时，检验统计量为－1.65 和为－2.65 的检验结论都是统计显著的，但后者更具实际显著可能。p 值的使用可以帮助我们更方便地判断这个问题：p 值越小，统计显著的检验结论就越具实际显著意义。比如 p 值为 0.005 或 0.001 都是很小的概率，近乎不可能发生，此时的统计显著结论几乎可以肯定就是实际显著的。

如果进行假设检验时，所得出结论是拒绝原假设、接受备择假设，但检验统计量接近于临界值或 p 值接近于 α，建议不要轻易做出结论，最好是重复抽取样本进行检验或加大样本容量检验，争取得到更为可靠的检验结论。

第二节　总体均值的检验

一、一个总体均值的检验

（一）大样本或正态总体小样本、总体标准差已知

根据中心极限定理，大样本或正态总体小样本情况下，样本均值的抽样分布服从或近似服从正态分布。在总体标准差 σ 已知的情况下，检验统计量为：

$$Z=\frac{\bar{x}-\mu_0}{\sigma/\sqrt{n}} \tag{6－3}$$

从式(6－3)能够看出，Z 统计量其实就是对样本均值所做的标准化变换，变换的结果服从均值为零、标准差为 1 的标准正态分布，检验所需要的临界值，可以根据设定的显著性水平 α 到标准正态概率表中查找，也可以使用 Excel 等软件查找。

【例 6.1】本章引例中，某公司生产化妆品过程中，需要严格控制装瓶重量。标准规格为每瓶 250 克，标准差为 1 克，企业的质检部门每日对此进行抽样检验。某日从生产线上随机抽取 16 瓶测重，样本均值为 249.3 克。已知该生产线化妆品总体的装瓶重量服从正态分布。试以 0.05 的显著性水平检验：当日所生产的全部化妆品装瓶重量是否符合规定的标准。

解：根据检验条件，该案例为正态总体小样本、总体标准差已知，由于总体装瓶重量均值明显高于 250 克或低于 250 克均为不符合标定的标准，因此可以使用 Z 统计量进行双侧检验。具体检验过程为：

提出假设：$H_0:\mu=250$； $H_1:\mu\neq 250$

确定检验统计量：$Z=\dfrac{\bar{x}-\mu_0}{\sigma/\sqrt{n}}$

设定显著性水平及临界值：$\alpha=0.05$，查标准正态概率表或使用 Excel 等软件，得到左侧临界值 $-Z_{\alpha/2}=-Z_{0.025}=-1.96$，右侧临界值 $Z_{\alpha/2}=Z_{0.025}=1.96$；

确定拒绝原假设的规则：检验统计量 Z 小于左侧临界值或大于右侧临界值时要拒绝原假设；

计算检验统计量并做出决策：$Z=\dfrac{\bar{x}-\mu_0}{\sigma/\sqrt{n}}=\dfrac{249.3-250}{1/\sqrt{16}}=-2.8<-Z_{0.025}=-1.96$

故拒绝原假设、接受备择假设，可以推断当日全部产品装瓶重量的总体均值与 250 克差异显著，不符合规定的标准。

由于本例中，样本均值 249.3 克小于待检验的 250 克，也可以做左侧检验。提出的假设为：$H_0:\mu=250$；$H_1:\mu<250$。查表或借助统计软件得到的临界值为 -1.645。由于检验统计量 -2.8 小于临界值，因此要拒绝原假设、接受备择假设，即检验结论是认为当日生产的全部产品的平均重量不符合规定的标准。

注意：上述双侧检验和左侧检验使用的显著性水平均为 0.05，但临界值有所不同，因此拒绝原假设的概率也不相同。当检验统计量小于 -1.645 但大于等于 -1.96 时，进行双侧检验是不能拒绝原假设的，但做左侧检验时就要拒绝原假设。这表明，其他条件相同的情况下，单侧检验更容易拒绝原假设。

（二）正态总体小样本、总体标准差未知

在总体标准差 σ 未知的情况下，需要用样本标准差 s 来估计 σ。这时对样本均值所做的标准化变换结果不再服从标准正态分布，而是服从自由度为 $n-1$ 的 t 分布，此时的检验统计量为：

$$t=\frac{\bar{x}-\mu_0}{s/\sqrt{n}} \tag{6—4}$$

【例 6.2】国际机场协会（ACI）每年都对全球机场的服务质量进行测评。其中一项重要内容是对旅客进行问卷调查，由旅客对机场环境、航站楼清洁度、办票人员工作效率、工作人员友好程度、引导标识、设施便利性、候机区舒适度等方面做出评价。某机场 2021 年度旅客综合评分为 4.68 分（评分采用 10 分制，最低为 1 分，最高为 10 分），2022 年度一个由 50 名旅客组成的随机样本对该机场服务质量的评分数据如下：

4.6	4.8	3.4	4.5	5.0	5.3	3.3	3.5	5.2	5.4
4.2	4.3	2.8	5.2	5.1	3.6	4.6	4.7	4.5	5.3
6.1	5.4	6.0	5.5	4.2	4.6	5.1	6.2	3.5	3.8
5.5	7.0	4.8	6.4	5.0	5.5	3.8	6.2	5.4	5.5
4.5	6.5	3.8	6.5	5.5	5.6	6.2	5.5	4.6	4.5

试用 0.05 的显著性水平检验：2022 年度该机场的旅客总体评分是否显著地高于 2021 年。

解:首先需要计算出样本均值和标准差。根据公式有:

$$\bar{x}=\frac{\sum x}{n}=4.96(\text{分}),\quad s=\sqrt{\frac{\sum(x-\bar{x})^2}{n-1}}=0.95(\text{分})$$

根据题意提出假设:$H_0:\mu\leqslant 4.68$, $H_1:\mu>4.68$

确定检验统计量:$t=\dfrac{\bar{x}-\mu_0}{s/\sqrt{n}}$

设定显著性水平及临界值:使用 Excel 软件得到显著性水平 $\alpha=0.05$、自由度为 $50-1=49$ 时的右侧临界值 $t_{0.05}(49)=1.68$;过程如图 6—8 所示。

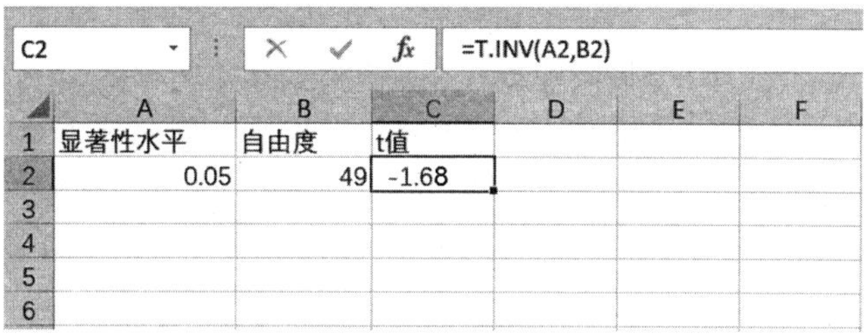

C2 =T.INV(A2,B2)

	A	B	C	D	E	F
1	显著性水平	自由度	t值			
2	0.05	49	-1.68			
3						
4						
5						
6						

图 6—8　使用 Excel 查找 t 统计量的临界值

确定拒绝原假设的规则:检验统计量 t 大于右侧临界值时,要拒绝原假设;

计算检验统计量并做出决策:$t=\dfrac{\bar{x}-\mu_0}{s/\sqrt{n}}=\dfrac{4.96-4.68}{0.95/\sqrt{50}}=2.08>t_{0.05}(49)=1.68$

故拒绝原假设、接受备择假设,可以推断该机场 2022 年度旅客总体评分显著地高于 2021 年。

注意:在显著性水平确定的情况下,t 统计量的临界值与自由度相关联。一般的 t 分布表会给出小样本情况下(n 小于 30)全部自由度所对应的临界值;而对于大样本,则只列出一些诸如 40、50、60、90、120 等整数自由度所对应的临界值,这给查表确定自由度造成一定的麻烦。例如本题自由度为 49,通常在 t 分布表中查不到这个自由度的临界值。由于 t 分布的极限分布形式为标准正态分布,在大样本情况下,相同显著性水平下的 t 分布临界值与标准正态分布临界值相差不大,因此很多教材建议在大样本情况下,即使总体标准差未知,也可以使用 Z 统计量进行检验。在计算机技术高度发达的今天,计算各种分布的临界值已经不是什么难事,对分布表的依赖已经越来越小。使用有关软件表来查找临界值或者直接使用统计软件做假设检验,是我们应当掌握的基本技能。

(三)使用 SPSS 软件做一个总体均值的检验

为方便比较说明,这里仍然使用本章引例数据(见所附数据集“data6_01 样品化妆品重量”)。

提出假设:$H_0:\mu=250$, $H_1:\mu\neq 250$(注:SPSS 默认做双侧检验)

操作步骤:

(1)打开数据文件,依次选择 Analyze(分析)→Compare Means(比较均值)→One Sample T Test(单样本 t 检验),将要检验的变量置入 Test Variable(s)(检验变量);

(2)在 Test Value(检验值)框中输入 250;点击 Options(选项)按钮,在 Confidence

Interval（置信区间百分比）后面的框中，输入置信度（系统默认为 95%，对应的显著性水平设定为 5%，即 0.05，若需要改变显著性水平如改为 0.01，则在框中输入 99 即可）；

（3）点击 Continue（继续）→OK（确定），即可得到如图 6—9 所示的输出结果。

One-Sample Test

	Test Value = 250					
					95% Confidence Interval of the Difference	
	t	df	Sig. (2-tailed)	Mean Difference	Lower	Upper
瓶装重量	-2.969	15	.010	-.7000	-1.203	-.197

图 6—9　单一样本 t 检验的输出结果

图 6—9 中的第 2 至 5 列分别为：计算的检验统计量 t 、自由度、双尾检验 p 值和样本均值与待检验总体均值的差值。使用 SPSS 软件做假设检验的判断规则是：p 值小于设定的显著性水平 α 时，要拒绝原假设。从图中可以看到，p 值为 0.01，小于 0.05，故检验结论是拒绝原假设、接受备择假设，认为当天生产的全部产品平均装瓶重量与 250 克有显著差异，不符合规定的标准。

图中表格的最后两列，是样本均值与待检验总体均值差值 $1-\alpha$ 置信区间的下限与上限，待检验的总体均值 Test Value 加上这两个值，就构成了总体均值的 $1-\alpha$ 置信区间。通过这个置信区间也可以做假设检验：若这个区间不包含待检验的总体均值，就要在 α 水平上拒绝原假设。本例中样本均值与待检验总体均值差值 95%置信区间的下限与上限均为负值，因此所构造的总体均值的 95%置信区间不可能包含待检验的总体均值 250，因此要在 0.05 的水平上拒绝原假设、接受备择假设，与依据 p 值得出的检验结论一致。

需要说明的是，本例中给定了总体标准差已知的条件，使用手工做题时所计算的检验统计量为 Z 统计量，而该条件在使用 SPSS 做假设检验时其实并没有用上。SPSS 软件将所分析的数据集均视为样本数据，并基于样本均值、样本标准差等信息计算 t 统计量再进行检验。在两个总体均值差的检验中也是均为 t 检验。

二、两个总体均值差的检验

在实际工作中，还经常会遇到两个总体均值差的检验问题。

例如，某品牌时装公司在城市中心商业街的专卖店中只销售新款产品且价格不打折，打折的旧款产品则统一在城郊购物中心的折扣店销售。公司销售部门为制订更合理的销售价格及折扣方法，对购买该品牌时装的顾客做了抽样调查。分别从光顾城中心专卖店的顾客中随机抽取了 36 人，从光顾折扣店的顾客中随机抽取了 25 人。调查发现，光顾专卖店的顾客样本平均月收入水平为 1.35 万元，而光顾折扣店的顾客样本平均月收入水平为 1.24 万元。现在需要判断：光顾这两种店的顾客的总体收入水平是否也存在明显的差异？因为这可能影响到公司对定价政策的调整。

再如，某中学做了一项试验，挑选了 30 名初一年级男生每天慢跑 2000 米，坚持了 90 天。试验的第一天，测量学生运动后脉搏恢复到正常水平的平均时间为 12.6 分钟，试验的最后一天，测量恢复时间平均为 9.8 分钟。如果能够证明更多的学生从事同样的锻炼也会有明显的效果，则学校将决定在所有的班级均开展这项运动。

上述两个例子中，从专卖店抽取的顾客和从折扣店抽取的顾客是一对样本，慢跑锻炼前的学生和锻炼后的学生也是一对样本，每对样本的均值都是不一样的，或者说样本均值差不为零。需要推断的都是：样本所来自的总体其均值是否也有差异，即总体均值差不为零，这属于两总体均值差的检验问题。不一样的是：前者属于独立样本（independent samples），后者则属于匹配样本（paired samples），在检验时是有区别的。我们在介绍第五章的第四节“两个独立样本总体均值差的区间估计”和第五节“两个匹配样本总体均值差区间估计”时，也提到过独立样本和匹配样本的概念，而且所进行的区间估计还是利用 SPSS 软件中的假设检验过程来实现的。

设 μ_1 为总体 1 的均值，σ_1 为总体 1 的标准差，从中随机抽取容量为 n_1 的样本 1，其均值记为 $\bar{x}_1$；μ_2 为总体 2 的均值，σ_2 为总体 2 的标准差，从中随机抽取容量为 n_2 的样本 2，其均值记为 $\bar{x}_2$。若两个样本是各自独立抽取的，彼此没有关系，我们就称其为独立样本。独立样本的样本容量可以相等也可以不等，但通常认为样本容量相等时，检验功效会高一些。若两个样本的抽取不是独立的，其样本单位存在一一对应关系，则称为匹配样本或配对样本。匹配样本的样本容量总是相等的。

设待检验的两总体均值差为 D_0，即：$\mu_1-\mu_2=D_0$，则我们看到的样本均值差与 D_0 是有差异的，这是两总体均值差检验的前提，而检验的目的就是要证明这种差异是显著的。

两总体均值差的检验有三种假设形式：

双侧检验：$H_0:\mu_1-\mu_2=D_0$， $H_1:\mu_1-\mu_2\neq D_0$

左侧检验：$H_0:\mu_1-\mu_2\geqslant D_0$， $H_1:\mu_1-\mu_2< D_0$

右侧检验：$H_0:\mu_1-\mu_2\leqslant D_0$， $H_1:\mu_1-\mu_2> D_0$

最常见的两总体均值差的检验是要证明总体均值存在显著差异，即 D_0 不为零，因此，最常见的两总体均值差检验的假设形式为双侧检验：

$H_0:\mu_1-\mu_2=0$， $H_1:\mu_1-\mu_2\neq 0$

根据具体的检验条件，两总体均值差的检验分为独立样本检验和匹配样本检验两种情况，独立样本检验又有大样本、小样本及总体标准差是否已知等不同的条件。本节将具体介绍这些检验方法。

（一）独立大样本、总体标准差已知

当两个样本的容量足够大（均大于等于 30）时，样本均值差的抽样分布服从正态分布，具体可以表述为：

$$\bar{x}_1-\bar{x}_2\sim N(\mu_1-\mu_2,\ \ \sigma^2_{\bar{x}_1-\bar{x}_2}) \tag{6—5}$$

其中，$\sigma^2_{\bar{x}_1-\bar{x}_2}=\dfrac{\sigma_1^2}{n_1}+\dfrac{\sigma_2^2}{n_2}$。对样本均值差做标准化变换，就得到相应的检验统计量 Z，Z 服从标准正态分布。即：

$$Z=\frac{(\bar{x}_1-\bar{x}_2)-(\mu_1-\mu_2)}{\sqrt{\dfrac{\sigma_1^2}{n_1}+\dfrac{\sigma_2^2}{n_2}}}\sim N(0,\ 1) \tag{6—6}$$

将检验统计量与临界值比较，就可以得到检验结论。

【例 6.3】某公司有 A、B 两台设备用于制造同一种专用螺栓，直径规格为 20mm。根据以往经验，A 设备生产螺栓直径的标准差为 0.15mm，B 设备生产螺栓直径的标准差为

0.12mm。某日从两台设备制造的螺栓中分别抽取了 30 个测量，发现 A 设备样本直径均值为 20.04mm，B 设备样本直径均值为 20.08mm。试以 0.05 的显著性水平检验：两台设备生产的全部产品在直径上是否存在显著差异。

解：提出假设：$H_0:\mu_1-\mu_2=0$，　$H_1:\mu_1-\mu_2\neq 0$

确定检验统计量：Z 统计量

确定显著性水平及临界值：$\alpha=0.05$，$Z_{\alpha/2}=Z_{0.025}=1.96$，$-Z_{\alpha/2}=-Z_{0.025}=-1.96$

确定拒绝原假设的规则：$Z>Z_{\alpha/2}$ 或 $Z<-Z_{\alpha/2}$ 时，要拒绝原假设；

计算并决策：

$$Z=\frac{(\bar{x}_1-\bar{x}_2)-(\mu_1-\mu_2)}{\sqrt{\dfrac{\sigma_1^2}{n_1}+\dfrac{\sigma_2^2}{n_2}}}=\frac{(20.04-20.08)-0}{\sqrt{\dfrac{0.15^2}{30}+\dfrac{0.12^2}{30}}}=\frac{-0.04}{0.0351}=-1.14>-1.96$$

故不能拒绝原假设，即：没有充分理由认为两台设备生产的产品直径有显著差异。

（二）独立大样本、总体标准差未知

多数涉及两总体均值差的假设检验中，总体标准差都是未知的。在两样本均为大样本的情况下，我们还可以使用 Z 检验方法，只是需要用两样本的标准差 s_1、s_2 来估计两总体的标准差 σ_1 和 σ_2。即：

$$Z=\frac{(\bar{x}_1-\bar{x}_2)-(\mu_1-\mu_2)}{\sqrt{\dfrac{s_1^2}{n_1}+\dfrac{s_2^2}{n_2}}} \tag{6-7}$$

（三）独立小样本、总体标准差未知

当两样本均为小样本或其中之一为小样本时，若满足下列三个条件：

①每个总体都服从正态分布；

②两个总体的方差相等（即标准差相等）；

③样本相互独立。

则可以构造 t 统计量做两个总体均值差的检验，对应的自由度为 n_1+n_2-2：

$$t=\frac{(\bar{x}_1-\bar{x}_2)-(\mu_1-\mu_2)}{s_p\sqrt{\dfrac{1}{n_1}+\dfrac{1}{n_2}}}\sim t(n_1+n_2-2) \tag{6-8}$$

式中的 s_p 为合并的样本标准差，其计算公式为：

$$s_p=\sqrt{\frac{(n_1-1)s_1^2+(n_2-1)s_2^2}{n_1+n_2-2}} \tag{6-9}$$

【例 6.4】某品牌时装公司在城市中心商业街的专卖店中只销售新款产品且价格不打折，打折的旧款产品则统一在城郊购物中心的折扣店销售。公司销售部门为制订更合理的销售价格及折扣方法，对购买该品牌时装的顾客做了抽样调查，分别从光顾城中心专卖店的顾客中随机抽取了 36 人，从光顾折扣店的顾客中随机抽取了 25 人，被调查者月收入水平数据如表 6－2 所示。试以 0.05 的显著性水平推断：专卖店顾客总体的月平均收入水平是否显著地高于折扣店顾客总体的月平均收入水平。

表 6—2　样本顾客月收入水平

样本	月收入/万元
专卖店	1.5 1.4 1.8 1.5 1.6 1.1 1.0 1.1 2.5 2.2 0.9 1.6 1.8 1.9 1.1 0.8 0.9 1.3 1.3 1.5 1.5 1.7 2.0 2.2 1.3 1.5 1.2 0.9 0.8 0.8 1.0 1.1 0.9 0.8 1.0 1.1
折扣店	1.2 1.1 1.0 0.9 0.9 0.6 2.1 1.3 1.5 1.0 1.1 0.9 1.5 1.4 1.9 1.1 1.8 0.9 1.1 0.9 1.4 1.7 1.5 1.4 0.8

解:设专卖店顾客总体为总体 1,折扣店顾客总体为总体 2,首先计算两样本的均值、标准差和合并标准差:

$$\bar{x}_1=\frac{\sum x}{n_1}=\frac{48.6}{36}=1.35(\text{万元})$$

$$s_1=\sqrt{\frac{\sum(x-\bar{x}_1)^2}{n_1-1}}=0.4469(\text{万元})$$

$$\bar{x}_2=\frac{\sum x}{n_2}=\frac{31}{25}=1.24(\text{万元})$$

$$s_2=\sqrt{\frac{\sum(x-\bar{x}_2)^2}{n_2-1}}=0.3742(\text{万元})$$

$$s_p=\sqrt{\frac{(n_1-1)s_1^2+(n_2-1)s_2^2}{n_1+n_2-2}}=\sqrt{\frac{35\times0.4469^2+24\times0.3742^2}{59}}=0.4189(\text{万元})$$

提出假设:$H_0:\mu_1-\mu_2\leqslant 0$;　$H_1:\mu_1-\mu_2>0$

确定检验统计量:t 统计量

确定显著性水平及临界值:$\alpha=0.05$,$t_\alpha(n_1+n_2-2)=t_{0.05}(59)=1.67$

确定拒绝原假设的规则:$t>t_\alpha$ 时,要拒绝原假设;

计算并决策:$t=\dfrac{(\bar{x}_1-\bar{x}_2)-(\mu_1-\mu_2)}{s_p\sqrt{\dfrac{1}{n_1}+\dfrac{1}{n_2}}}=\dfrac{(1.35-1.24)-0}{0.4189\sqrt{\dfrac{1}{36}+\dfrac{1}{25}}}=\dfrac{0.11}{0.1091}=1.008<2$

故不能拒绝原假设,即:没有充分理由认为专卖店顾客总体的月平均收入水平明显地高于折扣店顾客总体的月平均收入水平。

注意:如果两总体的方差不等,就不适宜使用上述公式检验。检验统计量 t 的计算公式应改为:

$$t=\frac{(\bar{x}_1-\bar{x}_2)-(\mu_1-\mu_2)}{\sqrt{\dfrac{s_1^2}{n_1}+\dfrac{s_2^2}{n_2}}}\tag{6—10}$$

t 统计量对应的自由度为:

$$\frac{(s_1^2/n_1+s_2^2/n_2)^2}{\left(\dfrac{(s_1^2/n_1)^2}{n_1-1}+\dfrac{(s_2^2/n_2)^2}{n_2-1}\right)}\tag{6—11}$$

那么怎样判断两个总体的方差相等还是不相等呢?通常在样本容量相同或样本方差(标

准差）相差不大时，我们都可以假定总体方差相同，并使用式(6—8)、式(6—9)计算检验统计量。如果样本容量不等且从样本数据看总体方差很可能不一致，那就需要使用式(6—10)和式(6—11)进行检验。规范的做法应当是，先对两总体做方差齐性检验，然后再选择 t 检验的方法。使用 SPSS 软件做独立样本两总体均值差检验时，可以同时计算并输出总体方差相等和不等时的两种结果，并提供方差齐性检验的结论，为进行统计分析提供了很大的便利。

（四）使用 SPSS 做独立样本两总体均值差的检验

为方便比较，使用【例 6.4】数据（见所附数据集“data6_03 样本顾客月收入水平”）。

操作步骤：

(1)打开数据文件，依次选择 Analyze（分析）→Compare Means（比较均值）→Independent Sample T Test（独立样本 t 检验），将要检验的变量置入 Test Variable(s)（检验变量），将分组变量置入 Grouping Variable（分组变量），并点击 Define Groups（定义组）输入两个组对应的变量值；

(2)点击 Options（选项）按钮，在 Confidence Interval（置信区间百分比）后面的框中，输入置信度（系统默认为 95%，对应的显著性水平为 5%即 0.05，若需要改变显著性水平如改为 0.01，则在框中输入 99 即可）；

(3)点击 Continue（继续）→OK（确定）。即得到如图 6—10 所示的输出结果。

Group Statistics

	类别	N	Mean	Std. Deviation	Std. Error Mean
月收入（万元）	专卖店	36	1.350	.4469	.0745
	折扣店	25	1.240	.3742	.0748

Independent Samples Test

			月收入（万元） Equal variances assumed	月收入（万元） Equal variances not assumed
Levene's Test for Equality of Variances	F		.932	
	Sig.		.338	
t-test for Equality of Means	t		1.009	1.042
	df		59	56.848
	Sig. (2-tailed)		.317	.302
	Mean Difference		.1100	.1100
	Std. Error Difference		.1090	.1056
	95% Confidence Interval of the Difference	Lower	-.1082	-.1014
		Upper	.3282	.3214

图 6—10　SPSS 软件实现独立样本 t 检验输出结果

图 6—10 中第一个表显示了两个样本的容量、均值、标准差和标准误差；第二个表是检验结果，分为两个部分：表的第二行为方差齐性检验结论，给出检验统计量 F 值，为 0.932，其对应的 p 值为 0.338；表的第三行首先列出了总体方差相等时计算出的 t 统计量，为 1.009，其对应的 p 值为 0.317，同时也给出总体方差不等情况下的 t 统计量，为 1.042，其对应的 p 值为 0.302。

方差齐性检验的假设方式为：$H_0:\sigma_1^2-\sigma_2^2=0$， $H_1:\sigma_1^2-\sigma_2^2\neq 0$

根据拒绝原假设的规则，由于 p 值为 0.338，大于 0.05 的显著性水平，故本例方差齐性检验的结论为不能拒绝原假设，即认为两总体方差相等。则下面的 t 检验要看方差相等时的计算结果。

两总体均值差 t 检验的假设方式为：$H_0:\mu_1-\mu_2=0$，$H_1:\mu_1-\mu_2\neq 0$（因 SPSS 默认执行双侧检验）。根据拒绝原假设的规则，由于方差相等时，计算的 t 统计量所对应的 p 值为 0.317，大于 0.05 的显著性水平，故本例中两总体均值差的检验结论为不能拒绝原假设，即：没有充分理由证明，专卖店顾客总体的月平均收入水平明显地高于折扣店顾客总体的月平均收入水平。

图中表格的最下面是两总体均值差的 $1-\alpha$ 置信区间，若这个区间包含 0，则在 α 水平上不能拒绝原假设，否则要拒绝原假设。本例中两总体均值差的 95%置信区间包含 0，因此在 0.05 的显著性水平上不能拒绝原假设，这与依据 p 值做出的判断相同。

（五）匹配样本的假设检验

前述中学生慢跑的例子属于匹配样本。通过该例子我们可以了解什么是匹配样本及为什么要使用匹配样本。这项试验也可以使用独立样本的形式来做，即我们挑选 30 名男生进行 90 天慢跑锻炼，最后一天测量运动后脉搏恢复到正常水平的平均时间；再从未从事这项锻炼的男生中随机抽取一个样本，慢跑 2000 米后做相同的测量，然后就这两组数据进行分析和推断。但这样做有可能出现一个问题：如果进行锻炼的学生与未锻炼学生本来就存在体质差异，那这种差异必然会对试验造成影响，这时试验结果还能够真实反映慢跑锻炼对增强心肺功能的效果吗？为避免试验因素以外的其他因素对试验结果产生影响，在做试验研究时要尽可能创造相同的试验条件，而使用匹配样本就是方式之一。

对于匹配样本，由于两个样本的个体是一一对应的，则个体差异对试验结果的影响就得到消除。例如上述慢跑锻炼的试验，如果想消除学生体质差异对试验结果的影响，每选择一个学生作为锻炼组样本单位，同时就要选择一个与其体质相同的学生作为对照组样本单位，这就是匹配样本。如果挑选出一组学生进行慢跑锻炼，锻炼前和锻炼后各测一组数据，这也是构造匹配样本的方法。锻炼前数据和锻炼后数据各为一个样本，而每个学生既是前一个样本的个体，又是后一个样本的个体，不存在其他方面的个体差异，如果其锻炼前后脉搏的恢复时间有差异，则基本上可以归结为慢跑锻炼的结果。

由于匹配样本的个体具有对应关系，则根据每对个体的变量值可以计算差值 d 及其均值 $\bar{d}$ 。可以假定：若两个总体均值相同，则 d 的均值应当为零，即：$\mu_d=0$。这样，匹配样本两总体均值差检验就转化为检验 μ_d 是否为零的问题，检验统计量为 t ，服从自由度为 $n-1$ 的 t 分布。即：

$$t=\frac{\bar{d}-\mu_d}{s_d/\sqrt{n}}\sim t(n-1) \tag{6-12}$$

$$s_d=\sqrt{\frac{\sum(d-\bar{d})^2}{n-1}} \tag{6-13}$$

【例 6.5】中学生慢跑试验的例子。表 6-3 是 30 名学生慢跑锻炼前后脉搏恢复时间及差值数据，试以 0.05 的显著性水平检验：学生慢跑锻炼前后脉搏恢复时间是否具有显著差异。

表 6—3　学生慢跑锻炼前后脉搏恢复时间及差值

单位：分钟

学生	脉搏恢复时间			学生	脉搏恢复时间		
	锻炼前	锻炼后	差值 d		锻炼前	锻炼后	差值 d
1	13.5	12.1	1.4	16	13.5	10.8	2.7
2	12.6	11.3	1.3	17	13.8	8.9	4.9
3	13.8	10.5	3.3	18	14.5	10.1	4.4
4	11.1	9.1	2.0	19	12.5	8.5	4.0
5	14.2	11.0	3.2	20	12.8	9.2	3.6
6	11.0	8.8	2.2	21	12.6	8.3	4.3
7	12.5	9.5	3.0	22	14.8	10.1	4.7
8	14.6	13.0	1.6	23	14.5	11.5	3.0
9	13.5	10.5	3.0	24	11.3	7.5	3.8
10	12.1	12.3	−0.2	25	12.3	9.0	3.3
11	10.8	7.8	3.0	26	12.6	8.2	4.4
12	11.0	11.5	−0.5	27	12.1	7.8	4.3
13	12.3	9.9	2.4	28	10.5	7.0	3.5
14	11.5	9.8	1.7	29	11.2	9.9	1.3
15	12.0	10.1	1.9	30	12.5	10.0	2.5

解：首先计算样本差值的均值和标准差：

$$\bar{d}=\frac{\sum d}{n}=\frac{84}{30}=2.8(\text{分})$$

$$s_d=\sqrt{\frac{\sum(d-\bar{d})^2}{n-1}}=\sqrt{\frac{53.1}{29}}=1.3532(\text{分})$$

提出假设：$H_0:\mu_d=0$，　$H_1:\mu_d\neq 0$

确定显著性水平及临界值：$\alpha=0.05$，$t_{0.025}(29)=2.045$

计算检验统计量并做出决策：$t=\dfrac{\bar{d}-\mu_d}{s_d/\sqrt{n}}=\dfrac{2.8-0}{1.3532/\sqrt{30}}=11.33>2.045$

拒绝原假设，可以认为锻炼前后脉搏恢复时间有显著差异。继而结合样本差值的均值 $d=2.8>0$ 可以看出，锻炼后脉搏恢复时间应是显著地低于锻炼前水平。

（六）使用 SPSS 做匹配样本两总体均值差的检验

利用 SPSS 实现【例 6.5】中匹配样本总体均值差的检验过程（数据见所附数据集“data6_04 学生慢跑锻炼前后脉搏恢复时间及差值”）。

操作步骤：

（1）打开数据文件，依次选择 Analyze（分析）→Compare Means（比较均值）→Paired-Sample T Test（匹配样本 t 检验），将要检验的两个变量分别置入 Paired Variables（成对变量）下面的 Variable1（变量 1）和 Variable2（变量 2）；

（2）点击 Options（选项）按钮，在 Confidence Interval（置信区间百分比）后面的框中输入置信度（系统默认为 95%，对应的显著性水平为 5%，即 0.05，若需要改变显著性水平如改为

0.01，则在框中输入 99 即可）；

（3）点击 Continue（继续）→OK（确定），即得到如图 6－11 所示的输出内容。

Paired Samples Test

			Pair 1 锻炼前脉搏恢复时间（分钟）- 锻炼后脉搏恢复时间（分钟）
Paired Differences	Mean		2.8000
	Std. Deviation		1.3532
	Std. Error Mean		.2471
	95% Confidence Interval of the Difference	Lower	2.2947
		Upper	3.3053
t			11.334
df			29
Sig. (2-tailed)			.000

图 6－11　SPSS 匹配样本 t 检验输出结果

图中显示：检验统计量 t 为 11.334，对应的 p 值小于 0.001，即远小于显著性水平 0.05，故检验结论为拒绝原假设、接受备择假设。SPSS 同时还给出了两总体均值差 $1-\alpha$ 置信区间，对其具体内容的解读参见对图 6－9 和图 6－10 的解释。

第三节　总体比率的检验

在描述统计部分，已经学习了比率（比例）的定义及样本比率的抽样分布。在实际工作中还会常遇到对总体比率进行推断的情况，例如，在制造的全部产品中随机抽取样本，根据样本次品率来推断产品总体的次品率。再如，随机调查若干选民，根据选民样本对某位候选人的支持率来推断选民总体的支持率，等等。通常我们用 Π 表示总体比率，用 p 表示样本比率，关于总体比率的假设检验就是依据 p 的抽样分布对 Π 是否等于某个值所做的推断。

一、单一总体比率的检验

单一总体比率的检验也有三种形式，需要根据题意确定：

双侧检验：$H_0:\Pi=\Pi_0$，　$H_1:\Pi\neq\Pi_0$

左侧检验：$H_0:\Pi\geqslant\Pi_0$，　$H_1:\Pi<\Pi_0$

右侧检验：$H_0:\Pi\leqslant\Pi_0$，　$H_1:\Pi>\Pi_0$

式中的 Π_0 表示待检验的总体比率。

当样本容量足够大，即 $n\Pi$ 和 $n(1-\Pi)$ 都大于等于 5 时，样本比率 p 的抽样分布近似服从均值为 Π、标准差为 $\sqrt{\Pi(1-\Pi)}/\sqrt{n}$ 的正态分布。对样本比率做标准化变换，就得到检验统计量：

$$Z=\frac{p-\Pi_0}{\sqrt{\Pi_0(1-\Pi_0)}/\sqrt{n}} \tag{6-14}$$

【例 6.6】甲企业产品中使用的微型电动机采购自专门制造这种电动机的乙企业。合同规定，若一批电动机的次品率不高于 5%，甲企业应当接收；若次品率高于 5%，则产品要退回，乙企业同时还要承担相应的运输、检验费用和损失。现有一批电动机到货，抽取 100 件进行检验，发现有 6 件次品，样本次品率为 6%。试以 0.05 的显著性水平检验：该批产品的次品率是否明显地高于规定的标准。

解：首先判断：由于 $n\Pi=5$，$n(1-\Pi)=95$，均大于等于 5，样本容量足够大，可以使用 Z 检验方法做推断。

提出假设：$H_0:\Pi\leqslant 0.05$，$H_1:\Pi>0.05$

确定显著性水平和临界值：$\alpha=0.05$，$Z_\alpha=Z_{0.05}=1.645$

计算并做出决策：$Z=\dfrac{p-\Pi_0}{\sqrt{\Pi_0(1-\Pi_0)}/\sqrt{n}}=\dfrac{0.06-0.05}{\sqrt{0.05\times 0.95}/\sqrt{100}}=0.4588<1.645$

故不能拒绝原假设，不能认为该批电动机次品率高于规定的标准，应当予以接收。

二、使用 SPSS 软件实现单一总体比率的检验

比率属于二项分布，使用 SPSS 软件做单一总体比率的检验时，可以选择非参数检验（Nonparametric Tests）中的二项分布检验（Binomial Test）或卡方检验（Chi-Square Test）来做。下面给出利用 SPSS 实现【例 6.6】中单一总体比率的二项分布检验过程。注意：数据文件需要整理为图 6－12 所示的形式（见所附数据集“data6_06 产品合格率检验”），检验结果 1 代表合格品、2 代表次品。

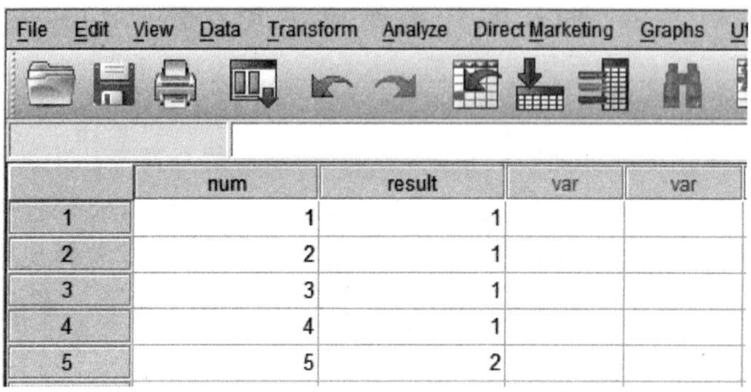

图 6－12　SPSS 软件中进行二项分布检验的数据形式

操作步骤：

（1）打开数据文件，依次选择 Analyze（分析）→Nonparametric Tests（非参数检验）→Binomial Test（二项分布检验），将要检验的变量“检验结果”置入 Test Variable List（检验变量列表）；

（2）在 Test Proportion（检验比例）框中输入 0.95（在此必须输入数据文件中第一个观测的变量值，本例中第一个观测的检验结果为 1，代表合格品，而产品总体合格的条件为合格率不低于 95%，注意不能输入错）；

（3）点击 OK（确定），即可得到如图 6－13 所示的输出结果。

可以看到，图 6－13 中显示的 p 值为 0.436，由于其大于 0.05 的显著性水平，故检验结

Binomial Test						
		Category	N	Observed Prop.	Test Prop.	Exact Sig. (1-tailed)
NEW	Group 1	1.00	94	.94	.95	.384[a]
	Group 2	.00	6	.06		
	Total		100	1.00		

a. Alternative hypothesis states that the proportion of cases in the first group < .95.

图 6－13　SPSS 二项分布检验的输出结果

论是不能拒绝原假设。

三、两总体比率差的检验

如果现有两个样本，但两个样本的比率不一致，想要判断这两个样本所从属总体的比率是否也存在差异，这就是两总体比率差的检验问题。

设两总体比率差为 D_0，则两总体比率差检验有三种假设形式：

双侧检验：$H_0:\Pi_1-\Pi_2=D_0$，　$H_1:\Pi_1-\Pi_2\neq D_0$

左侧检验：$H_0:\Pi_1-\Pi_2\geqslant D_0$，　$H_1:\Pi_1-\Pi_2<D_0$

右侧检验：$H_0:\Pi_1-\Pi_2\leqslant D_0$，　$H_1:\Pi_1-\Pi_2>D_0$

最常见的检验是推断两总体比率是否相同，即 D_0 是否为 0，因此，两总体比率差的检验问题最常见的是双侧检验，假设形式为：$H_0:\Pi_1-\Pi_2=0$；$H_1:\Pi_1-\Pi_2\neq 0$。

当两样本容量均足够大时（$n_1\Pi_1\geqslant 5$，$n_1(1-\Pi_1)\geqslant 5$；$n_2\Pi_2\geqslant 5$，$n_2(1-\Pi_2)\geqslant 5$），样本比率差 p_1-p_2 的抽样分布近似服从均值为 $\Pi_1-\Pi_2$、标准差为 $\sigma_{p_1-p_2}$ 的正态分布。

其中，

$$\sigma_{p_1-p_2}=\sqrt{\frac{\Pi_1(1-\Pi_1)}{n_1}+\frac{\Pi_2(1-\Pi_2)}{n_2}} \tag{6-15}$$

由于做假设检验时原假设通常为假定两总体比率相等，即 $\Pi_1=\Pi_2$，此时式(6－15)就转化为：

$$\sigma_{p_1-p_2}=\sqrt{\frac{\Pi_1(1-\Pi_1)}{n_1}+\frac{\Pi_2(1-\Pi_2)}{n_2}}=\sqrt{\Pi(1-\Pi)\left(\frac{1}{n_1}+\frac{1}{n_2}\right)} \tag{6-16}$$

由于总体比率 Π 未知，可以用两个样本比率 p_1 和 p_2 的合并估计值（即加权算术平均数）p 来代替 Π，有：

$$\sigma_{p_1-p_2}=\sqrt{p(1-p)\left(\frac{1}{n_1}+\frac{1}{n_2}\right)} \tag{6-17}$$

$$p=\frac{n_1p_1+n_2p_2}{n_1+n_2} \tag{6-18}$$

对样本比率差做标准化变换，就得到检验统计量：

$$Z=\frac{(p_1-p_2)-(\Pi_1-\Pi_2)}{\sqrt{p(1-p)\left(\frac{1}{n_1}+\frac{1}{n_2}\right)}}=\frac{p_1-p_2}{\sqrt{p(1-p)\left(\frac{1}{n_1}+\frac{1}{n_2}\right)}} \tag{6-19}$$

【例 6.7】某省一项针对女性社会地位的调查结果显示：被调查的 1200 名 20 至 30 岁青

年女性中，拥有大专及以上学历者为 390 人，占 32.5%；被调查的 1000 名 20 至 30 岁青年男性中，拥有大专及以上学历者为 306 人，占 30.6%。试以 0.05 的显著性水平检验：该省 30 岁以下青年女性中，拥有大专及以上学历的比率是否显著地高于青年男性的这一比率。

解：首先判断两个样本的容量是否足够大。由于两总体的比率未知，故使用样本比率代替，有：$n_1p_1 = 390 \geqslant 5$，$n_1(1-p_1) = 810 \geqslant 5$；$n_2p_2 = 306 \geqslant 5$，$n_2(1-p_2) = 694 \geqslant 5$ 可知两样本容量均足够大。

提出假设：$H_0: \Pi_1 - \Pi_2 \leqslant 0$，　$H_1: \Pi_1 - \Pi_2 > 0$

确定显著性水平及临界值：$\alpha = 0.05, Z_\alpha = Z_{0.05} = 1.645$

计算总体比率 Π 的合并估计值 p：

$$p = \frac{n_1p_1 + n_2p_2}{n_1 + n_2} = \frac{0.325 \times 1200 + 0.306 \times 1000}{1200 + 1000} = 0.3164$$

计算检验统计量并决策：

$$Z = \frac{p_1 - p_2}{\sqrt{p(1-p)\left(\frac{1}{n_1} + \frac{1}{n_2}\right)}} = \frac{0.325 - 0.306}{\sqrt{0.3164 \times 0.6836\left(\frac{1}{1200} + \frac{1}{1000}\right)}} = \frac{0.019}{0.0199} = 0.9541 < 1.645$$

故不能拒绝原假设，即：没有充分证据证明，该省 30 岁以下女性青年拥有大专及以上学历的比率明显地高于男性青年的这个比率。

四、使用 SPSS 软件实现两总体比率差的检验

可以使用 SPSS 软件非参数检验中的两独立样本检验(2 Independent-Samples Tests)方法来实现【例 6.7】中两总体比率差的检验过程。注意：此时的数据文件应整理为如图 6－14 所示的形式（见所附数据集“data6_07 样本的性别及学历情况”），要使用值标签区分性别和学历。本例中性别变量 1 为女性、2 为男性，学历变量 1 为大专及以上、2 为大专以下。

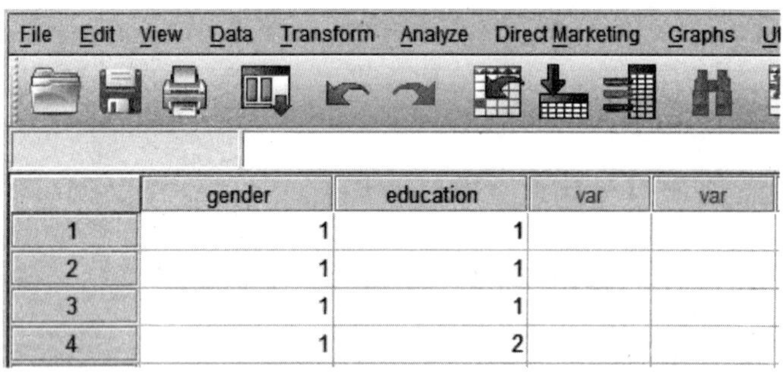

图 6－14　利用 SPSS 实现两独立样本非参数检验的数据形式

操作步骤：

(1)打开数据文件，依次选择 Analyze(分析)→Nonparametric Tests(非参数检验)→2 Independent-Samples Tests(两独立样本检验)，将要检验的变量“学历”置入 Test Variable List(两个独立样本检验)，将分组变量“性别”置入 Grouping Vairable(分组变量)，点击 Define Groups(定义组)输入性别的两个值；

(2)使用系统默认的 Mann-Whitney U(曼－惠特尼 U)检验方法，点击 OK(确定)，即可得到如图 6－15 所示的输出结果。

Hypothesis Test Summary

	Null Hypothesis	Test	Sig.	Decision
1	The distribution of 学历 is the same across categories of 性别.	Independent-Samples Mann-Whitney U Test	.443	Retain the null hypothesis.

Asymptotic significances are displayed. The significance level is .05.

图 6－15　SPSS 两独立样本 Mann-Whitney U 检验输出结果

图 6－15 中，三个检验统计量所对应的 p 值均为 0.443，明显大于 0.05 的显著性水平，故检验结论是不能拒绝原假设。

第四节　总体方差的检验

方差和标准差是测度数据分布离散情况的主要统计量。很多时候还需要关注分布的离散水平。例如，在投资领域，收益率相同的情况下，投资组合的收益率方差小就意味着风险较小。再如，我们注重提高平均收入水平的同时，也需要关注收入方差或标准差的变化，如果方差或标准差变大，就表明分配不公的情况在加剧。对于很多制造业企业而言，有效控制生产过程的方差对于保证产品质量更是至关重要。

在很多情况下，如果只掌握样本方差的信息，据此判断总体方差情况，这就要运用假设检验工具。

一、单一总体方差的检验

根据参数估计部分的阐述，若样本来自正态总体，样本方差为 s^2，可以构造统计量 χ^2，若假设总体方差等于某个确定的值 σ_0^2，则 χ^2 服从自由度为$(n-1)$的 χ^2 分布。即：

$$\chi^2=\frac{(n-1)s^2}{\sigma_0^2}\sim\chi^2(n-1) \tag{6-20}$$

这就是单一总体方差检验的检验统计量。

χ^2 分布是非负分布，自由度较小时其概率密度曲线不对称，随着自由度的增加越来越接近于对称。图 6－16 显示了 4 种自由度的 χ^2 分布概率密度曲线。当仅就某个具体案例做总体方差检验时，自由度是确定的值，原假设成立情况下的 χ^2 分布概率密度曲线也是唯一的，这时只要给定显著性水平 α，就可以确定临界值。图 6－17 显示了自由度为 10 的 χ^2 分布概率密度曲线，当 α 为 0.05 且做右侧检验时，临界值 χ^2_α 为 18.31，意味着若原假设成立，所有可能样本的 χ^2 值中有 95%小于等于 18.31，只有 5%的 χ^2 值大于 18.31。若一次试验就出现大于 18.31 的 χ^2 值是不合乎逻辑的，因此要拒绝原假设；若一次试验出现的 χ^2 值不大于 18.31，则不能拒绝原假设。

注意：对于给定的显著性水平 α，单侧检验时，若 χ^2_α 为右侧临界值，则左侧临界值为 $\chi^2_{1-\alpha}$；双侧检验时，$\chi^2_{\alpha/2}$ 为右侧临界值，则左侧临界值为 $\chi^2_{1-\alpha/2}$。

一个总体方差的检验有三种形式，其假设方式分别为：

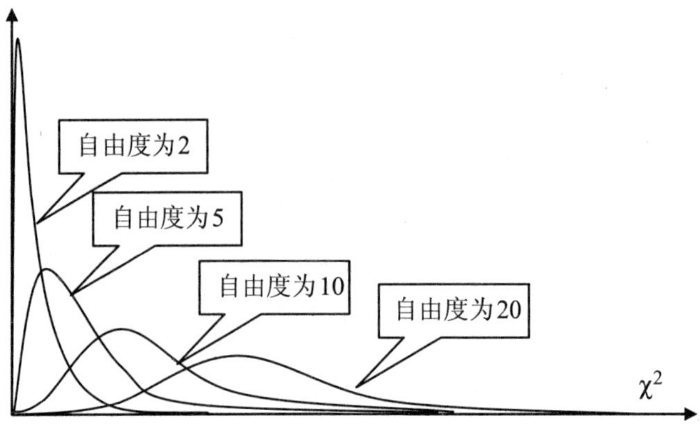

图 6－16　4 种自由度的 χ^2 分布概率密度曲线

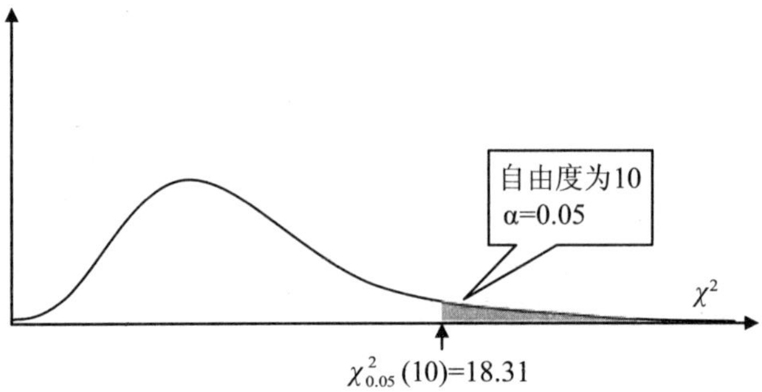

图 6－17　自由度为 10 的 χ^2 分布概率密度曲线及临界值

双侧检验：$H_0:\sigma^2=\sigma_0^2$，　$H_1:\sigma^2\neq\sigma_0^2$

左侧检验：$H_0:\sigma^2\geqslant\sigma_0^2$，　$H_1:\sigma^2<\sigma_0^2$

右侧检验：$H_0:\sigma^2\leqslant\sigma_0^2$，　$H_1:\sigma^2>\sigma_0^2$

【例 6.8】某产品外径加工规格要求为 15 ± 0.3cm，实际工作中已经将加工误差即标准差控制到 0.1cm，加工误差近似服从正态分布。企业为进一步提高该产品的质量，又对设备做了改进，改进后随机抽取了 30 件产品测量，加工误差均值为 0.07cm，即方差为 0.0049。试以 0.05 的显著性水平检验：设备改进后产品总体的加工误差水平是否有明显地下降。

解：提出假设：$H_0:\sigma^2\geqslant0.01$，　$H_1:\sigma^2<0.01$

确定显著性水平及临界值：$\alpha=0.05$，　$\chi_{0.95}{}^2(29)=17.71$

计算并做出决策：$\chi^2=\dfrac{(n-1)s^2}{\sigma_0^2}=\dfrac{29\times0.0049}{0.01}=14.21<17.71$

故拒绝原假设，证明设备改进后产品总体的加工误差水平有明显地下降。

二、两总体方差的检验

如果只有两个独立样本，两样本的方差 s_1^2 和 s_2^2 不同，想判断这两个样本所来自总体的方差 σ_1^2 和 σ_2^2 是否也有所不同，就是两总体方差的检验问题。将提供较大方差样本的总体定义为总体 1，其样本容量记为 n_1，相应地，另一总体为总体 2，其样本的容量记为 n_2。当两个总体均为正态总体且总体方差相等时，两个样本方差之比服从分子自由度为 n_1-1、分母自由度为 n_2-1 的 F 分布，即：

$$F=\frac{s_1^2}{s_2^2}\sim F(n_1-1,n_2-1) \tag{6—21}$$

由于两样本的方差不同，因此，两总体方差检验的原假设为两总体方差相同，显然，检验统计量即为 F。F 值永远不取负数，F 分布的概率密度曲线是一族曲线，其形状取决于分子和分母两个自由度。因为计算 F 值的分子是较大的样本方差，对于给定的 α，尾概率将出现在 F 分布右侧，分割点标记为 F_α，意味着在原假设成立的 F 分布中，只有 α 那么多的 F 值大于 F_α。图 6—18 显示了分子自由度和分母自由度均为 20 的 F 分布曲线，若给定 $\alpha=0.05$，则 $F_{0.05}(20,20)=2.12$，表明若原假设成立，只有 5%的 F 值大于 2.12，95%的 F 值小于等于 2.12。如果一次试验出现了大于 2.12 的 F 值，就意味着小概率事件发生，与原假设成立相矛盾，这时就要拒绝原假设；如果一次试验出现的 F 值不大于临界值 2.12，就没有充分的理由拒绝原假设。

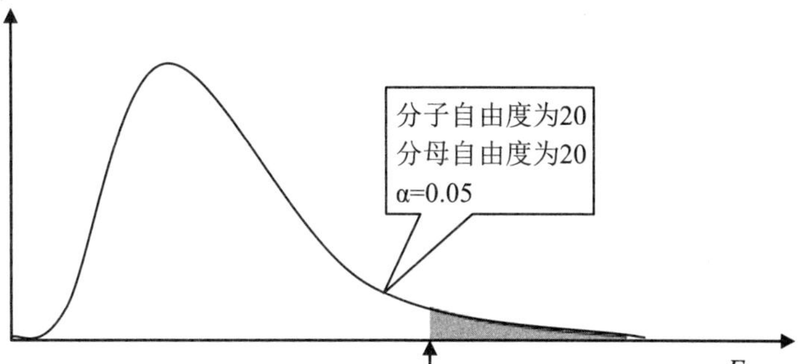

图 6—18 F 分布与临界值

定义计算 F 值的分子为较大的样本方差，计算出的检验统计量永远出现在分布的右侧即上侧，这时只需要将其与右侧临界值比较，左侧检验是不存在的，查表或使用统计软件只需要确定右侧临界值即可。此时的假设形式为：

双侧检验：$H_0:\sigma_1^2=\sigma_2^2$，　$H_1:\sigma_1^2\neq\sigma_2^2$

右侧检验：$H_0:\sigma_1^2\leqslant\sigma_2^2$，　$H_1:\sigma_1^2>\sigma_2^2$

【例 6.9】某公司有 A、B 两条生产线生产同一种产品，某日从两条生产线分别抽取容量均为 25 的样本测量产品基本参数，样本 A 均值为 10.03mm，方差为 0.0064mm；样本 B 均值为 10.02mm，方差为 0.0025mm。试以 0.05 的显著性水平检验：A 生产线的总体方差是否显著大于 B 生产线。

解：提出假设：$H_0:\sigma_1^2\leqslant\sigma_2^2$，　$H_1:\sigma_1^2>\sigma_2^2$

确定显著性水平及临界值：$\alpha=0.05$，$F_{0.05}(24,24)=1.98$

计算并做出决策：$F=\frac{s_1^2}{s_2^2}=\frac{0.0064}{0.0025}=2.56>1.98$

故拒绝原假设，可以认为 A 生产线的总体方差显著大于 B 生产线。

三、使用 SPSS 软件实现两个或多个总体方差的检验

前述两个正态总体方差的检验，可以使用 SPSS 软件的方差齐性检验操作完成。当总体扩展到 3 个或 3 个以上时，同样可以使用 SPSS 的方差齐性检验功能来推断这些总体的方差是否相同。一些常用的统计工具对总体分布有要求，而方差相等就是其中之一，例如方差分析，就要求各总体方差相等。因此，检验总体方差是否相同是一项基础性的工作。

SPSS 的“描述统计”和“比较均值”菜单中均设有方差齐性检验的操作，此处只介绍前一项操作。使用的数据如图 6－19 所示（见所附数据集“data6_05 三个品牌设备的工作效率”）。在 0.05 的显著性水平下，检验某种设备 A、B、C 三个品牌的工作效率情况。

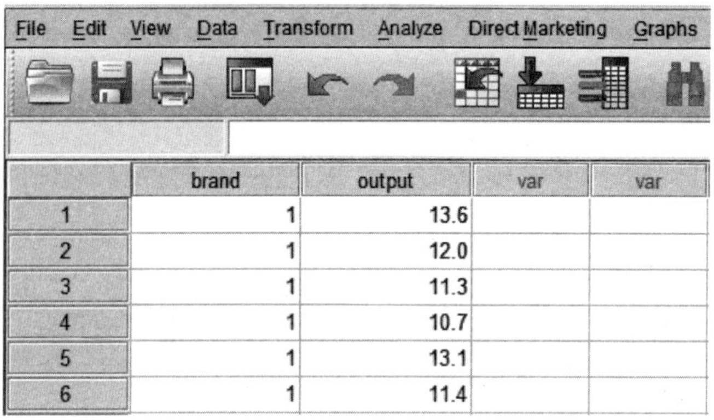

图 6－19 利用 SPSS 实现三个样本方差齐次检验的数据形式

操作步骤：

（1）打开数据文件，依次选择 Analyze（分析）→Descriptive Statistics（描述统计）→Explore（探索），将要检验的变量“产量”置入 Dependent List（因变量列表），将分组变量“品牌”置入 Factor List（因子列表）；

（2）点击 Plots（绘制），在 Spread vs Level with Levene Test（申展与级别 Levene 检验）框中选 Untransformed（未转换）；

（3）点击 Continue（继续）→OK（确定）。

此项操作输出常用的 Levene 方差齐性检验结果，详见图 6－20。

Test of Homogeneity of Variance

		Levene Statistic	df1	df2	Sig.
产量	Based on Mean	1.069	2	25	.358
	Based on Median	1.035	2	25	.370
	Based on Median and with adjusted df	1.035	2	24.839	.370
	Based on trimmed mean	1.069	2	25	.358

图 6－20 SPSS 输出的 Levene 方差齐性检验结果

图 6－20 中，表格的第二列为 Levene 统计量，自上而下分别为：依据均值的结果、依据中位数的结果、依据中位数及调整自由度的结果、依据调整均值的结果；第三、四列分别为分

子自由度、分母自由度(Levene 统计量是 F 统计量,对应有两个自由度);第五列是各 Levene 统计量对应的 p 值。显然,所有的 p 值均大于设定的显著性水平 0.05,因此,无论是基于哪个 Levene 统计量判断,都不能拒绝原假设。方差齐性检验的假设形式为:

$H_0:\sigma_1^2=\sigma_2^2=\cdots=\sigma_k^2$,　H_1:至少有一个总体方差不相等

因此,对于本例而言,检验的结论是:三个总体的方差都相等。

本章小结

假设检验是依据样本信息对总体进行推断的统计工具。假设检验与参数估计的区别是:参数估计回答未知的总体参数是多少,假设检验则回答未知的总体参数是否等于(或不等于)某个值。但两种方法所依据的理论基础是相同的,即样本统计量的抽样分布。因此,使用参数估计的方法也可以回答假设检验问题。

本章介绍了对总体均值、比率、方差的假设检验方法,包括一个总体、两个(多个)总体的检验。不论是哪种检验,均要提出两个假设:原假设和备择假设。两个假设是相互对立的,检验结果只能保留其中一个。需要注意的是,进行假设检验时,不是在两个假设中间“居中裁判”,证据倾向于哪个假设我们就支持哪个假设。进行假设检验的出发点是要拒绝原假设,因此,当原假设被拒绝时,可以说“通过了检验”,而不能拒绝原假设时,就说“未通过检验”。

正确提出假设非常重要,一个很有用的规则是“以看到的样本现象的反现象为原假设”。原假设和备择假设都是对总体的一种说明,正确的假设中不应出现样本信息(符号或数值)。通常对总体参数的检验涉及三种检验形式,即双侧检验、右侧检验和左侧检验。无论是哪种检验,等号都要写在原假设一方。

假设检验是概率性质的反证法,无论最终保留了哪个假设,都有可能犯错误。拒绝原假设,可能犯第一类错误,即弃真错误;不拒绝原假设,可能犯第二类错误,即取伪错误。为了防止出错的概率过高,做假设检验时,要预先设定犯错误的概率上限。但受条件限制,通常只设定犯第一类错误的概率上限 α 。α 也称为显著性水平,通常设为较小的概率,常用的水平为 0.05。如果需要,也可以设定犯第二类错误概率 β 的上限,但这时需要对总体情况做双重假设。设定 β 的主要目的是确定检验功效。检验功效用 $1-\beta$ 来表示,其含义是拒绝错误假设的概率。进行假设检验时,当然希望有较高的检验功效,因此 β 通常也设为较小的概率。其他条件不变的情况下,α 与 β 是此消彼长的关系,如果想将二者都控制在比较低的水平上,就只能增大样本容量。

用手工做题方式做假设检验,通常的程序是:提出假设→确定检验统计量→确定显著性水平和临界值→确定拒绝原假设的规则→计算检验统计量并做出决策。检验统计量视不同的检验内容及条件确定。检验总体均值和比率时;有 Z 统计量和 t 统计量;检验总体方差时,有 χ^2 统计量和 F 统计量。需要记住这些检验统计量的计算公式。临界值一般需要通过查表的方式确定,现在也可以使用诸如 Excel 等软件来查询。

如果使用 SPSS 软件做假设检验,需要建立 SPSS 数据文件,通过菜单操作设置显著性水平,剩下的主要事情就是解读输出结果。SPSS 软件做任何假设检验,均计算并输出 p 值(即输出结果中的 sig),若其小于等于预先设定的显著性水平 α ,要拒绝原假设,接受备择

假设。

p 值是拒绝原假设时犯第一类错误的实际可能，p 值越小，拒绝原假设的底气就越足。如果 p 值小于 α，但二者比较接近，这时需要慎重下结论。因为此时的检验结论虽然是“差异显著”，但仅仅是“统计显著”，可能并不具有“实际显著”意义。

最后要说明一点：本章介绍的检验方法也称为“参数假设检验”或“参数方法”，因为这些方法对总体分布有条件要求，比如正态分布、方差相同。判断总体分布是否服从或近似服从正态分布、方差是否相等，是对数据所做的前期分析或先导性分析，在 SPSS 软件中列为“描述统计”中的“探索分析”的内容。如果总体分布符合相应的要求，可以使用本章介绍的方法进行检验；如果总体分布不符合相应要求，或总体分布形态是未知的，则需要使用非参数检验方法。

习　题

一、单项选择题

1. 小概率事件在一次试验中（　　）。

   A. 肯定不会发生　　B. 一定会发生　　C. 几乎不会发生　　D. 很可能发生

2. 做假设检验时需要提出两个截然相反的假设，其中与样本情况相同的假设是（　　）。

   A. 原假设　　B. 备择假设　　C. 零假设　　D. 虚无假设

3. 进行假设检验，其结果是（　　）。

   A. 原假设一定会被拒绝　　B. 备择假设一定会被拒绝

   C. 两个假设会被同时拒绝　　D. 原假设和备择假设中有一个被拒绝

4. 下列对两类错误的解释中，错误的是（　　）。

   A. 如果我们拒绝原假设，可能犯第一类错误

   B. 如果原假设不被拒绝，我们可能犯第二类错误

   C. 如果我们拒绝原假设，可能犯第二类错误

   D. 如果原假设被拒绝，我们不可能犯第二类错误

5. 在显著性水平 α 为 0.05 的条件下拒绝原假设，意味着（　　）。

   A. 犯第一类错误的概率不会超过 0.05

   B. 犯第二类错误的概率不会超过 0.05

   C. 犯第一类错误的概率不会超过 0.95

   D. 犯第二类错误的概率不会超过 0.95

6. 在显著性水平 α 为 0.05 的条件下不拒绝原假设，我们犯错误的概率（　　）。

   A. 不超过 0.05　　B. 不超过 0.95　　C. 不低于 0.05　　D. 无法确定

7. 假设检验的结果是不能拒绝原假设，意味着（　）。

   A. 原假设一定是正确的

   B. 备择假设一定是错误的

   C. 原假设可能是正确的，只是我们没有足够的理由来肯定它

   D. 原假设可能是错误的，只是我们没有足够的理由来否定它

8. 某机构声称有6成的中国成年人喜欢过西方节日，而一个研究小组认为实际的比例没有那么高，并就此问题做了专门调查。其调查的随机样本信息显示：喜欢或比较喜欢过西方节日的中国成年人占被调查者总数的53%。如果依据样本信息对总体比例做左侧检验，正确的假设方式是（　　）。

A. $H_0:\Pi > 0.6, H_1:\Pi < 0.6$　　B. $H_0:\Pi \geqslant 0.6, H_1:\Pi < 0.6$

C. $H_0:\Pi > 0.6, H_1:\Pi \leqslant 0.6$　　D. $H_0:\Pi > 0.53, H_1:\Pi < 0.53$

9. 某饮料生产企业装瓶标准为400ml。某日从生产线上随机抽取10瓶测量，发现样本均值为397ml。欲检验当日生产的产品总体均值是否与400ml有显著差异，正确的假设方式是（　　）。

A. $H_0:\mu = 400, H_1:\mu = 397$　　B. $H_0:\mu \neq 400, H_1:\mu = 400$

C. $H_0:\mu = 400, H_1:\mu \neq 400$　　D. $H_0:\mu = 400, H_1:\mu > 400$

10. 以0.05的显著性水平做总体均值的左侧检验，查t分布表得到的临界值为1.74，此时拒绝原假设的规则是（　　）。

A. 检验统计量大于1.74　　B. 检验统计量小于1.74

C. 检验统计量大于－1.74　　D. 检验统计量小于－1.74

11. 以0.05的显著性水平做总体均值的双侧检验，检验结论是拒绝原假设、接受备择假设。如果其他条件不变，加大样本容量再做一次检验，检验结论将会是（　　）。

A. 原假设可能不被拒绝　　B. 原假设必然会被拒绝

C. 备择假设可能会被接受　　D. 备择假设一定会被接受

12. 以0.05的显著性水平做总体均值的双侧检验，检验结论是不能拒绝原假设。如果其他条件不变，以同样的显著性水平再做一次单侧检验，检验结论将会是（　　）。

A. 不能拒绝原假设　　B. 原假设一定会被拒绝

C. 原假设可能会被拒绝　　D. 备择假设会被接受

13. 以0.05的显著性水平做总体均值的右侧检验，临界值为1.645，则下列检验统计量中，对应检验结论可能最具有实际显著意义的是（　　）。

A. 0.01　　B. 1.25　　C. 1.75　　D. 2.60

14. 某企业购入配件时用抽样检验方式检查配件质量，设计的抽检方案中$\alpha = 0.05$，$\beta = 0.1$，则该项检验的检验功效是（　　）。

A. 0.05　　B. 0.95　　C. 0.1　　D. 0.9

15. p一值也被称作“实测的显著性水平”或“实际的显著性概率”，它可以被理解为（　　）。

A. 原假设不能成立的概率　　B. 备择假设能够成立的概率

C. 原假设能够成立的概率　　D. 不拒绝原假设犯错误的概率

16. 如果以0.05的显著性水平做总体均值的双侧检验，下列p值中应当拒绝原假设、接受备择假设的是（　　）。

A. 0.01　　B. 0.03　　C. 0.05　　D. 0.10

17. 某企业用参数估计的方法检验其产品射程均值是否等于250米。下列4个基于样本均值做出的总体射程均值99%的置信区间中，应当以0.01显著性水平拒绝原假设的是（　　）。

A. [247.0,251.4]　　B. [246.8,251.2]

C. [246.7,250.3]　　D. [246.1,249.9]

18. 以0.05的显著性水平做总体均值的左侧检验，样本容量为50，样本均值为100，样本标准差为45。查t分布表确定临界值时，对应的自由度应为(　　)。

A. 45　　B. 49　　C. 50　　D. 100

19. 就同一个样本数据以0.05的显著性水平分别做总体均值的双侧检验和左侧检验，则(　　)。

A. 若双侧检验拒绝了原假设，左侧检验也一定拒绝原假设

B. 若双侧检验拒绝了原假设，左侧检验不一定拒绝原假设

C. 若双侧检验不能拒绝原假设，左侧检验一定不能拒绝原假设

D. 若双侧检验不能拒绝原假设，左侧检验一定能拒绝原假设

20. 做假设检验时，在其他条件相同的情况下，如果将显著性水平α由0.05减小到0.01，则犯第二类错误的概率β将(　　)。

A. 相应地变小　　B. 有所增加

C. 保持不变　　D. 无法确定如何变化

二、多项选择题

1. 关于提出假设的下列说法中，错误的是(　　)。

A. 原假设与我们看到的样本现象一致，备择假设是样本现象的反现象

B. 原假设和备择假设是相互对立的，检验结果只能保留一个假设

C. 原假设是我们想支持的结论，因此，不能拒绝原假设就表明通过了检验

D. 如果涉及检验总体参数，等号一定要放在原假设一方

E. 如果涉及检验总体参数，等号不一定放在原假设一方

2. 假设检验的结果是拒绝原假设、接受备择假设，则意味着(　　)。

A. 我们做的是一种概率判断，而非绝对的结论

B. 我们认为原假设成立的概率很小，因此要拒绝它

C. 原假设也有可能是对的，我们可能会犯第一类错误即弃真错误

D. 备择假设也可能是错的，我们可能会犯第二类错误即取伪错误

E. 无论是第一类错误或第二类错误，我们出错的概率都不大

3. 关于两类错误的下列说法中，正确的是(　　)。

A. 如果我们拒绝原假设，就犯了第一类错误即弃真错误

B. 如果我们不拒绝原假设，就犯了第二类错误即取伪错误

C. 由于原假设和备择假设只能保留一个，因此我们不可能同时犯两类错误

D. 显著性水平α是我们设置的犯第一类错误的概率界限

E. 如果α是一个比较小的概率，则犯第二类错误的概率β就会很大

4. 关于p值的下列解释中，正确的是(　　)。

A. p值是原假设成立的概率

B. p值是原假设不能成立的概率

C. p值是备择假设成立的概率

D. p值是犯第一类错误的实际可能

E. p 值是犯第二类错误的实际可能

5. 对于右侧检验而言，拒绝原假设的规则包括(　　)。

A. 检验统计量大于临界值

B. 检验统计量小于临界值

C. p 值大于显著性水平

D. p 值小于显著性水平

E. 检验统计量和 p 值同时大于临界值

6. 关于双侧检验和单侧检验的下列表述中，正确的是(　　)。

A. 若显著性水平相同，则双侧检验和单侧检验的结论相同

B. 在显著性水平相同情况下，双侧检验和单侧检验的结论可能不同

C. 在显著性水平相同情况下，双侧检验和单侧检验的结论一定不同

D. 其他条件相同情况的下，双侧检验更容易拒绝原假设

E. 其他条件相同情况的下，单侧检验更容易拒绝原假设

三、计算题

1. 某品牌袋装加碘食盐装袋规格为净重 350 克，标准差为 5 克，每袋净重服从正态分布。某日从包装生产线随机抽取 16 袋检验，发现平均净重为 347 克。试以 0.05 的显著性水平检验：产品总体平均净重是否已经明显地偏离了规格标准，从而说明该生产线出了问题。

2. 某地政府统计机构公布城镇居民人均月居住支出(含水电燃料、装潢、租赁、物业管理、取暖维修等费用)为 145 元。某研究机构认为这个数字与居民实际支出相差较大，于是抽取一个由 100 户城镇居民构成的随机样本进行调查，样本信息显示月人均居住支出为 158 元，标准差为 130 元。试以 0.05 的显著性水平检验：该地居民人均居住支出水平是否明显地高于统计机构公布的数据。

3. 某内衣生产商拟将其产品进入超市销售，并向超市声称产品的正品率不低于 98%。超市随机抽取了 200 件检验，结果发现 8 件次品。试以 0.05 的显著性水平检验内衣生产商的说法是否为真。

4. 2020 年第六次全国人口普查时，某市 65 岁以上老年人口占总人口的比率为 14.7%，根据有关递增速度推算，2022 年这个比率将达到 17%。市老年人口协会欲验证这个推算结果，随机抽选取了 400 名居民，发现其中 66 人年龄在 65 岁以上。试以 0.05 的显著性水平检验 17%这个推算结果的准确性。

5. 某公交公司推行服务质量年活动，其中一项工作是提高车辆到站的正点率。公司提出的目标是到站时间的方差不超过 5 分钟。活动中在某个中心站点随机抽取记录了 25 辆公交车的到站时间，得到的样本方差为 5.3 分钟。假设公交车到站时间总体近似服从正态分布，试以 0.05 的显著性水平检验：该公司到站正点率的活动目标是否已经达到。

6. 某公司在平炉上进行一项试验，以确定使用新的操作方法是否会增加得钢率。试验在同一座平炉上进行，除操作方法外，其他生产条件都尽可能做到相同，传统方法与新方法交替使用，各炼 10 炉钢，其得钢率(单位：%)分别为：

传统方法	78.1	72.4	76.2	74.3	77.4	78.4	76.0	75.5	76.7	77.3
新方法	79.1	81.0	77.3	79.1	80.0	79.1	79.1	77.3	80.2	82.1

假设总体得钢率近似服从正态分布，两种方法得钢率的方差相同，试以0.05的显著性水平检验：新方法得钢率是否明显地高于传统方法的得钢率。

四、操作题

1. 企业生产某种专用螺栓，规定直径为10mm，直径数据服从正态分布。某日随机抽查了20个螺栓，其直径数据记录在所附SPSS数据集“E6_01 螺栓直径”。试以0.01的显著性水平检验螺栓总体平均直径是否明显地偏离规格要求。判断本题应使用的SPSS分析方法，进行分析并得出结论。

2. 为研究某种减肥茶是否具有明显的减肥效果，某美体健身机构对36名肥胖志愿者进行了减肥跟踪调查。首先记录其喝减肥茶以前的体重，饮用三个月后再记录其体重，饮用期间不使用其他减肥药物或保健品，不控制饮食，也不做专门的减肥运动，调查结果见所附数据集“E6_02 减肥茶的减肥功效”。试以0.05的显著性水平检验：该减肥茶的减肥效果是否明显。判断本题应使用的SPSS分析方法，进行分析并得出结论。

3. 将25名糖尿病患者随机分成甲乙两组。甲组单纯用药物治疗，乙组采用药物治疗合并饮食疗法。两个月后测空腹血糖，调研结果见所附数据集“E6_03 两种糖尿病疗法的疗效”。试以0.05的显著性水平检验：两种疗法的总体疗效是否存在显著差异。判断本题应使用的SPSS分析方法，进行分析并得出结论。

4. 某速递公司的熟练业务员平均每人每小时分拣处理包裹数量为450件。公司近期新雇用了一批业务员，正组织业务培训。现从受训员工中随机抽取50人进行观察，并记录下他们处理包裹的数量，调查结果见所附数据集“E6_04 快递公司员工工作效率”。试以0.05的显著性水平检验：新雇用员工的总体工作效率能否达到熟练业务员的水平？判断本题应使用的SPSS分析方法，进行分析并得出结论。

5. 本章引例（即例6.1）数据保存在所附数据集“E6_05 样本化妆品重量”中。试做一个样本的 t 检验，并与教材的分析结果做比较（注意：使用SPSS做假设检验时总体方差是未知的，因此检验统计量为 t 统计量，与教材的分析略有区别）。

6. 本章例6.2数据保存在所附数据集“E6_06 旅客对某机场服务质量的评分”中。试做一个样本的 t 检验，并与教材的分析结果做比较。

7. 本章例6.4数据保存在所附数据集“E6_07 样本顾客月收入水平”中。试做独立样本 t 检验，并与教材的分析结果做比较。

第七章 方差分析

引 例

某市园林部门准备采购一批割草机，经比较相关产品介绍资料，将目标锁定在功率相同的A、B、C三个品牌上。为实际考查产品的工作效率，园林部门挑选了30名工人，随机分为3组，分别使用三种品牌的割草机样机进行作业，并记录下单位时间割草面积，数据如表7—1所示(见所附数据集"data7_01 三种品牌割草机工作效率")。现在该部门需要判断哪个品牌产品的工作效率最高，以确定购买目标。

表7—1 三种品牌割草机工作效率

	A	B	C	D
1	序号	单位时间割草面积（平方米）		
2		A品牌	B品牌	C品牌
3	1	18.6	19.2	19.1
4	2	19.3	20.4	18.9
5	3	18.8	19.8	18.2
6	4	19.6	20.5	18.6
7	5	18.1	19.7	19.0
8	6	19.3	19.0	19.0
9	7	19.7	19.4	18.9
10	8	19.8	19.5	19.5
11	9	18.6	19.5	19.8
12	10	19.2	20.0	19.0
13	均值	19.1	19.7	19.0
14	方差	0.309	0.238	0.191

表7—1显示B品牌的均值最大，但我们并不能据此判断说B品牌工作效率最高，因为表中的数据仅仅是样本数据，样本均值存在差异并不意味着总体均值也一定存在差异，即这种差异不一定是"显著的"，需要通过假设检验的方法来进行推断。上述引例有三个样本，需要推断的是三个总体均值是否相等，在实际工作中经常会遇到类似的检验三个或三个以上总体均值是否相等的问题。在第六章已经介绍了一个总体均值以及两个总体均值差的检验方法，本章将介绍三个或三个以上总体均值是否相等的假设检验方法——方差分析(analysis of variance)。

第一节 方差分析引论

一、方差分析的基本逻辑

可以用图形的方式来简单阐述方差分析的基本逻辑。假设有三个样本，样本均值$\bar{x}_1$、$\bar{x}_2$、$\bar{x}_3$各不相同。通过前面各章节的学习我们知道，如果是正态总体或样本容量足够大，则样本均值的抽样分布服从正态分布(normal distribution)。若三个样本来自均值为 μ 的同一总体，则三个样本均值会以 μ 为中心分布；若三个样本分别来自均值为 μ_1、μ_2、μ_3 的不同总体，当总体方差相同且样本容量也相同时，三个样本均值的抽样分布分别是以 μ_1、μ_2、μ_3 为中心的三个正态分布，三个分布的形状相同(即方差相同)，但均值不同。图 7－1 描述了这两种情形。

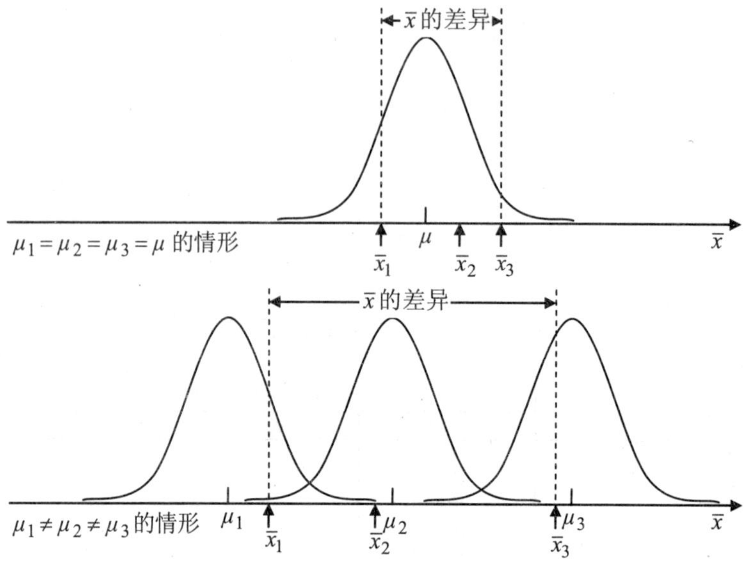

图 7－1　来自同一总体和来自不同总体的样本均值分布差异

直观地看，若三个样本来自同一总体，样本均值间会有差异，但差异不会太大。如果三个样本来自不同总体，样本均值间的差异显然要大一些。也就是说，如果样本均值相差较小，我们倾向于认为它们来自同一总体，样本均值间的差异可以理解为是由抽样造成的；如果样本均值相差较大，更大的可能是它们来自不同的总体，即总体的均值是不同的。

实际分析时，我们并不直接比较样本均值的差异大小(因为有量纲而不可比)，而是计算两个方差：总体方差的组间估计 MSB 和总体方差的组内估计 MSW，并通过两个方差的比值 F 的大小来判断总体均值是否相等。其中 MSB 的大小与各样本均值间的差异有关，而 MSW 的大小与各样本均值间的差异无关。这样，若样本来自不同总体，即总体均值不等时，各样本均值间的差异较大，MSB 会偏大并导致 F 值偏大；若样本来自同一总体，计算得到的 F 值会较小。

注意：由于在分析时计算并比较方差，因此这种分析方法称为"方差分析"，但分析的目的是要检验总体均值是否相等，而不是检验总体方差是否相等。如果想检验总体方差是否相等，需要做"方差齐性检验"，关于方差齐性的检验方法我们已经在第六章做过相应的介绍。

二、方差分析的几个基本术语

方差分析方法源于实验领域，也主要用于分析实验数据。在很多统计学教材中，方差分析与实验设计是放在一起阐述的。本教材不涉及实验设计内容，但学习方差分析方法时需要了解几个基本的术语，这些术语均与实验设计有关，我们结合本章引例加以说明。

1. 响应变量(dependent variable)(因变量)：响应变量是实验中需要研究的目标变量，响应变量应为数值型变量。本章引例中的响应变量就是割草机工作效率。在回归分析中，响应变量通常称为因变量，本章这两个术语可以交叉使用。SPSS 软件的方差分析界面中，就称响应变量为因变量。

2. 因素(factor)(自变量)：因素(也可称为"因子")是实验中施加影响的变量。因素可以是数值型变量，也可以是字符型变量。本章引例中的因素为割草机品牌。因素在回归分析中对应的是自变量，在本章这两个术语也是可以交叉使用的。如果因素只有一个，相应的分析方法可称为单因素方差分析；如果因素为两个或以上，则需要做多因素方差分析。做多因素方差分析时，除分析各因素的主效应，还要分析因素间的交互效应，较单因素方差分析要复杂。SPSS 软件的单因素方差分析和多因素方差分析需要使用不同的菜单操作。

3. 背景变量(background variable)：背景变量指可以观察但不可控的因子，也称为噪声或噪声变量。背景变量对因变量的影响较小，达不到自变量水平。本章引例的样本均值差异中，有可能包含测量误差，因此，测量误差就成为一个背景变量。

4. 水平：水平就是因素的取值。如果因素是字符型变量，则水平就是非数值形式的，如本章引例的因素是割草机品牌，有三个水平：A、B、C。如果因素是数值型变量，则水平就可以用数值表示。

5. 处理：处理是水平的组合。单因素情况下，每个水平构成一个处理，本章引例有 3 个处理。多因素情况下，处理是水平的组合。如本章引例在原有的因素割草机品牌(有 A、B、C 三个水平)基础上，再加入一个因素：草品种(有甲、乙两个水平)，则对应的处理就变成 6 个：(A、甲)、(B、甲)、(C、甲)、(A、乙)、(B、乙)、(C、乙)。

6. 实验单元：实验单元是实验载体的最小单位。如本章引例中每名操作者就是一个实验单元。

7. 复制：复制也称"重复"，就是将一个处理施于两个或两个以上实验单元。复制的目的主要在于估计误差，因为没有对误差的估计就无法做出试验结论。同时，复制也有助于更准确地估计因子的效应。本章引例中每个品牌割草机均有 10 名操作者来操作，故每个处理均有 10 个复制。

8. 主效应(main effect)与交互效应(interaction)：因子水平变化对响应变量的影响称为效应。两因子及两因子以上的试验时，各因子水平对因变量的独立影响称为主效应，而因子间的相互作用对因变量的影响则称为交互效应。有时，交互效应可能比主效应更重要。本章引例只有一个因子，因此只有主效应而没有交互效应。

三、方差分析的假定

进行方差分析，需要遵循三个假定：

第一，正态性假定(normality assumption)。即对于每个总体，响应变量均服从正态分布。如本章引例中，三种品牌割草机的总体工作效率均应服从正态分布。

第二，方差齐性假定(homogeneity assumption of variance)。即响应变量各个总体方差均相同。在本章引例中，要求三种品牌割草机总体工作效率的方差都相等，用公式表述即为：$\sigma_1^2=\sigma_2^2=\sigma_3^2=\sigma^2$。

第三，观测独立假定(independent observation assumption)。即样本数据是相互独立的。就本章引例而言，该假定意味着每个工作效率数据的取得都是相互独立的。

数据是否符合上述假定，可以通过正态性检验、方差齐性检验等方法判断。从严格的意义上讲，如果数据不满足上述假定，并不适合使用经典的方差分析(F 检验)，但是，可以使用放宽假定条件下的、调整的方差分析，例如，当方差齐次性条件不满足时，SPSS 提供了 Brown-Forsythe 或 Welch 方法；非正态分布条件下可以使用类似 Kruskal-Wallis one-way analysis of variance 等非参数方法；独立性条件不满足时还可以选择重复测量的方差分析(repeated measures ANOVA)；如果因素不是固定的，而是随机的，也可以选择随机效应模型(random-effects model)。

第二节　单因素方差分析

单因素方差分析(one-way ANOVA)是一个因素(factor)条件下检验 k 个总体均值是否相等的假设检验。对实验设计中完全随机化设计(completely randomized design)的实验数据进行分析，就属于单因素方差分析。本章引例是一个完全随机化实验设计例子，唯一的因素是割草机品牌，三个品牌为三个处理，每个处理的实验单元是独立随机选取的。也可以将完全随机化设计概念应用于观察实验，只要保证样本是独立随机抽取的。例如，观察分析文科、理科、工科毕业生平均就业率差异，观察分析东、中、西部地区城市空气污染平均水平，等等。

一、单因素方差分析的假设方法

进行单因素方差分析，原假设和备择假设的一般形式为：

$H_0: \mu_1 = \mu_2 = \cdots = \mu_k$

H_1：这些 μ 不都相等(或：至少有一 μ 不等)

注意：方差分析的备择假设不能表述为“这些总体均值都不相等”，因为“总体均值都不相等”是“总体均值都相等”的对立情况之一，但不是全部。

对于本章引例，如果检验三个品牌割草机总体工作效率是否相同，并设 A、B、C 品牌总体工作效率的均值分别为 μ_1、μ_2、μ_3，则假设的形式为：

$H_0: \mu_1 = \mu_2 = \mu_3$，　H_1：这些 μ 不都相等 。

二、总体方差的组间估计 MSB

如果原假设为真，则 k 个样本都来自同一总体，样本均值只有一个抽样分布。这时，可将这 k 个样本均值视为一个样本，计算样本均值 $\bar{\bar{x}}$ 和样本方差 $s_{\bar{x}}^2$，并用 $s_{\bar{x}}^2$ 来估计抽样分布的方差 $\sigma_{\bar{x}}^2$ 。相关的计算如下：

$$\bar{\bar{x}} = \frac{\sum_{j=1}^{k}\sum_{i=1}^{n_j} x_{ij}}{n_T} \tag{7-1}$$

式中，

$$n_T = n_1 + n_2 + \cdots + n_j \tag{7-2}$$

如果各样本容量相等，则有：

$$\bar{\bar{x}}=\frac{\sum_{j=1}^{k}\bar{x}_j}{k} \tag{7-3}$$

$$s_{\bar{x}}^2=\frac{\sum_{j=1}^{k}(\bar{x}_j-\bar{\bar{x}})^2}{k-1} \tag{7-4}$$

样本均值抽样分布的方差 $\sigma_{\bar{x}}^2$ 与总体方差 σ^2 的关系是：

$$\sigma_{\bar{x}}^2=\frac{\sigma^2}{n} \tag{7-5}$$

因此，有：

$$\sigma^2=n\sigma_{\bar{x}}^2\approx ns_{\bar{x}}^2 \tag{7-6}$$

即：计算 $s_{\bar{x}}^2$ 后，再乘以样本容量 n，就得到 σ^2 的一个估计量，这就是总体方差的组间估计 MSB(mean square of between groups)。由于各样本容量不一定相等，可以采用下式计算 MSB：

$$\mathrm{MSB}=\frac{\sum_{j=1}^{k}n_j(\bar{x}_j-\bar{\bar{x}})^2}{k-1} \tag{7-7}$$

式(7—7)中的分子称为组间平方和(sum of squares due to between groups)，简记为 SSB。分母 $k-1$ 为自由度。因此，总体方差的组间估计可以一般地表述为：

$$\mathrm{MSB}=\frac{\mathrm{SSB}}{k-1} \tag{7-8}$$

式中，

$$\mathrm{SSB}=\sum_{j=1}^{k}n_j(\bar{x}_j-\bar{\bar{x}})^2 \tag{7-9}$$

在原假设为真的情况下，MSB 会给出总体方差 σ^2 的一个无偏估计。但如果备择假设成立，即 k 个总体的均值不全相等，由于样本均值相差较大，SSB 必然增大，这时 MSB 会给出总体方差的一个偏大估计。

基于本章引例数据计算，有：

$$\bar{\bar{x}}=\frac{\sum_{j=1}^{k}\bar{x}_j}{k}=\frac{19.1+19.7+19.0}{3}=19.27$$

$$\begin{aligned}\mathrm{SSB}&=\sum_{j=1}^{k}n_j(\bar{x}_j-\bar{\bar{x}})^2\\&=10\times(19.1-19.27)^2+10\times(19.7-19.27)^2+10\times(19.0-19.27)^2=2.867\end{aligned}$$

$$\mathrm{MSB}=\frac{\mathrm{SSB}}{k-1}=\frac{2.867}{3-1}=1.434$$

三、总体方差的组内估计 MSW

如果有 k 个样本，就可以计算出 k 个样本方差 s_j^2，$j=1,2,\cdots,k$。每个 s_j^2 都是其总体方差 σ_j^2 的无偏估计。基于方差分析的方差齐性假定即 $\sigma_1^2=\sigma_2^2=\cdots=\sigma_j^2=\sigma^2$，则每个样本方差都可以用来估计 σ^2。有 k 个样本方差的情况下，用它们的均值来估计总体方差是最合理的选择，这就是总体方差的组内估计 MSW(mean square of within groups)：

$$\text{MSW}=\frac{\sum_{j=1}^{k}(n_j-1)s_j^2}{n_T-k} \tag{7-10}$$

式(7—10)是 k 个样本方差的加权算术平均，权数为各样本容量减 1。如果样本容量相同，则总体方差的组内估计就是各样本方差的简单算术平均。

式(7—10)中的分子称为组内平方和(sum of squares due to within groups)，简记为 SSW。分母 n_T-k 为自由度。因此，总体方差的组内估计可以一般地表述为：

$$\text{MSW}=\frac{\text{SSW}}{n_T-k} \tag{7-11}$$

式中，

$$\text{SSW}=\sum_{j=1}^{k}(n_j-1)s_j^2 \tag{7-12}$$

从公式可以看出，MSW 仅取决于每个样本内部的变动，与样本均值之间的距离无关，即不受原假设是否为真的影响。因此，MSW 是总体方差的一个无偏估计。

基于本章引例的数据计算，有：

$$\text{MSW}=\frac{\sum_{j=1}^{k}(n_j-1)s_j^2}{n_T-k}=\frac{(10-1)\times 0.309+(10-1)\times 0.238+(10-1)\times 0.191}{30-3}$$
$$=\frac{6.642}{27}=0.246$$

四、方差估计量的比较：*F* 检验

总体方差的组间估计 MSB 与总体方差的组内估计 MSW 的比值称为 F 统计量。当原假设成立时，MSB 与 MSW 分别给出总体方差的两个独立的无偏估计。对于正态分布，总体方差的两个独立估计之比服从分子自由度为 $k-1$、分母自由度为 n_T-k 的 F 分布。即：

$$F=\frac{\text{MSB}}{\text{MSW}}=\frac{\text{SSB}/(k-1)}{\text{SSW}/(n_T-k)}\sim F(k-1,\ n_T-k) \tag{7-13}$$

F 分布是非负分布，大多数 F 值较小，少数 F 值偏大。如前所述，当原假设成立时，MSB 与 MSW 均为总体方差的无偏估计量，此时二者的比值即 F 值会较小。当备择假设成立时，MSB 是总体方差的偏大估计，MSW 仍然是总体方差的无偏估计，这时 F 值就会比较大。因此，当 F 值大到一定程度，以至于不像是随机选自上述的 F 分布时，就要拒绝原假设。为此，我们需要设置一个显著性水平 α，进而确定一个临界值 F_α（可以查 F 分布表或使用 Excel 等软件查询），当计算的 F 统计量大于临界值时，我们就拒绝原假设、接受备择假设。如果使用统计软件做方差分析，会自动计算并输出与 F 值相对应的 p 值，当 p 值小于 α 时，要拒绝原假设。这个过程也称为 F 检验，图 7—2 描述了 F 分布及 F 检验的基本原理。

对于本章引例，有：

$$F=\frac{\text{MSB}}{\text{MSW}}=\frac{1.434}{0.246}=5.829$$

如果设显著性水平为 0.05，则对应的临界值为：$F_{0.05}(2,\ 27)=3.35$。由于计算得到的

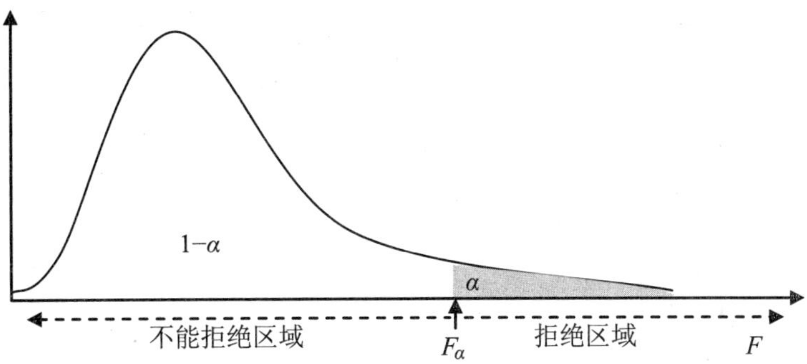

图 7—2 F 分布、临界值及原假设的拒绝规则

F 统计量 5.829 大于临界值，所以应当拒绝原假设、接受备择假设。检验结论是：三种品牌割草机的总体工作效率不全相等。

综合前面的讲解，可以把单因素方差分析的过程归纳为以下四个步骤：

(1)提出原假设和备择假设；

(2)设定显著性水平，确定临界值；

(3)计算 MSB、MSW 和 F 统计量；

(4)比较 F 统计量与临界值，得出检验结论。

五、方差分析表(ANOVA 表)

方差分析的计算结果可以很方便地用方差分析表来归纳和描述。在很多教材及统计软件中，方差分析表也表述为 ANOVA 表，ANOVA 是英文方差分析(analysis of variance)的缩写。表 7—2 是单因素方差分析表的一般形式。

表 7—2 ANOVA 表

方差来源	平方和 (Sum of squares)	自由度 (df)	均方 (Mean square)	F 值
组间(Between Groups)	SSB	$k-1$	MSB=SSB/($k-1$)	MSB/MSW
组内(Within Groups)	SSW	n_T-k	MSW=SSW/(n_T-k)	
合计(Total)	SST	n_T-1		

表 7—2 中，SST 称为总的平方和，是因变量全部差异的总和，也就是将 k 个样本合并视为一个总样本时，每个个体数据与总样本均值的离差平方和，其计算公式为：

$$SST=\sum_{j=1}^{k}\sum_{i=1}^{n_j}(x_{ij}-\bar{\bar{x}})^2 \tag{7—14}$$

SST 分解为两个部分，分别是组间平方和 SSB、组内平方和 SSW。即：

$$SST=SSB+SSW \tag{7—15}$$

SST 对应的自由度 n_T-1 也分解为两个部分：$k-1$ 和 n_T-k，即：

$$n_T-1=(k-1)+(n_T-k) \tag{7—16}$$

表 7—3 是根据本章引例中的数据计算的方差分析表。

表 7—3　ANOVA 表

方差来源	平方和	自由度	均方	F 值
组间	2.867	2	1.434	5.829
组内	6.640	27	0.246	
合计	9.507	29		

六、均值的多重比较检验

用方差分析来检验 k 个总体均值是否相等，当拒绝原假设时，只能得出总体均值不全相等的结论。在很多情况下，还要进一步检验到底是哪些总体的均值之间存在差异，这时就需要做均值的多重比较检验（multiple comparison），即对 k 个总体均值做两两配对的均值差检验。

如本章引例的方差分析结论，是三个品牌割草机的总体工作效率不全相等。但这个结论并没有解决最终的问题，因为我们的最终目的是选择一个工作效率最高的品牌，而方差分析结果并没有告诉我们 A 与 B、A 与 C、B 与 C 之间，到底哪一对存在显著差异。因此，方差分析之后要做的工作，就是对三个品牌割草机的总体工作效率做两两配对检验，找出效率高且与其他品牌存在显著差异的那个品牌。

实际工作中有多种多重比较检验方法，例如 SPSS 软件就列出了多达 20 种方法。在此我们只介绍其中的一种：Fisher LSD 方法。

Fisher LSD 方法的基本检验过程为：

假设形式：$H_0:\mu_i=\mu_j$，　$H_1:\mu_i\neq\mu_j$

检验统计量：

$$t=\frac{\bar{x}_i-\bar{x}_j}{\sqrt{\text{MSW}\left(\frac{1}{n_i}+\frac{1}{n_j}\right)}} \tag{7—17}$$

式(7—17)中的 t 服从自由度为 n_T-k 的 t 分布。

拒绝规则：$t<-t_{\alpha/2}$ 或 $t>t_{\alpha/2}$ 时，拒绝 H_0。

比较一下第六章假设检验中的相关内容就会发现，Fisher LSD 方法是对两总体均值差检验方法的修正，即：用总体方差的组内估计 MSW 来替代两个样本方差的加权平均值，这样可以更充分地利用来自多个总体的样本信息。

使用 Fisher LSD 方法对本章引例中 A 品牌与 B 品牌总体工作效率进行检验，设显著性水平为 0.05，有：

提出假设：$H_0:\mu_A=\mu_B$，　$H_1:\mu_A\neq\mu_B$

计算检验统计量：$t=\dfrac{\bar{x}_i-\bar{x}_j}{\sqrt{\text{MSW}\left(\frac{1}{n_i}+\frac{1}{n_j}\right)}}=\dfrac{19.1-19.7}{\sqrt{0.246\times\left(\frac{1}{10}+\frac{1}{10}\right)}}=-2.71$

查 t 分布表得：$-t_{\alpha/2}(27)=-t_{0.025}(27)=-2.052$

比较并决策：因为 $t=-2.71<-t_{0.025}(27)=-2.052$，故拒绝原假设、接受备择假设，可以认为在 0.05 的水平上，A 品牌与 B 品牌总体工作效率存在显著差异。

用同样的方法检验（计算过程略）可以发现，A 品牌与 C 品牌的总体工作效率无显著差异,B品牌与C品牌的总体工作效率存在显著差异。由于B品牌工作效率最高,且与A、C两种品牌的总体工作效率都存在显著差异,因此应当选择B品牌为采购目标。

Fisher LSD方法还有另外一种检验形式,即比较样本均值差 $\bar{x}_i - \bar{x}_j$ 与LSD的大小来决定是否拒绝原假设。LSD是最小显著差异(least significant difference)的缩写,因此,Fisher LSD方法也称为Fisher最小显著差异法。在多个配对比较的情况下,这种检验形式更方便。具体的检验过程是:

假设形式:$H_0: \mu_i = \mu_j$,　$H_1: \mu_i \neq \mu_j$

检验统计量:$\bar{x}_i - \bar{x}_j$

拒绝规则:$|\bar{x}_i - \bar{x}_j| > \mathrm{LSD}$ 时,拒绝 H_0。

$$\mathrm{LSD} = t_{\alpha/2}\sqrt{\mathrm{MSW}\left(\frac{1}{n_i} + \frac{1}{n_j}\right)} \tag{7-18}$$

式(7-18)中的 t 也服从自由度为 $n_T - k$ 的 t 分布。

当样本容量不等时,每个配对比较均需计算LSD。若各样本容量均相等,则所有的配对计算一个LSD即可。

本章引例中的三个样本容量均相等,因此,使用Fisher LSD方法检验有:

$$\mathrm{LSD} = t_{\alpha/2}\sqrt{\mathrm{MSW}\left(\frac{1}{n_i} + \frac{1}{n_j}\right)} = 2.052 \times \sqrt{0.246 \times \left(\frac{1}{10} + \frac{1}{10}\right)} = 0.46$$

$|\bar{x}_A - \bar{x}_B| = 0.6 > LSD = 0.46$,拒绝原假设,即A品牌与B品牌差异显著;

$|\bar{x}_A - \bar{x}_C| = 0.1 < LSD = 0.46$,不能拒绝原假设,即A品牌与C品牌差异不显著;

$|\bar{x}_B - \bar{x}_C| = 0.7 > LSD = 0.46$,拒绝原假设,即B品牌与C品牌差异显著。

七、第一类错误概率累积问题

做均值多重比较检验的前提,是方差分析拒绝了原假设,即方差分析证明在显著性水平为 α 的条件下,k 个总体均值是不全相等的。如果要在同样的显著性水平下证明在接下来的两两配对比较中,至少有一对总体均值是不等的,那么在每个配对比较时,必须使用更小的 α_0,因为第一类错误概率是可以累积的。

为了有所区别,称方差分析使用的显著性水平也就是所有配对检验集合的显著性水平为"试验性第一类错误概率",并记为 α_{EW};称每个配对检验使用的显著性水平为"比较性第一类错误概率",记为 α_0,若检验 k 个总体均值是否相等,均值多重比较时共有 m 次配对检验,则根据概率计算原理有:

$$\alpha_{EW} = 1 - (1 - \alpha)^m \tag{7-19}$$

显然,当 $1 - (1 - \alpha)^m \geqslant \alpha$,这就出现了第一类错误概率累积的问题。例如,若检验三个总体均值是否相等,做均值的多重比较检验时会有三个配对,若每个配对检验均使用0.05的显著性水平,则试验性第一类错误概率为:

$$\alpha_{EW} = 1 - (1 - 0.05)^3 = 0.1426 > 0.05$$

第一类错误概率累积的结果是:当方差分析的检验结论是"拒绝原假设、接受备择假设",即总体均值不都相等,而以同样的显著性水平做总体均值的多重比较检验时,有可能每个配对都不拒绝原假设,即得出各个总体均值间都相等的检验结论。为防止出现这样的情况,做总体均值的多重比较检验时,我们应当用使用比"试验性第一类错误概率"更小的"比较性第一类错误概率”。一种比较简便也比较容易理解的处理方法是：将试验性第一类错误概率 α_{EW} 平均分配到每个配对检验中，即：$\alpha = \alpha_{EW}/m$ 。例如，检验三个总体均值是否相等，须做 3 次配对比较，若控制 α_{EW} 不超过 0.05，则每个配对使用的显著性水平为 0.05/3＝0.0167。这种方法也称为 Bonferroni 修正。在实际工作中，诸如 Bonferroni、Tukey、Duncan、Scheffe 等多重比较方法，均考虑了控制 α_{EW} 的问题。这些方法的公式未在本教材中列出，当我们使用 SPSS 软件做均值多重比较检验时，可以考虑选择这些方法。

八、使用 SPSS 软件做单因素方差分析

我们使用本章引例中的数据。设 A、B、C 三个品牌割草机的总体工作效率均值分别为 μ_1、μ_2、μ_3，显著性水平为 0.05。提出假设：$H_0:\mu_1=\mu_2=\mu_3$， H_1：这些 μ 不都相等

（1）首先做方差分析和方差齐性检验。打开数据文件，选 Analyze（分析）→Compare Means（比较均值）→One-Way ANOVA（单因素方差分析），将“割草面积”置入 Dependent Liat（因变量），将“割草机品牌”置入 Factor（自变量）；点击 Options（选项），选择 Statistics（统计量）中的 Homogeneity of variance test（方差齐性检验）；点击 Continue（继续）→OK（确定）。输出结果如图 7－3 所示。

Test of Homogeneity of Variances

割草面积

Levene Statistic	df1	df2	Sig.
.956	2	27	.397

ANOVA

割草面积

	Sum of Squares	df	Mean Square	F	Sig.
Between Groups	2.867	2	1.433	5.828	.008
Within Groups	6.640	27	.246		
Total	9.507	29			

图 7－3　割草机工作效率的方差齐性检验结果和 ANOVA 表

因为方差齐性检验结果的 sig（即 p 值）为 0.397，大于通常设置的显著性水平，故检验结论是各总体方差相等。

ANOVA 表与手工计算的表 7－3 一致，只是多出一个 sig 值。由于 sig 为 0.008，小于我们设定的显著性水平 0.05，根据规则要拒绝原假设、接受备择假设，即认为这三个品牌割草机总体工作效率不都相等。接下来，需要做后续的分析即均值的多重比较检验，以确定到底是哪两个品牌的总体工作效率不等。

（2）进行均值的多重比较检验。在 One-Way ANOVA（单因素方差分析）窗口点击 Post Hoc（两两比较），选择 Tukey（说明：由于方差齐性检验结论是各总体方差相等，故应在 Equal Variances Assumed（假设方差齐性）所列的方法中选择，选择 Tukey 的原因是该方法

考虑了控制第一类错误概率)；点击 Continue(继续)→OK(确定)。输出结果如图 7—4 所示。

Multiple Comparisons

Dependent Variable: 割草面积
Tukey HSD

(I) 品牌	(J) 品牌	Mean Difference (I-J)	Std. Error	Sig.	95% Confidence Interval	
					Lower Bound	Upper Bound
A品牌	B品牌	-.6000*	.2218	.030	-1.150	-.050
	C品牌	.1000	.2218	.894	-.450	.650
B品牌	A品牌	.6000*	.2218	.030	.050	1.150
	C品牌	.7000*	.2218	.011	.150	1.250
C品牌	A品牌	-.1000	.2218	.894	-.650	.450
	B品牌	-.7000*	.2218	.011	-1.250	-.150

*. The mean difference is significant at the 0.05 level.

割草面积

Tukey HSD[a]

品牌	N	Subset for alpha = 0.05	
		1	2
C品牌	10	19.000	
A品牌	10	19.100	
B品牌	10		19.700
Sig.		.894	1.000

Means for groups in homogeneous subsets are displayed.

a. Uses Harmonic Mean Sample Size = 10.000.

图 7—4　Tukey 均值多重比较检验结果

图 7—4 包括两部分内容。第一部分内容是三个品牌割草机两两配对的检验结果。从图中可以看出，B 品牌与 A 品牌、B 品牌与 C 品牌检验的 sig 值均小于 0.05，即：在 0.05 的显著性水平上，B 品牌总体工作效率与 A 品牌和 C 品牌的总体工作效率均存在显著差异。而 A 品牌与 C 品牌检验的 sig 大于 0.05，表明二者总体工作效率无显著差异。第二部分内容是一致性子集，从图中可以看出，A 品牌和 C 品牌同属于一个子集的概率达到 0.894，说明二者无显著差异；而 B 品牌单独为一个子集的概率为 1，表明其与 A 品牌和 C 品牌差异显著。

由于 B 品牌割草机样本的工作效率最高，且通过检验证明，B 品牌总体工作效率与另外两个品牌均存在显著差异，因此最终的决策结果应当是选择 B 品牌为采购目标。

第三节　多因素方差分析

在实际工作中，我们常常会遇到有两个或两个以上因素对结果产生影响的情况。例如，试验设计方法中的析因试验(factorial experiment)要求至少有两个因素，每个因素至少有两个水平，每次实验要施加全部水平。对析因实验数据的分析，就要使用多因素方差分析方法。与单因素方差分析不同的是，多因素方差分析不仅要分析每个因素对实验结果的独立影响(即主效应)，有时还要分析因素间结合对实验结果的影响(即交互效应)。因此，多因素方差分析要更为复杂，方差分析表中的项目也更多。多因素方差分析也是关于 k 个总体是否相等的假设检验，假设的提出方法与单因素方差分析相同，只是需要就各因素的主效应分析、交互效应分析分别提出。

在多因素实验条件下做方差分析，有时不需要分析因素间的交互效应。实验设计中还有一种随机化区组设计(randomized block design)，就是通过对实验单元做区组化处理，来消除个体间差异对实验结果的影响，从而得到更准确的分析结论。在这种设计中，区组被视为一个引进的因素，但不属于实验因素，在分析数据时不需要分析区组因素与实验因素间的交互作用。因此，多因素方差分析也可区分为有交互效应和无交互效应两类。

一、无交互作用的多因素方差分析

下面以单因素随机化区组设计为例，具体介绍这种分析方法。在本章引例中，园林部门挑选了 30 名工人，随机分为三组，分别使用三种品牌的割草机样机进行作业，这是完全随机化设计，实验数据差异中不排除可能有工人个体间的差异(如体能、熟练程度等)的影响。为尽可能消除这种影响，我们现在考虑选择 10 名工人，每名工人按随机顺序分别操作三个品牌的割草机工作，每种品牌得到 10 个操作数据。基于这样的实验设计，三组数据间因工人个体原因造成的差异将被消除，因为每个工人都操作了三个品牌的机器。这就是单因素随机区组化设计，每名工人是一个区组，一共有 10 个区组。由于区组因素并不是实验因素，因此一般无须做区组因素的主效应分析，也不用分析区组因素与实验因素二者间的交互效应。

(一) ANOVA 表

单因素随机化区组设计条件下，因变量总的平方和 SST 被分解为三个部分，即实验因素导致的处理平方和 SSTR、由区组因素导致的区组平方和 SSBL、由其他因素造成的误差平方和 SSE。该分解可表述为：

$$\text{SST}=\text{SSTR}+\text{SSBL}+\text{SSE} \tag{7-20}$$

用 k 表示处理的个数，用 b 表示区组的个数，用 n_T 表示总样本容量($n_T=kb$)，即得到单因素随机化区组设计的 ANOVA 表(见表 7－4)。

表 7－4　k 个处理、b 个区组的单因素随机化区组设计 ANOVA 表

方差来源	平方和 (Sum of squares)	自由度 (df)	均方 (Mean square)	F 值
处理	SSTR	$k-1$	MSTR＝SSTR/ $(k-1)$	MSTR/MSE
区组	SSBL	$b-1$	MSBL＝SSBL/$(b-1)$	
误差	SSE	$(k-1)(b-1)$	MSE＝SSE/ $(k-1)(b-1)$	
合计	SST	n_T-1		

(二)计算与分析结论

设 x_{ij} 为区组 i 中对应于处理 j 的观测值，$\bar{x}_j$ 为第 j 个处理的样本均值，$\bar{x}_i$ 为第 i 个区组的样本均值，$\bar{\bar{x}}$ 为总样本均值，则对于表 7－4 中各平方和有如下计算公式：

$$SST = \sum_{i=1}^{b}\sum_{j=1}^{k}(x_{ij} - \bar{\bar{x}})^2 \qquad (7-21)$$

$$SSTR = b\sum_{j=1}^{k}(\bar{x}_j - \bar{\bar{x}})^2 \qquad (7-22)$$

$$SSBL = k\sum_{i=1}^{k}(\bar{x}_i - \bar{\bar{x}})^2 \qquad (7-23)$$

$$SSE = SST - SSTR - SSBL \qquad (7-24)$$

仍使用本章引例中的数据，假设其为随机化区组设计试验，即：选择 10 名工人，每名工人按随机顺序分别操作三个品牌割草机得到试验数据。该试验每名工人为 1 个区组，共有 10 个区组。区组均值和处理均值详见表 7－5。

表 7－5 三种品牌割草机工作效率数据汇总

	A	B	C	D	E
1	序号	单位时间割草面积（平方米）			
2		A品牌	B品牌	C品牌	区组均值
3	1	18.60	19.20	19.10	18.97
4	2	19.30	20.40	18.90	19.53
5	3	18.80	19.80	18.20	18.93
6	4	19.60	20.50	18.60	19.57
7	5	18.10	19.70	19.00	18.93
8	6	19.30	19.00	19.00	19.10
9	7	19.70	19.40	18.90	19.33
10	8	19.80	19.50	19.50	19.60
11	9	18.60	19.50	19.80	19.30
12	10	19.20	20.00	19.00	19.40
13	处理均值	19.10	19.70	19.00	19.27

根据式(7－20)至式(7－23)计算，得到如表 7－6 方差分析表(计算过程略)。

表 7－6 割草机品牌工作效率随机化区组设计 ANOVA 表

方差来源	平方和	自由度	均方	F 值
处理	2.867	2	1.433	5.449
区组	1.907	9	0.212	
误差	4.733	18	0.263	
合计	9.507			

设显著性水平为 0.05，则 F 检验的临界值 $F_{0.05}(2, 18)=3.55$，由于检验统计量 F 值为 5.449，大于临界值，故应拒绝原假设、接受备择假设，即可以认为三个品牌割草机的总体工作效率不完全相同。

注意：本例的研究目的在于分析割草机品牌的工作效率，因此只将处理均方 SSTR 与误差均方 SSE 相除计算 F 值，不计算与区组因素相关的 F 值。另外，由于区组因素并非真正意义上的实验因素，因此在方差分析表中也没有与因素间交互效应相关的计算。

比较一下表 7－3 与表 7－6 就会发现，随机化区组设计试验结果，将原组内平方和分解成区组平方和与误差平方和，两部分自由度也做了相应的分解，因此 F 值也发生了相应的变化。

二、有交互作用的多因素方差分析

在此我们举析因实验的例子。析因实验(factorial experiment)是一种多因素的实验，要求有两个或两个以上因素，每个因素有两个或两个以上水平，每个处理要有两个或两个以上重复，每次实验需要施加全部因素。析因实验是真正意义上的多因素实验，处理分析实验数据时，既要考虑各因素的主效应，通常也要考虑因素间的交互效应。这里仅介绍最基本的两因素析因实验的分析，其基本方法可以推广到三个及三个以上因素的析因实验。

以某保健品邮购公司所设计的检验不同快递公司及邮费标准对订单数量影响的实验数据为例，实验汇总数据见表7—7。这是一个两因素的析因实验，快递公司为因素A，有三个水平，分别为甲公司、乙公司和与丙公司；邮费标准为因素B，有低、高两个水平；订单数量为一周7天的合计数，隔了一周后再统计一次订单数，相当于有两个复制。

表7—7　某保健品邮购公司两因素析因实验汇总数据

因素水平		因素B(邮费标准)	
		低	高
因素A (快递公司)	甲公司	12	10
		9	7
	乙公司	20	17
		22	20
	丙公司	11	8
		9	7

(一)ANOVA表

两因素析因实验的ANOVA表如表7—8所示。

表7—8　有 r 个复制的两因素析因实验的ANOVA表

方差来源	平方和 (Sum of squares)	自由度 (df)	均方 (Mean square)	F 值
因素A	SSA	$a-1$	MSA =SSA/(a−1)	MSA/MSE
因素B	SSB	$b-1$	MSB=SSB/(b−1)	MSB/MSE
交互作用	SSAB	$(a-1)(b-1)$	MSAB=SSAB/(a−1)(b−1)	MSAB/MSE
误差	SSE	$ab(r-1)$	MSE=SSE/ ab(r−1)	
合计	SST	n_T-1		

表中，a 为因素A的水平数；b 为因素B的水平数；r 为复制的个数；n_T 为观察值的总数，$n_T=abr$。

从表7—8中可以看出，两因素析因实验的平方和分解公式为：

$$SST=SSA+SSB+SSAB+SSE \tag{7—25}$$

相应地，可以得到四个均方，即MSA、MSB、MSAB、MSE，前三个均方分别与MSE相除得到3个 F 值，用来检验因素A的主效应、因素B的主效应以及因素A、B的交互效应。

（二）计算与分析结论

设 x_{ijk} 为对应于因素 A 的处理 i 和因素 B 的处理 j 的第 k 次复制的观测值，$\bar{x}_i$ 为处理 i（因素 A）的样本均值；$\bar{x}_j$ 为处理 j（因素 B）的样本均值，$\bar{x}_{ij}$ 为处理 i 与处理 j 组合的样本均值，$\bar{\bar{x}}$ 为总样本均值，则对于表 7－8 中各平方和有如下计算公式：

$$SST=\sum_{i=1}^{a}\sum_{j=1}^{b}\sum_{k=1}^{r}(x_{ijk}-\bar{\bar{x}})^2 \tag{7-26}$$

$$SSA=br\sum_{i=1}^{a}(\bar{x}_i-\bar{\bar{x}})^2 \tag{7-27}$$

$$SSB=ar\sum_{j=1}^{b}(\bar{x}_j-\bar{\bar{x}})^2 \tag{7-28}$$

$$SSAB=r\sum_{i=1}^{a}\sum_{j=1}^{b}(\bar{x}_{ij}-\bar{x}_i-\bar{x}_j+\bar{\bar{x}})^2 \tag{7-29}$$

$$SSE=SST-SSA-SSB-SSAB \tag{7-30}$$

根据上述公式计算，即可得如表 7－9 所示的方差分析表（计算过程略）。

表 7－9　保健品邮购公司两因素析因实验 ANOVA 表

方差来源	平方和	自由度	均方	F 值
快递公司	302.167	2	151.083	53.324
邮费标准	16.333	1	16.333	5.765
快递公司 * 邮费标准	1.167	2	0.583	0.206
误差	17.000	6	2.833	
合计	336.66711			

设显著性水平 $\alpha=0.05$，则查表或使用统计软件可得如下临界值：$F_{0.05}(2,6)=5.14$，$F_{0.05}(1,6)=5.99$，于是有如下检验结论：

因素 A（快递公司）对应的 F 值为 53.324，大于临界值 5.14，故拒绝原假设、接受备择假设，可以认为不同快递公司间的总体订单数量不完全相等；

因素 B（邮费标准）对应的 F 值为 5.765，小于临界值 5.99，不能拒绝原假设，没有充分理由认为不同的邮费标准会导致总体订单数量存在差异；

因素 A 与因素 B 组合对应的 F 值为 0.206，小于临界值 5.14，不能拒绝原假设，没有充分理由认为快递公司与邮费标准对总体订单的数量有交互影响。

三、使用 SPSS 软件做多因素方差分析

使用 SPSS 软件做多因素方差分析，需要调用 GLM 过程即一般线性模型（General Linear Models），具体操作步骤如下：

打开数据文件，选 Analyze（分析）→General Linear Models（一般线性模型）→Univariate（单变量）；将因变量置入 Dependent Variable（因变量），将各因素变量（包括区组变量）置入 Fixed Factor(s)（固定因子）。点击 Model（模型），如果做无交互效应的多因素方差分析，需要点击自定义 Custom（设定），选择只做因素变量的主效应分析，即 Build Term(s)（构建项）下的 Main effects（主效应）；如果做有交互效应的多因素方差分析，可以选择系统默认的

全因子模型 Full factorial（全因子），此时系统将做各因素的主效应和全部的交互效应，也可以点击 Custom（设定），在 Build Term(s)（构建项）下选 Interaction（交互效应），自定义做哪些因素的主效应及交互效应分析。

说明：SPSS 的 GLM Univariate 过程功能很强，可以建立各种包括主效应、交互效应的模型，实现多种分析过程，相应的操作也比较复杂，上述内容只是最基本的操作。请大家根据分析要求和因素变量的具体情况，确定自己的分析模型。如果模型选择错误或操作有误，可能会产生不可解释的输出结果。

图 7—5 是使用 SPSS 软件做无交互效应的多因素方差分析输出的方差分析表（数据见表 7—5）。实验因素"割草机品牌"的 F 统计量对应的 p 值为 0.014，在 0.05 的显著性水平下要拒绝原假设、接受备择假设，即可以认为三种品牌割草机的总体工作效率不完全相等。大家可对照表 7—6 解读这个分析结果。

Tests of Between-Subjects Effects

Dependent Variable: 割草面积

Source	Type III Sum of Squares	df	Mean Square	F	Sig.
Corrected Model	4.773[a]	11	.434	1.650	.167
Intercept	11136.133	1	11136.133	42348.676	.000
brand	2.867	2	1.433	5.451	.014
worker	1.907	9	.212	.806	.617
Error	4.733	18	.263		
Total	11145.640	30			
Corrected Total	9.507	29			

a. R Squared = .502 (Adjusted R Squared = .198)

图 7—5　SPSS 无交互效应的多因素方差分析表

图 7—6 是使用 SPSS 软件做有交互效应的多因素方差分析输出的方差分析表（数据见表 7—7）。从表中可以看出，在 0.05 的显著性水平下，实验因素"快递公司"对实验结果有显著影响，即不同快递公司总体的订单数量是不都相等的；实验因素"邮费标准"以及"快递公司"与"邮费标准"的交互作用对实验结果的影响不显著。大家可对照表 7—9，解读这个分析结果。

Tests of Between-Subjects Effects

Dependent Variable: 订单数量

Source	Type III Sum of Squares	df	Mean Square	F	Sig.
Corrected Model	318.667[a]	5	63.733	21.244	.001
Intercept	1925.333	1	1925.333	641.778	.000
快递公司	302.167	2	151.083	50.361	.000
邮费标准	16.333	1	16.333	5.444	.058
快递公司 * 邮费标准	.167	2	.083	.028	.973
Error	18.000	6	3.000		
Total	2262.000	12			
Corrected Total	336.667	11			

a. R Squared = .947 (Adjusted R Squared = .902)

图 7—6　SPSS 有交互效应的多因素方差分析表

本章小结

方差分析是使用分析方差的方法对多个总体均值是否相等所做的假设检验。检验的原假设为:各总体均值都相等,备择假设为:各总体均值不完全相等(或:至少有一对总体均值不等)。方差分析的检验统计量是 F 统计量,它是总体方差组间估计 MSB 与总体方差组内估计 MSW 的比值。原假设成立时,MSB 与 MSW 都是总体方差的无偏估计,二者的比值 F 较小;若备择假设成立,MSW 仍然是总体方差的无偏估计,MSB 则是总体方差的偏大估计,二者的比值 F 就会增大。因此,依据样本数据计算出的 F 值大到在原假设成立的情况下是一个小概率事件时,就要拒绝原假设、接受备择假设。方差分析表展示了 F 统计量的计算过程。

F 分布是一族曲线,其形状取决于两个自由度即分子自由度和分母自由度。手工分析计算时,需要根据预先设定的显著性水平 α 及两个自由度,通过查表或使用统计软件来确定一个临界值 F_α,当计算的检验统计量 F 大于临界值时,要拒绝原假设、接受备择假设。使用 SPSS 软件做方差分析,系统会自动计算检验统计量 F 及对应的 p 值,以供进行决策判断。

方差分析属于参数假设检验方法,它要求数据符合正态性、方差齐性和观测独立三种假设。当数据与假设要求相差较大时,就不适合进行方差分析,而是应改用非参数检验方法做类似的分析。

方差分析方法源于实验领域,一些基本术语与实验有关,比如因素、水平、处理、复制、实验单元等。只有一个实验因素的情况下,分析实验数据时使用单因素方差分析方法;有两个或两个以上实验因素(包括所谓的区组因素)时,就要使用多因素方差分析方法。单因素方差分析是方差分析的基础。多因素方差分析的方差分析表要更复杂一些,但分析的基本原理与单因素方差分析相同,只不过是需要就每个因素及因素间的交互作用做分析决策。

若方差分析的结论是“不能拒绝原假设”,意味着只能认为各个总体的均值都相等,分析也就到此为止。若方差分析的结论是“拒绝原假设、接受备择假设”,就意味着各个总体的均值不完全相等,这时往往需要做后续的分析,即总体均值的多重比较检验。总体均值的多重比较检验,其实就是两两总体配对做总体均值是否相等的假设检验,通过检验判断到底是哪两个总体均值不等。做均值多重比较检验时,需要注意第一类错误概率的累积问题。

习 题

一、单项选择题

1. 方差分析是关于(　　)是否相等的假设检验。

   A. 多个样本方差　B. 多个总体方差　C. 多个样本均值　D. 多个总体均值

2. 方差分析的备择假设是(　　)。

   A. 多个总体方差不都相等　B. 多个总体方差都不相等

   C. 多个总体均值都不相等　D. 至少有一对总体均值不等

3. 当备择假设成立时,总体方差的组间估计 MSB 是总体方差的(　　)。

   A. 无偏估计　B. 偏小估计　C. 偏大估计　D. 有偏估计

4. 农场拟通过试验确定某种化肥的最佳施用量。根据经验设计了 4 种施用量,在 12 个条件大致相同的地块试验，每种施用量用3个地块试验。在这个实验中，因素为（　　）。

A. 1个　　B. 3个　　C. 4个　　D. 12个

5. 第4题提到的实验中，处理数为（　　）。

A. 1个　　B. 3个　　C. 4个　　D. 12个

6. 第4题提到的实验中，复制数为（　　）。

A. 1个　　B. 3个　　C. 4个　　D. 12个

7. 分析第4题实验数据得到的方差分析表中，总体方差组间估计MSB与总体方差组内估计MSW的自由度分别为（　　）。

A. 3,11　　B. 3,8　　C. 4,8　　D. 4,11

8. 某公司拟选择A、B、C三种数据库软件中的一种管理生产经营数据，软件的易掌握程度是需要考虑的重要因素。该公司设计了一个由6位职员参加的培训测试。考虑到职员个体差异可能会影响到测试结果，于是让每名职员均参加三种软件的使用培训，测试时每名职员按随机顺序分别操作三种软件，并记录下测试数据。该实验设计属于随机化区组设计，处理数和区组数分别为（　　）。

A. 1,3　　B. 3,6　　C. 1,6　　D. 3,18

9. 一项析因实验包括3个实验因素，如果做各因素的主效应以及全部交互效应分析，则方差分析表中总的平方和SST将被分解为（　　）个部分。

A. 3　　B. 6　　C. 8　　D. 9

10. 如果以0.05的显著性水平做方差分析，则拒绝原假设的条件是（　　）。

A. $F < F_{0.05}$　　B. $F < 0.05$　　C. $F > 0.05$　　D. p 值 < 0.05

二、多项选择题

1. 方差分析的备择假设形式应为（　　）。

A. $\mu_1 \neq \mu_2 \neq \cdots \neq \mu_k$　　B. $\sigma_1^2 \neq \sigma_2^2 \neq \cdots \neq \sigma_k^2$

C. $\mu_1 = \mu_2 = \cdots = \mu_k$　　D. 这些 μ 不全相等

E. 至少有一对 μ 不相等

2. 方差分析的假定包括（　　）。

A. 正态性假定　　B. 方差齐性假定　　C. 样本容量相等假定

D. 随机性假定　　E. 观测独立假定

3. 某食品公司发现小麦粉与玉米粉的混合比例会影响产品的口感，于是设计了一个实验，分别用4种混合比例生产产品，并邀请了20位消费者按随机顺序先后品尝4种产品并给出评价分数。对于该项实验，下列说法中正确的是（　　）。

A. 该项实验设计为随机化区组设计　　B. 该项实验设计为完全随机化设计

C. 实验因素为1个　　D. 复制数为4个

E. 总共可获得80个实验数据（评价分数）

4. 对于第3题所提的实验，下列说法中错误的是（　　）。

A. 该项实验有20个区组

B. 分析该项实验数据应当使用多因素方差分析方法

C. 方差分析表中总的平方和SST将被分解为4个部分

D. 根据实验数据可以计算出3个 F 值

E. 该项实验只有 1 个因素，因此应当使用单因素方差分析方法

5. 一项析因实验包含 A、B 两个因素，A 因素有 3 个水平，B 因素有 4 个水平。每个处理有 5 个复制。则下列说法中正确的是( )。

A. 该实验一共有 7 个处理 B. 该实验一共有 12 个处理

C. 该实验总共可获得 60 个实验数据

D. 分析该项实验数据应当使用多因素方差分析方法

E. 如果分析各因素的主效应和交互效应，则需要做 3 次 F 检验

三、计算题

1. 分析某项完全随机化设计实验数据有下列方差分析表，请计算补齐括号内的数据。

方差来源	平方和	自由度	均方	F 值
组间	480	( )	120	( )
组内	( )	44	( )	
合计	1360	( )		

2. 三个企业生产同一种产品。现从三个企业生产的产品中各抽选出一个容量为 6 的随机样本，产品使用寿命如下表所示(见所附数据集“E7_01 产品使用寿命”)(单位：小时)。

企业 A	企业 B	企业 C
1106	1103	1102
1105	1105	1100
1104	1104	1101
1104	1104	1102
1104	1105	1102
1110	1105	1103

试根据上述数据：

(1)计算总体方差的组间估计 MSB 和总体方差的组内估计 MSW；

(2)计算 F 统计量，并以 0.05 的显著性水平检验总体均值是否相等。

3. 某研究机构为比较运动、节食、药物三种不同减肥方式的减肥效果，在单独使用三种方式之一的减肥实践者中各随机抽取 5 人，调查他们在一个月内的减肥效果，结果如下(见所附数据集“E7_02 单一方式减肥效果”)(单位：公斤/月)：

减肥方式	减肥效果				
运动	1.1	1.1	1.0	0.9	1.0
节食	1.2	1.0	1.2	1.1	1.4
药物	1.3	1.3	1.1	1.2	1.4

试根据上述数据：

(1)计算总体方差的组间估计 MSB 和总体方差的组内估计 MSW；

(2)计算 F 统计量，并以 0.05 的显著性水平检验总体均值是否相等；

(3)如果方差分析拒绝了原假设，试使用 LSD 方法做均值的多重比较检验，并说明哪两种方法间存在显著差异。

4.某机构拟研究本市不同面积房屋的租赁价格是否存在显著差异。研究者将租赁房屋划分为一居室、两居室、三居室及以上 3 种户型，然后调查单位面积租金水平。考虑到房屋的地理位置会影响到租金水平，研究者将调查范围划分为 5 种类型：核心商业区周边、主要地铁站附近、主要交通干道两侧、工业区附近、城市边缘区域，每个区域调查数量大致相同的三种户型房屋，并计算每种户型的平均租金水平。从实验设计角度讲，该项调查属于随机化区组设计，共获得 15 个实验数据。请计算补齐括号内的数据。

方差来源	平方和	自由度	均方	F 值
处理	6580	（ ）	（ ）	（ ）
区组	4400	（ ）	（ ）	
误差	（ ）	（ ）	（ ）	
合计	13460	14		

5. 一项析因包含 2 个因素，因素 A 有 3 个水平，因素 B 有 4 个水平，每个处理有 4 个复制。请计算补齐括号内的数据。

方差来源	平方和	自由度	均方	F 值
因素 A	182	（ ）	（ ）	（ ）
因素 B	330	（ ）	（ ）	（ ）
交互作用	210	（ ）	（ ）	（ ）
误差	（ ）	（ ）	（ ）	
合计	902			

四、操作题

1. 为了比较某省东部山区、北部平原地区、南部沿海地区 7 月份平均温度的差异，收集了近 10 年 7 月份平均温度数据(见所附数据集“E7_03 七月平均温度”)。试分别在 0.05 和 0.01 的显著性水平下，检验三个地区 7 月份平均气温总体上有无显著差异。

年份	东部山区	北部平原地区	南部沿海地区
2012	24.2	25.1	23.5
2013	24.1	24.9	23.5
2014	24.8	25.6	24.0
2015	24.1	24.8	23.2
2016	25.0	26.2	24.3
2017	24.3	25.1	25.3
2018	24.6	25.6	24.1
2019	23.9	24.5	22.8
2020	24.1	24.7	23.2
2021	24.3	25.1	23.6

2. 某英语培训学校聘用了 4 名授课教师，每人负责一个班的教学工作。学校为检查教

师教学质量和学生的学习效果，从4个班中各随机抽选6名学生进行测验（见所附数据集“E7_04测试成绩”）。试在0.05的显著性水平下，判断4名授课教师的教学效果有无显著差异并得出结论。

一班	二班	三班	四班
68	61	80	70
72	70	82	72
80	66	70	80
72	64	75	73
66	63	72	69
70	65	74	71

3. 城市居民习惯去超市购买生活用品。有消费者发现，同样的商品在不同超市的售价并不完全相同，于是对A、B、C、D四个大型连锁超市做了价格调查，调查者选择了12类商品调查，在每类商品中挑选一个最大众化的品牌记录各大超市的售价（见所附数据集“E7_05超市商品价格”）。试在0.05的显著性水平下，判断不同超市商品价格有无显著差异，如果存在显著差异，判断哪家超市与其他三家超市商品价格有显著差异。

商品名称	超市A	超市B	超市C	超市D
袋装大米	34.00	34.50	31.00	36.00
大豆油	98.00	97.50	95.00	98.00
牛奶	5.60	5.60	5.50	5.70
洗发水	23.30	23.50	22.50	22.50
洗衣粉	32.00	33.50	31.80	32.00
啤酒	5.50	5.70	5.40	5.50
面巾纸	4.80	4.40	4.20	4.30
酱油	8.20	8.20	8.00	8.50
饼干	22.50	24.00	22.00	25.00
5号电池	7.80	7.70	7.80	8.00
碳酸饮料	2.10	2.00	2.20	2.50
口香糖	16.00	16.20	15.50	15.80

4. 使用SPSS软件对计算题第2题和第3题的数据做单因素方差分析（见所附数据集“E7_01使用寿命”和“E7_02单一方式减肥效果”），并与手工计算结果进行比较。

5. 使用SPSS软件的GLM过程，对本章单因素随机化区组设计例题数据做无交互作用的多因素方差分析（见所附数据集“data7_02三种品牌割草机工作效率”），并与教材列出的输出结果进行比较。

6. 使用SPSS软件的GLM过程，对本章析因实验设计例题数据做有交互作用的多因素方差分析（见所附数据集“data7_04保健品邮购公司两因素析因实验汇总数据”），并与教材列出的输出结果进行比较。

第八章　列联分析

引　例

改革开放以来，随着我国生产力水平的提高，旅游产业也获得了前所未有的发展。为了促进我国旅游产业的发展，为旅游管理部门和旅游服务单位提供决策参考依据，对旅游者行为与旅游兴趣进行研究就显得尤为重要。旅游住宿是旅游服务的重要组成部分，旅游者的选择倾向，直接影响不同种类旅游住宿设施的投资建设和营销策略。在一次针对我国居民选择旅游住宿设施是否存在性别差异的调查中，文化和旅游部抽取了38859位来自全国的旅游者，让每一位旅游者在宾馆（饭店）、旅馆（招待所）、亲友住宅这三种主要的旅游住宿设施中选出自己最常选择的一种。调查数据整理后，得到如表8—1所示的表格以及图8—1所示的频数分布图（见所附数据集“data8_01 不同性别旅游者对旅游住宿设施的选择倾向”）。

表8—1　不同性别旅游者对旅游住宿设施选择倾向的样本频数

按性别分组	宾馆（饭店）	旅馆（招待所）	亲友住宅	合计
男性	7207	4087	7132	18426
女性	7140	4310	8983	20433
合计	14347	8397	16115	38859

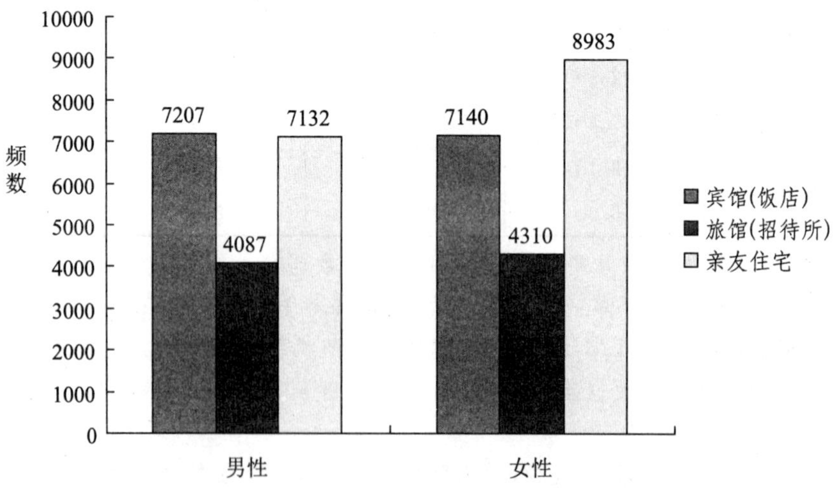

图8—1　男女旅游者旅游住宿设施选择偏好频数分布图

由表8—1中的数据可知，在38859位旅游者中，男性18426人，女性20433人；倾向于入住宾馆（饭店）、旅馆（招待所）、亲友住宅的男女旅游者合计分别为14347人、8397人、

16115 人。在 18426 位男性旅游者中，倾向于入住宾馆（饭店）、旅馆（招待所）、亲友住宅的分别有 7207 人、4087 人、7132 人；在 20433 位女性旅游者中，倾向于入住宾馆（饭店）、旅馆（招待所）、亲友住宅的分别有 7140 人、4310 人和 8983 人。结合图 8－1 可以进一步判断出，男性旅游者倾向于入住宾馆（饭店）的人数最多，有 7207 人；其次是亲友住宅，有 7132 人。女性旅游者倾向于入住亲友住宅的人数最多，有 8983 人；其次是宾馆（饭店），有 7140 人。

综上所述，从样本数据的分布情况上看，不同性别的旅游者对于旅游住宿设施的选择倾向似乎是有差异的，男性旅游者相对倾向于选择宾馆或饭店，而女性旅游者更偏好住在亲友家中。不过由于这个判断结果来自对文化和旅游部调查所获得的随机样本的分析，样本数据中所显示出来的差异，并不意味着全国男女旅游者总体上的选择倾向就一定是有差异的，其中还包含着不可避免的随机误差。那么是否可以根据此样本数据推断出全国旅游者总体上的选择偏好存在性别差异呢？本章将要介绍的列联分析方法，就是利用降维思想，通过分析原始数据结构，揭示分类变量之间以及分类变量各种状态之间相关关系的一种定量研究方法。

第一节 列联表

一、列联表的一般结构

列联表（contingency table）是由两个分类变量进行交叉分类的频数分布表，用于定量描述两个分类变量及其各种状态的相互关系。列联表的一般结构形式如表 8－2 所示。在列联表中，行变量和列变量均为分类变量，通常用 R_i 表示行变量的第 i 个类别，用 C_j 表示列变量的第 j 个类别；行和列的每种组合为一个单元，用 f_{ij} 来表示其观察频数；R_{T1}、R_{T2}、…、R_{Ti} 为各行合计数，C_{T1}、C_{T2}、…、C_{Tj} 为各列合计数；n 为样本容量。显然，$R_{T1}+R_{T2}+\cdots+R_{Ti}=C_{T1}+C_{T2}+\cdots+C_{Tj}=n$。一个 i 行 j 列的列联表称为 $i\times j$ 列联表。实际研究中选择多大的列联表，要根据研究目的及两个分类变量的类别来决定。列联表中哪个分类变量作为行变量并不影响数据结构，一般将起影响作用的变量作为列变量，如果不需要区分变量的影响和被影响关系，则把取值个数比较多的变量作为列变量。

表 8－2 $i\times j$ 列联表

行＼列	C_1	C_2	…	C_j	合计
R_1	f_{11}	f_{12}	…	f_{1j}	R_{T1}
R_2	f_{21}	f_{22}	…	f_{2j}	R_{T2}
…	…	…	…	…	…
R_i	f_{i1}	f_{i2}	…	f_{ij}	R_{Ti}
合计	C_{T1}	C_{T2}	…	C_{Tj}	n

在引例中，旅游者的性别和对旅游住宿设施的选择是列联表中的两个分类变量，性别变量有男性和女性两个取值，对旅游住宿设施的选择有住宾馆（饭店）、旅馆（招待所）、亲友住

宅三个取值。表 8－1 是一个 2×3 列联表。表中各个单元格中的数字，反映了这两个分类变量所有不同取值的交叉频数分布状况。例如，旅游者性别与对旅游住宿设施的选择偏好两个变量的所有不同取值共有 6 种组合，即有 6 个交叉频数，其中倾向于选择宾馆（饭店）的男性旅游者频数为 7207 人。行合计和列合计反映了两个分类变量每个取值下的频数之和，行合计之和等于列合计之和。

二、列联表的分布

列联表的分布可以从观察值的分布和期望值的分布两个方面来看，其中观察值分布又包括观察值的频数分布和观察值的百分比分布。

（一）观察值的分布

在列联表中，各单元以观测数值表现的分布为观察值分布；当观察数值为频数时，该分布就是观察值的频数分布。在描述观察值频数分布的列联表中，各单元的观察值频数称为条件频数，如 f_{11}、f_{21}，它反映了在变量 X 条件下变量 Y 的分布，或在变量 Y 的条件下变量 X 的分布；行的合计数称为行边缘频数，如 R_{T1}、R_{T2}；列的合计数称为列边缘频数，如 C_{T1}、C_{T2}；n 表示总频数，即样本总数，它等于行边缘频数之和，也等于列边缘频数之和。

例如，表 8－1 就是一个观察值的频数分布。表中，在男性旅游者中倾向于选择宾馆（饭店）的有 7207 人，在女性旅游者中倾向于选择亲友住宅的有 8983 人，它们都是条件频数；表中最右边展示了不同性别旅游者的受访总数，其中接受调查的男性旅游者共有 18426 人，接受调查的女性旅游者共有 20433 人，它们是行边缘频数；表中最下边展示了选择倾向变量的总数，其中倾向于选择宾馆（饭店）、旅馆（招待所）、亲友住宅的旅游者分别有 14347 人、8397 人、16115 人，它们是列边缘频数；行边缘频数之和与列边缘频数之和均为 38859 人，为总频数。

因为对比的基数不同，观察值的频数分布不适于进行对比。例如倾向于选择旅馆（招待所）的男性旅游者和女性旅游者个数分别为 4087 人和 4310 人，前者小于后者，但不能直接说女性旅游者更愿意选择旅馆（招待所），因为接受调查的男性旅游者和女性旅游者人数不同。为了能在相同的基数上比较，使列联表中的数据提供更多的信息，需要计算观察值的百分比分布。

观察值的百分比分布就是由观察值的频数分布转换成百分比形式的分布，主要计算行百分比、列百分比和总百分数三种。

行百分比：行的每一个观察值频数除以相应的行合计数（f_{ij}/R_{Ti}）；

列百分比：列的每一个观察值频数除以相应的列合计数（f_{ij}/C_{Tj}）；

总百分数：每一个观察值频数除以观测值的总个数（f_{ij}/n）。

结合引例中的数据，将观察值频数分布和观察值百分比分布列在同一张表中，如表 8－3 所示。表中对不同性别旅游者的选择倾向测度包括频率、行百分比、列百分比、总百分比四个维度。例如倾向于选择宾馆（饭店）的所有接受调查的旅游者中，男性旅游者的观察值频数为 7207 人；男性旅游者的行百分比是 39.1%（7207/18426＝39.1%），表示倾向于选择宾馆（饭店）的男性旅游者占所有接受调查的男性旅游者的比重为 39.1%；列百分比是 50.2%（7207/14347＝50.2%），表示倾向于选择宾馆（饭店）的男性旅游者占所有有该倾向的男女旅游者的比重为 50.2%；总百分比为 18.5%（7207/38859＝18.55），表示倾向于选择宾馆

(饭店)的男性旅游者占所有接受调查的旅游者的比重为18.5%。表格最右边和最下边的合计栏中各有两行数据,其中第一行是边缘频数,第二行是边缘频数的百分比。与倾向于选择宾馆(饭店)的男性旅游者频度单元格相对应的,行边缘百分比47.4%(18426/38859=47.4%)表示男性受访者占所有受访者的比重为47.4%;列边缘百分比36.9%(14347/38859=36.9%)表示选择宾馆(饭店)的受访者占所有受访者的36.9%。根据列联表观察值的百分比分布可以对数据进行对比分析,例如男性旅游者有22.2%选择旅馆(招待所),女性旅游者为21.1%,说明男性旅游者更倾向于选择宾馆(饭店)。

表8—3 不同性别旅游者对旅游住宿设施选择倾向的样本频数

按性别分组	维度	宾馆(饭店)	旅馆(招待所)	亲友住宅	合计
男性	频数/人	7207	4087	7132	18426
	行百分比/%	39.1	22.2	38.7	100.0
	列百分比/%	50.2	48.7	44.3	47.4
	总百分比/%	18.5	10.5	18.4	47.4
女性	频数/人	7140	4310	8983	20433
	行百分比/%	34.9	21.1	44.0	100.0
	列百分比/%	49.8	51.3	55.7	52.6
	总百分比/%	18.4	11.1	23.1	52.6
合计	频数/人	14347	8397	16115	38859
	总百分比/%	36.9	21.6	41.5	100.0

(二)期望值的分布

为了进行深入分析,需构造出表现期望值分布的列联表。表现期望值分布的列联表是在无关假设的前提下构造的,即假定行变量和列变量是独立的。在这个假定下,列联表中的期望值是根据既定的比例所计算出的理论数值。将观察值和期望值进行对比,可以反映出两者之间的差异。

在列联表中,一个观察值频数 f_{ij} 的期望频数 e_{ij},是总频数的个数 n 乘以该观察值频数 f_{ij} 落入第 i 行和第 j 列的概率,即:

$$e_{ij}=n\times\frac{R_{Ti}}{n}\times\frac{C_{Tj}}{n}=\frac{R_{Ti}\times C_{Tj}}{n} \qquad (8-1)$$

例如在表8—1中,选择宾馆(饭店)的男性旅游者有7207人,它落在第一行的概率估计值,等于该行的频数之和 R_{T1} 除以总频数 n,即18426/38859;它落在第一列的概率估计值,等于该列的频数之和 C_{T1} 除以总频数 n,即14347/38859。根据概率的乘法公式,该频数落在第一行第一列的概率应为 $\frac{R_{T1}}{n}\times\frac{C_{T1}}{n}$,则期望频数为:

$$e_{11}=n\times\frac{R_{T1}}{n}\times\frac{C_{T1}}{n}=\frac{R_{T1}\times C_{T1}}{n}=\frac{18426\times 14347}{38859}=6803$$

同理,可计算出其他单元的期望值,得到如表8—4所示的观察值和期望值的对比分析表。

表 8－4　不同性别旅游者对旅游住宿设施选择倾向的观察值和期望值频数对比表

按性别分组	维度	宾馆(饭店)	旅馆(招待所)	亲友住宅
男性	观察值	7207	4087	7132
	期望值	6803	3982	7641
女性	观察值	7140	4310	8983
	期望值	7544	4415	8474

在表 8－4 基础上，我们可以对两个分类变量的状态与相互关系做进一步的分析，包括本章稍后介绍的一致性检验和独立性检验。

第二节　列联表中的 χ^2 检验

一、列联表的自由度

本节主要讨论如何对列联表进行 χ^2 检验，而进行检验需要确定列联表的自由度。自由度是衡量样本规模大小的一种尺度。列联表是关于两个定类变量的联合样本数据，列联表中的自由度指可以自由取值的观察频数的个数，也就是可以自由取值的单元格的个数。

列联表中的行合计数与列合计数，相对于各个单元格的观察频数来说，其取值是固定的，由此每一行或每一列就必然有一个单元格的观察频数不能自由取值，所以，一个 $i \times j$ 列联表的自由度就是其行数减 1 再乘以其列数减 1，即$(i-1)\times(j-1)$。以表 8－5 中的 2×3 列联表为例。给定任意一行，例如第一行合计数 R_{T1}，则该行的三个观察频数 f_{11}、f_{12}、f_{13} 中，就只有两个是可以自由取值的，假如 f_{11} 和 f_{12} 可以自由取值，那么 f_{13} 将无法再自由取值。给定任意一列，例如第三列合计数 C_{T3}，则该列的三个观察频数 f_{13}、f_{23}，就只有一个可以自由取值，假如 f_{13} 可以自由取值，那么 f_{23} 无法再自由取值。因此，其自由度为$(2-1)\times(3-1)=2$。

表 8－5　2×3 列联表

	C_1	C_2	C_3	合计
R_1	f_{11}	f_{12}	f_{13}	R_{T1}
R_2	f_{21}	f_{22}	f_{23}	R_{T2}
合计	C_{T1}	C_{T2}	C_{T3}	n

列联表中的自由度与两个定类变量的取值个数及各个取值的交叉组合情况有直接联系。并非单元格个数相同，自由度就相同。拥有同样单元格个数的列联表，其自由度也有可能是不同的。例如，一个 3×4 列联表与一个 2×6 列联表，两者单元格个数都是 12，但自由度并不相同，前者自由度为 6，后者自由度为 5。

二、一致性检验

列联表的 χ^2 检验主要包括一致性检验和独立性检验。两者的检验目的不同，前者是对不同类别的目标量之间是否存在显著性差异进行检验，后者用于判断两个分类变量之间是否相互关联。

一致性检验（test of homogeneity）是对多项总体，即单个总体划分为三个或更多类别后，为了判断样本资料所显示的不同类别的比例差异在总体中是否也存在所进行的检验。一致性检验的步骤包括：

（1）建立原假设和备择假设。原假设 H_0：总体各类别中的比例没有差异，备择假设 H_1：总体各类别中的比例存在差异。

（2）计算检验统计量，即 χ^2 值。若用 f_{ij} 表示观测值频数，e_{ij} 表示期望值频数，则 χ^2 统计量的计算公式为：

$$\chi^2=\sum_j\sum_i\frac{(f_{ij}-e_{ij})^2}{e_{ij}} \tag{8-2}$$

χ^2 统计量具有如下几个特征：首先，因为 χ^2 是对平方值结果的汇总，因此 $\chi^2\geqslant 0$；其次，χ^2 值的大小与自由度有关，自由度越大，χ^2 值越大；第三，χ^2 统计量描述了观察值与期望值的接近程度，两者越接近，χ^2 值越小。

（3）确定自由度和显著性水平。根据本节第一部分的讲解，自由度 $df=(i-1)\times(j-1)$，其中 i 和 j 分别为行变量和列变量的分类类别个数。显著性水平 α，是根据样本列联表对总体规律进行检验时可接受的犯错误的概率大小。

（4）依据检验规则拒绝或不拒绝原假设。当 $\chi^2>\chi^2_\alpha$ 时，拒绝原假设，说明多项总体各类别中的比例存在差异；当 $\chi^2<\chi^2_\alpha$ 时，接受原假设，说明多项总体各类别中的比例没有差别，调查数据中存在的差异来自样本的随机性。

注意：列联表中 χ^2 统计量的构造过程是建立在观察频数 f_{ij} 服从正态分布的理论假设基础之上。各个单元格的观察频数理论上服从二项分布，只有当样本量充分大时，二项分布才可近似视为正态分布。在列联表的 χ^2 检验中，用正态分布近似二项分布，观察频数必须足够大，需要每个单元格的期望频数 e_{ij} 大于等于 5。如果出现某一个或某几个单元格中的期望频数小于 5 的情况，通常可以采取将相邻的单元格加以合并的做法，以满足这个条件。

【例 8.1】为了提高市场占有率，A 公司和 B 公司同时开展了广告宣传。在广告宣传战之前，A 公司的市场占有率为 45%，B 公司的市场占有率为 40%，其他公司的市场占有率为 15%。为了了解广告战之后 A、B 和其他公司的市场占有率是否发生变化，随机抽取了 200 名消费者，其中 102 人表示准备购买 A 公司产品，82 人表示准备购买 B 公司产品，另外 16 人表示准备购买其他公司产品。检验广告战前后各公司的市场占有率是否发生了变化（$\alpha=0.05$）。

解：原假设和备择假设分别是：

H_0：$\pi_1=0.45,\pi_2=0.4,\pi_3=0.15$

H_1：原假设中至少有一个不成立

在原假设 H_0 下，计算得到：

$$\frac{(102-200\times0.45)^2}{90}+\frac{(82-200\times0.4)^2}{80}+\frac{(16-200\times0.15)^2}{30}=8.18>0.1026=\chi^2_{5\%}(2)$$

所以，拒绝 H_0，即广告战前后市场占有率是差别的。使用 SPSS 软件时请注意，一致性检验是以广告前的市场占有率作为期望频数，例如 $200\times0.45=90$；而独立性检验是以“广告”与

“市场占有率”相互独立为期望频数，例如，200×192/400=96。这里，“广告前”与“广告后”其实是匹配样本设计，也就是说，样本并不能被广告前后这个变量分割。此外，可以检查，总计样本是 200 个，而不是 400 个样本。

三、独立性检验

独立性检验(test of independence)是利用样本资料来检验两个变量的独立性，即样本资料所显示的两个分类变量的相关性在总体中是否存在。如果相关性不存在就称为独立。例如对产品的选择是否与文化程度有关；企业的创新能力是否与企业规模有关。独立性检验的步骤包括：

(1)建立原假设和备择假设。原假设 H_0：行变量和列变量之间相互独立(不相关联)，备择假设 H_1：行变量和列变量之间不相互独立(相关联)。

(2)计算检验统计量，即 χ^2 值。若用 f_{ij} 表示观测值频数，根据列联表中的观测值分布计算期望值 e_{ij} 的分布，在各单元的期望值均大于 5 的情况下，计算 χ^2 统计量的值：

$$\chi^2=\sum_j\sum_i\frac{(f_{ij}-e_{ij})^2}{e_{ij}}$$

(3)确定自由度和显著性水平。自由度 $df=(i-1)\times(j-1)$，其中 i 和 j 分别为行变量和列变量的分类类别个数。显著性水平 α，是根据样本列联表对总体规律进行检验时可接受的犯错误的概率大小。

(4)依据检验规则拒绝或接受原假设。当 $\chi^2>\chi^2_\alpha$ 时，拒绝原假设，说明两个分类变量存在相关性；当 $\chi^2<\chi^2_\alpha$ 时，接受原假设，说明两个分类变量之间相互独立，调查数据显示的变量之间的相关性来自样本的随机性。

【例 8.2】就引例中的调查数据表 8—1 中的数据，试以 $\alpha=0.05$ 的显著性水平检验旅游者的性别是否与对不同旅游住宿设施的选择偏好存在关联。

解：原假设和备择假设分别是：

H_0：性别与对旅游住宿设施的偏好相互独立(不相关联)

H_1：性别与对旅游住宿设施的偏好不相互独立(相关联)

根据公式 $e_{ij}=\dfrac{R_{Ti}\times C_{Tj}}{n}$，逐一计算各单元格的期望值，以第一行、第一列单元格为例：

$$e_{11}=\frac{18426\times14347}{38859}=6803$$

其他各单元的期望值如表 8—6 所示。期望频数分布表中各单元值均大于 5，可以计算 χ^2 统计量，计算过程如表 8—7 所示。

表 8—6　期望频数分布表

按性别分组	宾馆(饭店)	旅馆(招待所)	亲友住宅	合计
男性	6803	3982	7641	18426
女性	7544	4415	8474	20433
合计	14347	8397	16115	38859

表 8—7　χ^2 统计量的计算过程

f_{ij}	e_{ij}	$f_{ij}-e_{ij}$	$(f_{ij}-e_{ij})^2$	$(f_{ij}-e_{ij})^2/e_{ij}$
7207	6803	404	163215	23.99
4087	3982	105	11098	2.79
7132	7641	−509	259431	33.95
7140	7544	−404	163215	21.64
4310	4415	−105	11098	2.51
8983	8474	509	259431	30.62
合计	—	—	—	115.49

由此，$\chi^2=\sum_j\sum_i\frac{(f_{ij}-e_{ij})^2}{e_{ij}}=115.49$

自由度 $df=(i-1)\times(j-1)=(2-1)\times(3-1)=2$

当显著性水平 $\alpha=0.05$ 时，对于自由度为 2 的 χ^2 临界值，由 χ^2 值表查得 $\chi^2_{0.05}(2)=5.99$。由于 $\chi^2>\chi^2_\alpha$，拒绝原假设，即可以认为性别与对旅游住宿设施的偏好有关联，不同类型旅游住宿设施服务单位，应根据旅游者的性别采取有针对性的营销策略。

四、使用 SPSS 软件实现列联表中的 χ^2 检验

在 SPSS 中，可以利用 Crosstabs（交叉表）过程来实现对列联表的 χ^2 检验过程。这里以【例 8.2】中对两个分类变量独立性检验的操作为例，具体介绍实现步骤。

注意：为进行列联分析需要把数据文件设计成如图 8—2 所示的形式（见所附数据集“data8_01 不同性别旅游者对旅游住宿设施的选择倾向”）。三个变量分别测度 gender（性别）、choice（选择倾向）和 number（人数），其中变量 gender 中，1 为男性，2 为女性；变量 choice 中，1 为宾馆（饭店），2 为旅馆（招待所），3 为亲友住宅。变量 gender 和 choice 都是分类变量，变量 number 是数值型变量。

图 8—2　利用 SPSS 实现列联表 χ^2 检验的数据形式

操作步骤：

（1）打开数据文件，先用变量“number”进行加权，选 Data（数据）→Weight cases（加权个案）→点选 Weight cases by（加权个案）→将变量“number”置入 Frequency Variable（频率变量），点击 OK（确定）；

（2）在弹出的 Output（输出）界面上，选 Analyze（分析）→Descriptive statistics（描述统计）→crosstabs（交叉表）→将变量“gender”和“choice”分别选入 Row(s)（行）和 Column(s)（列），在 Statistics（统计量）选项中勾选 Chi-square（卡方），然后继续，返回 crosstabs（交叉表）表单点击 OK（确定）。即可得到如图 8－3 所示的输出结果。

Chi-Square Tests

	Value	df	Asymp. Sig. (2-sided)
Pearson Chi-Square	115.495[a]	2	.000
Likelihood Ratio	115.611	2	.000
Linear-by-Linear Association	110.120	1	.000
N of Valid Cases	38859		

a. 0 cells (0.0%) have expected count less than 5. The minimum expected count is 3981.65.

图 8－3　SPSS 进行列联表 χ^2 检验的输出结果

由分析结果可知，χ^2 统计量为 115.495，对应的假设检验概率值为小于 0.001，小于 0.05 的显著性水平，故拒绝原假设，认为性别与对旅游住宿设施的偏好有关联，和前面的计算结果一致。

第三节　列联表中的相关系数

列联表中的独立性检验已经对两个分类变量之间的相关性进行了统计推断。如果变量相互不独立，说明它们之间存在联系，而列联表中的 χ^2 检验不能给出相关程度的高低。为了进一步测度两个分类变量之间的相关程度，通常要计算相关系数，包括 φ 相关系数、C 相关系数和 V 相关系数等。列联表的类型不同，适合采用的相关系数也有所不同。列联表中的变量反映研究对象的不同品质类别，因此分类变量之间的相关也称为品质相关。

一、φ 相关系数

φ 相关系数（φ correlation coefficient）是描述 2×2 列联表数据相关程度最常用的一种相关系数，其计算公式为：

$$\varphi=\sqrt{\chi^2/n} \tag{8-3}$$

式中，χ^2 值的计算方法与进行独立性检验时的相同；n 为列联表中的总频数，即样本量。φ 相关系数适合 2×2 列联表中的数据，是因为对于 2×2 列联表中的数据，计算出的 φ 相关系数可以控制在 0～1 这个范围。表 8－8 是一个简化的 2×2 列联表。

表 8－8　2×2 列联表

因素 Y	因素 X		合计
	x_1	x_2	
y_1	a	b	$a+b$
y_2	c	d	$c+d$
合计	$a+c$	$b+d$	

表 8－8 中，a、b、c、d 均为条件频数。当变量 X、Y 相互独立，不存在相关关系时，频数间应有下面的关系：

$$\frac{a}{a+c}=\frac{b}{b+d}$$

化简后有：

$$ad = bc$$

因此，差值$(ad-bc)$的大小可以反映变量之间相关程度的高低。差值越大，说明两个变量的相关程度越高。φ 相关系数就是以$(ad-bc)$的差值为基础，实现对两个变量相关程度的测定。

由式(8－1)知，在 2×2 列联表中，每个单元中频数的期望值为：

$$e_{11}=\frac{(a+b)(a+c)}{n},\quad e_{12}=\frac{(a+b)(b+d)}{n}$$

$$e_{21}=\frac{(a+c)(c+d)}{n},\quad e_{22}=\frac{(b+d)(c+d)}{n}$$

由式(8－2)，有：

$$\begin{aligned}\chi^2&=\frac{(a-e_{11})^2}{e_{11}}+\frac{(b-e_{12})^2}{e_{12}}+\frac{(c-e_{21})^2}{e_{21}}+\frac{(d-e_{22})^2}{e_{22}}\\&=\frac{n(ad-bc)^2}{(a+b)(c+d)(a+c)(b+d)}\end{aligned}$$

将此结果代入式(8－3)，得到：

$$\varphi=\sqrt{\frac{\chi^2}{n}}=\frac{ad-bc}{\sqrt{(a+b)(c+d)(a+c)(b+d)}} \tag{8－4}$$

当 $ad=bc$ 时，表明变量 X、Y 之间相互独立，这时，$\varphi=0$。若 $b=0$，$c=0$，由式(8－4)计算得 $\varphi=1$，这是 X 与 Y 完全相关的一种情况。同样，若 $a=0$，$d=0$，由式(8－4)计算得 $\varphi=-1$，这也是 X 与 Y 完全相关的一种情况。由于在列联表中，变量的位置可以任意变换，因此 φ 的正负符号在这里没有实际意义，其绝对值 $|\varphi|=1$，只是表明 X 与 Y 完全相关。由表 8－8 可知，当 $|\varphi|=1$ 时，必然有某个方向对角线上的值全为零，但现实中这种情况是罕见的，因此，实际上，φ 系数的取值范围在(0,1)之间，且 φ 的绝对值越大，说明变量 X 与 Y 的相关程度越高。

二、C 相关系数

C 相关系数，是列联相关系数(coefficient of contingency)的简称，主要用于大于 2×2

列联表的情况。C 相关系数的计算公式为：

$$C=\sqrt{\frac{\chi^2}{\chi^2+n}} \tag{8-5}$$

当列联表中的两个变量相互独立时，C 相关系数 $=0$，但其不可能大于1，这一点从式(8－5)中也可以看出来。C 相关系数的特点是，其可能的最大值依赖于列联表的行数和列数，且随着 i 和 j 的增大而增大。例如，当两个变量完全相关时，对于 2×2 列联表，$C_{max}=0.7071$；对于 3×3 列联表，$C_{max}=0.8165$；而对于 4×4 列联表，$C_{max}=0.87$。因此，根据不同的行和列计算的列联相关系数不能直接比较，除非两个列联表中行数和列数一致，这也是列联相关系数的局限性。但由于其计算简便，且对总体的分布没有任何要求，所以列联相关系数仍不失为一种适应性较广的测度值。

三、V 相关系数

鉴于 φ 相关系数无上限，C 相关系数小于1的情况，克莱默(Gramer)提出了 V 相关系数。V 相关系数的计算公式为：

$$V=\sqrt{\frac{\chi^2}{n\times\min[(i-1),(j-1)]}} \tag{8-6}$$

它的计算也是以 χ^2 值为基础。式中的 $\min[(i-1),(j-1)]$ 表示取 $(i-1)$ 和 $(j-1)$ 中较小的一个。当两个变量相互独立时，$V=0$；当两个变量完全相关时，$V=1$。所以 V 的取值在[0,1]之间。V 相关系数避免了 φ 相关系数和 C 相关系数的缺陷，是对列联表中相关性测量的一种很好的补充和完善。特别地，当列联表中的行数或列数为2，即 $\min[(i-1),(j-1)]=1$ 时，V 值就等于 φ 值。

【例8.3】在【例8.2】中，已经针对引例的表8－1中男女旅游者选择旅游住宿设施偏好的样本数据，计算出了旅游者性别与选择偏好的 χ^2 检验结果，即：$\chi^2=115.49>\chi^2_{0.05}[(2-1)\times(3-1)]=5.99$，并且拒绝了两个变量相互独立的原假设，认为旅游者性别与选择旅游住宿设施偏好之间具有相关性。那么这种相关程度有多高？需要进一步计算 φ 相关系数、C 相关系数和 V 相关系数的大小。

解：由前文可知，这个 2×3 列联表的总频数 n 为38859，因此 $\min[(i-1),(j-1)]=\min(3-1,2-1)=\min(2,1)=1$。于是有：

$$\varphi=\sqrt{\frac{\chi^2}{n}}=\sqrt{\frac{115.49}{38859}}=0.055$$

$$C=\sqrt{\frac{\chi^2}{\chi^2+n}}=\sqrt{\frac{115.49}{115.49+38859}}=0.054$$

$$V=\sqrt{\frac{\chi^2}{n\times\min[(i-1),(j-1)]}}=\sqrt{\frac{115.49}{38859\times1}}=0.055$$

对于 φ 相关系数，当列联表规模大于 2×2 时，φ 值可能大于1，相比之下，本例中的 $\varphi=0.055$，不能认为数值大。对于 C 相关系数，C 值总是小于1，其结果必然低于 φ 值。本例中 $C=0.054$，数值也并不大。对于 V 相关系数，$V=0.055$，数值也较小。综合来看，虽然 χ^2 检验表明，旅游者性别与旅游住宿设施的选择倾向两变量之间存在相关关系，但这种关系的密切程度不高。这说明除了旅游者的性别因素，还有其他因素对选择旅游住宿设施的倾向起着更重要的作用。

本例是一个 2×3 列联表，行数与列数中的较小者为 2，所以有 $V=\varphi=0.055$。C 相关系数一般适用于行数与列数相等的列联表，其计算结果 0.054 在此可作为参考。在对不同列联表变量之间的相关程度进行比较时，不同列联表中的行和列数要相同，并且采用同一种系数，这样的系数才具有可比性。

四、使用 SPSS 软件计算列联表中的相关系数

在 SPSS 中，计算列联表中的相关系数也是利用 Crosstabs（交叉表）过程实现。仍然以【例 8.2】中的数据为例，SPSS 软件中数据的输入格式与图 8.2 所示相同。

操作步骤：

（1）打开数据文件，先用变量"number"进行加权，选 Data（数据）→Weight cases（加权个案）→点选 Weight cases by（加权个案）→将变量"number"置入 Frequency Variable（频率变量），点击 OK（确定）；

（2）在弹出的 Output（输出）界面上，选 Analyze（分析）→Descriptive statistics（描述统计）→crosstabs（交叉表）→将变量"gender"和"choice"分别选入 Row（s）（行）和 Column（s）（列）；在 Statistics（统计量）选项中，勾选 Contingency coefficient（相依系数）和 Phi and Cramer's V（Phi 和 Cramer 变量）；然后继续，返回 crosstabs（交叉表）表单点击 OK（确定）。即可得到如图 8－4 所示的输出结果。

在输出结果中，Phi 是 φ 相关系数，Cramer's V 是 V 相关系数，Contingency Coefficient 是 C 相关系数。由分析结果可知，φ 相关系数、V 相关系数和 C 相关系数分别等于 0.055、0.055 和 0.054，和前面【例 8.3】中的计算结果一致。

Symmetric Measures

		Value	Approx. Sig.
Nominal by Nominal	Phi	.055	.000
	Cramer's V	.055	.000
	Contingency Coefficient	.054	.000
N of Valid Cases		38859	

a. Not assuming the null hypothesis.

b. Using the asymptotic standard error assuming the null hypothesis.

图 8－4　SPSS 计算列联表相关系数的输出结果

本章小结

列联分析方法是利用降维思想，通过分析原始数据结构，揭示分类变量之间以及分类变量各种状态之间的相关关系。列联表是列联分析的必要数据基础，它是由两个分类变量进行交叉分类的频数分布表。

列联表的分布可以分为观察值的分布和期望值的分布两种，其中观察值分布又包括观察值的频数分布和观察值的百分比分布。观察值的百分比分布使分类变量不同状态之间有了可比性，将观察值频数与期望值之间进行对比，是进行列联表统计检验计算中的重要

环节。

列联表的 χ^2 检验主要包括一致性检验和独立性检验。两者的检验目的不同，前者是对多项总体，即单个总体划分为三个或更多类别后，为了判断样本资料所显示的不同类别的比例差异在总体中是否也存在所进行的检验；后者是利用样本资料来检验两个变量的独立性，即样本资料所显示的两个分类变量的相关性在总体中是否存在。对列联表进行 χ^2 检验，需要样本容量充分大，以确保二项分布可以用正态分布来近似，否则检验结果无效。这就要求列联表每个单元格中的期望频数大于等于 5。

如果独立性检验结果显示两个分类变量之间存在相关性，为了进一步测度两个分类变量之间的相关程度，通常要计算相关系数，包括 φ 相关系数、C 相关系数和 V 相关系数等。列联表的类型不同，适合采用的相关系数也有所不同。φ 相关系数是描述 2×2 列联表数据相关程度最常用的一种相关系数；C 相关系数主要用于大于 2×2 列联表的情况；V 相关系数避免了 φ 相关系数和 C 相关系数的缺陷，取值范围在 0 到 1 之间，方便进行判断。在对不同列联表变量之间的相关程度进行比较时，不同列联表的行和列数要相同，并且采用同一种系数，这样的系数才具有可比性。

习　题

一、单项选择题

1. 列联分析是利用列联表来研究（　　）。

A. 两个分类变量的关系　　B. 两个数值型变量的关系

C. 一个分类变量和一个数值型变量的关系　　D. 两个数值型变量的分布

2. 设 i 为列联表的行数，j 为列联表的列数，则 χ^2 分布的自由度为（　　）。

A. i　　B. j

C. $i \times j$　　D. $(i-1)\times(j-1)$

3. 利用列联表计算 χ^2 统计量时，用到的变量是（　　）。

A. 观察值频数与期望值频数　　B. 观察值频数与观察值百分比

C. 期望值频数与期望值百分比　　D. 观察值百分比与期望值百分比

4. 一所大学准备采取一项学生在宿舍上网收费的措施，为了解男女学生对这一措施的看法，分别抽取了 150 名男学生和 120 名女学生进行调查，得到的结果如下：

	男学生	女学生	合计
赞成	45	42	87
反对	105	78	183
合计	150	120	270

（1）根据这个列联表计算的男女学生赞成上网收费的期望频数分别为（　　）。

A. 48 和 39　　B. 102 和 81

C. 15 和 14　　D. 25 和 19

（2）根据这个列联表计算的 χ^2 统计量为（　　）。

A. 0.6176　　B. 1.6176　　C. 0.3088　　D. 1.3088

5. φ 相关系数是描述两个分类变量之间相关程度的一个统计量，它主要用于（　　）。

A. 2×2 列联表数据　　B. 2×3 列联表数据

C. 3×3 列联表数据　　D. 3×4 列联表数据

6. 如果两个分类变量之间存在完全相关，则 2×2 列联表的 φ 相关系数的取值为（　　）。

A. 0　　B. 小于 1　　C. 大于 1　　D. $|\varphi|=1$

7. 当 $|\varphi|=1$ 时，2×2 列联表中某个方向对角线上的值必须（　　）。

A. 全等于 0　　B. 全大于 0　　C. 全等于 1　　D. 全小于 1

8. 当列联表中的两个变量相互独立时，计算的列联相关系数 C 为（　　）。

A. 等于 1　　B. 大于 1　　C. 等于 0　　D. 小于 0

9. 对于同一个列联表计算的 C 系数和 φ 系数，其结果是（　　）。

A. C 值必然大于 φ 值　　B. C 值必然等于 φ 值

C. C 值必然小于 φ 值　　D. C 值可能小于 φ 值

10. 如果列联表只有两个单元，进行 χ^2 检验的条件是每个单元的期望频数（　　）。

A. 大于或等于 1　　B. 大于或等于 2

C. 大于或等于 5　　D. 大于或等于 10

二、计算题

1. 欲研究不同收入群体对某种特定商品是否有相同的购买习惯，市场研究人员调查了四个不同收入组的消费者共 527 人，购买习惯分为：经常购买、不购买、有时购买。调查结果如下表所示。

项目	低收入组	偏低收入组	偏高收入组	高收入组
经常购买	25	40	47	46
不 购 买	69	51	74	57
有时购买	36	26	19	37

要求：

(1)提出假设。

(2)计算 χ^2 值。

(3)以 $\alpha=0.1$ 的显著性水平进行检验。

2. 某报社欲调整某报纸的出版时间，想调查不同文化程度的读者对于这一改变的态度是否一致，随机调查了 254 位读者，得到如下数据：

态度	大学以上	大学和大专	高中	高中以下
赞成	18	29	22	25
反对	59	62	20	19

要求：

(1)提出假设。

(2)计算 χ^2 值。

(3)以 0.1 的显著性水平进行检验。

三、操作题

为了解男性和女性的体育运动偏好是否具有差异性，分别抽取58名男性和50名女性进行了一项调查，所得样本的原始数据如下表所示。

性别	喜好	性别	喜好	性别	喜好	性别	喜好
男性	棒球	女性	棒球	男性	篮球	女性	篮球
男性	棒球	女性	棒球	男性	篮球	女性	篮球
男性	棒球	女性	棒球	男性	篮球	女性	篮球
男性	棒球	女性	棒球	男性	篮球	女性	篮球
男性	棒球	女性	棒球	男性	篮球	女性	篮球
男性	棒球	女性	棒球	男性	篮球	女性	篮球
男性	棒球	女性	棒球	男性	篮球	女性	篮球
男性	棒球	女性	棒球	男性	篮球	女性	篮球
男性	棒球	女性	棒球	男性	橄榄球	女性	橄榄球
男性	棒球	女性	棒球	男性	橄榄球	女性	橄榄球
男性	棒球	女性	棒球	男性	橄榄球	女性	橄榄球
男性	棒球	女性	棒球	男性	橄榄球	女性	橄榄球
男性	棒球	女性	棒球	男性	橄榄球	女性	橄榄球
男性	棒球	女性	棒球	男性	橄榄球	女性	橄榄球
男性	棒球	女性	棒球	男性	橄榄球	女性	橄榄球
男性	棒球	女性	篮球	男性	橄榄球	女性	橄榄球
男性	棒球	女性	篮球	男性	橄榄球	女性	橄榄球
男性	棒球	女性	篮球	男性	橄榄球	女性	橄榄球
男性	篮球	女性	篮球	男性	橄榄球	女性	橄榄球
男性	篮球	女性	篮球	男性	橄榄球	女性	橄榄球
男性	篮球	女性	篮球	男性	橄榄球	女性	橄榄球
男性	篮球	女性	篮球	男性	橄榄球	女性	橄榄球
男性	篮球	女性	篮球	男性	橄榄球	女性	橄榄球
男性	篮球	女性	篮球	男性	橄榄球	女性	橄榄球
男性	篮球	女性	篮球	男性	橄榄球	女性	橄榄球
男性	橄榄球	男性	橄榄球	男性	橄榄球	男性	橄榄球
男性	橄榄球	男性	橄榄球	男性	橄榄球	男性	橄榄球

要求：

(1)将上面调查资料建成SPSS数据集。

(2)编制列联表，绘制交叉频数分布图。

(3)运用SPSS以0.05的显著性水平检验男性和女性体育运动偏好是否相同。

(4)计算相关系数。

第九章 相关与回归分析

引 例

一家大型连锁超市正在考虑向一个新的地区发展业务，计划部主管需要向公司董事会的执行委员会提交一份有关发展计划的分析报告。作为报告中的一个关键部分，她需要提供目标地区居民每月在日用杂货项目上的支出信息。为此，计划部主管以居民家庭为对象，就每户家庭的每月日用杂货支出、月收入、家庭人口数等变量搜集了一个容量为40的样本数据。并针对每月日用杂货支出的数据，估计出平均每户每月日用杂货支出为840.63元左右。计划部主管正准备引用这一数字时，却突然发现有些不妥。分析报告中的有关部分已经细化到针对不同收入水平居民的经营策略，而平均每户每月日用杂货支出的估计值，还只是一个笼统的估计数字，其中并未包含收入水平差异上的信息。因此，有必要与月收入关联起来，估计出不同收入水平居民的平均每户每月日用杂货支出，这才符合分析报告的写作要求。每月日用杂货支出与月收入两变量的样本数据如下表所示（见所附数据集“data9_01 40户家庭每月日用杂货支出与月收入”）。

表9—1 40户家庭每月日用杂货支出与月收入

单位：元

家庭序号	月支出 y	月收入 x	家庭序号	月支出 y	月收入 x
1	1148	8882	21	710	6837
2	489	4558	22	937	7263
3	1208	9053	23	1030	8009
4	1065	8094	24	1064	8392
5	1015	8414	25	662	4899
6	1125	8925	26	680	5581
7	1206	9862	27	675	5091
8	613	4856	28	720	5495
9	661	4899	29	913	6688
10	606	5304	30	1140	9329
11	541	5943	31	740	5304
12	1083	7242	32	540	5730
13	839	7540	33	693	5943
14	1090	8989	34	673	6156
15	1217	9138	35	918	6752
16	555	4388	36	1069	8264
17	458	4793	37	1265	9649
18	647	4856	38	1145	9883
19	592	5346	39	549	5133
20	676	6603	40	668	5304

如何由样本数据来确认每月日用杂货支出与月收入两个变量之间的关联性，以及如何以月收入的不同取值来估计每月日用杂货支出，这正是本章相关与回归分析所要解决的问题。

第一节　相关系数

一、散点图与相关关系

如果反复观察表9—1中的样本数据，或许会隐约觉察到月支出与月收入两个变量之间的确有着某种关联：随着月收入的增加，月支出相应地也在增加。但这种判断还非常不明确，关联的具体状态和关联的密切程度等，这些都无法直接从表中数字里面看出答案。

图9—1称为散点图（scatter diagram），横轴代表月收入，纵轴代表月支出，图中的各个点，由每一个观测中的月支出和月收入的一对观测值所决定。此图直观地显示了数据中40户家庭月支出与月收入之间的关系。

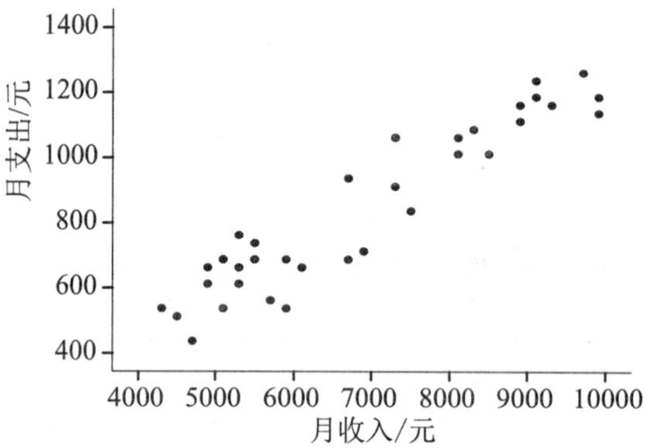

图9—1　月支出与月收入样本数据散点图

观察图9—1可知，这40户家庭月支出的观测值，除自身的上下波动之外，与月收入之间同时又具有一种协变关系，尽管这种协变关系表现出了某种不确定性，但从整体上看，月支出是在沿着一定的方向，即随着月收入的变化而变化。统计中将两变量之间的这种关系称作相关关系（correlation），散点图是从样本数据上直观判断两个数值型变量之间是否具有相关关系的有用工具。

要注意区分两个变量之间的相关关系与函数关系的差别。在函数关系中，当一个变量的取值发生变化时，另一个变量有唯一确定的值与之相对应。但在相关关系中，当一个变量的取值发生变化时，另一个变量的取值是不确定的，而是遵循某种规律在一定范围内取值发生变化。函数关系具有确定性，相关关系具有不确定性，这是把握相关关系与函数关系两种不同内涵的关键。

相关关系可以区分为不同的类型。如果一个变量的取值整体上是沿着一条直线，随着另一个变量取值的变化而变化，则称两者之间具有线性相关关系（linear correlation）。如果是沿着一条曲线变化，则称两者之间是非线性相关关系（nonlinear correlation），或称曲线相关关系（curvilinear correlation）。图9—1显示出月支出与月收入之间具有一定程度的线性相关关系。

在线性相关关系中，如果两个变量变动方向相同，即一个变量的取值增加，另一个变量的取值也随之增加，或一个变量的取值减少，另一个变量的取值也随之减少，则称两个变量之间具有正的线性相关关系。如果两个变量的变动方向相反，即一个变量的取值增加，另一个变量的取值随之减少，或一个变量的取值减少，另一个变量的取值随之增加，则称两个变量之间具有负的线性相关关系。图 9—2 是相关关系类型的直观图示。

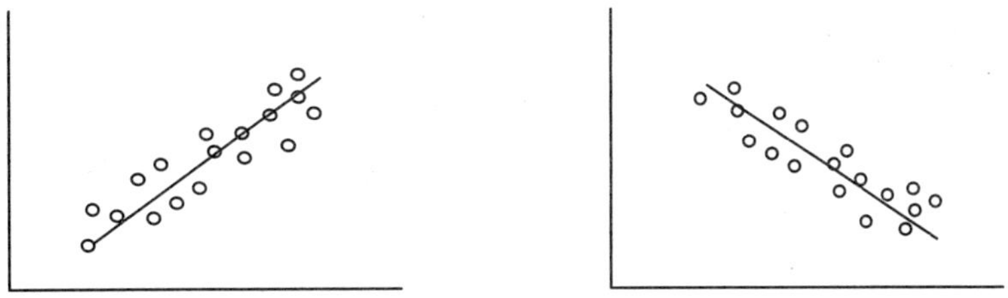

（A）正线性相关　　　　（B）负线性相关

图 9—2　相关关系的类型

二、相关系数

散点图有助于观察和判断两个变量之间相关关系的类型及其密切程度，但这毕竟是依赖肉眼观察，判断结果往往带有很强的主观性，不同的人甚至可能会得出不同的判断结果。相关系数(correlation coefficient)是度量两个变量之间相关关系的类型及其密切程度的统计量，其计算公式为：

$$r=\frac{\sum_{i=1}^{n}(x_i-\bar{x})(y_i-\bar{y})}{\sqrt{\sum_{i=1}^{n}(x_i-\bar{x})^2\sum_{i=1}^{n}(y_i-\bar{y})^2}} \tag{9—1}$$

相关系数的构造原理可参见图 9—3。

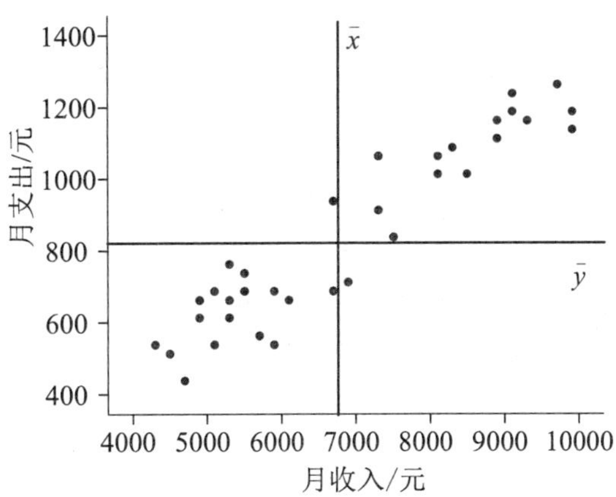

图 9—3　相关系数构造原理示意图

图 9—3 中标出了 40 个家庭的平均月日用杂货支出 $\bar{y}$ 与平均月收入 $\bar{x}$ 的位置，$\bar{y}$ 与 $\bar{x}$ 将所有的点划分为四个象限。正的线性相关所呈现出的特点是：落在第 1 象限和第 3 象限的

点，多于落在第2象限和第4象限中的点。把落在第1象限和第3象限中的点叫作正相关点，落在第2象限和第4象限中的点叫作负相关点，落在均值线 $\bar{y}$ 或 $\bar{x}$ 上的点叫作零相关点。

显然，对于正相关点，必然有 $(x-\bar{x})(y-\bar{y})>0$；对于负相关点，必然有 $(x-\bar{x})(y-\bar{y})<0$；对于零相关点，必然有 $(x-\bar{x})(y-\bar{y})=0$。$(x-\bar{x})(y-\bar{y})$ 称为积差，所有点的积差之和称为积差和，即 $\sum_{i=1}^{n}(x_i-\bar{x})(y_i-\bar{y})$ 。

不难看出，如果积差和大于零，则表明正的积差多于负的积差，x 与 y 之间将呈现出正的线性相关关系；如果积差和小于零，则表明负的积差多于正的积差，x 与 y 之间将呈现出负的线性关系；如果积差和等于零，则表明正的积差与负的积差相互抵消，此时意味着 x 与 y 之间不存在的线性关系。因此，积差和 $\sum_{i=1}^{n}(x_i-\bar{x})(y_i-\bar{y})$ 就成为 x 与 y 之间是否具有线性相关关系以及线性相关关系强弱的一种度量。

但是，用积差和来度量 x 与 y 之间的线性相关关系有许多不便之处。首先，积差和的取值要受到 x 与 y 所采用的计量单位的影响；其次，样本点的多少对积差和的值也有影响，样本点越多，积差和绝对值的取值就倾向于越大。然而，变量间的线性关系的强弱，根本上取决于两个变量本身的性质，与计量单位变化或样本点的多少没有关系，并不会因为计量单位或样本点的变化而改变变量之间本身所固有的线性相关关系的强弱。因此，需要进一步寻求测定线性相关关系强弱的普遍适用的尺度。因为

$$0\leqslant\left|\sum_{i=1}^{n}(x_i-\bar{x})(y_i-\bar{y})\right|\leqslant\sqrt{\sum_{i=1}^{n}(x_i-\bar{x})^2\sum_{i=1}^{n}(y_i-\bar{y})^2} \tag{9-2}$$

所以有：

$$-1\leqslant\frac{\sum_{i=1}^{n}(x_i-\bar{x})(y_i-\bar{y})}{\sqrt{\sum_{i=1}^{n}(x_i-\bar{x})^2\sum_{i=1}^{n}(y_i-\bar{y})^2}}\leqslant 1 \tag{9-3}$$

即：$-1\leqslant r\leqslant 1$。

相关系数 r 消除了积差和 $\sum_{i=1}^{n}(x_i-\bar{x})(y_i-\bar{y})$ 中样本容量和计量单位的影响因素，以一个系数来衡量两个变量之间线性相关关系的强弱。

当 $r=0$ 时，表明 x 与 y 之间不存在线性相关关系；当 $r>0$ 时，表明存在正的线性相关关系；当 $r<0$ 时，表明存在负的线性相关关系。r 的绝对值越接近于1，表明线性相关关系越强，当 r 的绝对值等于1时，表明 x 与 y 完全正相关或完全负相关。

相关系数的计算公式还可以变换为另外一种形式：

$$r=\frac{n\sum_{i=1}^{n}x_iy_i-\sum_{i=1}^{n}x_i\sum_{i=1}^{n}y_i}{\sqrt{n\sum_{i=1}^{n}x_i^2-(\sum_{i=1}^{n}x_i)^2}\sqrt{n\sum_{i=1}^{n}y_i^2-(\sum_{i=1}^{n}y_i)^2}} \tag{9-4}$$

这个公式虽然表面上看起来比先前的理论公式显得烦琐一些，但由于避免了计算均值 $\bar{x}$ 与 $\bar{y}$ 的过程，也避免了计算离差 $(x_i-\bar{x})$ 与 $(y_i-\bar{y})$ 的过程，并由此而减少了计算过程

中四舍五入的误差，因此在实际运用中更便于手工计算。

由表 9－1 中的样本数据计算所得的相关系数为 0.945，这表明在月支出与月收入之间存在着很强的正的线性相关关系。一般地讲，当 $0<|r|<0.75$ 时，根据经验可以认为变量间具有中等强度的线性相关关系；而当 $0.75<|r|<1$ 时，则认为变量间的线性相关关系很强。

需要说明的是，相关系数只能用来衡量线性相关关系的强弱。较小的相关系数只意味着线性相关关系较弱，并不直接意味着变量之间不具有很强的非线性相关关系。

三、相关系数的显著性检验

如果掌握总体中两个变量的全部取值，那么就可以根据总体数据计算出两个变量之间相关系数的理论真值。但现实中这是做不到的，也就是说，两变量之间总体上的相关系数的理论真值总是未知的。一般情况下，只能根据随机样本数据计算出样本相关系数，再由样本相关系数来对总体相关系数的理论真值，做出具有一定把握程度的推断。

研究表明，当总体相关系数等于零时，存在一个与样本相关系数有关的自由度为 $n-2$ 的 t 统计量：

$$t=r\sqrt{\frac{n-2}{1-r^2}} \tag{9-5}$$

假如总体相关系数等于零，那么与样本相关系数有关的上述 t 统计量的值就不应过大或过小，过大或过小都是总体上两个变量之间具备线性相关关系的证据。因此，给定一个显著性水平 α，就可以在自由度为 $n-2$ 的 t 分布下，确定出衡量这个 t 统计量的值过大或过小的一个标准，即临界值 $t_{\alpha/2}$。如果 $|t|\geqslant t_{\alpha/2}$，则表明相关系数 r 在统计上是显著的，也就是说在 $1-\alpha$ 的把握程度下，可以认为总体上两个变量之间是线性相关的。如果 $|t|\leqslant t_{\alpha/2}$，则表明相关系数 r 在统计上是不显著的，也就是说在 $1-\alpha$ 的把握程度下，不能说总体上两个变量之间是线性相关的。

对相关系数的显著性进行检验，也需要遵循第六章中所介绍的假设检验的基本步骤，即：提出原假设，设定显著性水平 α，计算检验统计量，并判断是否拒绝原假设，进而做出统计决策。

【例 9.1】以表 9－1 中的样本数据为例，根据前面计算得到的样本相关系数 $r=0.945$，在 $\alpha=0.05$ 的显著性水平下进行显著性检验。

解：设定原假设和备择假设：

H_0：总体相关系数＝0，　H_1：总体相关系数≠0

根据公式(9－5)计算检验统计量 t 值：

$$t=r\sqrt{\frac{n-2}{1-r^2}}=0.945\times\sqrt{\frac{40-2}{1-0.945^2}}=17.8108$$

若给定显著性水平 $\alpha=0.05$，在自由度为 $n-2=40-2=38$ 的 t 分布下，可确定相应的临界值 $t_{\alpha/2}=t_{0.025}=2.0244$。因为 $t=17.8108>2.0244$，所以拒绝原假设 H_0，也就是说，总体中在月支出与月收入之间存在着显著的线性相关关系，做出这一推断的把握程度为 95%。当然也可采用 p 值进行决策，决策结果是相同的。

针对表 9－1 中的样本数据，通过观察散点图，并计算了相关系数，可以在一定的把握程度上确认：在月支出与月收入之间存在着正的线性相关关系。也就是说，随着月收入的增加，该地区居民家庭的每月日用杂货支出也将随之线性增加。

接下来的问题就是要找到这条直线并确定下来，然后就可以根据居民的不同月收入水平，来估计其每月日用杂货的支出额，这就是下一节将要介绍的简单线性回归分析方法。

四、使用 SPSS 软件计算相关系数

以引例中的 40 户家庭月日用杂货支出与月收入样本数据为例（见所附数据集“data9_01 40 户家庭每月日用杂货支出与月收入”），可以使用 SPSS 软件中的双变量相关分析方法来计算相关系数。

操作步骤：

(1)打开数据文件，选择 Analyze（分析）→Correlate（相关）→Bivariate（双变量），系统弹出如图 9－4 所示的“Bivariate Correlations（双变量相关）”对话框。

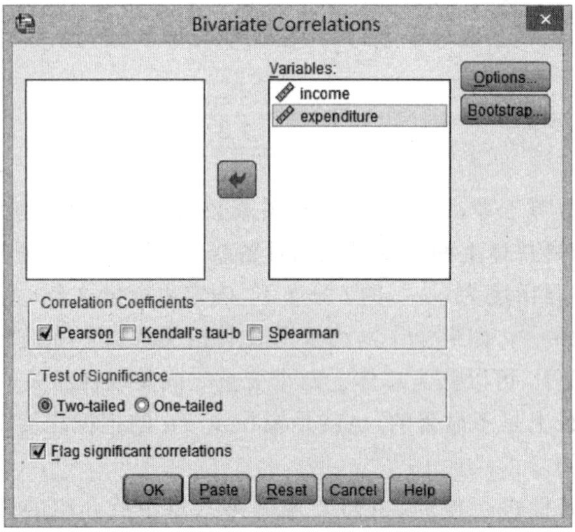

图 9－4　Bivariate Correlations 对话框

(2)在此对话框中，选择变量“expenditure”和“income”进入“variables：（变量）”框内。点击 OK（确定）。系统输出结果如图 9－5 所示。

Correlations

		月支出	月收入
月支出	Pearson Correlation	1	.945**
	Sig. (2-tailed)		.000
	N	40	40
月收入	Pearson Correlation	.945**	1
	Sig. (2-tailed)	.000	
	N	40	40

**. Correlation is significant at the 0.01 level (2-tailed).

图 9－5　相关系数 SPSS 输出结果

SPSS相关系数的计算结果以相关系数矩阵的形式输出，并给出了显著性检验的结果。对角线的上下所显示的内容是相同的。可以看出，40户家庭日用杂货支出与月收入的相关系数达0.945，且p值即Sig.(2-tailed)为0.000，远小于设定的显著性水平0.05，可以认为家庭每月的日用杂货支出与月收入存在高度正线性相关关系。

第二节　回归模型与回归方程

进行相关分析时，目的仅仅是要确认两个变量之间是否具有线性相关关系，所以并未区分自变量与因变量。但回归分析中，需要用一个或若干个变量的取值来预测另一个变量的取值，这就必须首先区分出因变量与自变量。

被估计或者说被预测、被解释的变量称为因变量(dependent variable)，一般用字母y表示；用来估计或者说用来预测、用来解释的变量称为自变量(independent variable)，一般用字母x表示。

以线性相关关系为基础，模型中只有一个因变量与一个自变量的回归分析，称为简单线性回归分析(simple linear regression analysis)；如果有一个因变量与多个自变量，则称为多重线性回归分析(multiple linear regression analysis)。在引例表9－1中，月收入与每月日用杂货支出两个变量之间具有线性相关关系，目的是要用月收入的不同取值来估计每月日用杂货支出的取值。因此，这属于以月收入为自变量、以每月日用杂货支出为因变量的简单线性回归分析。所谓"简单"仅指在分析中只涉及一个因变量与一个自变量。事实上简单线性回归分析的内容十分丰富，其中的思想方法在多重线性回归或更复杂一些的回归分析中同样适用。

英国著名统计学家弗朗西斯·高尔顿(Francis Galton)是最先应用统计方法研究两个变量之间关系问题的人，"回归"一词是由他引入的。他对父母身高与儿女身高之间的关系很感兴趣，并致力于此方面的研究。高尔顿发现，虽然存在一个趋势：父母的身材高，其子女的身材也高；父母的身材矮，其子女的身材也矮，但从平均意义上说，给定父母的身高，儿女的身高却趋向于或者说回归于总人口的平均身高。换句话说，尽管父母双方都异常高或异常矮，儿女身高并非也普遍地异常高或异常矮，而是具有回归于人口总平均身高的趋势。更直观地解释是，父辈高的群体，儿辈的平均身高低于父辈的身高；父辈矮的群体，儿辈的平均身高高于其父辈的身高。用高尔顿的话说，儿辈身高"回归"到中等身高。这是"回归"一词的最初由来。"回归"一词的现代解释非常简捷：就是研究因变量对自变量的依赖关系的一种统计分析方法，目的是通过自变量的给定值来估计或称预测因变量的均值。

一、回归模型

假定自变量x与因变量y在总体上存在着线性相关关系，就可以用下面的等式来模拟x与y之间的这种线性相关关系：

$$y_i=\beta_0+\beta_1 x_i+\varepsilon_i,\quad i=1,2,\cdots,n \tag{9-6}$$

该等式称为x与y的简单线性回归模型(simple linear regression model)。其中，y_i为

因变量 y 的第 i 个取值，x_i 为自变量 x 的第 i 个取值；β_0 和 β_1 分别为线性函数的截距(intercept)和斜率(slope)，称作模型参数(parameter)；ε_i 是误差项，反映了除 x 与 y 之间线性关系之外的随机因素对 y 的影响。

在现实的总体中，y 的取值除受 x 的线性影响之外，还要受到其他各种可能因素无法确定的或者说是随机的影响，因此，在回归模型中加上一个作为随机变量的误差项 ε_i，它代表了包含在 y_i 之中，但不能被 x 与 y 之间的线性关系所解释的变异性。

二、回归方程

由于误差项随机变量 ε_i 的存在，给定一个自变量 x 的取值，仍然无法确切地估计出因变量 y 的相应取值，因此需要对模型中的误差项随机变量 ε_i 的概率分布情况做出如下假定：

(1) ε_i 是期望值为零的随机变量，即 $E(\varepsilon_i)=0$；

(2) ε_i 的方差是相等的，即在自变量 x 的不同取值 x_i 下，对应的误差项随机变量 ε_i 的方差都是相同的，可记作 σ^2；

(3) ε_i 服从正态分布，即 $\varepsilon_i \sim N(0,\sigma^2)$；

(4) ε_i 相互独立。

在上述关于 ε_i 的模型假定中，由于 $E(\varepsilon_i)=0$，因此将回归模型两边同时取数学期望，可得：

$$E(y_i)=\beta_0+\beta_1 x_i \tag{9-7}$$

上式被称作简单线性回归方程，表明 y_i 的期望值 $E(y_i)$ 是 x_i 的线性函数。其中：β_0 为直线的截距，β_1 为直线的斜率。

由于 y_i 的取值是在确定的线性函数值 $\beta_0+\beta_1 x_i$ 的上面，再加上一个误差项随机变量 ε_i 来决定的，因此 y_i 也是一个随机变量，其随机性完全由 ε_i 的随机性来决定。ε_i 的方差为 σ^2，这同时也正是 y_i 的方差。ε_i 服从正态分布，即 $\varepsilon_i \sim N(0,\sigma^2)$；$y_i$ 同时也服从正态分布，即 $y_i \sim N(\beta_0+\beta_1 x_i,\sigma^2)$。

回归模型中关于 ε_i 的理论假定及其有关推论的内容，可通过图 9－6 较为直观地理解和把握。

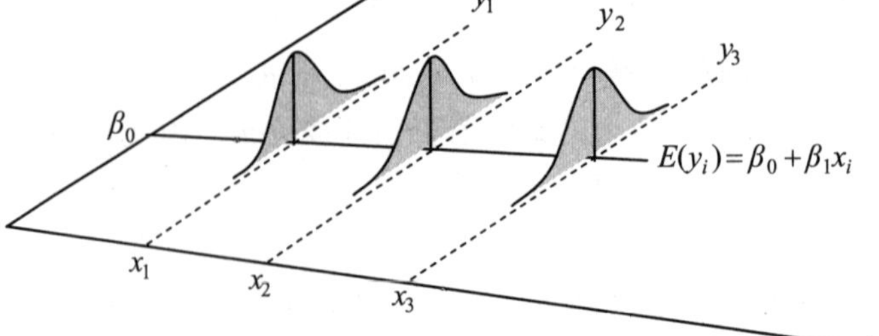

图 9－6　回归模型中关于 ε_i 的理论假定

图 9－6 显示，对应 x 的不同取值 x_i ，y_i 是随机地取值的，且服从以（$\beta_0+\beta_1x_i$）为数学期望，以 σ^2 为方差的正态分布。

图 9－7 给出了一种明显违反模型假定的情况，各个概率密度曲线的形状不尽相同，此即所谓异方差性(heteroscedasticity)。如果实际问题中出现违反上述模型假定的情况，一般的线性回归分析方法原理也就失去了意义。

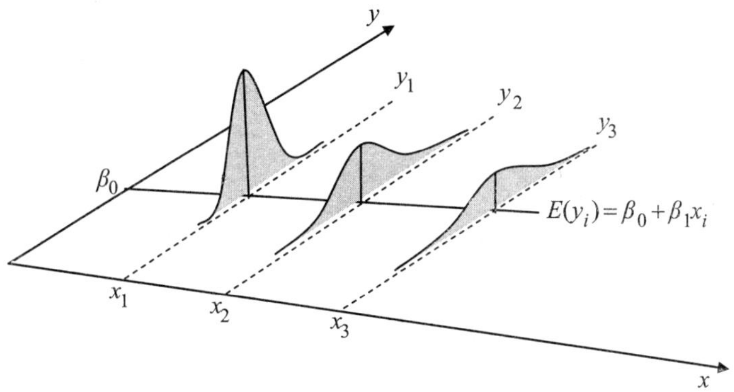

图 9－7　一种违反模型假定的情况－异方差性

第三节　估计的回归方程

β_0 与 β_1 分别为回归方程 $E(y_i)=\beta_0+\beta_1x_i$ 所代表的直线上的截距和斜率。如果 β_0 与 β_1 是已知的，回归方程就代表一条确定的直线，只要给定自变量 x 的一个取值 x_i ，就可依此方程得出对应的 y_i 的期望值 $E(y_i)$ 。

然而，总体中的 β_0 与 β_1 通常都是未知的。一个现实的解决方法是：按随机原则就 x 与 y 从总体中抽取样本，根据样本数据计算出与 β_0 和 β_1 相对应的统计量的值，作为对 β_0 与 β_1 的一个估计，从而得出回归方程的一个估计。

通过观察和研究样本数据，如果能够断定 x 与 y 之间确实存在着线性关系，那么就可以通过某种方法为其拟合出一个确定的直线方程，这个直线方程代表着 x 与 y 之间的线性相关关系，它是对总体的回归方程的一个估计，故称之为估计的回归方程。估计的回归方程的一般形式为：

$$\hat{y}_i=\hat{\beta}_0+\hat{\beta}_1x_i \tag{9-8}$$

式中，$\hat{\beta}_0$ 是对 β_0 的一个估计，$\hat{\beta}_1$ 是对 β_1 的一个估计，因而 $\hat{y}_i$ 就是对 $E(y_i)$ 的一个估计。问题归结为：如何针对样本数据计算得出 $\hat{\beta}_0$ 与 $\hat{\beta}_1$ 的具体值，从而确定估计的回归方程的具体形式。

仔细观察图 9－1 所给出的 40 户家庭月支出与月收入的散点图，尽管 40 个数据点处于一种分散状态，但它们整体上是在围绕一条斜率为正的直线上下波动。这表明月支出 y 与月收入 x 之间具有一种正的线性关系。相关系数的计算结果也支持这一判断。现在需要考虑进一步为这些散点拟合一条直线，即确定出估计的回归方程的具体形式。直线拟合的最常用方法是最小平方法（method of least squares），也称作最小二乘法，参见图 9—8。

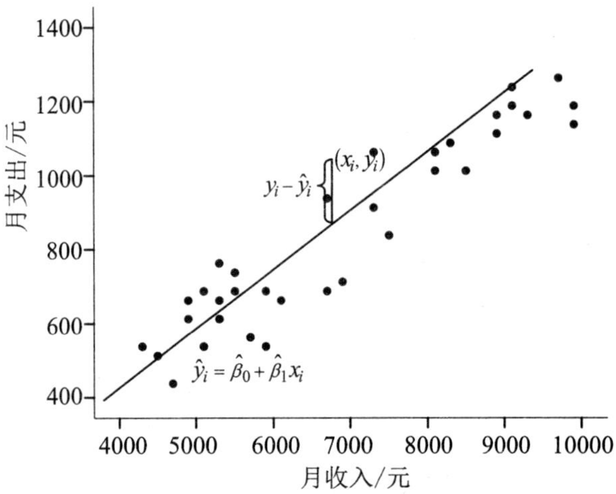

图 9—8　最小平方法原理示意图

理论上讲，介于这些散点之间的直线有无数条，应当从中找出与所有的点拟合效果最好的那一条，即希望各个月支出的观测值 y_i 与对应的估计值 $\hat{y}_i$ 之间的距离达到最短的程度，即：$\sum_{i=1}^{n}|y_i-\hat{y}_i|$ 要取最小值。但由于公式中的绝对值符号在数学处理上非常麻烦，因此转而要求各个距离的平方和要达到最小值，即：

$$Q=\sum_{i=1}^{n}(y_i-\hat{y}_i)^2=\sum_{i=1}^{n}[y_i-(\hat{\beta}_0+\hat{\beta}_1 x_i)]^2 \text{ 为最小值}$$

这就是最小平方法的基本思想。

在上式中，y_i 、x_i 以及 n 都是已知的样本数据，$\hat{\beta}_0$ 与 $\hat{\beta}_1$ 则是未知的。根据微积分的极值原理，$\hat{\beta}_0$ 与 $\hat{\beta}_1$ 在满足下列方程组时，上式中的距离平方和可以取得最小值，即：

$$\begin{cases}\dfrac{\partial Q}{\partial \hat{\beta}_0}=2\sum_{i=1}^{n}[y_i-\hat{\beta}_0-\hat{\beta}_1 x_i](-1)=0\\[2ex]\dfrac{\partial Q}{\partial \hat{\beta}_1}=2\sum_{i=1}^{n}[y_i-\hat{\beta}_0-\hat{\beta}_1 x_i](-x_i)=0\end{cases}\tag{9—9}$$

进一步整理可以得到如下的方程组：

$$\begin{cases}\sum_{i=1}^{n}y_i=n\hat{\beta}_0+\hat{\beta}_1\sum_{i=1}^{n}x_i\\[2ex]\sum_{i=1}^{n}x_i y_i=\hat{\beta}_0\sum_{i=1}^{n}x_i+\hat{\beta}_1\sum_{i=1}^{n}x_i^{2}\end{cases}\tag{9—10}$$

式中，x_i 代表第 i 次观测中自变量的观测值，y_i 代表第 i 次观测中因变量的观测值，n 代表观测次数或称样本容量。

接下来只需将样本数据代入该方程组，解得 $\hat{\beta}_0$ 与 $\hat{\beta}_1$ 的数值，即可以确定估计的回归方程。

【例 9.2】以表 9－1 中数据为例，求样本数据的线性回归方程。

解：首先计算以下数据：

$$\sum_{i=1}^{n} y_i = 33625,\ \sum_{i=1}^{n} x_i = 273387,\ \sum_{i=1}^{n} x_i^2 = 1987875615,\ \sum_{i=1}^{n} x_i y_i = 245795835,\ n = 40$$

将上述计算结果，代入公式(9－10)中可得到：

$$\begin{cases} 33625 = 40\hat{\beta}_0 + 273387\hat{\beta}_1 \\ 245795835 = 273387\hat{\beta}_0 + 1987875615\hat{\beta}_1 \end{cases}$$

解得：

$$\begin{cases} \hat{\beta}_0 = -74.365 \\ \hat{\beta}_1 = 0.134 \end{cases}$$

于是，通过最小平方法所获得的估计的回归方程为：$\hat{y}_i = -74.365 + 0.134x_i$ 。

对应自变量 x 的任意给定值 x_i ，$\hat{y}_i$ 的取值将处于如图 9－8 所示的同一条直线上。所得到的估计的回归方程的斜率为正（$\hat{\beta}_1 = 0.134$），表明随着月收入的增加，月支出也随之增加。即：月收入每增加 1 元，月支出将期望增加 0.134 元。所得到的估计的回归方程的截距为负值（$\hat{\beta}_0 = -74.365$），在此处它仅仅起到决定估计的回归方程所代表的直线在图形中的位置的作用。

第四节　判定系数

确定估计的回归方程的目的，是要推断总体中的回归方程，最终目的是要用自变量的变动来解释因变量的变动。显然，所确定的估计的回归方程与样本数据拟合得越紧密，自变量对因变量的解释能力就越强。

判定系数(coefficient of determination)是用来衡量估计的回归方程对样本数据拟合的紧密程度的统计量，记作 r^2，以下是 r^2 的构造过程，如图 9－9 所示。

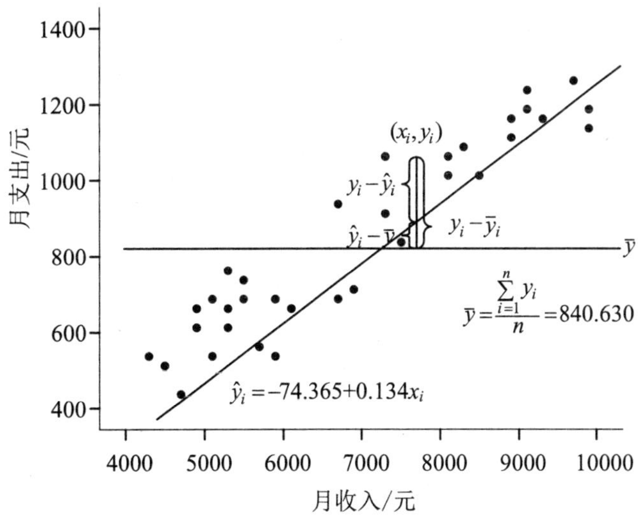

图 9－9　残差、总离差与回归误差

y_i 与 $\hat{y}_i$ 之间的离差，即 $y_i - \hat{y}_i$，称为样本中第 i 次观测的残差，它是用 y_i 来估计 y_i 时所产生的误差。最小平方法的基本原理是所有样本点的残差的平方和是一个最小化的量，这个最小化的量称为残差平方和或称误差平方和，记作 SSE，即：

$$\mathrm{SSE} = \sum_{i=1}^{n}(y_i - \hat{y}_i)^2 \tag{9-11}$$

利用估计的回归方程以自变量来估计因变量的取值总是要产生误差的，SSE 从整体上度量了这种误差的大小。

【例 9.3】以表 9－1 中数据为例，计算样本数据的误差平方和 SSE。

解：根据已求出的回归方程 $\hat{y}_i = -74.365 + 0.134x_i$，将 40 个样本单位数据代入，计算 $\hat{y}_i$（$i = 1, 2, \cdots, 40$）。再根据公式(9－11)，将计算得到的 40 个估计值和 40 个观测值代入，计算可以得到误差平方和 SSE＝257563.23。

这个数值从整体上度量了利用估计的回归方程 $\hat{y}_i = -74.365 + 0.134x_i$ 来估计月支出时所产生的误差的大小。SSE 越小越是希望看到的，但在实际问题中不能指望它会降低到零。

请大家思考一个问题：在上述例子中，如果手中只掌握月支出的数据，而不掌握与之对应的月收入数据的话，又应该如何来估计当地居民的每月日用杂货支出呢？显然，如果没有与月支出相关的其他变量的数据，就只能用月支出的样本平均值 $\bar{y}$ 来做这种估计，此时所产生的误差会更大。本例中计划部主管起初就是这么做的，她估计出平均每户每月日用杂货支出为 840.63 元左右，但她很快意识到应该与月收入变量关联起来进行有关的估计才更为符合实际。

将样本中第 i 次观测因变量的观测值 y_i 与因变量均值 $\bar{y}$ 之间的离差称为第 i 个总离差，即 $y_i - \bar{y}$，它是用 $\bar{y}$ 去估计 y_i 时所产生的误差(参见图 9－9)。所有总离差的平方和被称为总离差平方和或称总平方和(total sum of square)，记作 SST，即：

$$\mathrm{SST} = \sum_{i=1}^{n}(y_i - \bar{y})^2 \tag{9-12}$$

SST 从整体上度量了用 $\bar{y}$ 去估计 y_i 时所产生的误差，反映了因变量观测值的总的变异性。显然，同一问题中总离差平方和 SST 总是要大于误差平方和 SSE。

在图形上，可以把误差平方和 SSE 看作是观测值围绕在估计的回归直线 $\hat{y}_i$ 周围的密集程度的度量，把总离差平方和 SST 看作是观测值围绕在水平直线 $\bar{y}$ 周围的密集程度的度量。

需要注意的是，估计的回归方程 $\hat{y}_i$ 所代表的直线，与水平直线 $\bar{y}$ 之间也存在着偏差，这个偏差可用统计量回归平方和来度量。对应样本中第 i 次观测的因变量的估计值 $\hat{y}_i$ 与因变量均值 $\bar{y}$ 之间的离差称为第 i 个回归离差，即 $\hat{y}_i - \bar{y}$（参见图 9－9）。所有回归离差的平方和称为回归平方和(sum of squares for regression)，记作 SSR，即：

$$\mathrm{SSR} = \sum_{i=1}^{n}(\hat{y}_i - \bar{y})^2 \tag{9-13}$$

总离差平方和可做如下分解：

$$\begin{aligned}\mathrm{SST} &= \sum_{i=1}^{n}(y_i-\bar{y})^2=\sum_{i=1}^{n}(y_i-\hat{y}_i+\hat{y}_i-\bar{y})^2\\ &=\sum_{i=1}^{n}(y_i-\hat{y}_i)^2+2\sum_{i=1}^{n}(y_i-\hat{y}_i)(\hat{y}_i-\bar{y})+\sum_{i=1}^{n}(\hat{y}_i-\bar{y})^2\end{aligned} \tag{9-14}$$

由回归分析的独立性假定，可得：$\sum_{i=1}^{n}(y_i-\hat{y}_i)(\hat{y}_i-\bar{y})=0$，所以有：

$$\sum_{i=1}^{n}(y_i-\bar{y})^2=\sum_{i=1}^{n}(y_i-\hat{y}_i)^2+\sum_{i=1}^{n}(\hat{y}_i-\bar{y})^2 \tag{9-15}$$

即：

$$\mathrm{SST}=\mathrm{SSE}+\mathrm{SSR} \tag{9-16}$$

上式表明，总平方和可以被分解为回归平方和与误差平方和两部分。

假如样本数据中因变量的全体观测值 y_i，刚好都落在回归直线 $\hat{y}_i$ 上，则必有 SSE＝0，这意味着估计的回归方程给出了一个完全的拟合，则有 SST＝SSR，即 SSR/SST＝1；如果没有达到完全的拟合，即因变量的各个取值没有完全落在回归直线 $\hat{y}_i$ 上，则必有 SSE＞0，进一步则有 SST＞SSR，即 SSR/SST＜1。显然，0≤SSR≤SST，即 0≤SSR/SST≤1。将这个比值称为判定系数（coefficient of determination），记作 r^2，即：

$$r^2=\frac{\mathrm{SSR}}{\mathrm{SST}} \tag{9-17}$$

判定系数 r^2 有助于评价估计的回归方程对样本数据拟合效果的好坏，r^2 越接近于 1，表明估计的回归方程对样本数据的拟合效果越好；越接近于 0 表明拟合效果越差。

【例 9.4】以表 9－1 中数据为例，计算样本数据的判定系数。

解：根据公式(9－12)，首先需要计算样本数据的均值 $\bar{y}=840.630$，代入公式(9－12)计算得到 SST＝2396869.38；

根据公式(9－13)以及在【例 9.3】中求得的样本数据估计值 $\hat{y}_i$，代入公式(9－13)，计算得到 SSR＝2139306.14；

根据公式(9－17)，将计算得到的 SSR、SST 代入，可以求得：

$$r^2=\frac{\mathrm{SSR}}{\mathrm{SST}}=\frac{2139306.14}{2396869.38}=0.8925$$

结果表明：总离差平方和中的 89.25％的变异性，能够被估计的回归方程 $\hat{y}_i=-74.365+0.134x_i$ 所解释。换句话说，40 户家庭每月日用杂货支出的变异性，89.25％能够被月日用杂货支出与月收入之间的线性关系所解释。

第五节　F 检验

在回归方程 $E(y_i)=\beta_0+\beta_1 x_i$ 中，如果其斜率 $\beta_1=0$，则有 $E(y_i)=\beta_0$，回归方程此时代表着一条水平直线，这表明 y_i 的均值 $E(y_i)$ 不依赖于 x_i 的变化而呈线性变化，意味着总体中 y 与 x 之间不存在线性相关关系。y 与 x 之间在总体中存在线性相关关系的充要条件是

$\beta_1 \neq 0$。

估计的回归方程是对回归方程的一个估计。回归方程代表了总体中 y 与 x 两个变量之间确定的线性相关关系，估计的回归方程所代表的则是通过最小平方法由 y 与 x 的样本数据拟合出来的一条随机直线。估计的回归方程的随机性来源于样本数据的随机性。在估计的回归方程与回归方程之间存在着随机误差。也就是说，不能依据 $\hat{\beta}_1 \neq 0$，直接推断 $\beta_1 \neq 0$；也不能依据 $\hat{\beta}_1 = 0$，直接推断 $\beta_1 = 0$。y 与 x 两个变量之间的关系由样本到总体的推断，需要通过假设检验的方法完成。

在回归模型中，曾假定在自变量 x 的不同取值 x_i 下，对应的误差项随机变量 ε_i 的方差是相同的，都是 σ^2。

如果要根据样本数据来估计 σ^2，统计上存在着两个估计量。一个是运用残差平方和除以其自由度来估计 σ^2，这个估计量称作均方误差（mean squared error），记作 MSE；另一个是运用回归平方和除以其自由度来估计 σ^2，这个估计量称作均方回归（mean square regression），记作 MSR。残差平方和的自由度是样本容量减去 1 再减去模型中自变量的个数 p，即 $n-p-1=n-2$；回归平方和自由度就是问题中自变量的个数 p，在简单线性回归分析中 $p=1$。

均方误差与均方回归作为 σ^2 的两个独立的估计量，它们的性质有所不同。假如 $\beta_1=0$，那么 MSE 与 MSR 都是对 σ^2 的无偏估计，此时 MSE 与 MSR 的比值会接近于 1；假如 $\beta_1 \neq 0$，那么 MSE 仍然是对 σ^2 的无偏估计，而 MSR 则会出现估计偏高的倾向，此时 MSE 与 MSR 的比值就会远远大于 1。利用这一特点，可以构造如下统计量以检验 $\beta_1=0$ 的假设是否成立：

$$F=\frac{\text{MSR}}{\text{MSE}} \tag{9-18}$$

根据回归模型中关于 ε_i 的正态性假设，不难得出该统计量应服从分子自由度为 1、分母自由度为 $n-2$ 的 F 分布。给定一个显著性水平 α，如果 $F>F_\alpha$，则拒绝 $\beta_1=0$ 的原假设，这表明可以在 $1-\alpha$ 的把握程度上推断总体中 y 与 x 两个变量之间存在线性相关关系，否则，没有理由拒绝原假设。

通常人们习惯采用方差分析表，来表述 F 检验的具体步骤，具体表式如表 9－2 所示。

表 9－2　方差分析表

方差来源	平方和	自由度	均方	F 值
回归	SSR	1	MSR	$\frac{\text{MSR}}{\text{MSE}}$
误差	SSE	$n-2$	MSE	
总计	SST	$n-1$	—	—

【例 9.5】仍以引例中表 9－1 中数据为例，计算所拟合回归模型的检验统计量 F 值。

解：原假设 H_0：$\beta_1=0$，　备择假设 H_1：$\beta_1 \neq 0$

根据表 9－2 中 MSR、MSE 的计算方法可以得到：

MSR=SSR/1=2139306.14，　MSE=SSE/(n−2)=257563.23/38=6777.98

再由公式(9−18)计算检验统计量 F 值为：

$$F=\frac{\text{MSR}}{\text{MSE}}=\frac{2139306.14/1}{257563.23/38}=\frac{2139306.14}{6777.98}=315.626$$

如果给定的显著性水平为 $\alpha=0.05$，则有 $F_{0.05}=4.098$。因为 315.626＞4.098，所以拒绝 $\beta_1=0$ 的原假设。即在 0.05 的显著性水平下，可以认为总体中每月日用杂货支出与月收入之间，存在着估计的回归方程 $\hat{y}_i=-74.365+0.134x_i$ 所代表的线性相关关系。

以方差分析表的形式呈现上述计算过程，如表 9−3 所示。

表 9−3　月支出与月收入样本数据简单线性回归方差分析表

方差来源	平方和	自由度	均方	F 值
回归	2139306.14	1	2139306.14	315.626
误差	257563.23	38	6777.98	
总计	2396869.38	39	—	—

第六节　回归预测

基于模型假定，运用最小平方法由 40 户家庭月日用杂货支出和月收入的样本数据得到了估计的回归方程 $\hat{y}_i=-74.365+0.134x_i$，并在 0.05 的显著性水平下通过了 F 检验。此外，还计算出判定系数为 0.8925，这是一个很高的拟合优度。接下来即可以运用该回归方程进行预测(或称估计)。

一、$E(y_i)$ 和 y_i 的点估计

预测有两种情形，第一种情形是用自变量的值来预测因变量的均值，即用 x_i 来预测 $E(y_i)$，比如，预测该地区某个月收入水平的全部家庭其平均月日用杂货支出是多少；第二种情形是用自变量的值来预测因变量的个别值，即用 x_i 来预测 y_i，比如，已知某个家庭的月收入来预测这个家庭的月日用杂货支出是多少。前者称为均值估计(mean value estimation)，后者称为个别值估计(individual value estimation)。

两种情形下的点估计值是一样的，都是 $\hat{y}_i=-74.365+0.134x_i$。比如，该地区月收入为 8000 元的全部家庭，其平均月日用杂货支出的点估计为：

$$\hat{y}_i=-74.365+0.134\times 8000=997.635\text{（元）}$$

如果知道某户家庭的月收入为 8000 元，要预测这户家庭的月日用杂货支出，也只能从平均意义说，这户家庭的月日用杂货支出估计为 997.635 元。表 9−4 给出了样本数据范围内不同月收入水平下，总体均值 $E(y_i)$ 和个别值 y_i 的点估计值 $\hat{y}_i$。

表 9-4　不同月收入下 $E(y_i)$ 和 y_i 的点估计值 $\hat{y}_i$

家庭序号	y_i	x_i	$\hat{y}_i$	家庭序号	y_i	x_i	$\hat{y}_i$
1	1148	8882	1114.710	21	710	6837	840.936
2	489	4558	535.835	22	937	7263	897.967
3	1208	9053	1137.603	23	1030	8009	997.838
4	1065	8094	1009.217	24	1064	8392	1049.112
5	1015	8414	1052.057	25	662	4899	581.487
6	1125	8925	1120.467	26	680	5581	672.789
7	1206	9862	1245.908	27	675	5091	607.190
8	613	4856	575.730	28	720	5495	661.276
9	661	4899	581.487	29	913	6688	820.989
10	606	5304	635.706	30	1140	9329	1174.552
11	541	5943	721.252	31	740	5304	635.706
12	1083	7242	895.156	32	540	5730	692.737
13	839	7540	935.050	33	693	5943	721.252
14	1090	8989	1129.035	34	673	6156	749.767
15	1217	9138	1148.982	35	918	6752	829.557
16	555	4388	513.077	36	1069	8264	1031.976
17	458	4793	567.296	37	1265	9649	1217.393
18	647	4856	575.730	38	1145	9883	1248.720
19	592	5346	641.329	39	549	5133	612.813
20	676	6603	809.610	40	668	5304	635.706

二、$E(y_i)$ 的区间估计

但是，上述的点估计不能给出估计的把握程度的任何概念。因为由样本数据所得出的估计的回归方程具有随机性，也就是说 $\hat{y}_i$ 是一个随机变量，不能期望它恰巧等于总体中的真值，所以需要给出在一定把握程度上总体真值的存在区间。接下来具体讨论总体均值 $E(y_i)$ 的区间估计问题。

做 $E(y_i)$ 的区间估计，必须首先了解其估计量 $\hat{y}_i$ 的抽样分布规律。给定自变量 x 的任意值 x_i，要得到 $E(y_i)$ 的真值，则应有 $E(y_i)=\beta_0+\beta_1x_i$。但 β_0 与 β_1 是未知的，所以只能用 $\hat{y}_i=\hat{\beta}_0+\hat{\beta}_1x_i$ 来估计 $E(y_i)$。由于 $\hat{\beta}_0$ 和 $\hat{\beta}_1$ 分别是 β_0 和 β_1 的无偏估计量，所以，将 $\hat{y}_i=\hat{\beta}_0+\hat{\beta}_1x_i$ 两边同时取数学期望可得：$E(\hat{y}_i)=\beta_0+\beta_1x_i$。也就是说 $\hat{y}_i$ 的数学期望为 $E(y_i)=\beta_0+\beta_1x_i$。由于 $\hat{\beta}_0$ 和 $\hat{\beta}_1$ 均服从正态分布，所以，作为 $\hat{\beta}_0$ 和 $\hat{\beta}_1$ 线性组合的 $\hat{y}_i$，也应服从正态分布。

然后将 $\hat{y}_i=\hat{\beta}_0+\hat{\beta}_1x_i$ 两边同时求方差，利用概率论中方差的运算法则，同时注意回归模型中关于误差项 ε_i 的正态性假设，经过整理归并，可得 $\hat{y}_i$ 关于 $E(y_i)$ 的方差，记作 $\sigma^2_{\hat{y}_i}$，即：

$$\sigma_{\hat{y}_i}^2 = \sigma^2 \left[\frac{1}{n} + \frac{(x_i - \bar{x})^2}{\sum_{i=1}^{n} (x_i - \bar{x})^2} \right] \tag{9-19}$$

综上所述，给定自变量 x 的任意值 x_i 时，对应的 $\hat{y}_i$ 服从数学期望为 $E(y_i)$，方差为 $\sigma_{\hat{y}_i}^2$ 的正态分布。利用正态分布的性质，可定义服从标准正态分布的统计量：

$$Z = \frac{\hat{y}_i - E(y_i)}{\sigma_{\hat{y}_i}} \tag{9-20}$$

由于总体中的 σ^2 的值是未知的，因此 $\sigma_{\hat{y}_i}^2$ 也是未知的。前面提到过，MSE 是 σ^2 的无偏估计，为表述方便，这里将其记为 s^2。以 s^2 估计 σ^2，从而得出 $\sigma_{\hat{y}_i}^2$ 的估计量为：

$$s_{\hat{y}_i}^2 = s^2 \left[\frac{1}{n} + \frac{(x_i - \bar{x})^2}{\sum_{i=1}^{n} (x_i - \bar{x})^2} \right] \tag{9-21}$$

并可得标准差为：

$$s_{\hat{y}_i} = s \sqrt{\frac{1}{n} + \frac{(x_i - \bar{x})^2}{\sum_{i=1}^{n} (x_i - \bar{x})^2}} \tag{9-22}$$

以 $s_{\hat{y}_i}^2$ 估计 $\sigma_{\hat{y}_i}^2$，从而得自由度为 $n-2$ 的 t 统计量：

$$t = \frac{\hat{y}_i - E(y_i)}{s_{\hat{y}_i}} \tag{9-23}$$

于是可得 $E(y_i)$ 在显著性水平 α 下的置信区间为：

$$\hat{y}_i \pm t_{\alpha/2} s_{\hat{y}_i} \tag{9-24}$$

【例 9.6】继续以引例表 9—1 中数据为例，基于前面所建立的回归方程，在 0.01 显著性水平下，求月收入为 8000 元的全体家庭平均月日用杂货支出的区间估计。

解：在此例中，经计算可知：

$$n = 40,\ s = \sqrt{s^2} = \sqrt{6777.98} = 82.328,\ \bar{x} = 6834.68,\ \sum_{i=1}^{n} (x_i - \bar{x})^2 = 119364320.78$$

如果要在 $\alpha = 0.01$ 的显著性水平下，求出月收入为 8000 元家庭平均月日用杂货支出的估计区间，将 $x = 8000$ 代入回归方程 $\hat{y}_i = -74.365 + 0.134x_i$ 中，有 $\hat{y}_i = 997.635$。另外查表可得 $t_{\alpha/2} = t_{0.005}(38) = 2.712$；根据公式(9—22)可得：

$$s_{\hat{y}_i} = 82.328 \times \sqrt{\frac{1}{40} + \frac{(8000 - 6834.68)^2}{119364320.78}} = 15.702$$

于是根据公式(9—24)有：

$$\hat{y}_i \pm t_{\alpha/2} s_{\hat{y}_i} = 997.635 \pm 2.712 \times 15.702 = 997.635 \pm 42.584$$

即月收入水平为 8000 元的全部家庭，其平均月日用杂货支出在 955.051 元与 1040.219 元之间，做出这种推断的把握程度为 99%。

表 9—5 给出了显著性水平为 $\alpha=0.01$ 时，样本数据范围内不同月收入水平下 $E(y_i)$ 的估计区间。

表 9—5　$E(y_i)$ 的估计区间（$\alpha=0.01$）

y_i	x_i	$\hat{y}_i$	$E(y_i)$ 的估计区间		y_i	x_i	$\hat{y}_i$	$E(y_i)$ 的估计区间	
			下限	上限				下限	上限
1148	8882	1114.71	1059.97	1169.45	710	6837	840.94	805.64	876.23
489	4558	535.84	477.44	594.23	937	7263	897.97	861.60	934.33
1208	9053	1137.60	1080.15	1195.05	1030	8009	997.84	955.16	1040.52
1065	8094	1009.22	965.54	1052.90	1064	8392	1049.11	1001.59	1096.64
1015	8414	1052.06	1004.23	1099.88	662	4899	581.49	528.48	634.50
1125	8925	1120.47	1065.06	1175.88	680	5581	672.79	629.18	716.40
1206	9862	1245.91	1174.69	1317.13	675	5091	607.19	557.04	657.34
613	4856	575.73	522.06	629.40	720	5495	661.28	616.61	705.94
661	4899	581.49	528.48	634.50	913	6688	820.99	785.57	856.41
606	5304	635.71	588.55	682.87	1140	9329	1174.55	1112.56	1236.55
541	5943	721.25	681.53	760.97	740	5304	635.71	588.55	682.87
1083	7242	895.16	858.89	931.42	540	5730	692.74	650.84	734.63
839	7540	935.05	896.92	973.18	693	5943	721.25	681.53	760.97
1090	8989	1129.04	1072.61	1185.46	673	6156	749.77	711.84	787.69
1217	9138	1148.98	1090.15	1207.81	918	6752	829.56	794.22	864.89
555	4388	513.08	451.88	574.27	1069	8264	1031.98	986.16	1077.79
458	4793	567.30	512.65	621.94	1265	9649	1217.39	1149.92	1284.87
647	4856	575.73	522.06	629.40	1145	9883	1248.72	1177.13	1320.31
592	5346	641.33	594.73	687.92	549	5133	612.81	563.27	662.36
676	6603	809.61	774.00	845.22	668	5304	635.71	588.55	682.87

值得注意的是：当 $x_i=\bar{x}$ 时，有 $x_i-\bar{x}=0$，此时 $\sigma_{\hat{y}_i}$ 有最小的估计量：

$$s_{\hat{y}_i}=s\sqrt{\frac{1}{n}+\frac{(x_i-\bar{x})^2}{\sum_{i=1}^{n}(x_i-\bar{x})^2}}=s\sqrt{\frac{1}{n}} \tag{9—25}$$

这意味着，当我们取 $x_i=\bar{x}$ 时，就能够得到 $E(Y_i)$ 的最精确的估计区间。事实上，x_i 偏离 $\bar{x}$ 越远，$x_i-\bar{x}$ 就会变得越大，$s_{\hat{y}_i}$ 也就越大，$E(Y_i)$ 的估计区间就会变得越宽，同样的显著性水平下，估计精度就会变得越差。

三、y_i 的区间估计

y_i 的区间估计与 $E(y_i)$ 有所不同。从先前的讨论中可知，给定自变量 x 的任意值 x_i 时，$\hat{y}_i$ 为服从数学期望为 $E(y_i)$ 的正态分布。但 $\hat{y}_i$ 关于 y_i 的方差与关于 $E(y_i)$ 的方差是不同的。$\hat{y}_i$ 关于 $E(y_i)$ 的方差来源于 $\hat{y}_i-E(y_i)$，而 $\hat{y}_i$ 关于 y_i 的方差则是来源于 $\hat{y}_i-$

y_i。y_i 的估计区间要由 $\hat{y}_i$ 关于 y_i 的方差来决定。

将 $\hat{y}_i$ 关于 y_i 的方差记作 σ_{ind}^2，根据方差定义有：$\sigma_{ind}^2=E(\hat{y}_i-y_i)^2$，即：$\sigma_{ind}^2=E[(\hat{\beta}_0+\hat{\beta}_1x_i)-(\beta_0+\beta_1x_i+\varepsilon_i)]^2=E[(\hat{\beta}_0-\beta_0)+(\hat{\beta}_1-\beta_1)x_i-\varepsilon_i]^2$。在对该式进一步整理的过程中，注意到 $\hat{\beta}_0$ 和 $\hat{\beta}_1$ 分别是 β_0 和 β_1 的无偏估计量，x_i 为给定常数，并且在回归模型中曾假定 ε_i 的数学期望为零且方差为 σ^2，可得：

$$\sigma_{ind}^2=\sigma^2\left[1+\frac{1}{n}+\frac{(x_i-\bar{x})^2}{\sum_{i=1}^{n}(x_i-\bar{x})^2}\right] \tag{9—26}$$

并可得 σ_{ind}^2 的估计量 s_{ind}^2 为：

$$s_{ind}^2=s^2\left[1+\frac{1}{n}+\frac{(x_i-\bar{x})^2}{\sum_{i=1}^{n}(x_i-\bar{x})^2}\right] \tag{9—27}$$

进一步可得标准差为：

$$s_{ind}=s\sqrt{1+\frac{1}{n}+\frac{(x_i-\bar{x})^2}{\sum_{i=1}^{n}(x_i-\bar{x})^2}} \tag{9—28}$$

与先前讨论过程相似，可以得出一个服从自由度为 $n-2$ 的 t 分布的统计量：

$$t=\frac{\hat{y}_i-y_i}{s_{ind}} \tag{9—29}$$

并可进一步得出 y_i 在显著性水平 α 下的置信区间为：

$$\hat{y}_i\pm t_{\alpha/2}s_{ind} \tag{9—30}$$

【例 9.7】继续以引例表 9—1 中数据为例，基于前面所建立的回归方程，在 0.01 显著性水平下，计算某一月收入水平为 8000 元家庭的月日用杂货支出的区间估计。

解：根据【例 9.6】中的计算结果，$n=40$，$s=\sqrt{s^2}=\sqrt{6777.98}=82.328$，$\bar{x}=6834.68$，$\sum_{i=1}^{n}(x_i-\bar{x})^2=119364320.78$，以及点估计结果 $\hat{y}_i=997.635$ 和 $t_{\alpha/2}=t_{0.005}(38)=2.712$，则在 $\alpha=0.01$ 的显著性水平下，估计某一月收入为 8000 元的家庭的月日用杂货支出区间为：

$$s_{\hat{y}_i}=82.328\times\sqrt{1+\frac{1}{40}+\frac{(8000-6834.68)^2}{119364320.78}}=83.812$$

$$\hat{y}_i\pm t_{\alpha/2}s_{ind}=997.635\pm2.712\times83.812=997.635\pm227.298$$

即该月收入水平为 8000 元的家庭，其月日用杂货支出在 770.337 元与 1224.933 元之间，做出这种推断的把握程度为 99%。

表 9—6 给出了显著性水平为 $\alpha=0.01$ 时，样本数据范围内不同月收入水平下 y_i 的估计区间。

将表 9—5 与表 9—6 进行比较可以看出，y_i 的估计区间要略大于 $E(y_i)$ 的估计区间，这是由于两种方差的不同所造成的。与先前的道理一样，当 $x_i=\bar{x}$ 时，y_i 估计区间是最精确的。

表 9—6　y_i 的估计区间（$\alpha=0.01$）

y_i	x_i	$\hat{y}_i$	个别值估计区间		y_i	x_i	$\hat{y}_i$	个别值估计区间	
			下限	上限				下限	上限
1148	8882	1114.71	884.860	1344.56	710	6837	840.94	614.93	1066.95
489	4558	535.835	305.086	766.59	937	7263	897.97	671.79	1124.15
1208	9053	1137.60	907.091	1368.12	1030	8009	997.84	770.56	1225.12
1065	8094	1009.22	781.745	1236.69	1064	8392	1049.11	820.87	1277.35
1015	8414	1052.06	823.753	1280.36	662	4899	581.49	352.04	810.93
1125	8925	1120.47	890.455	1350.48	680	5581	672.79	445.33	900.25
1206	9862	1245.91	1011.59	1480.23	675	5091	607.19	378.39	835.99
613	4856	575.73	346.131	805.33	720	5495	661.28	433.61	888.94
661	4899	581.497	352.040	810.93	913	6688	820.99	594.96	1047.02
606	5304	635.71	407.541	863.872	1140	9329	1174.55	942.87	1406.24
541	5943	721.25	494.507	947.997	740	5304	635.71	407.54	863.872
1083	7242	895.16	668.991	1121.3	540	5730	692.74	465.60	919.87
839	7540	935.05	708.580	21161.52	693	5943	721.25	494.51	948.00
1090	8989	1129.04	898.777	1359.2	673	6156	749.77	523.33	976.20
1217	9138	1148.99	918.123	91379.84	918	6752	829.56	603.54	1055.58
555	4388	513.08	281.602	744.55	1069	8264	1031.98	804.09	1259.87
458	4793	567.30	337.466	797.13	1265	9649	1217.39	984.18	1450.61
647	4856	575.73	346.131	805.33	1145	9883	1248.72	1014.28	1483.16
592	5346	641.33	413.280	869.38	549	5133	612.81	384.14	841.484
676	6603	809.61	583.548	1035.67	668	5304	635.71	407.54	863.872

第七节　残差分析

一个估计的回归方程可能拥有令人满意的判定系数，也可能顺利地通过显著性检验，但即使如此，也仍然不能据此直接认定就是一个好的模型。因为无论是估计的回归方程的得出，还是判定系数的计算，或是显著性检验，以及回归预测中的点估计和区间估计，都是建立在模型遵循假定条件的基础之上，如果最初的几个模型假定中任意一个是不真实的，就有理由怀疑这个估计回归方程的适用性。现在，需要回到最初的起点，来设法证实模型假定的真实性。残差分析是证实模型假定的基本方法。

先前在判定系数 r^2 的讨论中曾提到过，样本中第 i 个残差是第 i 次观测的因变量观测值 y_i 与其估计值 $\hat{y}_i$ 之间的离差，即 $y_i-\hat{y}_i$ 。残差不仅是衡量估计回归方程拟合优度的依据，也是证实模型假定的依据。利用残差分析证实模型假定，主要是通过观察残差图来完成，有多种残差图可供选择。

一、残差图

将样本点 $(y_i, y_i-\hat{y}_i)$ 描绘在以横轴表示因变量 y 、以纵轴表示残差 $y_i-\hat{y}_i$ 的直角坐标系中，就可以得到残差图(residual plot)。残差图中包含着有关模型假定的有用信息。观察图中各个点的分布状况，有助于判断模型假定的真实性。图 9—10、图 9—11 和图 9—12 给出了三种典型的残差图分布情况。

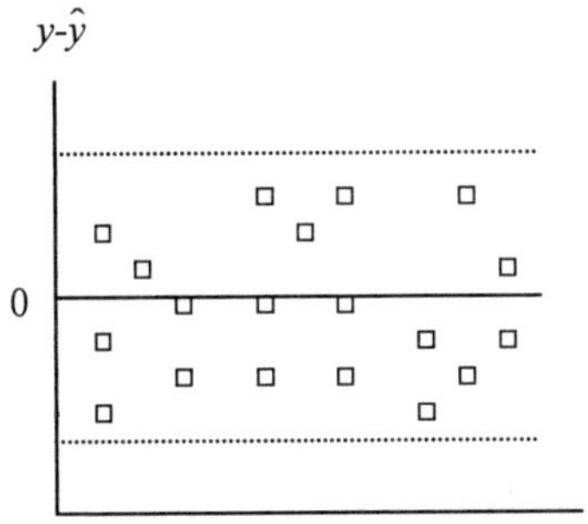

图 9—10 水平的分布带

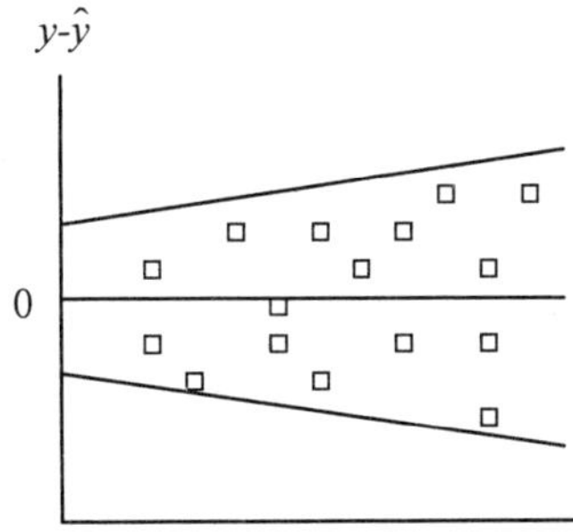

图 9—11 逐渐加宽的分布带

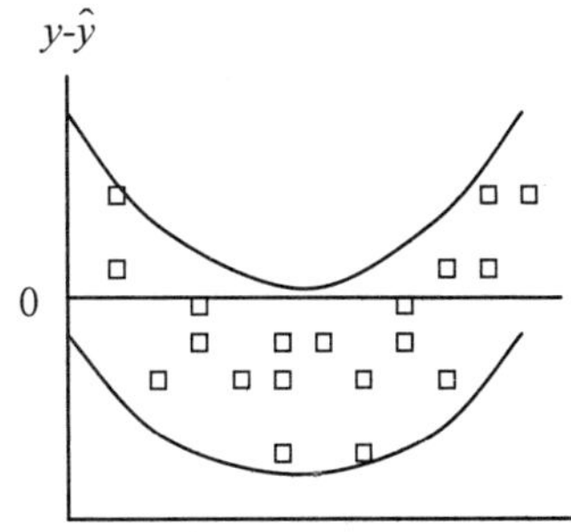

图 9—12 弯曲的分布带

在最初的回归模型中假定:总体中变量 X 与变量 Y 之间具有线性关系,而且各个误差项 ε_i 都服从数学期望为零、方差为 σ^2 的同一种正态分布。如果这种假定是真实的,那么残差图中各个点就应当是分布在一条水平带中间。如果这种假定是不真实的,比如,总体中对应较大的 X_i ,ε_i 的方差也较大,那么残差图中各个点就会分布在一条逐渐加宽的带内。再比如,如果变量 X 与变量 Y 之间不具有线性关系,那么残差图中各个点就会分布在一条变得弯曲的带内。除了模型设定(变量 X 与 Y 之间具有非线性关系却使用了线性假设,或使用了错误的函数形式)会导致残差图异样,遗漏重要的解释变量、连续观察值可能存在的惯性等也会产生残差图异样。

尽管这种图形上的残差分析方法显得有些主观,但只要对线性回归方法原理有准确而全面的理解,再结合长期实践经验,通常还是可以做出正确判断的。当然,实际问题中完全符合上述类型的残差分布很少见,所以在残差分析中,经验和直觉就显得特别重要。

在引例中,对应于各个样本点的残差的计算结果及残差图如表 9—7 和图 9—13 所示。

表 9—7 月日用杂货支出与月收入样本数据残差与标准化残差计算表

y_i	x_i	$\hat{y}_i$	$y_i-\hat{y}_i$	zre_i	y_i	x_i	$\hat{y}_i$	$y_i-\hat{y}_i$	zre_i
1148	8882	1114.71	33.29	0.40	710	6837	840.94	−130.94	−1.60
489	4558	535.845	−46.835	−0.57	937	7263	897.97	39.03	0.47
1208	9053	1137.60	70.40	0.86	1030	8009	997.84	32.16	0.39
1065	8094	1009.22	55.78	0.68	1064	8392	1049.11	14.89	0.18
1015	8414	1052.06	−37.06	−0.45	662	4899	581.49	80.51	0.98
1125	8925	1120.47	4.53	0.06	680	5581	672.79	7.21	0.088
1206	9862	1245.91	−39.91	−0.49	675	5091	607.20	67.81	0.82
613	4856	575.73	37.27	0.45	720	5495	661.28	58.72	0.71
661	4899	581.49	79.51	0.97	913	6688	820.99	92.01	1.12
606	5304	635.71	−29.71	−0.36	1140	9329	1174.55	−34.55	−0.42
541	5943	721.25	−180.25	−2.19	740	5304	635.71	104.30	1.27
1083	7242	895.16	187.84	2.28	540	5730	692.74	−152.74	−1.85
839	7540	935.05	−96.05	−1.17	693	5943	721.25	−28.25	−0.34
1090	8989	1129.04	−39.03	−0.47	673	6156	749.77	−76.77	−0.93
1217	9138	1148.98	68.02	0.83	918	6752	829.56	88.44	1.074
555	4388	513.08	41.92	0.51	1069	8264	1031.98	37.02	0.45
458	4793	567.306	−109.30	−1.33	1265	9649	1217.40	47.617	0.58
647	4856	575.73	71.270	0.87	1145	9883	1248.72	−103.72	−1.26
592	5346	641.33	−49.33	−0.60	549	5133	612.81	−63.82	−0.78
676	6603	809.61	−133.61	−1.62	668	5304	635.71	32.29	0.39

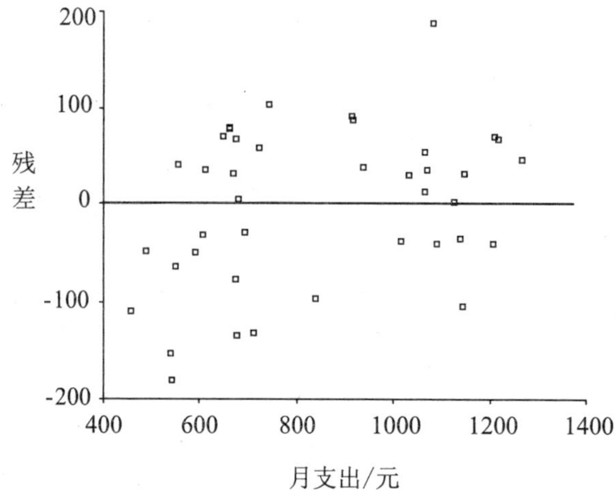

图 9－13　40 户家庭月日用杂货支出与月收入样本数据残差图

图 9－13 中，各个残差围绕着 $y-\hat{y}=0$ 的水平线上下波动，大体上分布在一条水平带内，没有证据表明模型假定是不合理的。

二、标准化残差图

现在换一种思路，直接从模型假定来构造用于残差分析的统计量。如果关于 ε_i 的同方差正态性假定是真实的，那么作为随机变量的残差 $y_i-\hat{y}_i$，都应服从期望值为零、方差为 σ^2 的正态分布。利用正态分布的性质，可定义服从标准正态分布的统计量：

$$Z=\frac{y_i-\hat{y}_i}{\sigma} \tag{9－31}$$

在 F 检验中曾经讨论过，均方误差 MSE 是方差 σ^2 的一个无偏估计，且其自由度为 $n-2$。于是，以 MSE 估计方差 σ^2，可得自由度为 $n-2$ 的 t 统计量，称作标准化残差（standardized residuals），又称为皮尔逊残差（Pearson residuals），记作 zre_i。

$$zre_i=\frac{y_i-\hat{y}_i}{\sqrt{\text{MSE}}} \tag{9－32}$$

以标准化残差为纵轴、因变量为横轴，描绘出每一个残差所对应的标准化残差，就可得到标准化残差图。如果模型假定是真实的，那么在样本容量充分大的前提下，期望会看到大约有 95％的标准化残差介于－2 和＋2 之间。如果有过多的点分布在这个范围以外，那就是违反模型假定的证据。

根据 40 户家庭月日用杂货支出与月收入样本数据所计算的标准化残差如表 9－7 所示，其标准化残差图如图 9－14 所示。从图形中可以直观地看出，几乎所有的标准化残差都落在－2 和＋2 之间，没有证据表明误差项随机变量 ε_i 服从同方差的正态分布的假定是不真实的。

也可将标准化残差的分布状态用直方图显示，如果模型假定是真实的，期望会看到一个大体以 0 为中心的对称的钟形分布。观察图 9－15，同样没有发现明显违反正态性假定的证据。

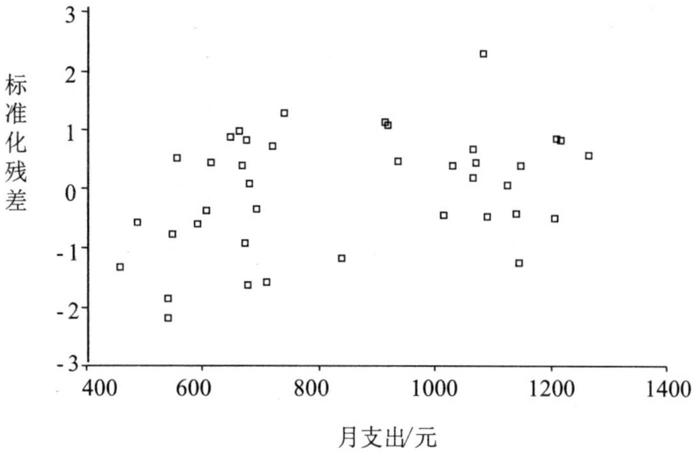

图 9—14 40 户家庭月日用杂货支出与月收入样本数据标准化

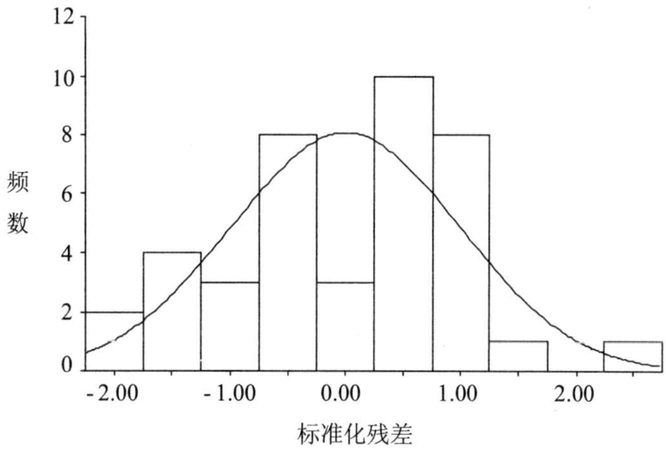

图 9—15 40 户家庭月日用杂货支出与月收入样本数据标准化残差直方图

三、正态概率图

假如要从一个标准正态分布中，随机抽取容量为 n 的样本，并有能力将这一抽样过程无限次地重复进行下去，则可得到无数个容量为 n 的样本。此时，每一个可能样本中最小的那个观测是一个随机变量，第二小的那个观测也是一个随机变量，依此类推，第 n 小即最大的那个观测也是一个随机变量，把这种随机变量称为顺序统计量（order statistics）。由于样本容量为 n ，所以就会有 n 个顺序统计量。各个顺序统计量的数学期望称为正态分数。这样就会有 n 个正态分数。显然，第 n 小的顺序统计量的正态分数，将大于第 $n-1$ 小的顺序统计量的正态分数，依此类推。而且从负无穷大到第 n 小的正态分数的累积概率，将大于第 $n-1$ 小的正态分数的累积概率，依此类推。

现在重新回到残差分析的问题中来。假如抽取了一个容量为 40 的样本，并根据样本中的各个观测计算出了 40 个标准化残差值，再根据标准正态分布，即可分别计算出从负无穷大到每一个标准化残差值的累积概率。接下来还可以按照由小到大的顺序将这 40 个累积概率排成一列，并与根据40个正态分数计算得出的从小到大排序的累积概率，放在一起加以比较。

如果误差项 ε_i 服从正态分布的假定是真实的，那么最小的标准化残差所对应的累积概率，就应当接近于最小的正态分数所对应的累积概率；第二小的标准化残差所对应的累积概率，就应当接近于第二小的正态分数所对应的累积概率，依此类推。

接下来，如果用纵轴表示正态分数所对应的期望累积概率，用横轴表示标准化残差所对应的实际观测的累积概率，那么在图上描绘出的各个散点就应当密集地分布在通过坐标原点的 45^0 线附近。这样得到的散点图称为正态概率图(normal probability plot)，如图9—16所示。

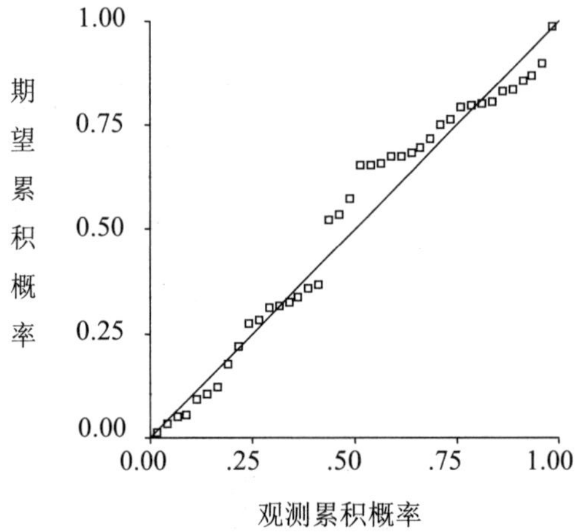

图9—16　40户家庭月日用杂货支出与月收入样本数据的正态概率图

一般地讲，较多的点密集地分布在 45^0 线附近，是支持回归模型中正态性假定的有力证据。图9—16中各个散点都分布在 45^0 线附近，没有证据表明误差项 ε_i 服从正态分布的假定是不真实的。

四、异常值的检测

异常值(outlier)是指数据集中过大或过小的观测值。异常值的存在，对于回归直线方程的拟合、判定系数及显著性检验的结果都将有很大影响。所以，进行回归分析时，首先需要检测数据集中是否存在异常值。

异常值产生的原因有三种情况：①原始数据的测量或登记错误，对于这种错误造成的异常值，应该尽可能地更正。②抽样的随机性所造成的异常值，对于这种情况产生的异常值，应该保留这些数据，而不能随意将它们剔除掉。③异常值的出现是总体本来数据结构的一种暗示，对于这种情况，应该考虑是否增加样本容量，或考虑其他形式的模型。

数据集较大时，异常值是很难识别的，散点图有助于直观地识别异常值。图9—17中所示的数据集中，就存在一个异常值，它表现出与数据整体分布不相吻合的倾向。

对于简单线性回归分析，根据散点图就可以直观地识别异常值，更为通用和精确的识别方法，是观察标准化残差图。如果一个观测值在散点图上与其余数据点的分布趋势有较大的偏离，那么其对应的标准化残差的绝对值也将较大。如果某一观测值的标准化残差小于−2或大于+2，一般情况下就可以将它识别为异常值。图9—18中存在的一个异常值，其标准化残差远大于+2。

有一种异常值，对回归分析的结果影响特别大，如图 9－19 所示的一个异常值，该点的自变量的观测值异常地大，如果在回归分析中包含该点进行运算，结果将是一条斜率较小的回归直线；如果剔除该点，结果将会使回归直线的斜率急剧增大。像这种自变量的观测值是极端值的样本点称为高杠杆率点(high-leverage point)。

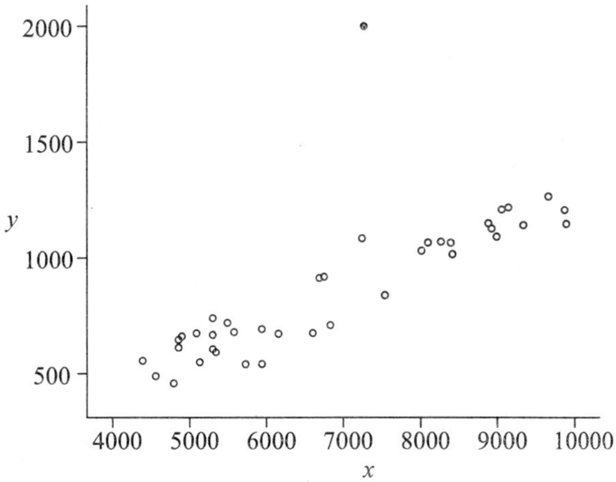

图 9－17 一个存在异常值的数据集

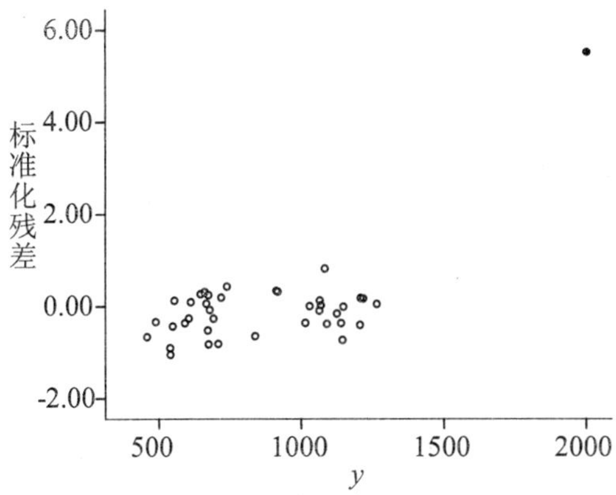

图 9－18 由标准化残差图识别异常值

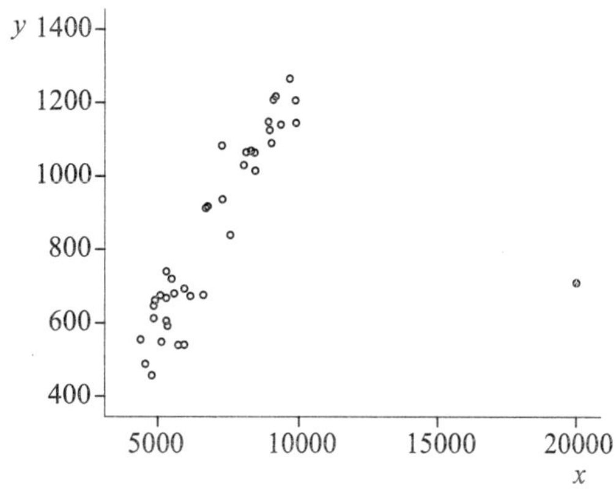

图 9－19 一个存在高杠杆率点的数据集

简单线性回归分析中，借助散点图就可以识别高杠杆点。更通用和精确一些的识别方法是计算统计量杠杆率 h_i ：

$$h_i = \frac{1}{n} + \frac{(x_i - \bar{x})^2}{\sum_{i=1}^{n}(x_i - \bar{x})^2} \tag{9－33}$$

h_i 曾在先前讨论有关 σ^2 的估计量时多次出现过，在这里的作用是，对于一个给定的样本数据，其样本容量 n 和样本均值 $\bar{x}$ 都是确定的值，因而离差平方和 $\sum_{i=1}^{n}(x_i - \bar{x})^2$ 也是一个确定的数，因此，对于个别的观测来说，其杠杆率值的大小变化就完全取决于 $(x_i - \bar{x})^2$。$(x_i - \bar{x})^2$ 是其离群倾向大小的度量，$(x_i - \bar{x})^2$ 越大，其对应的杠杆率值也就越高。

通常情况下，如果一个观测的杠杆率 $h_i > 6/n$，就应将其识别为高杠杆率点。一旦发现高杠杆点，首先应该验证是否为数据采集或数据录入的错误。如果一个高杠杆率点的观测值是有效的，那么就可能暗示着总体数据结构的一种不为我们所知的特征，这时需要进一步扩大样本容量，获取有关变量的一些补充数据，才有可能得到合理的估计模型。

第八节　基于 SPSS 实现回归分析过程

在本章的第三节至第七节中，我们分别介绍了回归模型的估计及其显著性检验等问题，在 SPSS 软件中，拟合和检验回归方程的过程是通过线性回归分析实现的。以引例中的 40 户家庭月日用杂货支出与月收入样本数据为例（见所附数据集“data9_01 40 户家庭每月日用杂货支出与月收入”），介绍利用 SPSS 拟合回归模型并进行显著性检验和识别异常值的具体操作过程。

操作步骤：

（1）打开数据文件，点击 Analyze（分析）→Regression（回归）→Linear（线性），系统弹出如图 9－20 所示的“Linear Regression（线性回归）”对话框。选择变量“expenditure”进入“Dependent（因变量）”框内，选择“income”进入 “Independent(s)（自变量）”框内。由于是只有一个自变量的简单线性回归分析，在“Method（方法）”框中，选择默认项“Enter（进入）”选项即可。

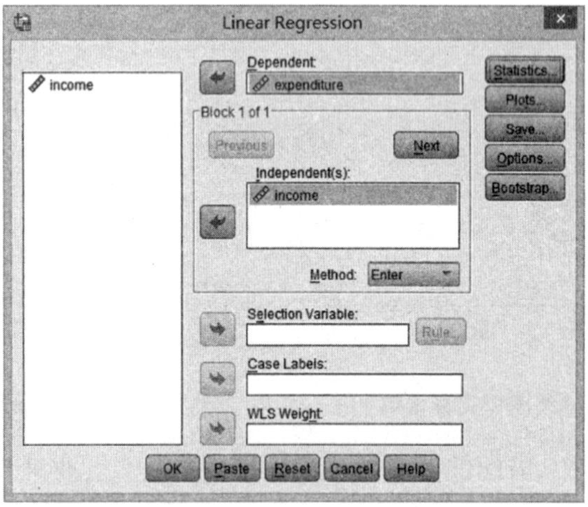

图 9－20　Linear Regression 对话框

（2）点击“Statistics（统计量）”按钮，系统弹出如图 9－21 所示的“Linear Regression：Statistics（线性回归统计量）”对话框，分别选中 “Estimate（估计）”和“Model fit（模型契合度）”选项，用于计算回归模型并对其进行显著性检验；为进行样本异常值检验，可以在该对话框中选择“Casewise diagnostics（个案诊断）”，并在“Outliers outside（离群值）”的参数框中键入 2，设置标准化残差的绝对值大于等于 2 时识别为异常值。点击 Continue（继续），回到如图 9－20 所示的“Linear Regression（线性回归）”对话框。

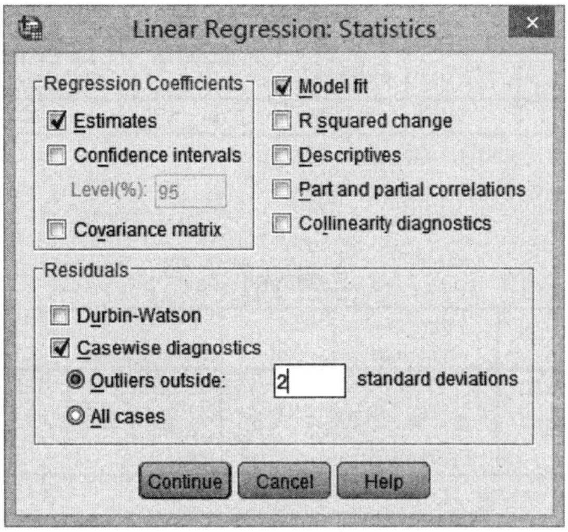

图 9—21 Linear Regression:Statistics 对话框

(3)为绘制残差图,继续点击"Plots(绘制)"按钮,系统弹出如图 9—22 所示的"Linear Regression:Plots(线性回归:图)"对话框。选取变量"*ZRESID"进入 y 框内,选取变量"DEPENDNT"进入 x 框内,用于输出关于因变量的标准化残差图;选择"Histogram(直方图)"选项和"Normal probability plot(正态概率图)"选项,用于输出标准化残差的直方图和正态概率图。

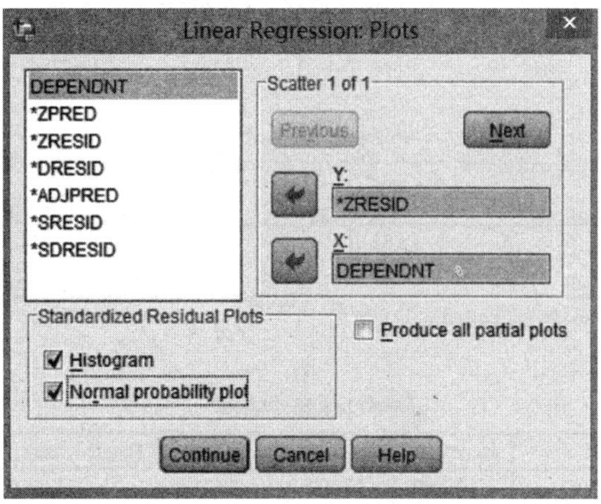

图 9—22 Linear Regression:Plots 对话框

(4)点击 Continue(继续),回到"Linear Regression(线性回归)"对话框,单击 OK(确定),即可得到如图 9—23 至图 9—27 所示的回归模型及其显著性检验和异常值检测等输出结果。大家可以对照本章第三节至第七节讲解的理论及例题的计算结果,对输出结果进行解释。

Model Summary[b]

Model	R	R Square	Adjusted R Square	Std. Error of the Estimate
1	.945[a]	.893	.890	82.328

a. Predictors: (Constant), 月收入

b. Dependent Variable: 月支出

ANOVA[a]

Model		Sum of Squares	df	Mean Square	F	Sig.
1	Regression	2139306.141	1	2139306.141	315.626	.000[b]
	Residual	257563.234	38	6777.980		
	Total	2396869.375	39			

a. Dependent Variable: 月支出

b. Predictors: (Constant), 月收入

Coefficients[a]

Model		Unstandardized Coefficients		Standardized Coefficients	t	Sig.
		B	Std. Error	Beta		
1	(Constant)	-74.367	53.122		-1.400	.170
	月收入	.134	.008	.945	17.766	.000

a. Dependent Variable: 月支出

图 9－23　估计的线性回归方程及显著性检验结果

Casewise Diagnostics[a]

Case Number	Std. Residual	月支出	Predicted Value	Residual
11	-2.189	541	721.25	-180.252
12	2.282	1083	895.16	187.844

a. Dependent Variable: 月支出

Residuals Statistics[a]

	Minimum	Maximum	Mean	Std. Deviation	N
Predicted Value	513.08	1248.72	840.63	234.209	40
Residual	-180.252	187.844	.000	81.266	40
Std. Predicted Value	-1.399	1.742	.000	1.000	40
Std. Residual	-2.189	2.282	.000	.987	40

a. Dependent Variable: 月支出

图 9－24　异常值检测输出结果

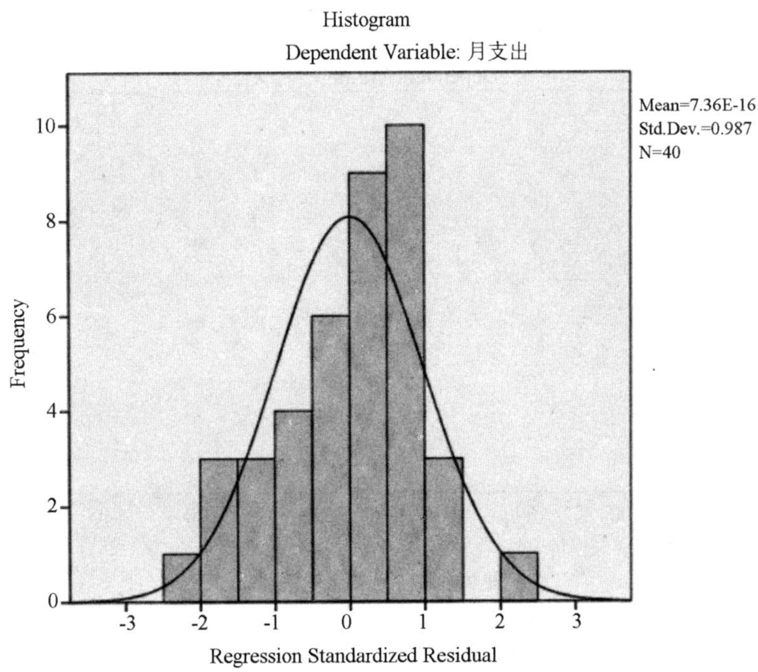

图 9—25　标准化残差直方图

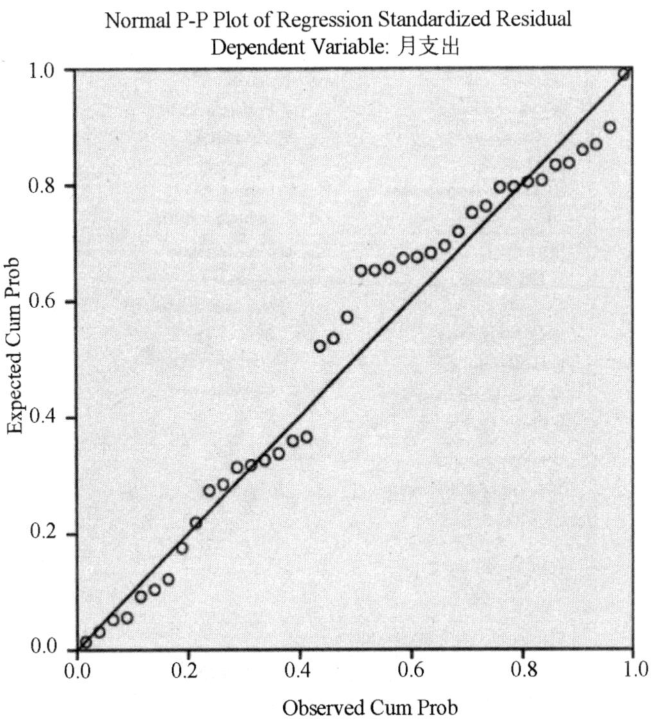

图 9—26　正态概率图

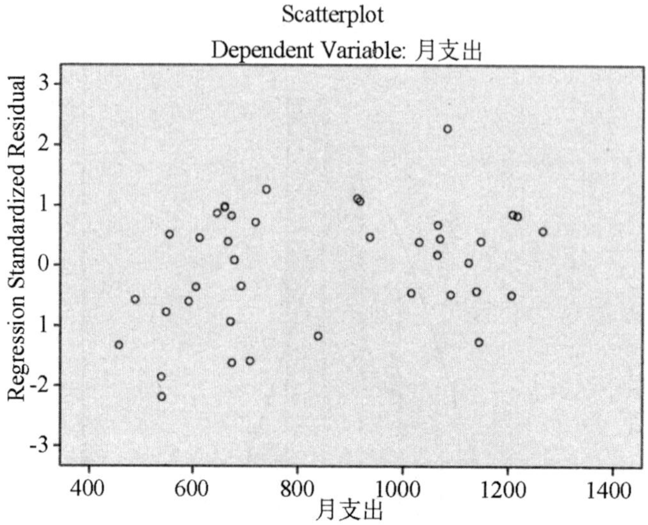

图 9－27　标准化残差图

(5)为了根据回归方程进行点估计和区间估计的预测，可以在“Linear Regression(线性回归)”主对话框中点击“SAVE(保存)”按钮，打开“Linear Regression: Save(线性回归：保存)”对话框，如图 9－28 所示。然后在“Predicted Values(预测值)”选项框中，选择“Un-

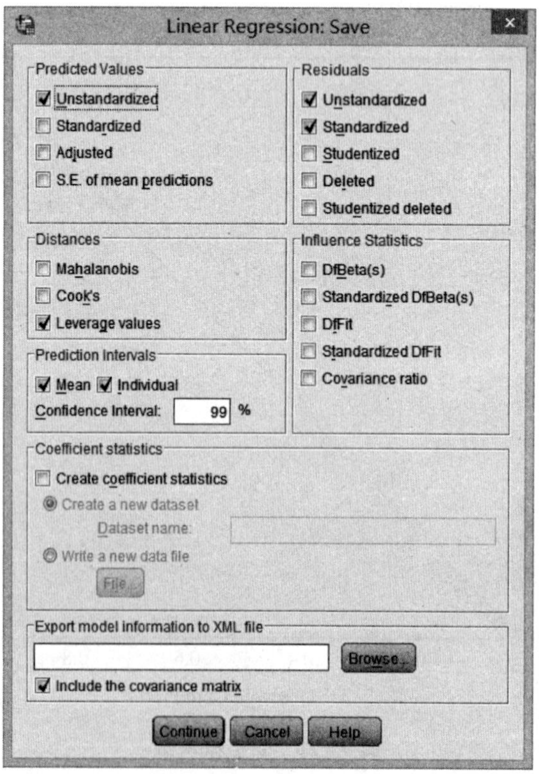

图 9－28　“Linear Regression: Save”对话框

standardized(未标准化)”,用于输出未标准化的预测值;在“Prediction Intervals(预测区间)”选项框中,选择“Mean(均值)”或“Individual(单值)”选项,并设定置信度,比如 99%,实现对总体均值或个别值的区间估计;在 Residuals(残差)选项框中,选择“Unstandized(未标准化)”或“Standized(标准化)”选项,即可得到残差或标准化残差的计算结果;在“Distances(距离)”选项框中,选择“Leverage values(杠杆值)”选项,即可同时输出杠杆率的计算结果。点击 Continue(继续)→OK(确定),上述操作的系统输出结果将在 SPSS 主窗口的数据浏览界面中以新生成的变量形式显示,如图 9—29 所示。

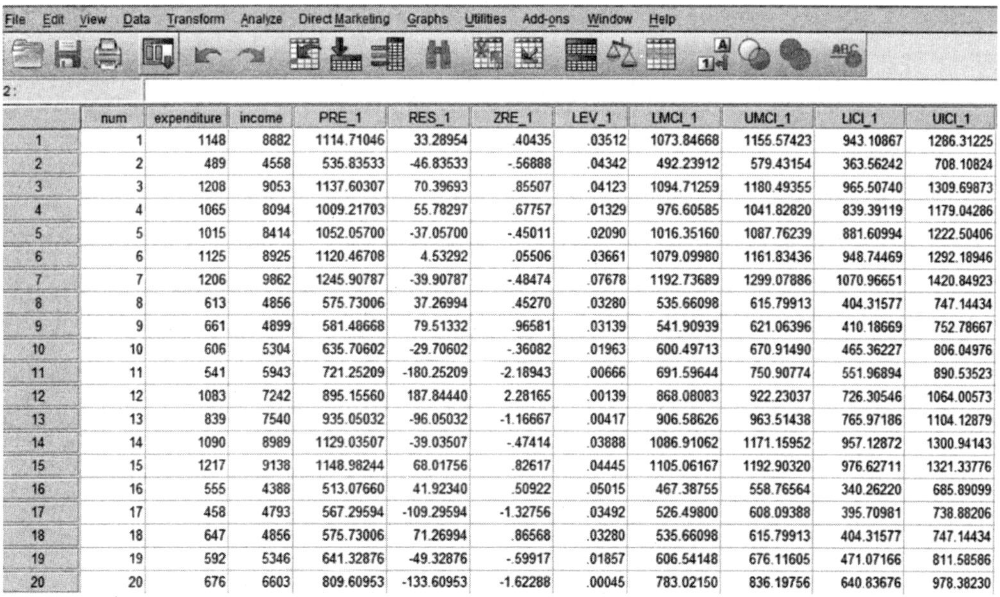

	num	expenditure	income	PRE_1	RES_1	ZRE_1	LEV_1	LMCI_1	UMCI_1	LICI_1	UICI_1
1	1	1148	8882	1114.71046	33.28954	.40435	.03512	1073.84668	1155.57423	943.10867	1286.31225
2	2	489	4558	535.83533	-46.83533	-.56888	.04342	492.23912	579.43154	363.56242	708.10824
3	3	1208	9053	1137.60307	70.39693	.85507	.04123	1094.71259	1180.49355	965.50740	1309.69873
4	4	1065	8094	1009.21703	55.78297	.67757	.01329	976.60585	1041.82820	839.39119	1179.04286
5	5	1015	8414	1052.05700	-37.05700	-.45011	.02090	1016.35160	1087.76239	881.60994	1222.50406
6	6	1125	8925	1120.46708	4.53292	.05506	.03661	1079.09980	1161.83436	948.74469	1292.18946
7	7	1206	9862	1245.90787	-39.90787	-.48474	.07678	1192.73689	1299.07886	1070.96651	1420.84923
8	8	613	4856	575.73006	37.26994	.45270	.03280	535.66098	615.79913	404.31577	747.14434
9	9	661	4899	581.48668	79.51332	.96581	.03139	541.90939	621.06396	410.18669	752.78667
10	10	606	5304	635.70602	-29.70602	-.36082	.01963	600.49713	670.91490	465.36227	806.04976
11	11	541	5943	721.25209	-180.25209	-2.18943	.00666	691.59644	750.90774	551.96894	890.53523
12	12	1083	7242	895.15560	187.84440	2.28165	.00139	868.08083	922.23037	726.30546	1064.00573
13	13	839	7540	935.05032	-96.05032	-1.16667	.00417	906.58626	963.51438	765.97186	1104.12879
14	14	1090	8989	1129.03507	-39.03507	-.47414	.03888	1086.91062	1171.15952	957.12872	1300.94143
15	15	1217	9138	1148.98244	68.01756	.82617	.04445	1105.06167	1192.90320	976.62711	1321.33776
16	16	555	4388	513.07660	41.92340	.50922	.05015	467.38755	558.76564	340.26220	685.89099
17	17	458	4793	567.29594	-109.29594	-1.32756	.03492	526.49800	608.09388	395.70981	738.88206
18	18	647	4856	575.73006	71.26994	.86568	.03280	535.66098	615.79913	404.31577	747.14434
19	19	592	5346	641.32876	-49.32876	-.59917	.01857	606.54148	676.11605	471.07166	811.58586
20	20	676	6603	809.60953	-133.60953	-1.62288	.00045	783.02150	836.19756	640.83676	978.38230

图 9—29　“ Linear Regression:Save”对话框

本章小结

本章所介绍的回归分析方法原理,适用于两个数值型变量之间线性相关关系由样本到总体的推断。单纯的相关分析可以不必区分自变量与因变量,但在回归分析中则必须首先对自变量与因变量做出区分。简单线性回归分析的核心目的,就是用一个变量的取值来估计另一个变量的取值。进行回归分析的基本步骤是:回归模型→回归方程→估计的回归方程→显著性检验与拟合优度评价→残差分析证实模型假定。

回归模型采用数学符号真实地描述了现实中两个数值型变量之间的线性相关关系。由回归模型向回归方程的过渡,需要建立在关于误差项随机变量的正态性假定的基础之上。回归分析的理论假设主要有正态性假定、方差相等性假定和独立性假定三项内容,这是回归分析方法原理的基础和前提。

估计的回归方程是由样本数据通过最小平方法得出的,具有随机性,是对总体中唯一确定的回归方程的一个估计。正是由于它的随机性,所以才需要对其进行显著性检验。显著性检验有两套思路:一是对方程中回归系数的显著性进行的 t 检验,二是对方程整体的显著

性进行的 F 检验。t 检验的内容本章没有专门介绍，因为在简单线性回归分析中，t 检验与 F 检验的结论是一致的，但在多重线性回归分析中，这两种检验的结论可能会出现不一致的情况，这是在今后的学习中应当注意的一个问题。

任何一种基于数理统计的推断方法，都有其作为应用前提的理论假定。这可看作是统计方法的优点，也可看成是缺点。有了这些理论假定，方法原理才变得严谨而无懈可击；同时，也正是这些理论假定的存在，又限制了它在现实中的应用范围，现实中是找不到与这些理论假定完全吻合的场合的。在回归分析中运用残差分析来证实模型假定，以及进行异常值检测，目的就是为了确认样本数据与这些理论假定不至于相去太远。

习　题

一、单项选择题

1. 相关关系是指变量间的（　　）。

A. 不确定性的数量关系　　B. 函数关系

C. 确定性的数量关系　　D. 不确定性的数量协变关系

2. 当变量 x 值减少时，变量 y 值增加，则 x 与 y 之间存在着（　　）。

A. 曲线相关关系　　B. 正相关关系　　C. 负相关关系　　D. 没有相关关系

3. 居民收入与居民消费支出之间的相关系数，可能是下面的哪一种（　　）。

A. -1.5　　B. 0.9　　C. 1.5　　D. -0.9

4. 下列各直线回归方程中，自变量和因变量呈负相关关系的是（　　）。

A. $\hat{Y}=-17+2.76X$　　B. $\hat{Y}=-9+7X$

C. $\hat{Y}=5+3.28X$　　D. $\hat{Y}=20-5X$

5. 通过对 50 家超市营业额与广告费用的调查结果，计算得到营业额与广告费用之间的相关系数为 0.34，以下说法正确的是（　　）。

A. 平均来看，营业额的 34%归因于广告费用

B. 两者之间存在正的相关关系

C. 如果营业额提高 1 万元，则需要相应地增加广告费 3400 元

D. 如果广告费增加 1 万元，则销售额会增加 3400 元

6. 相关系数的取值范围为（　　）。

A. $[0,1]$　　B. $[-1,0]$　　C. $[-1,1]$　　D. $[0,+\infty)$

7. 下面所描述的两种现象之间是函数关系的是（　　）。

A. 家庭收入与家庭支出的关系　　B. 爸爸身高与儿子身高的关系

C. 圆的周长与半径的关系　　D. 学生的数学成绩与统计学成绩的关系

8. 在回归方程 $\hat{y}_i=\hat{\beta}_0+\hat{\beta}_1x_i$ 中，$\hat{\beta}_1$ 表示（　　）。

A. 当 x 增加一个单位，y 增加的数量

B. 当 y 增加一个单位，x 增加的数量

C. 当 x 增加一个单位，y 增加的平均数量

D. 当 y 增加一个单位，x 增加的平均数量

二、多项选择题

1. 下列关于相关系数 r 的说法中，正确的是（　　）。

A. r 衡量的是两个变量之间线性相关关系的强弱

B. $r>0$ 时，表明两个变量存在正的线性相关关系

C. $r<0$ 时，表明两个变量存在弱的线性相关关系

D. $r=0$ 时，说明两个变量间无相关关系

E. r 的取值范围为 $[-1,1]$

2. 在简单线性回归分析中，关于误差项随机变量 ε_i 的理论假设有（　　）。

A. ε_i 服从正态分布　　B. ε_i 的数学期望为 0

C. ε_i 的取值独立　　D. 对于自变量的所有取值，ε_i 的方差相等

E. ε_i 服从 T 分布

3. 下列所描述的两个变量之间的关系中，属于相关关系的有（　　）。

A. 圆的半径和周长的关系　　B. 农作物产量和施肥量的关系

C. 居民收入与支出的关系　　D. 空气污染程度和人患呼吸道疾病的关系

E. 学生的身高和体重的关系

4. 在回归方程 $\hat{y}_i=\hat{\beta}_0+\hat{\beta}_1 x_i$ 中，关于回归系数 $\hat{\beta}_1$ 的下列说法中，正确的是（　　）。

A. $\hat{\beta}_1$ 是回归直线的斜率

B. $\hat{\beta}_1$ 的绝对值介于 0～1 之间

C. $\hat{\beta}_1$ 越接近于 0，表示自变量对因变量的影响越小

D. $\hat{\beta}_1$ 越接近于 0，表示自变量对因变量的影响越大

E. $\hat{\beta}_1$ 是回归直线的截距

5. 下列关于相关系数与回归系数二者之间数量关系的表述，正确的有（　　）。

A. 回归系数大于零，则相关系数大于零

B. 回归系数小于零，则相关系数小于零

C. 回归系数大于零，则相关系数小于零

D. 回归系数小于零，则相关系数大于零

E. 回归系数正负方向与相关系数无关

三、计算题

1. 从某小学的学生中随机抽取了 30 名，测量得到他们的身高与体重数据（见所附数据集“E9_01 30 名小学生身高与体重的数据”）如下：

序号	身高/厘米	体重/公斤	序号	身高/厘米	体重/公斤
1	119.8	22.6	7	118.0	18.8
2	121.7	21.5	8	118.8	22.0
3	121.4	19.1	9	124.2	21.3
4	124.4	21.8	10	124.8	24.0
5	120.0	21.5	11	124.7	23.3
6	117.0	20.1	12	123.1	22.5

续表

序号	身高/厘米	体重/公斤	序号	身高/厘米	体重/公斤
13	125.3	22.9	22	128.2	26.1
14	124.2	19.5	23	131.4	27.9
15	127.4	22.9	24	130.8	26.8
16	128.2	22.3	25	133.9	27.2
17	126.1	22.7	26	130.4	24.4
18	128.6	23.5	27	131.3	24.4
19	129.4	21.5	28	130.2	23.0
20	126.9	25.5	29	136.0	26.3
21	126.5	25.0	30	138.0	28.8

要求：

(1)绘制上述数据的散点图，判断两个变量之间的关系类型。

(2)计算两个变量的相关系数，并进行显著性检验。

(3)以身高为自变量、体重为因变量求出估计的回归方程，并解释其斜率的含义。

(4)进行显著性检验和拟合优度评价。

(5)给出身高为117厘米时，总体中体重均值的95%置信区间。

(6)某一名小学生的身高为125厘米，试以99%的置信度估计其体重的预测区间。

(7)绘制标准化残差图和正态概率图，给出您的观察结论。

2. 某媒体调查机构针对10种品牌商品就广告播出次数与收看广告的家庭户数所搜集到样本数据如下表所示(见所附数据集“E9_02 广告播出次数与收看广告的家庭户数”)。

序号	广告播出次数	收看广告的家庭户数/百万户	序号	广告播出次数	收看广告的家庭户数/百万户
1	95	758.8	6	32	198.5
2	46	323.0	7	25	193.8
3	41	275.3	8	21	189.7
4	38	241.8	9	21	161.9
5	29	219.9	10	16	160.0

要求：

(1)求出在广告播出次数已知时，能用于预测收看该广告的家庭户数的估计的回归方程。

(2)运用残差分析查明是否存在异常值，简要说明您的发现和结论。

3. 某软件开发公司正在考虑是否为公司新开发的一种应用软件签订一项维修合同。管理人员认为，维修费用与该系统的使用时间长短有关，为此就“每周使用时间(小时)”和“年维修费用(千元)”采集了以下数据资料(见所附数据集“E9_03 每周使用时间与年维修费用”)：

序号	每周使用时间/小时	年维修费用/千元	序号	每周使用时间/小时	年维修费用/千元
1	13	17.0	6	17	30.5
2	10	22.0	7	24	32.5
3	20	30.0	8	31	39.0
4	28	37.0	9	40	51.0
5	32	47.0	10	38	40.0

要求：

(1)求出年维修费用关于每周使用时间的估计的回归方程。

(2)在 0.05 的显著性水平下进行显著性检验。

(3)该公司预计本应用软件每周的使用时间为 30 小时，求出该公司年维修费用的 99% 置信区间。

(4)如果维修合同的费用是每年 3 万元，您是否建议签这个合同，为什么？

第十章　时间序列

引　例

为研究某地区碳酸饮料的市场供应情况，研究人员从某统计数据库搜集了该地区2015—2021年近七年28个季度的碳酸饮料产量数据，见表10—1和图10—1所示（见所附数据集“data10_01 全国2015—2021年各季度某地区碳酸饮料产量”）。

表10—1　2015—2021年各季度某地区碳酸饮料产量

单位：万吨

年份	第1季度	第2季度	第3季度	第4季度
2015	168.20	182.69	243.35	169.78
2016	201.40	223.17	278.18	168.51
2017	245.38	256.76	360.45	203.92
2018	268.53	260.75	337.54	256.26
2019	246.07	312.44	397.15	269.50
2020	291.65	289.58	411.87	287.03
2021	324.90	420.27	503.10	339.08

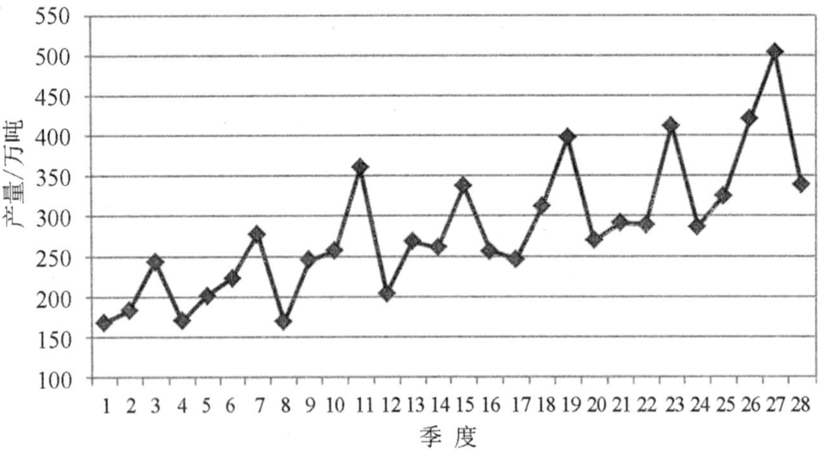

图10—1　2015—2021年28个季度某地区碳酸饮料产量

结合图10—1来观察表10—1中的数据，28个季度的碳酸饮料产量是有波动的，有的季度产量高一些，有的季度产量低一些，但这种波动又具有某种规律性。首先，各个季度的碳酸饮料产量，大体上是沿着一条直线的方向上下波动，表现出一种长期稳定的上升趋势；其次，如果以一年为周期进行观察的话，每一年里各个季度的碳酸饮料产量又都在按照某种固定的模式上下波动，第1季度最低，第2季度开始上升，第3季度继续上升，第4季度开始下降，显然这与一年里的四季更替有关。

因此，该地区近七年28个季度的碳酸饮料产量数据中，一定包含着关于未来碳酸饮料产量变动的有用信息。关键是采用什么方法可以将其中的有用信息充分地挖掘出来，用于预测碳酸饮料产量未来变动情况。本章将要介绍的时间序列分析方法可用于解决此类问题。

将某个变量的观测值按照时间的先后顺序排成一列，就形成了时间序列（time series）。一个完整的时间序列包含时间变量和观测变量两个要素。通常将时间变量记作 t，将观测变量记作 y，某一时间 t_i 上的观测值记作 $y_i(i=1,2,\cdots,n)$。时间序列数据是在不同时间上收集到的数据，描述的是现象随时间变化的情况，时间序列数据与我们在之前各章所研究的数据不同，后者是在相同或近似相同的时间点上收集的数据，描述的是现象在某一时刻或时期内不同空间上的变化情况，比如，2013年我国各地区生产总值数据就是截面数据，这类数据则被称作截面数据（cross-sectional data）。

表10－1就是一个典型的时间序列，其时间变量表现为季度，其观测变量为碳酸饮料产量，整个序列共有48个观测值。观测变量可以是各种变量，它代表我们感兴趣的某种事物在某一个方面的属性，例如，产品产量、销售额、利润额等；由于所观察的时间范围不同，时间变量可以代表季度，也可以代表年份、月度、天、小时等。时间序列是现象发展变动的历史记录，是预测现象未来发展的有用工具。

第一节　时间序列构成

时间序列是多种因素共同作用的结果。在一个时间序列中，有长期的起决定性作用的因素，也有临时的起非决定性作用的因素；有可以预知和控制的因素，也有不可预知和不可控制的因素，这些因素相互作用和影响，从而使时间序列变化趋势呈现不同的特点，形成了不同的时间序列。影响时间序列的因素大致可以归纳为四种：长期趋势（T）、季节波动（S）、循环波动（C）和无规则波动（I）。

一、长期趋势

时间序列是有波动的，但这种波动不是杂乱无章的，长期趋势是其波动过程中所表现出来的一种规律性。

时间序列中的各个观测值，长期持续地沿着一定的方向上下波动，这种长期持续的波动方向，称为时间序列的长期趋势（secular trend）。长期趋势可以是直线趋势，也可以是曲线趋势。图10－1中28个季度的碳酸饮料产量时间序列，明显表现出一种向上的直线趋势。

一般来讲，较短的时间序列，往往容易观察到直线趋势，时间序列一长，变动的方向总会发生变化，从而表现出曲线趋势来。本章所介绍的时间序列分析方法，主要是针对直线趋势。

对现象发展变化长期持续地起作用的因素，造成了时间序列长期趋势，例如，对于碳酸饮料产量来说，消费群体的变化、消费习惯的形成、碳酸饮料口味的改变、生产技术的进步、消费群体收入水平的提高等，都对碳酸饮料产量长期持续地发生作用，虽然无法一一列举，也无法弄清其内在结构及其作用机制，但现象的整个发展过程始终要受到这些因素的影响，结果必将导致时间序列的长期趋势。图 10－2 展示的是几种不同的直线趋势。

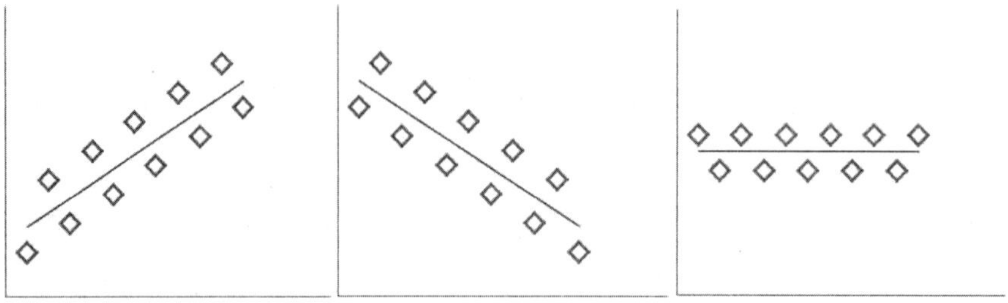

(a)直线向上趋势　　(b)直线向下趋势　　(c)水平趋势

图 10－2　时间序列的直线趋势

其中，(a)为直线上升趋势，(b)为直线下降趋势，(c)为水平趋势。水平趋势有时又称作没有趋势，如果将水平趋势也看作是一种长期趋势的话，那么一个给定的时间序列，总是要明显或不明显地表现出具有某种特征的长期趋势。

二、季节波动

季节波动(seasonal fluctuation)是存在于时间序列波动过程中的又一种常见的规律性，是指时间序列中的观测值随着季节的变更而发生的周期性波动，通常以一年为一个波动周期，同一种动态一年重复一次。

表 10－1 中碳酸饮料 28 个季度的产量时间序列，明显带有季节波动的特征。现实生活中的许多时间序列都具有季节波动，例如，农产品产量、旅游业产值、交通运输业产值、建筑业产值等。

显然，一年之内的四季更替是造成时间序列季节波动的主要原因，但还需要对季节做广义的理解，时间序列分析中的“季节”一词，泛指以一年或小于一年为固定周期的一切周期性起作用的因素。例如，固定的作息制度、稳定的风俗习惯等。再例如，交通流量甚至可以以一天为周期发生“季节波动”，早晚上下班的拥挤时刻会出现流量高峰，午休和傍晚时刻会出现中等流量，午夜到清晨则会出现小流量。

三、循环波动

循环波动(cyclical fluctuation)也属于周期波动，与季节波动的不同之处在于：①周期通常为一年以上；②各个周期的长短不同；③造成周期性的原因不明确。

典型的季节波动，其产生的原因是很明确的，就是以一年为固定周期的季节更替。造成循环波动的原因，往往无法明确界定。在社会经济领域中，经济周期是典型的循环波动，繁荣、衰退、萧条和复苏四个阶段循环更替，每一次循环的周期都是一年以上，有的周期是几年，甚至十几年。因此，循环波动往往比较难以识别，不像季节波动那样具有很强的周期性规律，为识别循环波动往往需要很长的时间序列。

四、无规则波动

从时间序列的观测值中，去除掉长期趋势、季节变动和循环波动之后的剩余部分，称作无规则波动(irregular fluctuation)。

长期趋势、季节波动和循环波动是时间序列本身所固有的规律性，但是无规则波动则没有什么规律性可言，往往是由于短期的、不可预见的和不会重复出现的偶然性因素所造成，如受到自然灾害等不可抗力的影响。

五、平稳序列与非平稳序列

综上所述，时间序列中某一时间 t_i 上的观测值 y_i，可以分解为四个构成部分：

长期趋势，记作 T_{ti}；季节波动，记作 S_{ti}；循环波动，记作 C_{ti}；无规则波动，记作 I_{ti}。

关于这四部分构成内容的结构方式，理论上存在两种假设：(1)加法模型假设。即实际的观测值 y_i 是 T_{ti}、S_{ti}、C_{ti}、I_{ti} 四项构成内容之和，$y_i = T_{ti} + S_{ti} + C_{ti} + I_{ti}$。采用加法模型假设的前提是四个影响因素对时间序列的影响是可加的，且相互独立。(2)乘法模型假设。即实际的观测值 y_i 是 T_{ti}、S_{ti}、C_{ti}、I_{ti} 四项构成内容之积，$y_i = T_{ti} \times S_{ti} \times C_{ti} \times I_{ti}$。采用乘法模型假设的前提是四个影响因素对时间的影响是相互不独立的。

至于这两种理论假设哪一种更符合真实情况，还有待于进一步的研究和探讨。本章所介绍的时间序列分析方法遵循乘法模型假设。

一个给定的时间序列，如果没有长期趋势(水平趋势)，且包含无规则波动 I_{ti}，则称为平稳序列(stationary series)；如果包含无规则波动 I_{ti}，且包含长期趋势 T_{ti} 或季节波动 S_{ti} 或循环波动 C_{ti}，则称为非平稳序列(non-stationary series)。

非平稳序列具体包括 7 种可能的情形：

(1) $y_i = T_{ti} \times I_{ti}$

(2) $y_i = S_{ti} \times I_{ti}$

(3) $y_i = C_{ti} \times I_{ti}$

(4) $y_i = T_{ti} \times S_{ti} \times I_{ti}$

(5) $y_i = T_{ti} \times C_{ti} \times I_{ti}$

(6) $y_i = S_{ti} \times C_{ti} \times I_{ti}$

(7) $y_i = T_{ti} \times S_{ti} \times C_{ti} \times I_{ti}$

表 10－1 中 28 个季度碳酸饮料产量的时间序列，基本上属于非平稳序列中的第(4)种类型，即 $y_i = T_{ti} \times S_{ti} \times I_{ti}$。实践中同时包含全部四项构成内容的时间序列是比较少见的。

第二节　波动性的描述

一、逐期增减量与累积增减量

时间序列最明显的特征是其中的各个观测值具有波动性，这是在时间序列分析时必须首先认识和把握的内容。可以采用不同的尺度来衡量观测值从一个时间到另一个时间波动幅度的大小。增减量是衡量波动幅度大小的最基本和最常用的尺度，由于在计算增减量时所采用的比较基期不同，又分为逐期增减量和累积增减量。时间序列分析中，通常将我们所关心的那个时间称作报告期(report period)，将用于与报告期进行比较的那个时间称作基期(base period)。

逐期增减量是报告期观测值 y_i 与报告期前一期观测值 y_{i-1} 之差，反映了观测值逐期波动幅度的大小，即：$y_2-y_1, y_3-y_2, \cdots, y_i-y_{i-1}$。

累积增减量是报告期观测值 y_i 与固定基期观测值 y_1 之差，反映了观测值在给定时期内累积波动幅度的大小。固定基期通常取时间序列中最初的那个时期，即：$y_2-y_1, y_3-y_1, \cdots, y_i-y_1$。

由同一个时间序列计算得出的累积增减量与逐期增减量之间存在着固定的关系，即累积增减量等于对应的各个逐期增减量之和：

$$y_n-y_1=\sum_{i=2}^{n}(y_i-y_{i-1}) \tag{10-1}$$

下面通过一个简单的例子来说明时间序列增减量的计算过程。

【例 10.1】表 10－2 为某地区 2012－2021 年粮食总产量时间序列（见所附数据集“data10_02 某地区 2012－2021 年粮食产量”），试计算该地区 2012－2021 年粮食产量的增减量。

表 10－2　某地区 2012－2021 年粮食总产量

单位：万吨

年份	2012	2013	2014	2015	2016	2017	2018	2019	2020	2021
粮食产量	43069	46946	48402	49804	50160	52870	53082	54647	57120	58958

解：中间的计算过程可以利用 Excel 的函数功能实现，其操作步骤如下：

为求出逐期增减量，使用 Excel 中的函数功能在 D3 单元格中输入“＝D2－C2”，按“Enter”键，即可求得第二期粮食产量较第一期粮食产量的增减量，其余各期的增减量也照此操作进行计算，如图 10－3 所示。

	A	B	C	D	E
1	年份		2012	2013	2014
2	粮食产量（万吨）		43069	46946	48402
3	增减量	逐期	—	3877	1456
4		累积	—	3877	5333

图 10－3　某地区 2012－2021 年粮食产量的逐期增减量计算截图

为求出累积增减量，在对应的 E4 单元格中输入“=SUM（\$D3:E3）”，按“Enter”键，即可求得当前的累积增减量，其余各期的累积增减量也照此操作进行计算，如图 10—4 所示。

E4　　=SUM($D3:E3)

	A	B	C	D	E
1	年份		2012	2013	2014
2	粮食产量（万吨）		43069	46946	48402
3	增减量	逐期	—	3877	1456
4		累积	—	3877	5333

图 10—4　某地区 2012—2021 年粮食产量的累积增减量计算截图

最终，求得各期的逐期粮食增减量与累积增减量，见表 10—3 所示。

表 10—3　某地区 2012—2021 年粮食总产量的增减量

单位：万吨

年份	2012	2013	2014	2015	2016	2017	2018	2019	2020	2021
粮食总产量	43069	46946	48402	49804	50160	52870	53082	54647	57120	58958
逐期增减量	—	3877	1456	1402	356	2710	212	1565	2473	1838
累积增减量	—	3877	5333	6735	7091	9801	10013	11578	14051	15889

二、环比发展速度与定基发展速度

环比发展速度是报告期观测值 y_i 与报告期前一期观测值 y_{i-1} 之比，反映了观测值逐期波动速度的快慢，即：$\frac{y_2}{y_1},\frac{y_3}{y_2},\cdots,\frac{y_i}{y_{i-1}}$。

定基发展速度是报告期观测值 y_i 与固定基期观测值 y_1 之比，反映了观测值在给定时期内波动速度的快慢。固定基期通常取时间序列中最初的那个时期，即：$\frac{y_2}{y_1},\frac{y_3}{y_1},\cdots,\frac{y_i}{y_1}$。

由同一个时间序列计算得出的环比发展速度与定基发展速度之间存在着固定的关系，即定基发展速度等于对应的各个环比发展速度的连乘积：

$$\frac{y_n}{y_1}=\frac{y_2}{y_1}\times\frac{y_3}{y_2}\times\cdots\times\frac{y_n}{y_{n-1}} \tag{10—2}$$

此外，两个相邻时期的定基发展速度之比等于它们的环比发展速度。即：

$$\frac{y_i}{y_1}\div\frac{y_{i-1}}{y_1}=\frac{y_i}{y_{i-1}} \tag{10—3}$$

时间序列中各个观测值的波动性，反映在速度上，就是各个时期环比发展速度的快慢不一。实践中，为了说明现象在一个较长的时间里逐期发展的一般速度，通常需要针对各个环比发展速度计算平均发展速度，其计算公式为：

$$\sqrt[n-1]{\frac{y_2}{y_1}\cdots\frac{y_i}{y_{i-1}}\cdots\frac{y_n}{y_{n-1}}}=\sqrt[n-1]{\frac{y_n}{y_1}} \tag{10—4}$$

【例 10.2】继【例 10.1】，就表 10—2 中的粮食产量时间序列，试计算环比发展速度、定基发展速度以及平均发展速度。

解：各期粮食产量的环比发展速度计算如下：

第 2 期对第 1 期的环比发展速度：$\frac{y_2}{y_1}=\frac{46946}{43069}=1.09$

第 3 期对第 2 期的环比发展速度：$\frac{y_3}{y_2}=\frac{48402}{46946}=1.03$

其他各期环比发展速度求法同上。

各期粮食产量的定基发展速度计算如下：

第 2 期的定基发展速度：$\frac{y_2}{y_1}=\frac{46946}{43069}=1.09$

第 3 期的定基发展速度：$\frac{y_3}{y_1}=\frac{48402}{43069}=1.12$

其他各期定基发展速度求法同上。

根据公式(10－4)可计算粮食产量的平均发展速度：

$$\sqrt[10-1]{\frac{58958}{43069}}=103.55\%$$

即：某地区 2012－2021 年粮食产量每年的平均发展速度为 103.55%。

上述的计算过程也可以利用 Excel 的函数和四则运算功能来实现，其操作步骤如下：

在 Excel 中根据求环比发展速度的公式，在对应的 D5 单元格中键入"＝D2/C2"，按下"Enter"键后，即可求出第 2 期粮食产量对第 1 期粮食产量的环比发展速度，其他各期环比发展速度求法同上，如图 10－5 所示。

	A	B	C	D	E
1	年份		2012	2013	2014
2	粮食产量（万吨）		43069	46946	48402
3	增减量	逐期	—	3877	1456
4		累积	—	3877	5333
5	发展速度	环比	—	1.09	1.03
6		定基	1	1.09	1.12

图 10－5　某地区 2012－2021 年粮食产量的环比发展速度计算截图

在 Excel 中根据求定基发展速度的公式，以第 3 期粮食产量对第 1 期粮食产量的定基发展速度为例，在对应的 E6 单元格中键入"＝E2/＄C2"，按下"Enter"键求出第 3 期粮食产量对第 1 期粮食产量的环比发展速度，其他各期环比发展速度求法同上，如图 10－6 所示。

	A	B	C	D	E
1	年份		2012	2013	2014
2	粮食产量（万吨）		43069	46946	48402
3	增减量	逐期	—	3877	1456
4		累积	—	3877	5333
5	发展速度	环比	—	1.09	1.03
6		定基	1	1.09	1.12

图 10－6　某地区 2012－2021 年粮食产量的定基发展速度计算截图

根据在 Excel 中的操作，求得某地区 2012－2021 年各年粮食产量的发展速度的计算结果，如表 10－4 所示。

表 10－4　某地区 2012－2021 年粮食产量的发展速度计算结果表

年份		2012	2013	2014	2015	2016	2017	2018	2019	2020	2021
粮食产量/万吨		43069	46946	48402	49804	50160	52870	53082	54647	57120	58958
发展速度	环比	—	1.09	1.03	1.03	1.01	1.05	1.00	1.03	1.05	1.03
	定基	1.00	1.09	1.12	1.16	1.16	1.23	1.23	1.27	1.33	1.37

三、环比增减速度与定基增减速度

环比增减速度是报告期逐期增减量（$y_i - y_{i-1}$）与报告期前一期观测值 y_{i-1} 之比，反映了观测值逐期增减变动程度的大小，即：

$$\frac{y_i - y_{i-1}}{y_{i-1}} \tag{10-5}$$

特别地，环比增减速度等于环比发展速度减 1，即：

$$\frac{y_i - y_{i-1}}{y_{i-1}} = \frac{y_i}{y_{i-1}} - 1 \tag{10-6}$$

定基增减速度是报告期累积增减量（$y_i - y_1$）与固定基期观测值 y_1 之比，反映了观测值在给定时期内增减变动程度的大小，即：

$$\frac{y_i - y_1}{y_1} \tag{10-7}$$

特别地，定基增减速度等于定基发展速度减 1，即：

$$\frac{y_i - y_1}{y_1} = \frac{y_i}{y_1} - 1 \tag{10-8}$$

此外，平均增减速度等于平均发展速度减 1，即：

$$\sqrt[n-1]{\frac{y_2}{y_1} \cdots \frac{y_i}{y_{i-1}} \cdots \frac{y_n}{y_{n-1}}} - 1 \tag{10-9}$$

或

$$\sqrt[n-1]{\frac{y_n}{y_1}} - 1$$

计算各种增减量、发展速度和增减速度，其目的就是从不同角度来衡量观测值波动幅度的大小和波动程度的高低，使我们对时间序列所表现出来的波动性有一个全面的认识和把握。

【例 10.3】继【例 10.2】，就表 10－4 中的粮食产量时间序列，试计算环比增减速度与定基增减速度。

解：各期粮食产量的定基增长速度计算如下：

第 2 期对第 1 期的环比增长速度：$\frac{y_2}{y_1} - 1 = 0.09$

第 3 期对第 1 期的环比增长速度：$\frac{y_3}{y_2} - 1 = 0.03$

其他各期环比增长速度求法同上。

各期粮食产量的环比增长速度计算如下：

第 2 期对第 1 期的定基增长速度：$\frac{y_2}{y_1} - 1 = 0.09$

第 3 期对第 1 期的定基增长速度：$\frac{y_3}{y_1}-1=0.12$

其他各期定基增长速度求法同上。

根据公式(10－9)可计算粮食产量的平均增减速度：

$$\sqrt[10-1]{\frac{58958}{43069}}-1=103.55\%-1=3.55\%$$

即：某地区 2012－2021 年粮食产量每年的平均增长速度为 3.55%。

上述计算过程也可以利用 Excel 的函数和四则运算功能来实现，其操作步骤如下：

根据计算环比增减速度的公式，在 Excel 中对应的 D7 单元格中键入"＝D5－1"，按下"Enter"键，即可求得当期环比增减速度，其余各期求法同上，如图 10－7 所示。

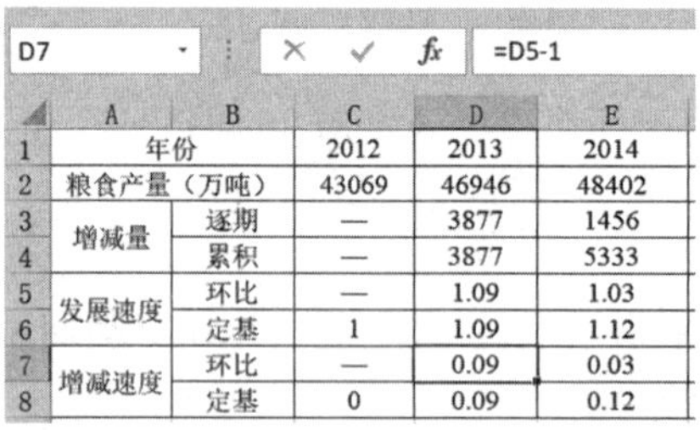

D7　=D5-1

	A	B	C	D	E
1	年份		2012	2013	2014
2	粮食产量（万吨）		43069	46946	48402
3	增减量	逐期	—	3877	1456
4		累积	—	3877	5333
5	发展速度	环比	—	1.09	1.03
6		定基	1	1.09	1.12
7	增减速度	环比	—	0.09	0.03
8		定基	0	0.09	0.12

图 10－7　某地区 2012－2021 年粮食产量的环比增减速度计算截图

根据计算定基增减速度的公式，在 Excel 中对应的 D8 单元格中键入"＝D6－1"，按下"Enter"键，即可求得当期定基增减速度，其余各期求法同上，如图 10－8 所示。

D8　=D6-1

	A	B	C	D	E
1	年份		2012	2013	2014
2	粮食产量（万吨）		43069	46946	48402
3	增减量	逐期	—	3877	1456
4		累积	—	3877	5333
5	发展速度	环比	—	1.09	1.03
6		定基	1	1.09	1.12
7	增减速度	环比	—	0.09	0.03
8		定基	0	0.09	0.12

图 10－8　某地区 2012－2021 年粮食产量的定基增减速度计算截图

根据 Excel 中的操作，最终可求得某地区 2012－2021 年粮食产量增减速度，如表 10－5 所示。

表 10－5　某地区 2012－2021 年粮食产量增减速度表

年份		2012	2013	2014	2015	2016	2017	2018	2019	2020	2021
粮食产量/万吨		43069	46946	48402	49804	50160	52870	53082	54647	57120	58958
增减速度	环比	—	0.09	0.03	0.03	0.01	0.05	0.00	0.03	0.05	0.03
	定基	0.00	0.09	0.12	0.16	0.16	0.23	0.23	0.27	0.33	0.37

第三节　长期趋势的测定

长期趋势指时间序列中的各个观测值，长期持续地沿着一定的方向上下波动的发展趋势，是时间序列的重要影响因素。测定长期趋势的目的主要有以下三个方面：①掌握现象活动的趋势变化；②通过研究现象的发展趋势，寻找合适的趋势线，有利于对现象未来的发展进行统计预测；③将测定的长期趋势从时间序列中剔除后，以便更好地显示和测定其他因素的影响。测定长期趋势的常用方法主要有移动平均法和最小平方法。

一、移动平均法

通过前面的学习，我们知道时间序列中的各个观测值 y_i 由长期趋势 T_{ti} 、季节变动 S_{ti} 、循环变动 C_{ti} 、无规则波动 I_{ti} 共四个部分构成，如果能从中将季节波动 S_{ti} 、循环波动 C_{ti} 和无规则波动 I_{ti} 剔除掉，那么剩余的部分就是所希望测定的长期趋势。长期趋势一经测定出来，即可用于对现象未来变动方向的预测。测定长期趋势的方法很多，移动平均法是其中较为常用而简便的一种方法。

移动平均法(moving average method)是将相邻的 k 个观测值逐项移动进行算术平均，从而得出一个派生的平均数序列，以这个平均数序列来代表原时间序列的长期趋势，用公式表述为：

$$\bar{y}=\frac{(y_{i-k+1}+y_{i-k+2}+\cdots+y_{i-1}+y_i)}{k} \tag{10-10}$$

其中，移动平均项数 k 须根据原时间序列的特点事先给定，例如，$k=5$ 或 $k=4$ 等。根据表 10－1 碳酸饮料产量的时间序列进行五项移动平均，测定长期趋势的计算结果如表 10－6 所示。需要说明的是，由于进行五项移动平均时，所得到的第一个移动平均值对应

表 10－6　某地区 28 个季度的碳酸饮料产量 5 项移动平均计算表

季度	产量/万吨	五项移动平均	季度	产量/万吨	五项移动平均
1	168.20	—	15	337.54	273.83
2	182.69	—	16	256.26	282.61
3	243.35	193.08	17	246.07	309.89
4	169.78	204.08	18	312.44	296.28
5	201.40	223.18	19	397.15	303.36
6	223.17	208.21	20	269.50	312.07
7	278.18	223.33	21	291.65	331.95
8	168.51	234.40	22	289.58	309.93
9	245.38	261.85	23	411.87	321.01
10	256.76	247.00	24	287.03	346.73
11	360.45	267.01	25	324.90	389.43
12	203.92	270.08	26	420.27	374.87
13	268.53	286.24	27	503.10	—
14	260.75	265.40	28	339.08	—

前五项的中间项，使原时间序列的第一和第二项并没有对应的长期趋势值，最后得到的移动平均值对应倒数第三项，即原时间序列的最后两项也没有对应的长期趋势值，也就是说，通过移动平均法确定长期趋势，首尾的几项都没有对应的长期趋势值，以五项移动平均为例，首尾各少了两项。

上述计算过程可以方便地利用 Excel 实现，具体有两种实现方式(见所附数据集“data10_03 全国 28 个季度的碳酸饮料产量五项移动平均计算表”)：

第一，利用 Excel 的函数功能实现。具体实现方法是：首先在 C4 单元格中输入“=AVERAGEA(B2:B6)”函数公式，点击确定，即可得到第 1 至第 5 个季度的五项移动平均值，作为中间项即第 3 期的长期趋势的代表值；然后使用 C4 单元格的填充柄功能，向下拖动将 C4 单元格中的公式填充至 C27 单元格，即可依次得到从第 3 个季度到第 26 个季度的五项移动平均，如图 10－9 所示。

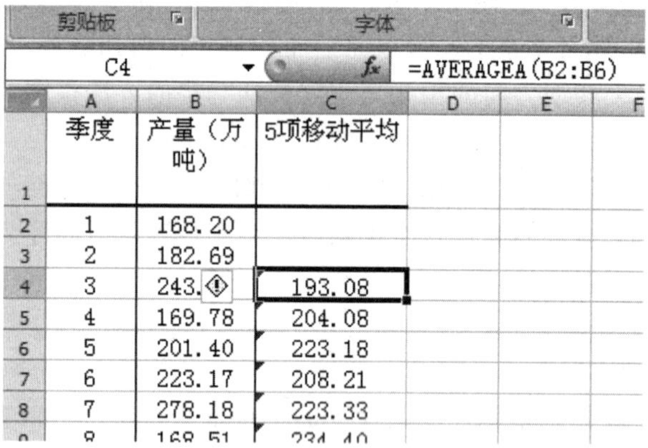

图 10－9　项移动平均截图

第二，利用 Excel 的数据分析功能实现。具体实现方法是：在菜单栏中依次选择：数据→数据分析→移动平均→确定，再点击选择输入区域，间隔选择 5，点击选择输出区域，选择图表输出，如图 10－10、图 10－11 所示，最后对结果进行调整。

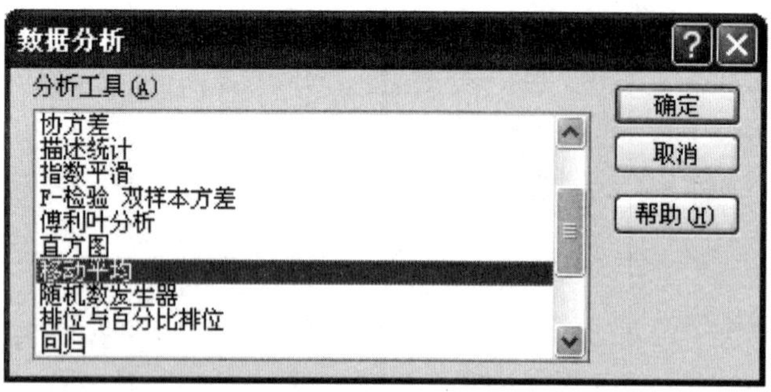

图 10－10　数据分析对话框

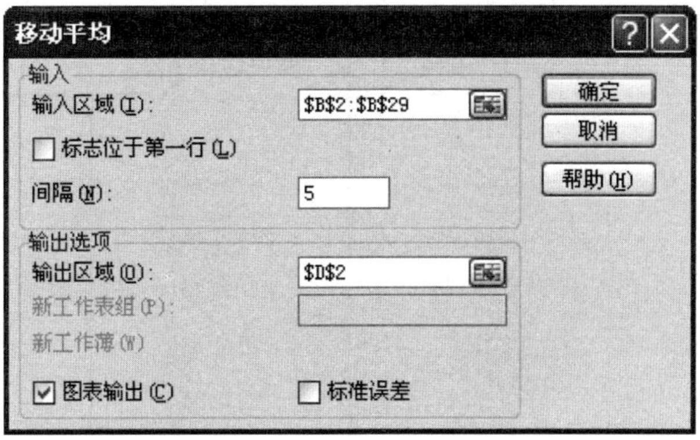

图 10－11　移动平均对话框

所得到的输出图表见图 10－12。

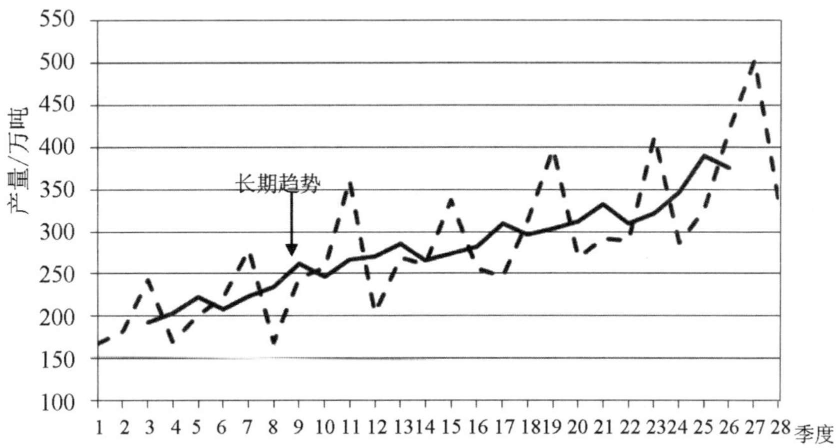

图 10－12　28 个季度的碳酸饮料产量五项移动平均

移动平均法的基本原理是利用平均的思想消除原序列中的无规则波动，从而保留原序列中的长期趋势，此方法适用于没有明显周期性波动的时间序列。

移动平均法中的移动平均项数 k 的确定是一个关键问题，对于一个给定的时间序列，不同的移动平均的项数会产生不同的序时平均数序列，其测定效果也会有所不同。当然希望能够找到一个测定效果最好的移动平均项数，但这在理论上还没有一个统一的标准。实践中，要注意把握好以下几个原则：①尽量选择奇数项，例如 $k=5$ 或 $k=3$。选择奇数项后所派生的序时平均数序列，可以刚好与原时间序列的时间取得一致，这会为将来的进一步分析和计算提供不少方便。②如果原时间序列存在着明显的周期性，则应以周期的长度作为移动平均的项数，目的是利用平均数的作用在消除不规则波动的同时，也能消除周期性波动。

表 10－6 中所示的五项移动平均结果，并没有考虑到原序列中存在的季节周期性，因此，从图 10－12 中可以明显地看出，派生的序时平均数序列，并没有能够完全消除原序列中的季节波动，趋势线仍带有较为明显的周期性特征。正确的做法应当是根据周期的长短，进行四项移动平均，具体过程如表 10－7 所示。注意：由于偶数项移动平均后的结果不能与原序列的时间取得一致，因此还需要进行调整，再做一次两项移正平均。

表 10－7　28 个季度的碳酸饮料产量四项移动平均计算表

季度	产量/万吨	四项移动平均	两项移正平均
1	168.2	—	—
2	182.69	191.01	—
3	243.35	199.31	195.16
4	169.78	209.43	204.37
5	201.4	218.13	213.78
6	223.17	217.81	217.97
7	278.18	228.81	223.31
8	168.51	237.21	233.01
9	245.38	257.77	247.49
10	256.76	266.63	262.2
11	360.45	272.41	269.52
12	203.92	273.41	272.91
13	268.53	267.68	270.55
14	260.75	280.77	274.22
15	337.54	275.15	277.96
16	256.26	288.07	281.61
17	246.07	302.98	295.53
18	312.44	306.29	304.63
19	397.15	317.69	311.99
20	269.5	311.97	314.83
21	291.65	315.65	313.81
22	289.58	320.04	317.84
23	411.87	328.35	324.19
24	287.03	361.02	344.68
25	324.9	383.82	372.42
26	420.27	396.83	390.33
27	503.1	—	—
28	339.08	—	—

上述四项移动平均的计算过程，也可以方便地利用 Excel 实现（见所附数据集“data10_04 28 个季度的碳酸饮料产量四项移动平均计算表”）：

首先在 C3 单元格中，输入“＝AVERAGEA(B2:B5)”，点击确定后，即可得到第 1 至第 4 个季度的四项移动平均值；再使用 C4 单元格的填充柄功能，向下拖动将 C4 单元格中的公式填充至 C27 单元格，即得到四项移动平均序列。但是由于该序列其实对应的是各相邻两项的趋势值，因此还需要进行进一步的两项移正平均。即在 D4 单元格中，输入函数公式“=AVERAGEA(C3:C4)”后点击确认，然后再使用 D4 单元格的填充柄功能，向下拖动将 D4 单元格中的公式填充至 D27 单元格，即得到移正平均的结果，如图 10－13 所示。

	A	B	C	D	E
1	季度	产量（万吨）	四项移动平均	两项移正平均	
2	1	168.20			
3	2	182.	191.01		
4	3	243.35	199.31	195.16	
5	4	169.78	209.43	204.37	
6	5	201.40	218.13	213.78	
7	6	223.17	217.81	217.97	
8	7	278.18	228.81	223.31	
9	8	168.51	237.21	233.01	

图 10－13　四项移动平均和两项移正平均

为了计算的简便，在了解了四项移动平均的基本原理后，也可以直接通过构造四项移动平均的计算公式，利用 Excel 的单元格计算功能实现。具体方法是，直接在 C4 单元格中输入“=(B2+2＊(SUM(B3:B5))+B6)/8”，然后点击确定，即可得到第 3 期的四项移动平均长期趋势值；然后再继续使用 C4 单元格的填充柄功能，向下拖动将 C4 单元格中的公式填充至 C27 单元格，就可以依次得到从第 3 期到第 26 期的四项移动平均的长期趋势值，如图 10－14 所示。比较图 10－13 和图 10－14，可以看到两种方法的计算结果完全相同，这里体现了函数合并计算的优越性。另外，也可用 Excel 的数据分析功能进行四项移动平均的处理，在此不再赘述。

	A	B	C	D	E	F	G
1	季度	产量（万吨）	四项移动、两项移正				
2	1	168.20					
3	2	182.69					
4	3	243.35	=(B2+2*(SUM(B3:B5))+B6)/8				
5	4	169.78					
6	5	201.40					
7	6	223.17	217.97				
8	7	278.18	223.31				
9	8	168.51	233.01				
10	9	245.38	247.49				
11	10	256.76	262.20				
12	11	360.45	269.52				

图 10－14　四项移动平均、两项移正平均截图

图 10－15 是对于引例中 28 个季度碳酸饮料产量时间序列进行五项移动平均和四项移动平均计算结果的直观比较图。可以明显地看出，与五项移动平均的测定效果相比较，四项移动平均已经基本消除了原序列中的季节性周期，因而更为真实地反映了原序列中的长期趋势。

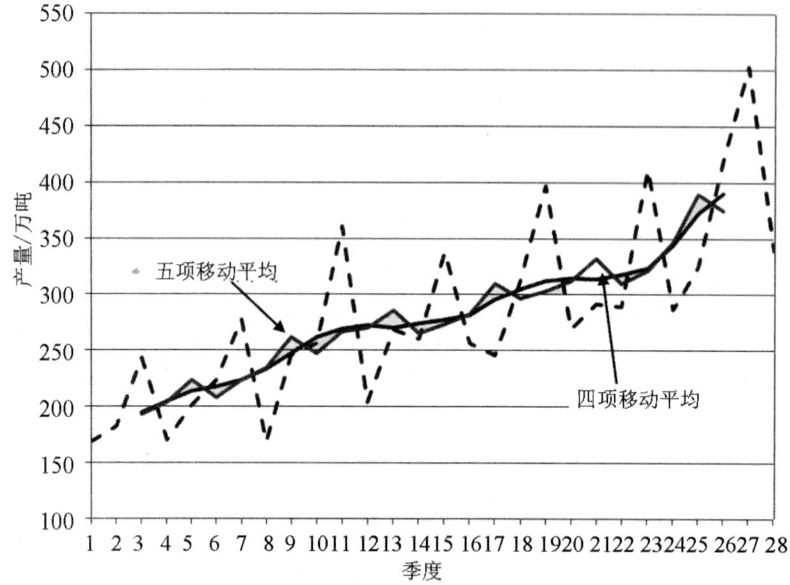

图 10－15　28 个季度的碳酸饮料产量五项、四项项移动平均图

【例 10.4】表 10－2 中，是某地区 2012－2021 年粮食产量序列（见所附数据集“data10_05 某地区粮食产量序列移动平均计算表”），分别对其进行三年、四年和五年的移动平均，并作图比较移动的结果。

解：对表 10－2 中产量序列进行三年、四年和五年的移动平均结果如表 10－8。

表 10－8　某地区粮食产量序列移动平均计算表

年份	粮食产量/万吨	三年移动平均	四年移动平均		五年移动平均
			一次平均	二次平均	
2012	43069.5	—	—	—	—
2013	46946.9	46139.56	47055.72	—	—
2014	48402.2	48384.46	48828.41	47942.07	47676.63
2015	49804.2	49455.56	50309.40	49568.91	49636.91
2016	50160.3	50945.14	51479.37	50894.39	50863.94
2017	52870.9	52037.76	52690.25	52084.81	52113.04
2018	53082.1	53533.57	54430.39	53560.32	53576.37
2019	54647.7	54950.21	55952.15	55191.27	55335.90
2020	57120.8	56908.84	—	—	—
2021	58958.0	—	—	—	—

作图如下：

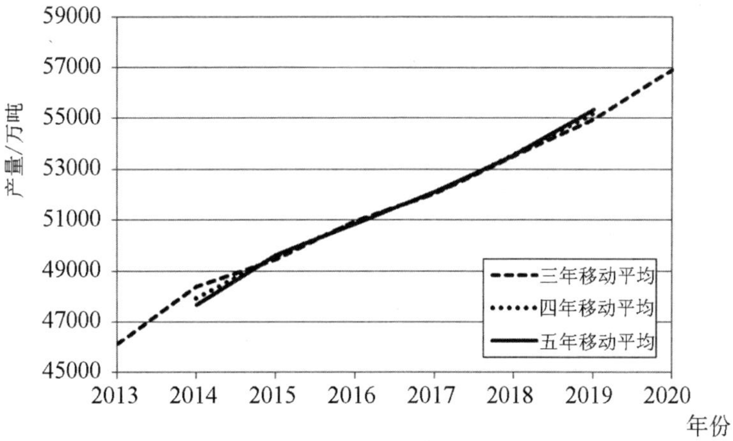

图 10－16　某地区粮食产量三年、四年和五年的移动平均比较图示

由图 10－16 可以看出，进行移动平均的项数越多，平均的结果越平滑；新数列的项数比原数列要少。

二、最小平方法

移动平均法的最大优点是测定结果与原序列关联紧密，具备较强的客观性，不仅适用于直线趋势的测定，也适用于曲线趋势的测定。但它也存在一个明显的缺陷，即无法得到序列两端的趋势值，因而不便于外推预测。这在一定程度上损失了原序列中的部分信息，而且移动平均项数越大，信息损失越多。

当原序列呈现出明显的长期趋势时，可采用最小平方法，直接给出趋势线方程。利用趋势线方程进行外推预测非常方便。趋势线可以是直线，也可以是曲线。直线方程的一般形式为：

$$\hat{y}=a+bt \tag{10-11}$$

式中，以时间 t 为自变量，以观测变量 y 为因变量；a 代表趋势直线的截距；b 代表趋势直线的斜率。a 和 b 的求解公式为：

$$b=\frac{n\sum ty-\sum t\sum y}{n\sum t^2-(\sum t)^2} \tag{10-12}$$

$$a=\frac{\sum y}{n}-b\frac{\sum t}{n} \tag{10-13}$$

将时间变量 t 和观测变量 y 的观测值代入方程组，解得 a 和 b，即可确定趋势直线方程。

【例 10.5】就表 10－1 中碳酸饮料产量的时间序列（见所附数据集"data10_06 28 个季度的碳酸饮料产量的趋势直线方程计算表"），试利用最小平方法测定直线趋势方程。

解：直线趋势方程的计算过程如表 10－9 所示。

表 10－9　28 个季度的碳酸饮料产量的趋势直线方程计算表

年、季度	时间 t	产量 y	t^2	ty	趋势值
2015.1	1	168.20	1	168.20	179.32
2	2	182.69	4	365.38	186.98
3	3	243.35	9	730.06	194.64
4	4	169.78	16	679.12	202.31
2016.1	5	201.40	25	1006.98	209.97
2	6	223.17	36	1339.04	217.63
3	7	278.18	49	1947.25	225.29
4	8	168.51	64	1348.06	232.96
2017.1	9	245.38	81	2208.44	240.62
2	10	256.76	100	2567.59	248.28
3	11	360.45	121	3964.90	255.95
4	12	203.92	144	2446.99	263.61
2018.1	13	268.53	169	3490.83	271.27
2	14	260.75	196	3650.56	278.94
3	15	337.54	225	5063.03	286.60
4	16	256.26	256	4100.08	294.26
2019.1	17	246.07	289	4183.14	301.92
2	18	312.44	324	5623.96	309.59
3	19	397.15	361	7545.84	317.25
4	20	269.50	400	5390.02	324.91
2020.1	21	291.65	441	6124.63	332.58
2	22	289.58	484	6370.86	340.24
3	23	411.87	529	9473.07	347.90
4	24	287.03	576	6888.81	355.57
2021.1	25	324.90	625	8122.39	363.23
2	26	420.27	676	10926.94	370.89
3	27	503.10	729	13583.63	378.56
4	28	339.08	784	9494.12	386.22
总计	406	7917.49	7714	128803.89	—

$$b=\frac{n\sum ty-\sum t\sum y}{n\sum t^2-(\sum t)^2}=\frac{28\times 128803.89-406\times 7917.49}{28\times 7714-406^2}=7.66$$

$$a=\bar{y}-b\bar{t}=\frac{7917.49}{28}-7.66\times\frac{406}{28}=171.65$$

$y = 171.65 + 7.66t$

趋势线拟合的结果可以通过图 10—17 直观地看出来。

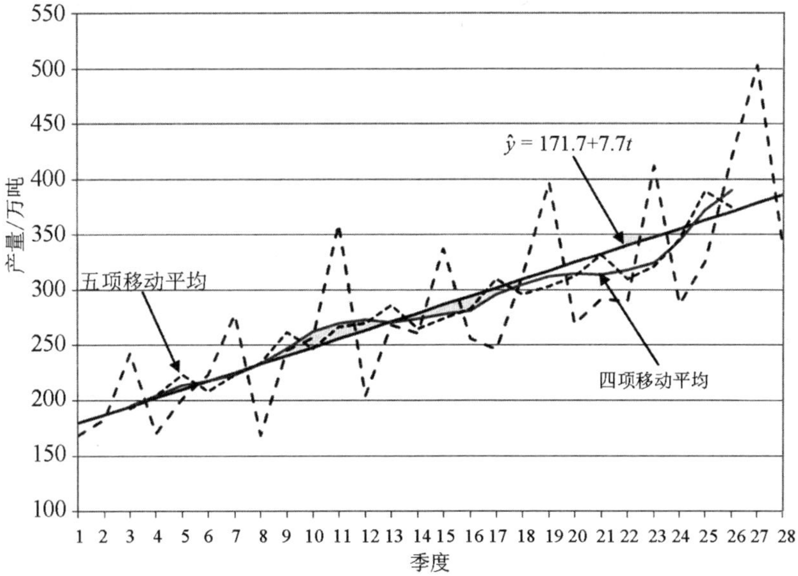

图 10—17　28 个季度的碳酸饮料产量最小平方法趋势直线

如果需要预测 2022 年第 1 季度的碳酸饮料产量的趋势值，只需要把该季度所对应的项数序号 $t = 29$ 代入趋势方程，即可计算得到：

$$y = 171.65 + 7.66 \times 29 = 393.79 \text{（万吨）}$$

借助于 SPSS 软件可以方便、快捷地实现应用最小平方法测定长期趋势的过程，具体操作步骤如下：

(1)打开数据文件“data10_06 28 个季度的碳酸饮料产量的趋势直线方程计算数据”后，依次选择菜单“Analyze(分析)→Regression(回归)→Linear(线性)”，打开“Linear Regression(线性回归)”对话框，将被解释变量 Y（碳酸饮料产量）移入“Dependent”（因变量）列表框，将解释变量 t 移入“Independent(s)”(自变量)列表框；

(2)单击“Statistics”(统计量)按钮，在“Statistics”(统计量)子对话框中，选中“Estimates”(估计)、“Model fit”(模型拟合度)和“Durbin-Watson”复选框；

(3)其余均保持 SPSS 默认选项。在主对话框中单击 OK(确定)按钮，即可得到如图 10—18 至图 10—21 所示的输出结果。

图 10—18 所示的最小平方法回归方程模型汇总结果中，R 值为 0.997，R^2 为 0.994，调整后的 R^2 为 0.994，均趋近于 1，说明回归方程拟合的程度很好。图 10—19 为方程拟合的方差分析结果，其中 $F = 4596.187$，p 值为 0.000，远小于 0.05，即回归方程具有统计意义上的显著性，说明解释变量 t 对因变量 Y 有显著影响。

根据图 10—20 的计算结果，可以得出趋势直线方程中两个参数的取值，即：$a = 171.654$，$b = 7.663$，其对应的显著性检验统计量 t 值分别为 8.131 和 6.025，伴随概率 p 值均为 0.000，均远小于 0.05 的显著性水平，也就是常数项和时间自变量均通过了显著性检验。

Model Summary[b]

Model	R	R Square	Adjusted R Square	Std. Error of the Estimate	Durbin-Watson
1	.997[a]	.994	.994	110.51260	.786

a. Predictors: (Constant), 时间

b. Dependent Variable: 产量

图 10－18　SPSS 最小平方法回归方程模型汇总

ANOVA[a]

Model		Sum of Squares	df	Mean Square	F	Sig.
1	Regression	56133382.54	1	56133382.54	4596.187	.000[b]
	Residual	329751.916	27	12213.034		
	Total	56463134.45	28			

a. Dependent Variable: 产量

b. Predictors: (Constant), 时间

图 10－19　SPSS 最小平方法回归方程的方差分析结果

Coefficients[a]

Model		Unstandardized Coefficients		Standardized Coefficients	t	Sig.
		B	Std. Error	Beta		
1	(Constant)	171.654	21.110		8.131	.000
	时间	7.663	1.272	.763	6.025	.000

a. Dependent Variable: 产量

图 10－20　SPSS 最小平方法回归方程输出结果

Residuals Statistics[a]

	Minimum	Maximum	Mean	Std. Deviation	N
Predicted Value	23.3999	7862.9189	546.0345	1415.89677	29
Residual	-206.95448	181.23645	.00000	108.52122	29
Std. Predicted Value	-.369	5.168	.000	1.000	29
Std. Residual	-1.873	1.640	.000	.982	29

a. Dependent Variable: 产量

图 10－21　SPSS 最小平方法回归残差统计量

第四节　季节波动的测定

一、同季平均法

长期趋势的测定结果只能用来预测时间序列未来变动的趋势值，如果原序列具有明显的季节波动，则应将季节波动的规律性也同时测定出来，再结合长期趋势，以便更为有效地进行预测。

同季平均法是测定季节波动的一种简便方法，适用于水平趋势且不包含循环波动的时间序列。其基本步骤为：

(1)编制足够长的时间序列。时间序列越长，所测定出来的季节波动模型就越具有代表性，其实用性就越强。一般至少应包含三个周期的观测值。

(2)观察时间序列的波动特征。要注意区分长期趋势的类型、有无明显的季节波动、有无循环波动等特征。

(3)计算同季平均数。计算同季平均数的目的，是消除原序列中的无规则波动。

(4)计算序列平均数。计算序列平均数的目的是测定水平趋势，这也为衡量各个同季平均数的大小提供了一个标准。

(5)计算季节比率。分别将各个同季平均数与序列平均数相比，所得比值即为季节比率。季节比率已将水平趋势从同季平均数中剔除，其结果反映了序列的季节波动的规律性。

(6)绘制季节波动模型。

【例 10.6】表 10－10 和图 10－22 所示为某蛋禽加工厂 12 个季度的销售额的时间序列。试用同季平均法测定该时间序列的季节波动，并预测该加工厂第 4 年第 1 季度和第 3 季度的营业额。

表 10－10　某禽蛋加工厂 12 个季度的销售额

单位：万元

季度 t	1	2	3	4	5	6	7	8	9	10	11	12
销售额 y	14	16	27	13	13	17	26	13	15	17	27	14

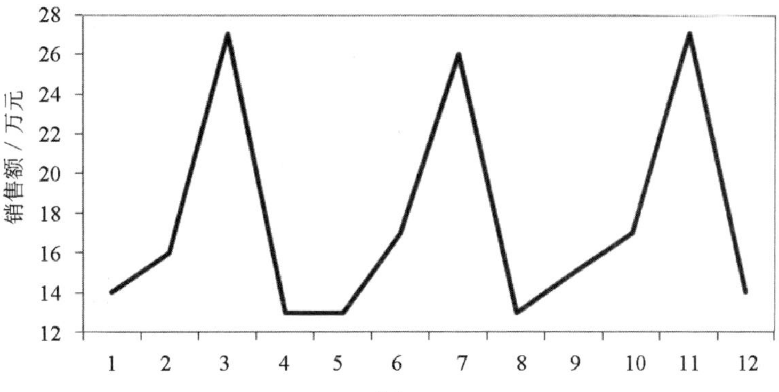

图 10－22　某禽蛋加工厂 12 个季度的销售额

解：由表 10－10 和图 10－22 可以观察出，该时间序列具有水平趋势，无明显循环波动，但季节波动明显，包含了 3 个周期的观测值，适合采用同季平均法来测定季节波动。

根据表 10－10 中的数据，计算得到的同季平均数见表 10－11 中的第 6 行，序列平均数为 17.7，并在此基础上进一步计算得到季节比率，其结果见表 10－11 中的第 7 行。

表 10－11　某禽蛋加工厂 12 个季度销售额同季平均法计算表

单位：万元

	第 1 季度	第 2 季度	第 3 季度	第 4 季度	全年
第 1 年	14	16	27	13	70
第 2 年	13	17	26	13	69
第 3 年	15	17	27	14	73
合计	42	50	80	40	212
同季平均数	14.0	16.7	26.7	13.3	17.7
季节比率/%	79.2	94.3	150.9	75.5	100

绘制季节波动模型。参见图 10－23。

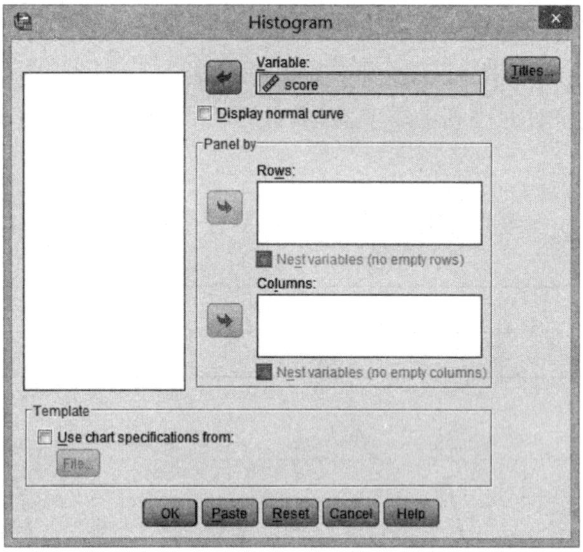

图 10－23　禽蛋加工厂产值季节波动模型

预测该加工厂第 4 年第 1 季度和第 3 季度的营业额分别为：

$$\hat{y}_{13}=17.7\times 0.792=14.0(\text{万元})$$

$$\hat{y}_{15}=17.7\times 1.509=26.7(\text{万元})$$

二、趋势剔除法

如果时间序列具有明显的向上或向下趋势且不包含循环波动，可采取趋势剔除法来测定季节波动。其基本步骤为：

(1)编制足够长的时间序列。时间序列越长，所测定出来的季节波动模型就越具有代表性，其实用性就越强，一般至少应包含三个周期的观测值。

(2)观察时间序列的波动特征。要注意区分长期趋势的类型、有无明显的季节波动、有无循环波动等特征。

(3)测定原序列的长期趋势。测定长期趋势的目的是要从原序列中剔除长期趋势。长期趋势的测定可采用移动平均法，也可采用最小平方法，本例中采用移动平均法。

(4)从原序列中剔除长期趋势。方法是将原序列中的观测值与对应的移动平均趋势值相除。

(5)根据剔除长期趋势后的派生序列计算同季平均数。计算同季平均数的目的，是进一步消除原序列中的无规则波动。

(6)绘制季节波动模型。

【例 10.7】就表 10－1 中碳酸饮料产量的时间序列，利用趋势剔除法来测定季节波动，并预测 2022 年第 1 季度的碳酸饮料产量。

解：表 10－1 中 28 个季节碳酸饮料产量的时间序列，具有明显的向上直线趋势，无明显循环波动，季节波动明显，包含 7 个周期的观测值，适合采用趋势剔除法来测定季节波动。对表 10－1 中 28 个季节碳酸饮料产量的时间序列，进行四项移动平均、两项移正平均的计算结果见表 10－12 中的第 3 列、第 4 列(见所附数据集“data10_07 28 个季度碳酸饮料产量季节波动趋势剔除法计算表”)。

表 10－12　28 个季度碳酸饮料产量季节波动趋势剔除法计算表

季度	产量/万吨	四项移动平均	两项移正平均	观测值除以趋势值
1	168.20	—	—	—
2	182.69	191.01	—	—
3	243.35	199.31	195.16	1.25
4	169.78	209.43	204.37	0.83
5	201.40	218.13	213.78	0.94
6	223.17	217.81	217.97	1.02
7	278.18	228.81	223.31	1.25
8	168.51	237.21	233.01	0.72
9	245.38	257.77	247.49	0.99
10	256.76	266.63	262.20	0.98
11	360.45	272.41	269.52	1.34
12	203.92	273.41	272.91	0.75
13	268.53	267.68	270.55	0.99
14	260.75	280.77	274.22	0.95
15	337.54	275.15	277.96	1.21
16	256.26	288.07	281.61	0.91
17	246.07	302.98	295.53	0.83
18	312.44	306.29	304.63	1.03
19	397.15	317.69	311.99	1.27
20	269.50	311.97	314.83	0.86
21	291.65	315.65	313.81	0.93
22	289.58	320.04	317.84	0.91
23	411.87	328.35	324.19	1.27
24	287.03	361.02	344.68	0.83
25	324.90	383.82	372.42	0.87
26	420.27	396.83	390.33	1.08
27	503.10	—	—	—
28	339.08	—	—	—

从原序列中剔除长期趋势，即：将原序列中的观测值与对应的移动平均趋势值相除。计算结果见表 10－12 中的第 5 列。

由表10—12中的派生序列进一步计算同季平均数，结果见表10—13倒数第2行（见所附数据集“data10_08 28个季度碳酸饮料产量季节波动趋势剔除法计算表”）。

表10—13　28个季度碳酸饮料产量季节波动趋势剔除法计算表

年份	第1季度	第2季度	第3季度	第4季度	全年
2015	—	—	1.24697	0.83076	2.07773
2016	0.94208	1.02386	1.24569	0.72318	3.93481
2017	0.99148	0.97925	1.33737	0.74719	4.05529
2018	0.99253	0.95088	1.21433	0.90995	4.06769
2019	0.83264	1.02563	1.27297	0.85603	3.98726
2020	0.92938	0.91109	1.27046	0.83275	3.94368
2021	0.87239	1.07670	—	—	1.94909
合计	5.56050	5.96741	7.58779	4.89986	24.01555
同季平均数	0.92675	0.99457	1.26463	0.81664	1.00065
季节比率/%	92.615	99.392	126.381	81.611	100

绘制季节波动模型，参见图10—24。

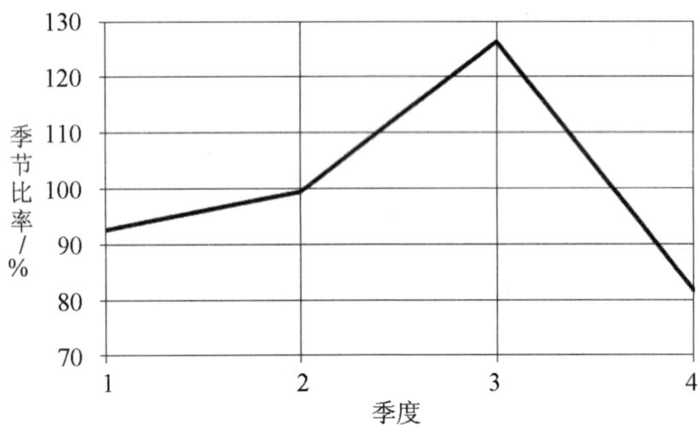

图10—24　碳酸饮料产量季节波动模型

预测2022年第1季度的碳酸饮料产量，则应首先利用长期趋势预测出趋势值，再利用季节比率对趋势值做出调整，进而得出预测值，即：

$$\hat{y}_{29}=171.7+7.7\times 29=395\text{(万吨)}$$

$$\hat{y}_{29}'=395\times 0.92615=365.8\text{(万吨)}$$

上述计算过程也可以借助于Excel便捷地实现。在第三节中，已经对引例中的时间序列利用Excel计算得到了四项移动平均法的长期趋势值，见图10—25中的D列。接下来将在此计算结果的基础上，介绍利用Excel计算季节变动比率的具体步骤：

(1)在单元格E4中输入“B4/D4”，并利用E4单元格的填充柄，将该计算公式从E4填充至E27，该步骤的目的是剔除原序列中所包括的长期趋势，如图10—25所示。

	A	B	C	D	E
1	季度	产量（万吨）	四项移动平均	两项移正平均	观测值除以趋势值
2	1	168.20			
3	2	182.69	191.01		
4	3	243.35	199.31	195.	1.25
5	4	169.78	209.43	204.37	0.83
6	5	201.40	218.13	213.78	0.94
7	6	223.17	217.81	217.97	1.02
8	7	278.18	228.81	223.31	1.25
9	8	168.51	237.21	233.01	0.72
10	9	245.38	257.77	247.49	0.99
11	10	256.76	266.63	262.20	0.98
12	11	360.45	272.41	269.52	1.34
13	12	203.92	273.41	272.91	0.75
14	13	268.53	267.68	270.55	0.99
15	14	260.75	280.77	274.22	0.95
16	15	337.54	275.15	277.96	1.21

图 10－25　剔除趋势截图

(2)对图 10－25 中所得到的剔除长期趋势值的计算结果重新整理，形成图 10－26 中区域(A1:E8)所示的结果。注意:在执行复制粘贴过程时，需要选择“选择性粘贴”，然后选择“只粘贴数值”，如果只是简单地先复制后粘贴，得到的将会是计算公式根据新的单元格相对位置计算的其他意想不到的结果。

	A	B	C	D	E	F
1		第1季度	第2季度	第3季度	第4季度	全年
2	2015	—	—	1.24697	0.83076	2.07773
3	2016	0.94208	1.02386	1.24569	0.72318	3.93481
4	2017	0.99148	0.97925	1.33737	0.74719	4.05529
5	2018	0.99253	0.95088	1.21433	0.90995	4.06769
6	2019	0.83264	1.02563	1.27297	0.85603	3.98726
7	2020	0.92938	0.91109	1.27046	0.83275	3.94368
8	2021	0.87239	1.0767	—	—	1.94909
9	合计	5.5605	5.96741	7.58779	4.89986	24.01555
10	同季平均数	0.92675	0.99457	1.26463	0.81664	1.00065
11	季节比率（%）	92.615	99.392	126.381	81.611	100

图 10－26　季节比率结果图

(3)在图 10－26 中的 B10 单元格中输入公式“＝AVERAGEA(B2:B8)”，即得到第一季度的同季平均值;将 B10 单元格中的公式向右填充至 E10 单元格，即得到其他三个季度的同季平均值。

(4)在 F10 单元格中输入公式“＝AVERAGEA(B3:C8,D2:E7)”，即可得到总平均值。

(5)继续在 B11 单元格中输入公式“=B10/＄F＄10 * 100”，并将该公式向右填充至 E11 单元格，即得到各个季度的季节指数，具体结果见图 10－26 中的第 11 行所示内容。

预测 2022 年第 1 季度的碳酸饮料产量，则应首先利用长期趋势预测出趋势值，再利用季节比率对趋势值做出调整，进而得出预测值，即：

$$\hat{y}_{29}=171.7+7.7\times 29=395\text{(万吨)}$$

$$\hat{y}_{29}^{'}=395\times 0.92615=365.8\text{(万吨)}$$

三、季节调整

在测定出季节波动之后，为便于观察原时间序列中的其他波动特征，需要将季节波动从中剔除，这个过程被称为季节调整，这也是实践中经常采用的一种数据处理方式。

调整的办法就是将原序列中的各个观测值 y 直接与对应季节的季节比率 s 相除，从而获得调整值 y/s 。调整值中保留了除季节波动之外的其余波动特征，以便于进行深入观察。

对表 10－1 中 28 个季度的碳酸饮料产量时间序列进行季节调整，其计算结果见表 10－14 和图 10－27，可以明显地看出，经过季节调整后的时间序列较原序列已经没有了明显的季节波动。

表 10－14　28 个季度碳酸饮料产量季节调整计算表

t	1	2	3	4	5	6	7	8	9	10
y	168.20	182.69	243.35	169.78	201.40	223.17	278.18	168.51	245.38	256.76
s	92.6	99.4	126.4	81.6	92.6	99.4	126.4	81.6	92.6	99.4
y/s	181.61	183.81	192.56	208.03	217.46	224.54	220.11	206.47	264.95	258.33
t	11	12	13	14	15	16	17	18	19	20
y	360.45	203.92	268.53	260.75	337.54	256.26	246.07	312.44	397.15	269.50
s	126.4	81.6	92.6	99.4	126.4	81.6	92.6	99.4	126.4	81.6
y/s	285.20	249.86	289.94	262.35	267.08	313.99	265.69	314.35	314.25	330.22
t	21	22	23	24	25	26	27	28		
y	291.65	289.58	411.87	287.03	324.90	420.27	503.10	339.08		
s	92.6	99.4	126.4	81.6	92.6	99.4	126.4	81.6		
y/s	314.90	291.35	325.89	351.70	350.80	422.83	398.07	415.47		

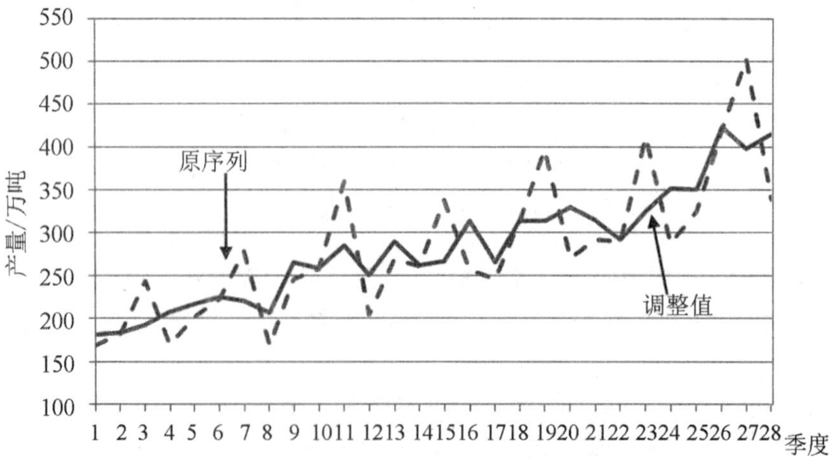

图 10－27　碳酸饮料 28 个季度产量季节调整

第五节　循环趋势的测定

循环变动往往存在于较长的时间序列中，且没有固定的周期，通常难以准确界定，也难以准确测定。以经济周期变动为例，美国国民经济研究局（National Bureau of Economic Research，简称 NBER）曾给出经典定义："经济周期（business cycle）是以商业为主的国家总体经济活动的一种波动行为。一个周期由在许多经济活动领域中几乎同时发生的扩张（expansion），随后是同样普遍的衰退（recession）、收缩（contraction）以及与下一个周期扩张连接的复苏（revival）构成；这种变动顺序重复出现但不定期；经济周期的持续期从 1 年到 10 年或 12 年不等；这些周期不能再被分为振幅与其相近、性质相似的更短周期。"

循环波动是指现象在一个较长时期内涨落起伏的波动。测定循环变动的目的在于发现循环变动的规律，为预测提供依据。传统分析方法中对于循环波动的测定，采用的是与测定季节波动相同的思想方法。其基本步骤为：首先测定长期趋势和季节波动；然后将长期趋势和季节波动从原序列中剔除，即：$\frac{y_{ti}}{T_{ti}\times S_{ti}}=\frac{T_{ti}\times S_{ti}\times C_{ti}\times I_{ti}}{T_{ti}\times S_{ti}}=C_{ti}\times S_{ti}$；再对派生序列 $C_{ti}\times I_{ti}$ 进行移动平均，以消除无规则波动 I_{ti} 的影响，最终得出循环波动 C_{ti}。

常见的循环变动测定方法是剩余法。剩余法是从原时间序列中分别消除长期趋势、季节变动和不规则变动，剩余的结果便是循环变动指数。假定时间序列各组成部分以乘法模型形式存在，则剩余法的具体计算步骤如下：

(1)如果有季节成分，首先对原序列按季节指数（S）进行季节调整，得到季节调整后的序列 TCI；

(2)采用移动平均法或最小平方法计算长期趋势成分（T），并加以消除，得到序列 CI；

(3)对消去季节成分和长期趋势值的序列 CI 进行移动平均以消除不规则波动，得到循环变动成分 C。

仍以引例中某地区 2015－2021 年碳酸饮料产量序列为例，具体介绍循环趋势的测定方法。

首先将原序列 Y（表 10－15 第 2 列）与表 10－13 中计算的季节指数序列 S（表 10－15 第 3 列）进行对比，得到季节调整后的 TCI 序列（表 10－15 第 4 列）；

然后，将 TCI 序列（表 10－15 第 4 列）与表 10－9 中计算得到的趋势值序列 T（表 10－15 第 5 列）进行对比，得到 CI 序列（表 10－15 第 6 列）。当然这里也可以用 TCI 序列对时间 t 进行趋势回归计算趋势值序列，而且这种计算更为精确。

最后，对 CI 序列（表 10－15 第 6 列）进行四项移动平均（表 10－15 中第 7 列），再进行两项移正平均，消除不规则波动。得到循环变动成分 C 序列（表 10－15 中第 8 列）如图 10－28 所示。

表 10－15　某地区 2015－2021 年碳酸饮料产量序列的循环变动计算表

季度	原序列 Y	季节指数 S /%	$Y/S=TCI$	趋势值序列 T	$TCI/T=CI$	CI 四项移动平均	C 序列 /%
1	168.20	92.6	181.61	179.32	1.013	—	—
2	182.69	99.4	183.81	186.98	0.983	1.003	—
3	243.35	126.4	192.56	194.64	0.989	1.009	100.6
4	169.78	81.6	208.03	202.31	1.028	1.021	101.5
5	201.40	92.6	217.46	209.97	1.036	1.018	102.0
6	223.17	99.4	224.54	217.63	1.032	0.983	100.0
7	278.18	126.4	220.11	225.29	0.977	0.999	99.1
8	168.51	81.6	206.47	232.96	0.886	1.001	100.0
9	245.38	92.6	264.95	240.62	1.101	1.036	101.8
10	256.76	99.4	258.33	248.28	1.040	1.051	104.3
11	360.45	126.4	285.20	255.95	1.114	1.043	104.7
12	203.92	81.6	249.86	263.61	0.948	1.018	103.0
13	268.53	92.6	289.94	271.27	1.069	0.972	99.5
14	260.75	99.4	262.35	278.94	0.941	1.002	98.7
15	337.54	126.4	267.08	286.60	0.932	0.955	97.8
16	256.26	81.6	313.99	294.26	1.067	0.974	96.4
17	246.07	92.6	265.69	301.92	0.880	0.988	98.1
18	312.44	99.4	314.35	309.59	1.015	0.976	98.2
19	397.15	126.4	314.25	317.25	0.991	0.992	98.4
20	269.50	81.6	330.22	324.91	1.016	0.953	97.2
21	291.65	92.6	314.90	332.58	0.947	0.939	94.6
22	289.58	99.4	291.35	340.24	0.856	0.932	93.6
23	411.87	126.4	325.90	347.90	0.937	0.937	93.5
24	287.03	81.6	351.71	355.57	0.989	1.008	97.2
25	324.90	92.6	350.80	363.23	0.966	1.037	102.2
26	420.27	99.4	422.84	370.89	1.140	1.058	104.7
27	503.10	126.4	398.08	378.56	1.052		—
28	339.08	81.6	415.48	386.22	1.076	—	—

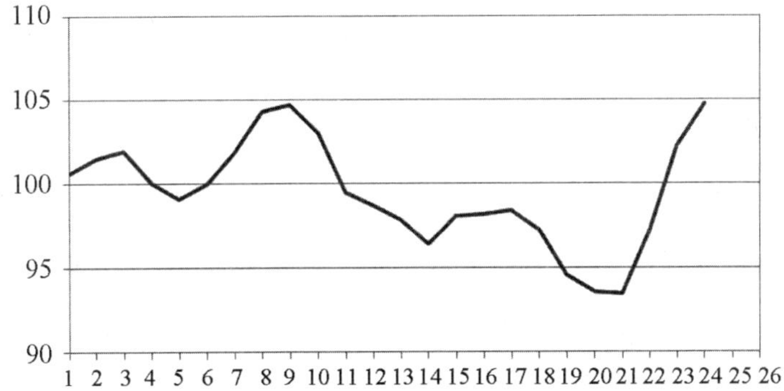

图 10－28　某地区 2015－2021 年碳酸饮料产量序列的循环变动

本章小结

时间序列是从数量方面记录现象的变动历程，为预测现象的未来发展趋势提供依据。运用统计方法从时间序列中挖掘和总结出具有规律性的东西，是时间序列分析的核心内容。尽管现代数理统计学提供了不少精准而严谨的分析工具，但由于其统计模型的理论假设过于严格，现实中的应用场合因而受到一定程度的限制。传统的时间序列分析方法仍然具有比较广泛的应用价值。本章的学习目的是掌握基础统计理论中传统时间序列的分析方法及应用问题。

按照传统的观点，时间序列中的各个观测值，其构成内容可分解为四个部分，即长期趋势、季节波动、循环波动和无规则波动。关于这四部分内容的结构关系有两个基本假设，即加法模型假设（$y_i = T_{ti} + S_{ti} + C_{ti} + I_{ti}$）和乘法模型假设（$y_i = T_{ti} \times S_{ti} \times C_{ti} \times I_{ti}$），本章所介绍的分析方法都基于乘法模型假设。

波动性是时间序列的基本特征，传统时间序列分析方法所提供的描述手段主要有：增减量、发展速度和增减速度。其中增减量包括逐期增减量和累积增减量，发展速度包括环比发展速度和定基发展速度，增减速度包括环比增减速度和定基增减速度。无规则波动无法用于对现象未来的发展预测，传统时间序列分析的主要内容是对长期趋势、季节波动和循环波动的测定。本章着重介绍了长期趋势和季节波动的常用测定方法。

测定长期趋势，主要有移动平均法和最小平方法。这两种方法相比较，移动平均法是一种比较客观的方法，除了移动平均项数的确定带有一定的主观性之外，其余计算过程都保持了与原序列观测值的密切关联。最小平方法则完全依赖于数据分析人员对趋势线类型的主观判断。

测定季节波动，主要有同季平均法和趋势剔除法。这两种方法的基本思想是一致的，前者适用于水平趋势序列，后者适用于具有向上或向下趋势序列。

循环波动作为一种周期性波动，其周期往往较长，而且长短不一。测定循环波动通常要求有一个较长的时间序列作为数据支持。

习　题

一、单项选择题

1. 用图形描述时间序列，其时间一般绘制在（　　）。

A. 横轴上　　B. 纵轴上　　C. 右端　　D. 左端

2. 当数据的随机波动较大时，选用的移动间隔长度 K 应该（　　）。

A. 较小　　B. 较大　　C. 随机　　D. 等于 n

3. 已知某地区粮食作物产量的年平均发展速度：2010—2012 年三年均为 1.03，2013—2014 两年均为 1.05，确定 2010—2014 五年间的平均发展速度的计算公式为（　　）。

A. $\sqrt{1.03 \times 1.05}$　　B. $\sqrt[5]{1.03^2 \times 1.05^3}$

C. $\sqrt[5]{1.03^3 \times 1.05^2}$　　D. $\sqrt{1.03^3 \times 1.05^2}$

4. 如果时间序列的各期发展水平中不存在季节变动的影响，则季节比率应约为（　　）。

A. 0　　B. 1　　C. 大于 1　　D. 小于 1

5. 用 5 项移动平均测定长期趋势，调整后的序列将比原序列减少（　　）。

A. 3 项　　B. 4 项　　C. 5 项　　D. 10 项

6. 采用移动平均法测定长期发展趋势，移动的项数越多，则可能出现的情况为（　　）。

A. 显现出的波动越小，趋势越平滑

B. 显现出的波动越小，趋势越不平滑

C. 显现出的波动越大，趋势越平滑

D. 显现出的波动越大，趋势越不平滑

7. 已知某一个时间数列的环比增长速度分别为 3%、5%、8%，则该时间数列的定基增长速度的计算过程应为（　　）。

A. 3%×5%×8%　　B. 103%×105%×108%

C. （3%×5%×8%）+1　　D. （103%×105%×108%）－1

8. 定基发展速度与环比发展速度之间的数量关系表现为（　　）。

A. 定基发展速度等于其相应的各个环比发展速度的连乘积

B. 定基发展速度等于其相应的各个环比发展速度之和

C. 定基发展速度等于其相应的各个环比发展速度之商

D. 以上都不对

9. 按季平均法测定季节比例时，各季的季节比率之和应等于（　　）。

A. 100%　　B. 120%　　C. 400%　　D. 1200%

10. 采用几何平均法计算平均发展速度的依据是（　　）。

A. 各期环比发展速度之积等于总速度

B. 各期环比发展速度之和等于总速度

C. 各期环比增长速度之积等于总速度

D. 各期环比增长速度之和等于总速度

11. 时间序列在一年内重复出现的周期性波动，称为（　　）。

A. 长期趋势　　B. 季节变动　　C. 循环变动　　D. 无规则变动

12. 某商厦连续三年商品销售额每年增加 20 万元，则该商厦这三年中每年商品销售额的发展速度可能是下面的哪一种情况(　　)。

A. 提高　　B. 降低　　C. 不变　　D. 无法判断

13. 用最小平方法配合直线趋势，如果 $y=a+bx$ 中的参数 b 为负值，则这条直线的发展趋势呈(　　)。

A. 下降趋势　　B. 上升趋势　　C. 不升不降　　D. 无法判断

14. 移动平均法是测定(　　)的一种较为简单的方法。

A. 长期趋势　　B. 循环变动　　C. 季节变动　　D. 不规则变动

15. 在时间序列分析中，一般用(　　)来测定循环波动。

A. 移动平均法　　B. 移动平均剔除法　　C. 指数平滑法　　D. 剩余法

二、多项选择题

1. 时间序列可以分解为以下哪些因素的影响(　　)。

A. 长期趋势　　B. 季节变动　　C. 周期波动

D. 不规则变动　　E. 随机误差因素

2. 分解时间序列各构成因素的影响，较常用的模型有(　　)。

A. 直线模型　　B. 指数模型　　C. 加法模型

D. 乘法模型　　E. 多项式模型

3. 下列关于季节指数的表述，正确的有(　　)。

A. 大于 100%表示各月(季)水平比全期水平高，现象处于旺季

B. 大于 100%表示各月(季)水平比全期平均水平高，现象处于旺季

C. 小于 100%表示各月(季)水平比全期水平低，现象处于淡季

D. 小于 100%表示各月(季)水平比全期平均水平低，现象处于淡季

E. 等于 100%，表示无季节变化

4. 某公司连续五年的销售额(单位：万元)资料如下：

	第一年	第二年	第三年	第四年	第五年
销售额	1000	1100	1300	1350	1400

根据上述资料计算的下列数据中，正确的有(　　)。

A. 第二年的环比增长速度和定基增长速度相等，均为 10%

B. 第三年的累计增长量和逐期增长量相等，均为 200 万元

C. 第四年的定基发展速度为 135%

D. 五年间的年平均增长速度为 6.96%

E. 五年间的年平均增长速度为 8.78%

5. 测定长期趋势的方法主要有(　　)。

A. 剩余法　　B. 方程法　　C. 最小平方法　　D. 移动平均法　　E. 几何平均法

三、计算题

1. 下表是一家公司过去 10 个月的营业额(单位：万元)数据(见所附数据集“E10_01 某公司过去 10 个月的营业额数据”)。

月份	营业额	月份	营业额
1	270	6	330
2	275	7	353
3	310	8	390
4	322	9	415
5	287	10	420

要求：

(1)建立该公司营业额的直线趋势方程(计算结果保留两位小数)。

(2)根据该公司营业额的直线趋势方程，预测该公司未来两个月的营业额。

2. 已知某煤矿2021年上半年每周采煤数量(单位：吨)数据(见所附数据集“E10_02 某煤矿2021年上半年每周采煤数量”)如下表。

周次	1	2	3	4	5	6	7	8	9	10
产量	821	828	834	854	859	850	849	838	841	877
周次	11	12	13	14	15	16	17	18	19	20
产量	860	869	867	886	870	861	867	871	875	860

要求：

(1)每周采煤数量的五项移动平均长期趋势值。

(2)每周采煤数量的四项移动平均长期趋势值。

3. 某地区2018—2021年我国的社会消费品零售总额(单位：亿元)资料见下表(见所附数据集“E10_03 某地区2018—2021年我国的社会消费品零售总额”)。

	2018年	2019年	2020年	2021年
社会消费品零售总额	34152.6	37595.2	42027.1	45842

试计算：

(1)2019—2021年社会消费品零售总额的逐期增长量、累计增长量和平均增长量。

(2)2019—2021年社会消费品零售总额的环比增减速度与定基增减速度。

(3)2019—2021年社会消费品零售总额的环比发展速度、定基发展速度。

4. 下表列出了某家大型百货公司2012—2021年各季度的销售额数据(见所附数据集“E10_04 某百货公司2012—2021年各季度的销售额”)(单位：万元)。

年份	第1季度	第2季度	第3季度	第4季度
2012	993.1	971.2	2264.1	1943.3
2013	1673.6	1931.5	3927.8	3079.6
2014	2342.4	2552.6	3747.5	4472.8
2015	3254.4	4245.2	5951.1	6373.1
2016	3904.2	5105.9	7252.6	8630.5
2017	5483.2	5997.3	8776.1	8720.6
2018	5123.6	6051	9592.2	8341.2
2019	4942.4	6825.5	8900.1	8723.1
2020	5009.9	6257.9	8016.8	7865.6
2021	6059.3	5819.7	7758.8	8128.2

要求：

(1)分别用同季平均法和趋势剔除法测定季节波动。

(2)对各季度的销售额数据进行季节调整。

5. 某建材销售公司近7年来，每年各个季度的建筑材料销售额如下表所示(见所附数据集"E10_05 某建材销售公司近7年来每年各个季度的建筑材料销售额")(单位：万元)。

年份	第1季度	第2季度	第3季度	第4季度
1	210	180	60	246
2	214	216	82	230
3	246	228	91	280
4	258	250	113	298
5	279	267	116	304
6	302	290	114	310
7	321	291	120	320

试分别用同季平均法和趋势剔除法测算该销售额数据的循环趋势。

第十一章 指数

引 例

2022年7月9日，国家统计局对外发布了2022年6月份居民消费价格变动情况统计数据：全国居民消费价格指数(CPI)同比上涨2.5%。其中，城市上涨2.5%，农村上涨2.6%；食品价格上涨2.9%，非食品价格上涨2.5%；消费品价格上涨3.5%，服务价格上涨1.0%。1—6月平均，全国居民消费价格比上年同期上涨1.7%。

每次统计部门发布居民消费价格指数后，CPI相关报道就会出现在各大报纸、网站以及电视上，受到普遍关注。对于社会公众来说，CPI究竟是什么？它是如何编制的？有什么特点？为什么每当统计部门发布国民经济主要数据时，引起议论最多的是CPI？它在宏观经济中扮演什么角色？与我们的日常生活又有什么关系？

CPI是居民消费价格指数(consumer price index)的简称，是一个反映居民家庭一般所购买的消费商品和服务价格水平变动情况的宏观经济指标，是统计指数理论在实践中的具体应用。统计指数是描述统计学方法中的重要方法之一，本章将具体讨论统计指数的基本编制原理及其在实践中的应用问题。

第一节 统计指数的一般问题

一、指数的概念和性质

指数的概念起源于18世纪中期的欧洲，距今已有二百多年的历史。当时由于金银大量流入欧洲，欧洲市场物价飞涨，引起社会不安，于是产生了反映物价变动程度的需求，当时为了反映某一种商品的价格变动程度，用该商品当前价格和原来价格直接进行对比，即为我们现在所说的个体价格指数。后来统计指数的概念得到扩展，其含义和内容也随之发生了变化。从内容上看，指数由单纯反映一种现象的相对变动，发展到反映多种现象的综合变动；从对比的场合上看，指数由单纯的不同时间的对比分析，发展到不同空间的对比分析，等等。

通常认为，指数的含义有广义和狭义两种理解。从广义上讲，一切说明社会现象数量对比关系的相对数都是指数，它包括不同时间的同类现象、不同空间(地区、部门、单位)的同类现象以及实际与计划对比的相对数；从这个角度说，我们在第三章“统计数据的描述性分析”中所介绍的动态相对数、比较相对数以及计划完成程度相对数都可以称为指数。从狭义上讲，指数是表明复杂社会经济现象总体数量综合变动的相对数，其中，所谓复杂社会经济现象是指那些由于各个部分的不同性质而在研究其数量特征时不能直接进行加总或对比的总体。例如，对于由不同的产品或商品构成的总体，由于内部各个组成部分的使用价值和计量单位不同，在统计其实物产量、销售量、单位成本、价格等数量方面时，是不能直接相加的。

这时我们只有利用指数的原理和方法，通过编制实物产量指数、销售量指数等来反映总体数量的综合变动情况。从指数理论和方法上看，指数所研究的主要是狭义的指数，因此，本章所讨论的将主要是狭义的指数。

为了更好地理解指数的含义，首先应明确指数的性质。概括地讲，指数具有如下性质：

第一，相对性。指数反映的是事物发展变化的相对程度，用来度量的是总体在不同空间或时间上的相对变化。

第二，综合性。对于狭义的指数而言，它反映的是复杂现象总体内部各个组成部分的综合变动，而不是某一个组成部分的变动。

第三，平均性。指数是总体水平的一个代表性数值，平均性的含义有二：一是指数进行比较的综合数量是作为个别量的一个代表，这本身就具有平均的性质；二是两个综合量对比形成的指数，反映了个别量的平均变动水平，比如，物价指数反映了多种商品和服务价格的平均变动水平。

二、指数的分类

从不同角度出发，指数可以分为以下几种类型：

1. 按所反映的对象范围不同，指数可以分为个体指数和总指数。个体指数（individual index number）反映的是由单一要素构成的简单现象总体数量的变动状况，而总指数（aggregate index number）反映的则是由多种要素构成的复杂现象总体数量的综合变动状况。例如，如果要研究 100 种不同种类商品价格的变动情况，那么分别表明每一种商品价格变动的相对数，就是个体指数；而综合反映这 100 种商品价格变动的相对数，就是总指数。区分个体指数与总指数的意义在于，个体指数的计算可用一般相对数的方法解决，而总指数的计算，则需要用专门的方法。因此，指数方法论主要是研究总指数的编制问题。

另外，还有一种介于个体指数与总指数之间的指数，叫类指数或组指数，它是在对总体分组的基础上，分别计算总体中各类或各组变动的相对数。类指数是相对于总指数而言的，它实质上仍属于总指数。

2. 按指数化指标的性质不同，可分为数量指标指数和质量指标指数。所谓指数化指标，是在指数中所要测定其数量变动程度或对比关系的指标或因素。如果某一指数中的指数化指标为数量指标，则该指数属于数量指标指数，反映的是事物总量变动程度，例如产量指数、销售量指数、总成本指数、职工人数指数等；当某一指数中的指数化指标为质量指标，则该指数属于质量指标指数，反映的是事物的一般水平或工作质量的综合变动程度，如价格指数、成本指数、劳动生产率指数等。

3. 按对比场合不同，可分为时间性指数和区域性指数。其中，时间性指数（time index number）反映的是一组项目在不同时间上的对比，有定基指数和环比指数之分。若所有各期指数均使用同一基期计算，则称为定基指数；若所有各期指数均以上一时期为基期计算，则称为环比指数。区域性指数（regional index number）反映的则是一组项目在不同空间上的对比。

4. 按总指数的计算方法或表现形式不同，可以分为综合指数和平均指数。综合指数（aggregate index number）的计算特点是先综合后对比，而平均指数（average index number）的计算特点则是先对比后综合。其中平均指数又可以分为综合指数变形权数的平均指数和固定权数的平均指数两种形式。

指数方法论主要是研究总指数的计算问题，而综合指数和平均指数作为总指数的两种编制方法，既具有一定的联系，也各有其特点，本章第二节和第三节将分别介绍综合指数和平均指数的具体编制方法及其应用。

第二节　综合指数

一、综合指数的概念及基本编制原理

综合指数是指由两个总量指标对比形成的指数，在总量指标中包含两个或两个以上的因素，将其中被研究因素以外的所有因素固定下来，仅观察被研究因素的变动，其特点是先综合后对比。

下面通过一个简单的例子来说明综合指数的基本编制原理。已知某粮油经销店 2020 年和 2021 年所经销粳米、标准粉和花生油三种商品的零售价格和销售量的资料如表 11－1。

表 11－1　某粮油经销店三种商品零售价格和销售量资料

商品名称	计量单位	销售量		单价/元	
		2020 年	2021 年	2020 年	2021 年
粳米	吨	120	150	5800	6000
标准粉	吨	150	200	4500	4600
花生油	升	1500	1600	10.5	12.0

现在如果要分别研究每种商品销售量的变动情况，只需将每种商品 2021 年的销售量与 2020 年的销售量对比即可，据此求得的粳米、标准粉及花生油三种商品 2021 年销售量分别为其 2020 年销售量的 125％、133.33％和 106.67％，这三个数值就是个体指数，在计算方法上不会有什么困难。但如果要综合地观察三种商品总的销售量 2021 年比 2020 年变动了多少，由于三种商品的计量单位不同、使用价值不同，销售量不具有直接的可加性，就需要借助于指数方法理论来解决该问题了。

因为不同商品的价值量（销售额）都是无差别的人类劳动，可以直接相加，如果利用销售额与销售量和价格之间的联系，将销售量乘以各自的价格得到的销售额总量加总后，就可以进行对比。这里，为了研究销售量的综合变动，而引入的价格因素，因为起到了将不同商品同度量的作用，故被称为同度量因素，销售量则被称为指数化指标。

如果任务是研究三种商品价格的综合变动情况，同样道理，需要把价格作为指数化指标，仍然依据销售额、价格、销售量三者之间的经济联系，把销售量作为同度量因素，从而将三种商品的价格变动综合起来。

综上，综合指数的基本编制原理如下：首先要根据客观现象间的内在联系，引入同度量因素，把不能直接相加的指标转化为可以加总的价值形态总量指标，从而解决复杂总体在指数化指标上不能直接综合的困难；其次，将同度量因素固定，以消除同度量因素变动的影响；最后，把两个时期的总量指标对比，以测定指数化指标的数量变动程度。

其实，在具体编制综合指数的时候，还有一个重要的问题需要解决，即固定的同度量因素所属时期的选择问题。究竟固定在报告期还是基期十分重要，因为同度量因素不仅起到同度量的作用，而且具有加权的作用，用不同时期的同度量因素计算，会得到不同的综合指数结果。选择同度量因素所属的时期，应当从实际出发，根据编制指数的目的、任务与研究对象的经济内容来确定。

二、综合指数的常用编制方法

常用的综合指数编制方法主要有以下几种。

(一)拉氏综合指数

拉氏综合指数是德国经济学家拉斯贝尔(Laspeyres)于1864年提出的一种指数计算方法。其特点是：不论是数量指标总指数还是质量指标总指数，同度量因素都固定在基期。具体编制方法如下：

$$\bar{K}_q=\frac{\sum q_1p_0}{\sum q_0p_0} \qquad (11-1)$$

$$\bar{K}_p=\frac{\sum p_1q_0}{\sum p_0q_0} \qquad (11-2)$$

式中，$\bar{K}_q$ 表示数量指标总指数，$\bar{K}_p$ 表示质量指标总指数，q 表示数量指标，p 表示质量指标，下标1和0分别表示报告期和基期。

(二)派氏综合指数

派氏综合指数是德国经济学家派许(Paasche)于1874年提出的另一种指数计算方法。其特点是：不论是数量指标总指数还是质量指标总指数，同度量因素都固定在报告期。具体编制方法如下：

$$\bar{K}_q=\frac{\sum q_1p_1}{\sum q_0p_1} \qquad (11-3)$$

$$\bar{K}_p=\frac{\sum p_1q_1}{\sum p_0q_1} \qquad (11-4)$$

式中，$\bar{K}_q$ 表示数量指标总指数，$\bar{K}_p$ 表示质量指标总指数，q 表示数量指标，p 表示质量指标，下标1和0分别表示报告期和基期。

(三)马艾指数

英国经济学家马歇尔(Marshall)和艾奇沃斯(Edgeworth)在1887－1890年期间，提出将同度量因素的基期数值和报告期数值的简单平均数作为权重编制价格指数的方法，后来被称为马艾指数，其核心目的是对拉氏综合指数和派氏综合指数进行综合。马艾指数的数量指标总指数和质量指标总指数的具体编制方法如下：

$$\bar{K}_q=\frac{\sum q_1\dfrac{p_0+p_1}{2}}{\sum q_0\dfrac{p_0+p_1}{2}}=\frac{\sum q_1(p_0+p_1)}{\sum q_0(p_0+p_1)} \qquad (11-5)$$

$$\bar{K}_p=\frac{\sum p_1\frac{q_0+q_1}{2}}{\sum p_0\frac{q_0+q_1}{2}}=\frac{\sum p_1(q_0+q_1)}{\sum p_0(q_0+q_1)} \qquad (11-6)$$

在马艾指数中，计算数量指标总指数时，以质量指标基期与报告期的简单算术平均作为权数；计算质量指标指数时，以数量指标基期与报告期的简单算术平均作为权数。

（四）费雪理想指数

费雪理想指数是由美国统计学家费雪(Fisher)于20世纪20年代提出来的，通过对拉氏综合指数和派氏综合指数进行简单几何平均得到，之所以被称为“理想公式”，是因为可以通过费雪本人在1922年所提出的指数公式优良性的三种测试标准，即时间互换测试、因子互换测试以及循环测试。其数量指标总指数和质量指标总指数的具体编制方法如下：

$$\bar{K}_q=\sqrt{\frac{\sum q_1p_0}{\sum q_0p_0}\times\frac{\sum q_1p_1}{\sum q_0p_1}} \qquad (11-7)$$

$$\bar{K}_p=\sqrt{\frac{\sum p_1q_0}{\sum p_0q_0}\times\frac{\sum p_1q_1}{\sum p_0q_1}} \qquad (11-8)$$

理想指数公式在一些国际对比中应用较多，如不同国家人均国民生产总值指数、地区差别生活指数等都是采用理想指数的编制公式。

三、综合指数的具体应用

【例 11.1】以表11－1中的数据资料为例，分别计算该粮油经销店三种商品拉氏综合指数、派氏综合指数及费雪理想指数三种形式的销售量总指数和价格总指数。

解：为计算方便，首先在Excel2010中对数据进行初步整理和计算(见所附数据文件“data11_01粮油经销店三种商品零售价格和销售量及初步汇总”)，如表11－2所示。

表11－2 某粮油经销店三种商品零售价格指数和销售量指数的计算过程

	A	B	C	D	E	F	G	H	I	J
1	商品名称	计量单位	销售量		单价（元）		销售额（元）			
2			2020年	2021年	2020年	2021年	2020年	2021年	计算过程	
3	—	—	q_0	q_1	p_0	p_1	q_0p_0	q_1p_1	q_1p_0	q_0p_1
4	粳米	吨	120	150	5800	6000	696000	900000	870000	720000
5	标准粉	吨	150	200	4500	4600	675000	920000	900000	690000
6	花生油	升	1500	1600	10.5	12.0	15750	19200	16800	18000
7	合计	—	—	—	—	—	1386750	1839200	1786800	1428000

依据拉氏指数、派氏指数及费雪理想公式关于数量指标综合指数的编制方法，分别计算销售量综合指数：

拉氏销售量综合指数：$\bar{K}_q=\frac{\sum q_1p_0}{\sum q_0p_0}=\frac{1786800}{1386750}=128.85\%$

派氏销售量综合指数：$\bar{K}_q=\frac{\sum q_1p_1}{\sum q_0p_1}=\frac{1839200}{1428000}=128.80\%$

费雪理想公式销售量综合指数：

$$\bar{K}_q=\sqrt{\frac{\sum q_1p_0}{\sum q_0p_0}\times\frac{\sum q_1p_1}{\sum q_0p_1}}=\sqrt{\frac{1786800}{1386750}\times\frac{1839200}{1428000}}$$

$$=\sqrt{128.85\%\times128.80\%}=128.83\%$$

再分别依据拉氏指数、派氏指数及费雪理想公式关于质量指标综合指数的编制方法，计算价格综合指数：

拉氏价格综合指数：$\bar{K}_p=\dfrac{\sum p_1q_0}{\sum p_0q_0}=\dfrac{1428000}{1386750}=102.97\%$

派氏价格综合指数：$\bar{K}_p=\dfrac{\sum p_1q_1}{\sum p_0q_1}=\dfrac{1839200}{1786800}=102.93\%$

费雪理想公式价格综合指数：

$$\bar{K}_p=\sqrt{\frac{\sum p_1q_0}{\sum p_0q_0}\times\frac{\sum p_1q_1}{\sum p_0q_1}}=\sqrt{\frac{1428000}{1386750}\times\frac{1839200}{1786800}}$$

$$=\sqrt{102.97\%\times102.93\%}=102.95\%$$

从上例可以看出，由于所选择的同度量因素的固定时期不同，三种综合指数公式的计算结果并不相同，有时甚至可能相差很大。在实践中，一般需要根据所研究问题的目的和资料采集的条件不同，而选用某一编制方法。

在我国编制总指数的实践中，编制数量指标总指数一般采用拉氏指数形式，即将同度量因素固定在基期，而编制质量指标总指数则采用派氏指数形式，即将同度量因素固定在报告期，这主要是出于编制指数体系的考虑，我们会在本章第四节介绍指数体系与因素分析法的相应内容时再给予解释。从国外的指数编制实践来看，在同度量因素所属时期的确定上，一般不存在统一的固定模式。

第三节　平均指数

一、平均指数的概念

综合指数是编制总指数的基本形式，方法简便，意义明确，但编制综合指数需要掌握全面调查的统计资料。以编制拉氏指数形式的商品销售量综合指数为例，在公式 $\bar{K}_q=\sum q_1p_0\Big/\sum q_0p_0$ 中，要事先掌握每一种商品基期、报告期的销售量以及基期价格相对应的全面资料。但在实际情况中，很多时候很难取得这种全面的资料，因此综合指数公式在实际应用中受到限制，而平均指数则在一定程度上可以克服这种限制。

平均指数(average index number)是以某一时期的价值总量指标为权数，通过对个体指数进行加权平均计算得到的总指数形式。其中，作为权数的总量指标通常是两个变量的乘积，比如商品销售额(为销售量与销售价格的乘积)、工业总产值(为出厂价格与生产量的乘积)等。其中的个体指数既可以是个体质量指标指数，也可以是个体数量指标指数。

二、平均指数的编制方法

由于所使用的求平均数的计算方法不同，平均指数有加权算术平均和加权调和平均两种形式。在这两种方法中，又由于使用的权数不同，分别有综合指数变形权数和固定权数两种形式。各种形式平均指数的具体编制方法分别介绍如下。

（一）加权算术平均指数公式的编制

在实际应用中，综合指数变形权数的加权算术平均指数主要是作为拉氏综合指数的变形使用。

设数量指标个体指数为：$k_q=\dfrac{q_1}{q_0}$，则 $q_1=k_q q_0$，将其代入拉氏数量指标综合指数的计算公式后，有：

$$\bar{K}_q=\frac{\sum q_1 p_0}{\sum q_0 p_0}=\frac{\sum k_q p_0 q_0}{\sum p_0 q_0}=\sum k_q\left(\frac{p_0 q_0}{\sum p_0 q_0}\right) \qquad (11-9)$$

设质量指标个体指数为：$k_p=\dfrac{p_1}{p_0}$，则 $p_1=k_p p_0$，将其代入拉氏质量指标综合指数的计算公式后，有：

$$\bar{K}_p=\frac{\sum p_1 q_0}{\sum p_0 q_0}=\frac{\sum k_p p_0 q_0}{\sum p_0 q_0}=\sum k_p\left(\frac{p_0 q_0}{\sum p_0 q_0}\right) \qquad (11-10)$$

式（11－9）和式（11－10）即为分别以 k_q 和 k_p 为变量值，以 p_0q_0 为权数的加权算术平均指数。由于这个特定权数 p_0q_0 是拉氏综合指数的变形结果，虽然其公式的形式与拉氏综合指数的形式不同，但其实际内容以及计算结果是完全相同的，故将这两个指数称之为综合指数变形权数的加权算术平均指数。必须指出，公式中以 p_0q_0 作为权数，是加权算术平均指数变为拉氏综合指数的基本条件，若用 p_0q_0 以外的任何其他权数，加权算术平均指数都不能变形为拉氏综合指数。

【例 11.2】在【例 11.1】中，如果给出的不是销售量和价格的详细资料，而是基期各商品的实际销售额以及个体销售量指数和个体价格指数，如表 11－3 所示（见所附数据文件“data11_02 某粮油经销店三种商品加权算术平均指数计算过程”），分别计算该粮油经销店所经销三种商品的销售量和销售价格的加权算术平均总指数。

表 11－3　某粮油经销店三种商品的加权算术平均指数计算过程

	A	B	C	D	E	F	G	H
1	商品名称	计量单位	销售额（元）		个体销售量指数（%）	个体价格指数（%）	计算过程	
2			2020年	2021年				
3	—	—	q_0p_0	q_1p_1	k_q	k_p	$k_q.q_0p_0$	$k_p.q_0p_0$
4	粳米	吨	696000	900000	125.00	103.45	870000	720000
5	标准粉	吨	675000	920000	133.33	102.22	900000	690000
6	花生油	升	15750	19200	106.67	114.29	16800	18000
7	合计	—	1386750	1839200	—	—	1786800	1428000

解：三种商品销售量的加权算术平均指数为：

$$\bar{K}_q=\frac{\sum k_q p_0 q_0}{\sum p_0 q_0}=\frac{1786800}{1386750}=128.85\%$$

三种商品销售价格的加权算术平均指数为：

$$\bar{K}_p=\frac{\sum k_p p_0 q_0}{\sum p_0 q_0}=\frac{1428000}{1386750}=102.97\%$$

上述两种加权算术平均指数的计算结果，与【例 11.1】中拉氏销售量综合指数和拉氏价格综合指数的计算结果完全相同，但与拉式综合指数的计算公式相比，加权算术平均指数的计算公式不需要知道每一种商品的详细的资料，也不需要计算假定的价值量，只需要已知各商品的个体指数和基期的价值量资料即可。由于加权算术平均指数的公式，既可以采用全面资料，也可以采用非全面资料，因此它在实际工作中具有广泛的实用性和可操作性。

（二）加权调和平均指数公式的编制

在实际应用中，综合指数变形权数的加权调和平均指数主要是用于对派氏综合指数的变形。

设数量指标个体指数为：$k_q=\frac{q_1}{q_0}$，则 $q_0=\frac{q_1}{k_q}$，将其代入派氏数量指标综合指数的计算公式后，有：

$$\bar{K}_q=\frac{\sum q_1 p_1}{\sum q_0 p_1}=\frac{\sum p_1 q_1}{\sum \frac{1}{k_q} p_1 q_1} \tag{11-11}$$

设质量指标个体指数为：$k_p=\frac{p_1}{p_0}$，则 $p_0=\frac{p_1}{k_p}$，将其代入派氏质量指标综合指数的计算公式后，有：

$$\bar{K}_p=\frac{\sum q_1 p_1}{\sum q_1 p_0}=\frac{\sum p_1 q_1}{\sum \frac{1}{k_p} p_1 q_1} \tag{11-12}$$

式(11－11)和式(11－12)即为分别以 k_q 和 k_p 为变量值，以 p_1q_1 为权数的加权调和平均指数公式。由于这个特定权数 p_1q_1 是派氏综合指数的变形结果，虽然其公式的形式与派氏综合指数的形式不同，但其实际内容以及计算结果也是完全相同的，故将这两个指数称为综合指数变形权数的加权调和平均指数。同样地，公式中以 p_1q_1 作为权数，是加权调和平均指数变形为派氏综合指数的基本条件。若用 p_1q_1 以外的任何其他权数，加权调和平均指数也都不能变形为派氏综合指数形式。

【例 11.3】在【例 11.2】中，如果给出的是报告期实际销售额以及个体销售量指数和个体价格指数，如表 11－4 所示（见所附数据文件“data11_03 某粮油经销店三种商品加权调和平

表 11－4　某粮油经销店三种商品的加权调和平均指数计算过程

	A	B	C	D	E	F	G	H
1	商品名称	计量单位	销售额（元）		个体销售量指数(%)	个体价格指数(%)	计算过程	
2			2020年	2021年				
3	—	—	q_0p_0	q_1p_1	k_q	k_p	$\frac{1}{k_q}\cdot q_1p_1$	$\frac{1}{k_p}\cdot q_1p_1$
4	粳米	吨	696000	900000	125.00	103.45	720000	870000
5	标准粉	吨	675000	920000	133.33	102.22	690000	900000
6	花生油	升	15750	19200	106.67	114.29	18000	16800
7	合计	—	1386750	1839200	—	—	1428000	1786800

均指数计算过程"），分别计算该粮油经销店所经销粳米、面粉和大豆油三种商品的销售量和销售价格的加权调和平均总指数。

解：三种商品销售量的加权调和平均指数为：

$$\bar{K}_q=\frac{\sum p_1q_1}{\sum \frac{1}{k_q}p_1q_1}=\frac{1839200}{1428000}=128.80\%$$

三种商品销售价格的加权调和平均指数为：

$$\bar{K}_p=\frac{\sum p_1q_1}{\sum \frac{1}{k_p}p_1q_1}=\frac{1839200}{1786800}=102.93\%$$

上述两种加权调和平均指数的计算结果，与【例 11.1】中派氏销售量综合指数和派氏价格综合指数的计算结果完全相同。用加权调和平均法计算总指数，也需要具备两个条件：一是已知各种事物的个体指数，二是已知各种事物报告期的价值量资料。

需要指出的是，与综合指数相比，综合指数变形权数的加权平均指数只是公式的形式不同而已，其经济内容实质上是完全相同的。计算总指数时，是采用综合指数公式，还是采用其变形权数的加权算术平均或者加权调和平均的计算公式，应根据所掌握的资料而定。

（三）固定权数的平均指数

固定权数的平均指数，是使用某一时期经过调整后的数字作为不变权数，对个体指数进行加权平均得到的一种总指数形式。其中，权数资料多采用比重形式，一般会连续使用若干年。为了理解和计算的方便，常采用加权算术平均的形式，其计算公式为：

$$\bar{K}=\frac{\sum kw}{\sum w} \tag{11-13}$$

式中，$\bar{K}$ 代表以比重为权数的算术平均指数，w 为比重权数，k 为个体指数或类（组）指数。

固定权数的加权平均指数，是总指数的一种独立的计算方式，与综合指数不存在变形关系。这种指数可操作性强，因而国内外得到了广泛的应用，其权数资料一经取得，便可在相对较长的时间内使用。固定权数的资料可以根据有关的普查、抽样调查或全面统计报表资料经调整计算确定。我国的商品零售价格指数、居民消费价格指数以及西方国家的工业生产指数、消费品价格指数等，均采用了固定权数的平均指数的编制方法。

三、平均指数与综合指数的区别与联系

作为总指数的两种编制形式，平均指数与综合指数之间既有区别、又有联系。二者的区别在于：综合指数是通过同度量因素，先计算总体总量，再进行对比，即先综合后对比，而平均指数是在个体指数的基础上计算总指数，即先对比后综合；综合指数在计算时，需要有一一对应的全面的实际资料，而平均指数则既适用于全面的资料，又适用于非全面的资料；综合指数除了表明复杂总体的变动方向和程度外，还可以进行因素分析，但平均指数除了作为综合指数变形权数的指数形式外，并不能对现象进行因素分析。这个问题我们将在下一节中加以详细介绍。

平均指数与综合指数的联系在于：在一定条件下，综合指数可以变形为平均指数的形式。由于这种变形关系的存在，当掌握的资料不能直接利用综合指数的计算公式时，可以利用平均指数的计算公式，此时，平均指数与其相对应的综合指数具有完全相同的经济意义和计算结果。但是作为一种独立的总指数形式，平均指数在实际应用中不仅可以作为综合指数的变形使用，还有着独特的广泛应用价值。

第四节　指数体系与因素分析法

前面我们介绍了编制统计指数的常用方法，而在实际应用中，不仅需要确定单个指数的编制方法，还需要确定构成统计指数体系的若干个相互联系的指数的编制问题，以便对相互联系的社会经济现象作更为深入的分析。

一、指数体系的概念及编制

（一）指数体系的概念

社会经济现象之间存在着各种各样的联系，其中有些现象之间具有数量上的必然联系，例如：

商品销售额＝商品价格×商品销售量

对于上述公式中所反映的现象之间的经济联系，如果在采用拉氏指数公式编制销售量指数的同时，用派式指数公式编制价格指数，或者在采用拉氏指数公式编制价格指数的同时，用派式指数公式编制销售量指数，还可以建立起这种联系的指数动态分析关系，即有：

销售额指数＝价格指数×销售量指数

$$\frac{\sum q_1 p_1}{\sum q_0 p_0}=\frac{\sum q_1 p_0}{\sum q_0 p_0}\times\frac{\sum p_1 q_1}{\sum p_0 q_1}$$

或：
$$\frac{\sum q_1 p_1}{\sum q_0 p_0}=\frac{\sum q_1 p_1}{\sum q_0 p_1}\times\frac{\sum p_1 q_0}{\sum p_0 q_0}$$

这种数量上的对应关系，不仅反映在相对数之间，同样也反映在绝对数之间。即：

商品销售额的实际增减额＝价格变动的影响额＋销售量变动的影响额

$$\sum q_1 p_1-\sum q_0 p_0=\left(\sum q_1 p_0-\sum q_0 p_0\right)+\left(\sum p_1 q_1-\sum p_0 q_1\right)$$

或：
$$\sum q_1 p_1-\sum q_0 p_0=\left(\sum q_1 p_1-\sum q_0 p_1\right)+\left(\sum p_1 q_0-\sum p_0 q_0\right)$$

像这种由三个或三个以上不仅经济上具有一定联系，而且数量上具有对等关系的指数所构成的整体，就是指数体系。指数体系各指标之间具有如下两个对等关系：若干因素的乘积等于总变动指数，若干因素影响的差额之和等于实际发生的总差额。可以把上述等式中等号左边的现象或指标称为对象或对象指标，把等号右边具有乘积关系的多种现象或指标称为因素或因素指标，与之相对应的指数则分别被称为对象指数和因素指数。

（二）指数体系的编制

编制指数体系应以编制综合指数的一般原理为依据。由于编制综合指数时，同度量因素既可以固定在基期也可以固定在报告期，所以可编制不同的指数体系。但无论编制哪一种指数体系，都必须满足对象指标等于各因素指标的连乘积、对象指数等于各因素指数的连乘积的要求。以上例来说，商品销售额的变动是商品价格和商品销售量共同变动的结果，为了保证这个条件的实现，应当遵循的原则是：同一指数体系中，两个因素指数的同度量因素要分别固定在不同时期。例如，若将销售量指数的同度量因素固定在基期，价格指数的同度量因素就需要固定在报告期；反之亦然。那么，上述两套指数体系究竟哪一套为好？这要由实际情况和分析的目的来决定。一般来说，编制数量指标综合指数时，应将作为同度量因素的质量指标固定在基期（即采用拉氏指数公式）；编制质量指标综合指数时，应将作为同度量因素的数量指标固定在报告期（即采用派氏指数公式），即：

$$\frac{\sum q_1 p_1}{\sum q_0 p_0}=\frac{\sum q_1 p_0}{\sum q_0 p_0}\times\frac{\sum p_1 q_1}{\sum p_0 q_1} \qquad (11-14)$$

绝对数上的对应关系为：

$$\sum q_1 p_1-\sum q_0 p_0=(\sum q_1 p_0-\sum q_0 p_0)+(\sum p_1 q_1-\sum p_0 q_1) \qquad (11-15)$$

二、指数因素分析法

（一）指数因素分析法的概念

指数因素分析法是指利用指数体系，对现象的综合变动从数量上分析其受各因素影响的一种分析方法，可简称为指数分析法或因素分析法。因素分析就是要从数量上分析被研究对象的变动中，分别受各因素影响的方向、程度及绝对数量。在经济研究及经济管理中，这种分析方法对揭露现象发展变化中的矛盾和问题，挖掘进一步发展的潜力，分析现象发展变化的特点及规律等都有着重要的意义。

（二）指数因素分析法的种类

因素分析法可以从不同的角度进行分类。按分析对象的特点不同，可分为简单现象因素分析和复杂现象因素分析；按分析指标的表现形式不同，可分为总量指标变动因素分析和平均指标、相对指标变动因素分析；按影响因素的多少不同，可分为两因素分析和多因素分析。

三、指数因素分析法的应用

由于分析对象及分析目的和任务的多样性，指数因素分析法的应用形式也多种多样，下面只讲述其中几种常用的形式。

（一）总量指标变动的两因素分析

因素分析的对象可以是简单现象，也可以是复杂现象。在简单现象的条件下，总量指标的变动可以从总体单位数和总平均水平两个因素影响的角度进行分析，这时因素指数可以直接计算，即总量指标直接表现为两个因素指标的乘积。其指数体系及绝对量关系式如下：

$$\frac{E_1}{E_0}=\frac{X_0 f_1}{X_0 f_0}\times\frac{X_1 f_1}{X_0 f_1}=\frac{f_1}{f_0}\times\frac{X_1}{X_0} \qquad (11-16)$$

$$E_1-E_0=(X_0 f_1-X_0 f_0)+(X_1 f_1-X_0 f_1)=X_0(f_1-f_0)+f_1(X_1-X_0) \qquad (11-17)$$

式中，E 表示总量指标，f 表示总体单位数，X 表示总体平均水平指标，下标 1、0 分别表示报告期和基期。

【例 11.4】已知某企业基期和报告期的月度工资资料见表 11－5，要求计算工资总额的变动并对其进行因素分析。

表 11－5 某企业基期和报告期的月度工资资料

指标	符号	基期	报告期
工资总额/万元	E	500	567
职工人数/人	f	1000	1050
平均工资/元/人	X	5000	5400

解：依据式(11－16)和式(11－17)，对该企业工资总额的变动进行影响因素分析。

工资总额的变动为：

变动程度：$k_E=\dfrac{E_1}{E_0}=\dfrac{567}{500}=113.4\%$

增加的工资总额：$E_1-E_0=567-500=67$(万元)

其中：

(1)受职工人数变动的影响为：

职工人数指数：$k_f=\dfrac{f_1}{f_0}=\dfrac{1050}{1000}=105\%$

由于职工人数变动而影响的工资总额：

$$X_0(f_1-f_0)=5000\times(1050-1000)=25(\text{万元})$$

(2)受平均工资变动的影响为：

平均工资指数：$k_X=\dfrac{X_1}{X_0}=\dfrac{5400}{5000}=108\%$

由于平均工资变动而影响的工资总额：

$$f_1(X_1-X_0)=1050\times(5400-5000)=42(\text{万元})$$

(3)综合影响：

113.4%＝105%×108%(工资总额指数＝各因素指数的连乘积)

67 万元＝25 万元＋42 万元(工资总额的增加额＝各因素变动的影响额之和)

上述计算结果表明，由于职工人数增长 5%，使工资总额增加 25 万元；由于职工平均工资提高 8%，使工资总额增加 42 万元；从而总的使工资总额增长了 13.4%，共增加 67 万元。

如果分析的是复杂现象，因其各个部分不具有直接的可加性，所以构成指数体系的各个指数必须采用综合指数的形式编制，即对象指标表现为两个因素指标乘积的和。其指数体系及绝对量的一般关系式如下：

$$\frac{\sum q_1p_1}{\sum q_0p_0}=\frac{\sum q_1p_0}{\sum q_0p_0}\times\frac{\sum p_1q_1}{\sum p_0q_1} \tag{11－18}$$

$$\sum q_1p_1-\sum q_0p_0=(\sum q_1p_0-\sum q_0p_0)+(\sum p_1q_1-\sum p_0q_1) \tag{11－19}$$

【例 11.5】根据前面表 11－2 中的数据资料，利用指数体系分别分析价格和销售量的变动对销售总额的影响程度和影响的绝对数额。

解：三种商品销售总额的变动：

销售总额指数：$k_{qp}=\frac{\Sigma q_1 p_1}{\Sigma q_0 p_0}=\frac{1839200}{1386750}=132.63\%$

增加的销售额：$\sum q_1 p_1-\sum q_0 p_0=1839200-1386750=452450$(元)

其中：

(1)受销售量变动的影响为：

销售量指数：$\bar{K}_q=\frac{\sum q_1 p_0}{\sum q_0 p_0}=\frac{1786800}{1386750}=128.85\%$

由于销售量变动而影响的销售额：

$$\sum q_1 p_0-\sum q_0 p_0=1786800-1386750=400050(\text{元})$$

(2)受销售价格变动的影响为：

价格指数：$\bar{K}_p=\frac{\sum p_1 q_1}{\sum p_0 q_1}=\frac{1839200}{1786800}=102.93\%$

由于价格变动而影响的销售额：

$$\sum p_1 q_1-\sum p_0 q_1=1839200-1786800=52400(\text{元})$$

(3)综合影响：

$$132.63\%=128.85\%\times102.93\%$$

$$452450\text{ 元}=400050\text{ 元}+52400\text{ 元}$$

上述计算结果表明，由于销售量增加了 28.85％，使销售总额增加了 400050 万元；由于销售价格提高了 2.93％，使销售总额增加了 52400 元；从而总的使销售总额增长了 32.63％，共增加了 4524500 元。

(二)总量指标变动的多因素分析

进行多因素分析，需要注意各因素指标在确定其为数量指标或质量指标时的相对性，即需在两两相比较的情况下判定其性质。例如，产品产量、单位产品原材料消耗、单位原材料价格这三个指标中，单位产品原材料消耗量表明生产单位产品所消耗的某种原材料的数量，因此，相对于产品产量应是质量指标，而相对于单位原材料价格，则应是数量指标。在因素指数的排列上，要特别注意遵循先数量指标、后质量指标的逻辑顺序；编制各因素指数时，除将被观察的因素指标作为指数化指标外，其余因素指标应一律作为同度量因素，即均应固定，其固定时期的确定，仍应遵循编制综合指数的一般原则的要求。下面就以复杂现象的三因素分析为例，来说明总量指标变动多因素分析方法的具体应用。

【例 11.6】已知某企业生产的三种产品的产量、单位原材料消耗量(简称单耗)、单位原材料价格的资料见表 11－6，试分析原材料费用总额的变动受产量、单耗和单位原材料价格变动的影响程度和影响的绝对数额。

表 11—6　某企业所生产三种产品的生产情况数据资料

产品种类	计量单位	销售量		单耗/元		单位原材料价格/元	
		基期	报告期	基期	报告期	基期	报告期
—	—	q_0	q_1	m_0	m_1	p_0	p_1
甲	公斤	150	200	10	9	100	110
乙	件	500	600	2	1.8	20	24
丙	套	300	400	5	6	50	40

因为原材料费用总额等于销售量、单耗和单位原材料价格的连乘积，所以分析原材料费用总额的变动受产量、单耗和单位原材料价格变动的影响，应依据的指数体系及绝对量的关系式为：

$$\frac{\sum q_1 m_1 p_1}{\sum q_0 m_0 p_0}=\frac{\sum q_1 m_0 p_0}{\sum q_0 m_0 p_0}\times\frac{\sum q_1 m_1 p_0}{\sum q_1 m_0 p_0}\times\frac{\sum q_1 m_1 p_1}{\sum q_1 m_1 p_0} \tag{11-20}$$

$$\sum q_1 m_1 p_1-\sum q_0 m_0 p_0=\left(\sum q_1 m_0 p_0-\sum q_0 m_0 p_0\right)+\left(\sum q_1 m_1 p_0-\sum q_1 m_0 p_0\right)+\left(\sum q_1 m_1 p_1-\sum q_1 m_1 p_0\right) \tag{11-21}$$

表 11—7 是为计算指数体系及绝对量关系式，所事先整理计算出的各种原材料费用总额资料。以下的计算过程都可以通过 Excel 的公式运算功能具体实现，这里就不再给出详细的计算过程显示。

表 11—7　某企业所生产三种产品的原材料费用总额计算数据

产品种类	原材料费用总额/万元			
	$q_1m_1p_1$	$q_0m_0p_0$	$q_1m_0p_0$	$q_1m_1p_0$
甲	19.8	15	20	18
乙	2.592	2	2.4	2.16
丙	9.6	7.5	10	12
合计	31.992	24.5	32.4	32.16

解：原材料费用总额的变动情况：

原材料费用总额指数：$k_{qmp}=\dfrac{\sum q_1 m_1 p_1}{\sum q_0 m_0 p_0}=\dfrac{31.992}{24.5}=130.58\%$

增加的原材料费用总额：$\sum q_1 m_1 p_1-\sum q_0 m_0 p_0=31.992-24.5=7.492$(万元)

其中：

(1)受产品产量变动的影响为：

产品产量总指数：$\bar{K}_q=\dfrac{\sum q_1 m_0 p_0}{\sum q_0 m_0 p_0}=\dfrac{32.4}{24.5}=132.24\%$

由于产量变动而影响的原材料费用总额：

$$\sum q_1 m_0 p_0-\sum q_0 m_0 p_0=32.4-24.5=7.9\text{(万元)}$$

(2)受单位产品原材料消耗量变动的影响为：

原材料单耗总指数：$\bar{K}_m=\dfrac{\sum q_1m_1p_0}{\sum q_1m_0p_0}=\dfrac{32.16}{32.4}=99.26\%$

由于单耗变动而影响的原材料费用总额：

$$\sum q_1m_1p_0-\sum q_1m_0p_0=32.16-32.4=-0.24(\text{万元})$$

(3)受原材料价格变动的影响为：

价格总指数：$\bar{K}_p=\dfrac{\sum q_1m_1p_1}{\sum q_1m_1p_0}=\dfrac{31.992}{32.16}=99.48\%$

由于原材料价格变动而影响的原材料费用总额：

$$\sum q_1m_1p_1-\sum q_1m_1p_0=31.992-32.16=-0.168(\text{万元})$$

(4)综合影响：

$$130.58\%=132.24\%\times99.26\%\times99.48\%$$

$$7.492\text{万元}=7.9\text{万元}+(-0.24\text{万元})+(-0.168\text{万元})$$

上述计算结果说明，由于产品产量增长32.24%，使原材料费用总额增加7.9万元；由于原材料单耗降低0.74%，节约原材料费用0.24万元；由于原材料价格降低0.52%，减少原材料费用0.168万元；从而总的使原材料费用上升30.58%，共增加7.492万元。

(三)平均指标变动的因素分析

1. 平均指标变动的因素分析的含义。在分组条件下，平均指标的变动受两个因素变动的影响：一个是总体内部各部分(组)水平的变动，另一个是各组相应的单位数在总体单位总数中所占比重的变动。平均指标变动的因素分析，就是利用指数因素分析法，从数量上分析总体各部分水平与总体结构这两个因素变动对总体平均指标变动的影响。例如，一个企业工人平均工资水平的变动，决定于企业内部各类工人工资水平和各类工人在全部工人中所占比重两个因素，通过因素分析，可以弄清楚这两个因素各自对其影响的方向、程度和数量，从而对企业工资水平的变动能有一个全面深入的认识。

2. 平均指标变动的指数体系的构造。依据指数因素分析法的一般原理，可以构造出平均指标变动因素分析的指数体系如下：

相对数形式：
$$\frac{\dfrac{\sum x_1f_1}{\sum f_1}}{\dfrac{\sum x_0f_0}{\sum f_0}}=\frac{\dfrac{\sum x_0f_1}{\sum f_1}}{\dfrac{\sum x_0f_0}{\sum f_0}}\times\frac{\dfrac{\sum x_1f_1}{\sum f_1}}{\dfrac{\sum x_0f_1}{\sum f_1}} \tag{11-22}$$

绝对数形式：
$$\frac{\sum x_1f_1}{\sum f_1}-\frac{\sum x_0f_0}{\sum f_0}=\left(\frac{\sum x_0f_1}{\sum f_1}-\frac{\sum x_0f_0}{\sum f_0}\right)+\left(\frac{\sum x_1f_1}{\sum f_1}-\frac{\sum x_0f_1}{\sum f_1}\right) \tag{11-23}$$

若记：
$$\bar{x}_1=\frac{\sum x_1f_1}{\sum f_1},\ \bar{x}_0=\frac{\sum x_0f_0}{\sum f_0},\ \bar{x}_n=\frac{\sum x_0f_1}{\sum f_1}$$

则公式(11－22)、公式(11－23)可简记为：

$$\frac{\bar{x}_1}{\bar{x}_0}=\frac{\bar{x}_n}{\bar{x}_0}\times\frac{\bar{x}_1}{\bar{x}_n} \tag{11－24}$$

$$\bar{x}_1-\bar{x}_0=(\bar{x}_n-\bar{x}_0)+(\bar{x}_1-\bar{x}_n) \tag{11－25}$$

上述指数体系中包括的三个指数，依次被称为可变构成指数、结构影响指数和固定构成指数。其中：

可变构成指数，简称为可变指数，它是根据报告期和基期总体平均指标的实际水平对比计算的，包含了总体各部分(组)水平和总体结构两个因素变动的综合影响，它全面地反映了总体平均水平的实际变动情况。在结构影响较大的情况下，可变构成指数的数值可能超出各个部分的变动程度范围。

结构影响指数，简称为结构指数，它是将各部分(组)水平固定在基期条件下计算出的总平均指标指数，用以反映总体结构变动对总平均指标变动的影响。

固定构成指数，简称固定指数，它是将总体构成(即各部分比重)固定在报告期计算的总平均指标指数。该指数消除了总体结构变动的影响，专门用以综合反映各部分(组)水平变动对总体平均指标变动的影响。因而，在其数值表现上，它总是介于各部分(组)指数的范围之内。

3. 平均指标变动的因素分析的应用。现举例说明平均指标变动因素分析方法的具体应用。

【例 11.7】已知某企业基期和报告期的技术工人和学徒工的工资水平以及人数资料，如表 11－8 所示(见所附数据文件“data11_04 某企业技术工人和学徒工的工资水平以及人数)。试分析该企业总平均工资水平的变动，以及其受各组工人工资水平及各组工人人数结构变动的影响程度和绝对额。

表 11－8　某企业技术工人和学徒工的工资水平以及人数资料

	A	B	C	D	E	F	G	H	I
1	工人组别	工人人数		月平均工资（元）		工资指数（%）	工资总额（元）		
2		基期	报告期	基期	报告期		基期	报告期	计算
3		f_0	f_1	x_0	x_1	$k_x=x_1/x_0$	x_0f_0	x_1f_1	x_0f_1
4	技术工人	280	300	4500	4600	102.22	1260000	1380000	1350000
5	学徒工	50	80	2000	2100	105.00	100000	168000	160000
6	合计	330	380	—	—		1360000	1548000	1510000

解：首先计算该企业各组工人的平均工资水平，即：

$$\bar{x}_0=\frac{\sum x_0f_0}{\sum f_0}=\frac{1360000}{330}=4121.212(\text{元})$$

$$\bar{x}_1=\frac{\sum x_1f_1}{\sum f_1}=\frac{1548000}{380}=4073.684(\text{元})$$

$$\bar{x}_n=\frac{\sum x_0f_1}{\sum f_1}=\frac{1510000}{380}=3973.684(\text{元})$$

所以，全部工人平均工资的变动为：$\bar{K}_{\text{可变}}=\frac{\bar{x}_1}{\bar{x}_0}=\frac{4073.684}{4121.212}=98.85\%$

总平均工资的变动额为：$\bar{x}_1-\bar{x}_0=4073.684-4121.212=\quad 47.53$(元)

其中：

(1)受各组结构变动的影响为：

$$\bar{K}_{结构}=\frac{\bar{x}_n}{\bar{x}_0}=\frac{3973.684}{4121.212}=96.42\%$$

由于各组工人所占比重的变动而影响的平均工资为：

$$\bar{x}_n-\bar{x}_0=3973.684-4121.212=-147.53(元)$$

(2)受各组平均工资水平变动的影响为：

$$\bar{K}_{固定}=\frac{\bar{x}_1}{\bar{x}_n}=\frac{4073.684}{3973.684}=102.52\%$$

由于各组工资水平的提高而影响的平均工资为：

$$\bar{x}_1-\bar{x}_n=4073.684-3973.684=100(元)$$

(3) 综合影响：

$$98.85\%=96.42\%\times102.52\%$$

$$-47.53\text{ 元}=-147.53\text{ 元}+100\text{ 元}$$

上述计算结果说明，由于该企业各组工人工资水平提高，而使总平均工资水平提高2.52%，共增加了100元；由于各组工人所占比重的变化而使总平均工资水平下降3.58%，降低了147.53元；两个因素共同作用的结果是，该企业总平均工资水平下降了1.15%，降低了47.53元。

第五节　几种常用经济指数的编制

统计指数理论的研究起源于经济领域中对市场物价变动的测定，目前其应用也仍然主要集中在经济领域，不过其应用范围已不再单单局限于市场价格的变动，而是已经扩展到了对社会生产总量变动、证券市场价格变动、货币购买力比率等广泛内容的测定。

我国各类宏观价格指数的编制由国家统计局负责。从现行的统计调查制度来看，目前编制的价格指数主要有：居民消费价格指数，商品零售价格指数，农业生产资料价格指数，工业生产者价格指数，原材料、燃料、动力购进价格指数，固定资产投资价格指数，房地产价格指数，农产品出售价格指数等。此外，还有部分行业结合实际情况，编制了其他价格指数，比如海关编制的进出口价格指数。关于这些类别价格指数的基本内容可参见国家统计局网站。其中与人们生活最为密切的是居民消费价格指数(CPI)和商品零售价格指数(RPI)。下面简单介绍几种常用的经济指数的编制原理。

一、居民消费价格指数(CPI)

CPI是英文consumer price index的缩写，直译为消费者价格指数，在我国通常被称为居民消费价格指数。居民消费价格指数是反映一定时期内城乡居民所购买的生活消费品和服务项目价格变动趋势和程度的相对数，是对城市居民消费价格指数和农村居民消费价格指数进行综合汇总计算的结果。通过该指数，可以观察和分析消费品的零售价格和服务项目价格变动对城乡居民实际生活费支出的影响程度。世界上有100多个国家都计算居民消费价格指数，不过各个国家为计算 CPI 所使用的方法和覆盖的范围相差很大，联合国每年都在其月度统计通报中公布各个国家的 CPI。

目前，我国用于计算 CPI 的商品和服务项目，由国家统计局和地方统计部门分级确定。国家统计局参照联合国统计委员会《按目的划分的个人消费支出分类标准（COICOP）》，结合全国城乡居民家庭消费支出的抽样调查资料，统一确定商品和服务项目的类别，设置食品烟酒、衣着、居住、生活用品及服务、交通和通信、教育文化和娱乐、医疗保健、其他用品和服务等八大类 262 个基本分类，涵盖了城乡居民的全部消费内容。采用抽样调查方法抽选确定调查网点，按照"定人、定点、定时"的原则，直接派人到调查网点采集原始价格。数据来源于全国 31 个省(区、市)500 个市县、8.8 万余家价格调查点，包括食杂店、百货店、超市、便利店、专业市场、专卖店、购物中心以及农贸市场与服务消费单位等。

居民消费价格指数最上层的计算公式就是我们在第三节中所介绍的固定权数的平均指数，即：$\bar{K}=\dfrac{\sum kw}{\sum w}$。

我国地域辽阔，考虑到各地居民消费的传统习惯和消费水平存在一定的差异等因素，具体的代表规格品由各地确定后报国家统计局审定。规格品是指具有特定产地、规格、等级、牌号、花色等特征的具体商品。以粮食制品为例，粮食制品是国家统一确定的一个基本分类，各地以代表性为原则，根据当地实际情况抽选与其他地区可能不同的地方特色粮食制品，比如，北京选择的是馒头、火烧和大饼等规格品，贵阳选择的是米粉、卷粉和宽粉等规格品。考虑到大城市、小城市和县之间人口数量的巨大差异，在 600 种调查商品和服务项目的最低要求基础上，大城市所确定的调查规格品的数量可以多设一些。比如，北京共实际调查 1429 种，贵阳实际调查 647 种。如果把各地不同的规格品加总起来，全国 CPI 包括的规格品就有成千上万种。表 11－9 是国家统计局网站所公布的 2022 年 6 月份的我国居民消费价格指数数据。

目前美国的 CPI 分为 8 大类 211 个基本分类，加拿大为 8 大类 169 个基本分类，日本为 10 大类 585 个代表规格品，澳大利亚为 11 大类 87 个基本分类。

居民消费价格指数除了能反映一定时期内城乡居民所购买的生活消费品价格和服务项目价格变动趋势和程度外，还具有以下几个方面的作用：

(1)用于反映通货膨胀状况。通货膨胀的严重程度是用通货膨胀率来反映的，它说明了一定时期内商品价格持续上升的幅度。通货膨胀率一般通过居民消费价格指数来计算，即：

$$\text{通货膨胀率}=\frac{\text{CPI}_{\text{报告期}}-\text{CPI}_{\text{基期}}}{\text{CPI}_{\text{基期}}}\times 100\% \qquad (11-26)$$

(2)用于反映货币购买力的变动。货币购买力是指单位货币能够购买到的消费品和服务的数量。居民消费价格指数上涨，货币购买力则下降，反之则上升，因此居民消费价格指数的倒数就是货币购买力指数，即：

$$\text{货币购买力指数}=\frac{1}{\text{CPI}}\times 100\% \qquad (11-27)$$

(3)用于反映对职工实际工资的影响。消费价格指数的提高，意味着实际工资的减少；消费价格指数的下降，则意味着实际工资的提高。因此，利用消费价格指数可以将名义工资转化为实际工资。具体做法是：

$$实际工资=\frac{名义工资}{CPI}\times 100\% \qquad (11-28)$$

(4)用于缩减经济序列。通过缩减经济序列可以消除价格变动的影响，其方法是将经济序列除以价格指数。

表 11—9　2022 年 6 月我国居民消费价格主要数据

单位：%

	环比涨跌幅	同比涨跌幅		环比涨跌幅	同比涨跌幅
居民消费价格	0.0	2.5	二、衣着	−0.1	0.6
其中：城市	0.0	2.5	服装	−0.1	0.7
农村	0.0	2.6	鞋类	−0.1	0.5
其中：食品	−1.6	2.9	三、居住	0.0	0.8
非食品	0.4	2.5	租赁房房租	0.1	−0.3
其中：消费品	−0.1	3.5	水电燃料	−0.3	4.0
服务	0.2	1.0	四、生活用品及服务	−0.2	1.5
其中：不包括食品和能源	0.1	1.0	家用器具	−0.8	1.3
按类别分			家庭服务	0.2	2.7
一、食品烟酒	−1.0	2.5	五、交通通信	2.2	8.5
粮食	0.0	3.2	交通工具	−0.3	0.2
食用油	1.4	5.0	交通工具用燃料	6.6	32.8
鲜菜	−9.2	3.7	交通工具使用和维修	−0.1	1.5
畜肉类	1.0	−4.7	通信工具	−0.9	−4.3
其中：猪肉	2.9	−6.0	通信服务	−0.1	−0.3
牛肉	−0.4	0.9	邮递服务	0.0	0.0
羊肉	−1.6	−6.0	六、教育文化娱乐	0.1	2.1
水产品	−1.6	−3.3	教育服务	0.0	2.5
蛋类	−4.3	6.5	旅游	1.2	4.1
奶类	0.2	0.9	七、医疗保健	0.0	0.7
鲜果	−4.5	19.0	中药	0.3	2.7
卷烟	0.1	1.5	西药	0.1	−0.4
酒类	0.4	1.6	医疗服务	0.0	0.9
			八、其他用品及服务	0.1	1.7

二、商品零售价格指数(RPI)

商品零售价格指数(retail price index，简记为 RPI)，是反映一定时期内城乡商品零售价格变动趋势和程度的相对数。商品零售价格的变动，与国家的财政收入、市场供需的平衡、消费与积累的比例关系均有联系，因此，该指数可以从一个侧面对上述经济活动进行观察和分析。国家统计局网站上所公布的商品零售价格指数包括了全国、城市和农村三个口径的资料，并按照月度同比及年度同比给出了商品零售价格指数的分类指数，共分为 16 大类，即：食品、饮料烟酒、服装鞋帽、纺织品、家用电器及音像器材、文化办公用品、日用品、体育娱乐用品、交通通信用品、家具、化妆品、金银珠宝、中西药品及医疗保健用品、书报杂志及电子出版物、燃料、建筑材料及五金电料。

居民消费价格指数和商品零售价格指数都属于价格指数，虽然在编制方法上并没有本质不同，但二者的含义、统计口径、权数来源等还是有着明显的区别。

(1)含义不同。商品零售价格指数属于流通领域的价格指数，是从卖方角度，观察商品零售价格的变动情况，说明价格变动对卖者的影响；居民消费价格指数属于消费领域的价格指数，是从买方角度，观察居民生活消费品零售价格和服务项目收费变动情况，说明价格变动对居民(购买者)生活的影响。

(2)统计口径不同。居民消费价格的调查范围是居民用于日常生活消费的商品和服务项目价格，它既包括商品，如食品、衣着、家庭设备及用品、医疗保健、交通通信工具、娱乐教育文化用品、居住等，也包括非商品与服务，如学杂费、保育费等。但不包括居民一般不消费而主要供集团消费的商品，如办公用品、轿车等。商品零售价格只反映居民消费和集团消费的商品价格，而不反映非商品与服务价格。

(3)权数来源不同。编制居民消费价格指数的权数，来源于居民用于各类商品和服务项目的消费支出额以及各种商品、服务项目的实际消费支出额的构成比重，根据居民住户调查资料计算。编制商品零售价格指数的权数，来源于各类消费品零售额和各种消费品零售额的构成比重，主要根据社会消费品零售额资料计算。即居民消费价格指数则以居民消费支出构成作为权数，商品零售价格指数是以社会消费品零售额构成作为权数。

(4)用途不同。商品零售价格指数主要用于说明市场商品价格的变动情况，分析供求关系，核算商业经济效益和经济规模；而居民消费价格指数则主要用于说明价格变动对居民生活的影响程度，分析货币购买力之强弱，是反映通货膨胀的重要指标。

(5)重要性不同。一般说来，商品零售价格指数弱于居民消费价格指数。居民消费价格指数也称消费者价格指数，是世界各国政府和居民都很关注的价格指数，在实行工资指数化的国家中表现尤为突出，所以，在各国的价格统计中都有。而商品零售价格指数在多数国家的价格统计中都只是一项派生指标，基本上是在居民消费价格指数基础上派生的。

三、股票价格指数

证券市场是现代社会中居民投资和企业筹措生产发展资金的主要场所，而且对于经济的波动异常敏感，如股票价格的变动历来被认为是经济波动的晴雨表。因此，编制各种证券的价格指数，特别是股票价格指数，不仅对于投资者具有重要作用，而且对于监测整个国民经济的运行也具有重要意义。

在各种证券价格指数中，最重要的是股票价格指数(stock price index)，它是反映某一股票市场上多种股票价格指数变动趋势的一种相对数，简称股价指数，其单位一般用“点”(point)表示。股票价格指数的计算方法很多，但一般以发行量为权数进行加权综合。其公式为：

$$\bar{K}_p=\frac{\sum p_t q_0}{\sum p_0 q_0} \tag{11-29}$$

式中，p_t 代表报告期各种股票的价格，p_0 代表基期各种股票的价格，q_0 代表基期各种股票的发行量或成交量。计算股票价格指数通常是将发行量或成交量固定在基期 q_0 上，这主要是为了保持不同时期上的可比性。

我国的上证 30 指数、香港的恒生指数、美国的 SP500 指数等，多数股票价格指数都是采用综合指数方法编制的。不过，也有采取其他方法编制的股票价格指数，例如美国的道·琼斯指数。道·琼斯指数算法简便，是报告期股票简单算术平均价格与基期股票简单算术平均价格的比值，具体编制方法是首先针对入选的各种股票，分别计算不同时间上的平均价格，再通过对比得出相应日期的股票价格指数，其计算公式为：

$$\bar{K}_p=\frac{\dfrac{\sum p_t}{n}}{\dfrac{\sum p_0}{n}}=\frac{\sum p_t}{\sum p_0} \tag{11-30}$$

道·琼斯指数的入选股票最初只有 11 种，后来增加到目前 65 种，其中包括工业股 30 种、运输业股 20 种和公用事业股 15 种。

本章小结

指数的含义有广义和狭义两种理解。从指数理论和方法上看，主要是指狭义的指数，即用来表明复杂社会经济现象总体数量综合变动的相对数。指数具有相对性、综合性和平均性等性质。可以从不同角度对指数进行分类：按所反映的对象范围不同，可分为个体指数和总指数；按指数化指标的性质不同，可分为数量指标指数和质量指标指数；按对比场合不同，可分为时间性指数和区域性指数；按总指数的计算方法或表现形式不同，可分为综合指数和平均指数。

指数理论的核心内容是讨论总指数的计算方法问题。综合指数与平均指数的算法实质内容相同，公式形式可以相互推导。综合指数是总指数的代表性传统算法，其基本编制原理是：根据客观现象间的内在联系，引入同度量因素，把不能直接相加的指标转化为可以加总的价值形态总量指标；将同度量因素固定，以消除同度量因素变动的影响；再把两个时期的总量指标对比，以测定指数化指标的数量变动程度。编制综合指数时，同度量因素既可以固定在基期也可以固定在报告期。常用的综合指数形式有拉氏指数、派氏指数以及马艾指数、费雪理想指数等。其中，拉氏指数的特点是不论是数量指标总指数，还是质量指标总指数，同度量因素都固定在基期，派氏指数的特点则是同度量因素都固定在报告期；马艾指数是以同度量因素的基期数值和报告期数值的简单平均数作为编制价格指数的权重；费雪理想指数则是拉氏综合指数和派氏综合指数的简单几何平均。后两种指数的编制目的，都是通过平均的方法，调和由于同度量因素固定时期的选择不同所产生的偏差问题。

平均指数是以某一时期的价值总量指标为权数，通过对个体指数进行加权平均计算得到，有加权算术平均和加权调和平均两种计算方法。在这两种方法中，又由于使用的权数不同，分别有综合指数变形权数和固定权数两种形式。实际应用时，综合指数变形权数的加权算术平均指数，主要是作为拉氏综合指数的变形使用，综合指数变形权数的加权调和平均指数，主要是用于对派氏综合指数的变形。与综合指数相比，综合指数变形权数的加权平均指数只是公式的形式不同，其经济内容实质上是一致的。计算总指数时，是采用综合指数公式，还是采用其变形权数的加权算术平均或者加权调和平均的计算公式，应根据所掌握的资料而定。

固定权数的平均指数，是总指数的一种独立的计算方式，与综合指数不存在变形关系，是通过使用某一时期经过调整后的数字作为不变权数，对个体指数进行加权平均得到。其中，权数资料多采用比重形式。这种指数的可操作性强，实践中应用广泛，其权数资料一经取得，便可在相对较长的时间内使用。

通过构造统计指数体系，还可以深入分析社会经济现象之间的相互联系。编制指数体系时，影响因素指数的同度量因素需要分别固定在不同时期，一般来说，编制数量指标综合指数时，应将作为同度量因素的质量指标固定在基期(即采用拉氏指数公式)；编制质量指标综合指数时，应将作为同度量因素的数量指标固定在报告期(即采用派氏指数公式)。指数因素分析法是指利用指数体系，从数量上分析被研究对象的变动中，分别受各因素影响的方向、程度及绝对数量。按分析对象的特点不同，可分为简单现象因素分析和复杂现象因素分析；按分析指标的表现形式不同，可分为总量指标变动因素分析和平均指标、相对指标变动因素分析；按影响因素的多少不同，可分为两因素分析和多因素分析。

统计指数理论的研究起源于经济领域中对市场物价变动的测定，目前其应用范围已经扩展到对社会生产总量变动、证券市场价格变动、货币购买力比率等内容的测定。居民消费价格指数(CPI)是反映一定时期内城乡居民所购买的生活消费品和服务项目价格变动趋势和程度的相对数，是对城市居民消费价格指数和农村居民消费价格指数进行综合汇总计算的结果；商品零售价格指数(RPI)是反映一定时期内城乡商品零售价格变动趋势和程度的相对数；股票价格指数是反映某一股票市场上多种股票价格指数变动趋势的一种相对数，其单位一般用“点”(point)表示。

习 题

一、单项选择题

1. 设 p 为价格，q 为产量，则按照综合指数的一般编制规则，价格综合指数为(　　)。

A. $\dfrac{\sum q_1p_1}{\sum q_0p_1}$　　B. $\dfrac{\sum q_1p_1}{\sum q_1p_0}$　　C. $\dfrac{\sum q_0p_1}{\sum q_0p_0}$　　D. $\dfrac{\sum q_1p_0}{\sum q_0p_0}$

2. 设 p 为价格，q 为产量，则按照综合指数的一般编制规则，产量综合指数应为(　　)。

A. $\dfrac{\sum p_1q_1}{\sum p_0q_0}$　　B. $\dfrac{\sum p_1q_1}{\sum p_1q_0}$　　C. $\dfrac{\sum p_1q_0}{\sum p_0q_0}$　　D. $\dfrac{\sum p_0q_1}{\sum p_0q_0}$

3. 设 p 为价格，q 为产量，则指数 $\bar{K}=\dfrac{\sum q_1p_0}{\sum q_0p_0}$ 的经济意义是综合反映(　　)。

A. 报告期销售量的规模　　B. 报告期价格的总水平

C. 销售量规模的变动程度　　D. 价格总水平的变动程度

4. 价格变化后，花同样多的钱可多购买基期商品的10%，则物价指数为(　　)。

A. 90%　　B. 90.9%　　C. 110%　　D. 111.1%

5. 物价上涨后，用同样多的人民币购买商品的数量减少了15%，则物价上涨了(　　)。

A. 13%　　B. 15.2%　　C. 17.6%　　D. 5.4%

6. 若销售量增加，而销售额不变，则商品的销售价格指数(　　)。

A. 增加　　B. 减少　　C. 不变　　D. 无法判断

7. 某百货公司今年同去年相比，各种商品价格的综合指数为105%，这说明(　　)。

A. 商品价格平均上涨了5%　　B. 商品销售量平均上涨了5%

C. 由于价格提高使销售量上涨了5%　　D. 由于价格提高使销售量上涨了105%

8. 费雪(Fisher)理想指数是拉氏综合指数与派氏综合指数的(　　)。

A. 加权算术平均　B. 简单算术平均　C. 简单几何平均　D. 简单调和平均

9. 居民消费价格指数和商品零售价格指数的区别在于(　　)。

A. 前者用拉氏公式，后者用派氏公式

B. 前者反映价格变化的，后者反映数量的变化

C. 前者是综合指数，后者是平均比率指数

D. 前者反映消费领域，后者反映流通领域

10. 实际工资＝名义工资÷(　　)。

A. 上证指数　B. 纳斯达克指数　C. 居民消费价格指数　D. 商品零售价格指数

二、多项选择题

1. 下列指数公式中，属于派氏综合指数的是(　　)。

A. $\frac{\sum p_1q_1}{\sum p_0q_1}$　B. $\frac{\sum p_1q_0}{\sum p_0q_0}$　C. $\frac{\sum p_1q_1}{\sum p_0q_0}$　D. $\frac{\sum p_1q_1}{\sum p_1q_0}$　E. $\frac{\sum p_0q_1}{\sum p_0q_0}$

2. 下列指数公式中，属于拉氏综合指数的是(　　)。

A. $\frac{\sum p_1q_1}{\sum p_0q_1}$　B. $\frac{\sum p_1q_0}{\sum p_0q_0}$　C. $\frac{\sum p_1q_1}{\sum p_0q_0}$　D. $\frac{\sum p_1q_1}{\sum p_1q_0}$　E. $\frac{\sum p_0q_1}{\sum p_0q_0}$

3. 综合指数中同度量因素的作用主要是(　　)。

A. 平衡作用　B. 权数作用　C. 稳定作用　D. 比较作用　E. 同度量作用

4. 设 p 为价格，q 为产量，下列指数中能反映价格综合动态的是(　　)。

A. $\frac{\sum p_0q_1}{\sum p_0q_0}$　B. $\frac{\sum p_1q_1}{\sum p_0q_1}$　C. $\frac{\sum p_1q_0}{\sum p_0q_0}$　D. $\frac{\sum p_1q_1}{\sum \frac{p_0}{p_1}p_1q_1}$　E. $\frac{\sum \frac{p_1}{p_0}p_0q_0}{\sum p_0q_0}$

5. 对指数优良性的评价往往采用(　　)。

A. 时间互换测试　B. 因子互换测试　C. 平衡测试　D. 循环测试

三、计算题

1. 已知某企业的产品产量及单位成本资料如下表所示，试分别利用拉氏指数公式和派

氏指数公式计算单位成本总指数及各自的分子分母差额，并说明这两个差额在经济内容上的区别。

产品名称	计量单位	产量		单位/元	
		基期	报告期	基期	报告期
甲	台	500	600	100	102
乙	件	2000	2100	80	80
丙	套	1000	1100	60	55

2. 已知某商场所经销三种商品的个体价格指数和成交额资料如下表所示，试据此分别按由拉氏和派氏综合指数公式变形的加权算术平均指数和加权调和平均指数公式，计算价格总指数及因价格变动而使购买者多支付(或少支付)的金额。

商品名称	计量单位	个体价格指数/%	成交额/万元	
			基期	报告期
甲	件	103	50	60
乙	米	98	20	20
丙	千克	108	100	120

3. 已知某商场所经销甲乙两种商品的销售量增长速度和成交额资料如下表所示，试据此分别按照由拉氏和派氏综合指数公式变形的加权算术平均指数和加权调和平均指数公式计算销售量总指数及因销售量变动而增加(或减少)的销售额。

商品名称	计量单位	销售量增长速度/%	成交额/万元	
			基期	报告期
甲	件	25	100	120
乙	千克	10	60	69

4. 据调查，某地甲、乙、丙、丁四种代表商品的个体价格指数分别为110%、95%、100%及105%，各类代表商品的固定权数分别是10%、30%、40%和20%，试求这四种商品的物价总指数。

5. 已知某地工业局所属三个生产同一种产品的企业其单位产品成本及产量资料如下表所示。

企业	单位产品成本/元/件		产量/万件	
	一季度	二季度	一季度	二季度
甲	18	18	40	80
乙	20	18	60	80
丙	21	19	60	70

试计算该局所属三个企业基期及报告期的总平均单位成本水平及指数，并从相对数和绝对数两个方面分析说明总平均单位成本与产量结构变动的影响。

主要参考文献

[1]http://db.cei.gov.cn/page/Default.aspx 中经网统计数据库.

[2]http://www.stats.gov.cn/ 中华人民共和国国家统计局网站.

[3]Miner, G., Nisbet, R., Elder IV, J. Handbook of statistical analysis and data mining applications [M]. Academic Press, 2009.

[4]Ramachandran, K. M., Tsokos, C. P. Mathematical Statistics with Applications in R [M]. Elsevier, 2014.

[5]Sheldon, R. A first course in probability [M]. Pearson Education India, 2002.

[6]Wackerly, D., Mendenhall, W., Scheaffer, R. Mathematical statistics with applications [M]. Cengage Learning, 2007.

[7]曾五一,肖红叶. 统计学导论[M]. 科学出版社,2013.

[8]曾五一,朱建平,等. 统计学[M]. 上海财经大学出版社,2012.

[9]陈家鼎,等. 数理统计学讲义[M]. 高等教育出版社,2006.

[10]陈希孺. 近代回归分析：原理方法及应用[M]. 安徽教育出版社,1987.

[11]陈希孺. 数理统计引论[M]. 科学出版社,1981.

[12]邓力. 统计学原理[M]. 清华大学出版社,2012.

[13]范秀荣,苏继伟,等. 统计学原理[M]. 高等教育出版社,2010.

[14]冯力. 统计学[M]. 东北财经大学出版社,2011.

[15]古扎拉蒂,波特著,费剑平译. 计量经济学基础上下册[M]. 5版. 中国人民大学出版社,2011.

[16]管于华. 统计学[M]. 高等教育出版社,2013.

[17]文化和旅游部政策法规司,等. 中国国内旅游抽样调查资料(2008)[M]. 中国旅游出版社,2008.

[18]国家统计局. 中国主要统计指标诠释[M]. 2版. 中国统计出版社, 2013.

[19]何晓群. 多元统计分析[M]. 中国人民大学出版社,2006.

[20]黄良文. 统计学原理[M]. 中国统计出版社,2000.

[21]贾俊平,何晓群,金勇进. 统计学[M]. 中国人民大学出版社,2012.

[22]贾俊平. 统计学[M]. 清华大学出版社,2006.

[23]金勇进. 统计学[M]. 中国人民大学出版社,2010.

[24]李金昌,苏为华. 统计学[M]. 机械工业出版社,2012.

[25]李子奈,潘文卿. 计量经济学[M]. 高等教育出版社,2005.

[26]刘震,吴广等. SPSS 统计分析与应用[M]. 电子工业出版社,2011.

[27]茆诗松,周纪芗. 概率论与数理统计[M]. 2版. 中国统计出版社,2007.

[28]纳雷希·K·马尔霍特拉著,涂平等译. 市场营销研究：应用导向[M]. 电子工业

出版社,2002.
[29]盛骤,谢式千,潘承毅. 概率论与数理统计[M].4版. 高等教育出版社,2010.
[30]宋旭光. 统计学[M]. 东北财经大学出版社,2012.
[31]陶浪平. 统计学[M]. 南京大学出版社,2011.
[32]王燕. 应用时间序列分析[M]. 中国人民大学出版社,2008.
[33]徐建邦,等. 统计学[M]. 东北财经大学出版社,2006.
[34]杨维忠,张甜. SPSS统计分析与行业应用案例详解[M].4版. 清华大学出版社,2013.
[35]杨振明. 概率论[M]. 科学出版社,1999.
[36]袁卫,吴喜之,贾俊平. 描述统计学[M]. 中国统计出版社,1996.
[37]张瞳光. 统计学原理[M]. 中国商务出版社,2009.
[38]赵彦云. 宏观经济统计分析[M]. 中国人民大学出版社,2014.
[39]朱建平,胡朝霞,王艺明. 高级计量经济学导论[M]. 北京大学出版社,2009.
[40]庄君,蒋敏杰,李秀霞,等. Excel统计分析与应用(修订版)[M]. 电子工业出版社,2013.

附录　使用 Excel 生成常用统计表

E5　=NORM.DIST(A5+E1,0,1,TRUE)

	A	B	C	D	E	F	G	H	I
1	x	0.00	0.01	0.02	0.03	0.04	0.05	0.06	0.07
2	0.0	0.5000	0.5040	0.5080	0.5120	0.5160	0.5199	0.5239	0.5279
3	0.1	0.5398	0.5438	0.5478	0.5517	0.5557	0.5596	0.5636	0.5675
4	0.2	0.5793	0.5832	0.5871	0.5910	0.5948	0.5987	0.6026	0.6064
5	0.3	0.6179	0.6217	0.6255	0.6293	0.6331	0.6368	0.6406	0.6443
6	0.4	0.6554	0.6591	0.6628	0.6664	0.6700	0.6736	0.6772	0.6808

图 1　正态分布表

D5　=T.INV.2T(D2,A5)

	A	B	C	D	E	F	G
1	单侧	0.10	0.05	0.025	0.01	0.005	0.0005
2	双侧	0.20	0.10	0.05	0.02	0.01	0.001
3	1	3.07768	6.31375	12.70620	31.820516	63.65674	636.61925
4	2	1.88562	2.91999	4.30265	6.96456	9.92484	31.59905
5	3	1.63774	2.35336	3.18245	4.54070	5.84091	12.92398
6	4	1.53321	2.13185	2.77645	3.74695	4.60409	8.61030
7	5	1.47588	2.01505	2.57058	3.36493	4.03214	6.86883
8	6	1.43976	1.94318	2.44691	3.14267	3.70743	5.95882

图 2　t 分布表

E6　=CHISQ.INV.RT(E1,A6)

	A	B	C	D	E	F	G
1	自由度	0.995	0.990	0.975	0.950	0.900	0.100
2	1	3.92704E-05	0.000157088	0.0009821	0.003932	0.02	2.71
3	2	0.01	0.02	0.05	0.10	0.21	4.61
4	3	0.07	0.11	0.22	0.35	0.58	6.25
5	4	0.21	0.30	0.48	0.71	1.06	7.78
6	5	0.41	0.55	0.83	1.15	1.61	9.24
7	6	0.68	0.87	1.24	1.64	2.20	10.64

图 3　卡方分布表

D6　=F.INV.RT(0.05,A6,D1)

	A	B	C	D	E	F	G
1	自由度	1	2	3	4	5	6
2	1	161.4476	18.5128	10.1280	7.7086	6.6079	5.9874
3	2	199.5000	19.0000	9.5521	6.9443	5.7861	5.1433
4	3	215.7073	19.1643	9.2766	6.5914	5.4095	4.7571
5	4	224.5832	19.2468	9.1172	6.3882	5.1922	4.5337
6	5	230.1619	19.2964	9.0135	6.2561	5.0503	4.3874
7	6	233.9860	19.3295	8.9406	6.1631	4.9503	4.2839

图 4　F 分布表(0.05)